Andrea D. Bührmann · Hans J. Pongratz (Hrsg.)

Prekäres Unternehmertum

AF167842

Wirtschaft + Gesellschaft

Herausgegeben von Andrea Maurer und Uwe Schimank

Beirat:

Jens Beckert
Christoph Deutschmann
Susanne Lütz
Richard Münch

Wirtschaft und Gesellschaft ist ein wichtiges Themenfeld der Sozialwissenschaften. Daher diese Buchreihe: Sie will zentrale Institutionen des Wirtschaftslebens wie Märkte, Geld und Unternehmen sowie deren Entwicklungsdynamiken sozial- und gesellschaftstheoretisch in den Blick nehmen. Damit soll ein sichtbarer Raum für Arbeiten geschaffen werden, die die Wirtschaft in ihrer gesellschaftlichen Einbettung betrachten oder aber soziale Effekte des Wirtschaftsgeschehens und wirtschaftlichen Denkens analysieren.

Die Reihe steht für einen disziplinären wie theoretischen Pluralismus und pflegt ein offenes Themenspektrum.

Auswahl bisher erschienener Titel:

Andrea Maurer, Uwe Schimank
Die Gesellschaft der Unternehmen – die Unternehmen der Gesellschaft, 2008

Richard Swedberg,
Grundlagen der Wirtschaftssoziologie, 2009

Frank Hillebrandt,
Praktiken des Tauschens, 2009

Janina Curbach,
Die Corporate-Social-Responsibility-Bewegung, 2009

Andrea D. Bührmann
Hans J. Pongratz (Hrsg.)

Prekäres Unternehmertum

Unsicherheiten von selbstständiger Erwerbstätigkeit
und Unternehmensgründung

VS VERLAG

Bibliografische Information der Deutschen Nationalbibliothek
Die Deutsche Nationalbibliothek verzeichnet diese Publikation in der
Deutschen Nationalbibliografie; detaillierte bibliografische Daten sind im Internet über
<http://dnb.d-nb.de> abrufbar.

1. Auflage 2010

Alle Rechte vorbehalten
© VS Verlag für Sozialwissenschaften | Springer Fachmedien Wiesbaden GmbH 2010

Lektorat: Frank Engelhardt

VS Verlag für Sozialwissenschaften ist eine Marke von Springer Fachmedien.
Springer Fachmedien ist Teil der Fachverlagsgruppe Springer Science+Business Media.
www.vs-verlag.de

Das Werk einschließlich aller seiner Teile ist urheberrechtlich geschützt. Jede
Verwertung außerhalb der engen Grenzen des Urheberrechtsgesetzes ist ohne
Zustimmung des Verlags unzulässig und strafbar. Das gilt insbesondere für
Vervielfältigungen, Übersetzungen, Mikroverfilmungen und die Einspeicherung
und Verarbeitung in elektronischen Systemen.

Die Wiedergabe von Gebrauchsnamen, Handelsnamen, Warenbezeichnungen usw. in diesem Werk
berechtigt auch ohne besondere Kennzeichnung nicht zu der Annahme, dass solche Namen im
Sinne der Warenzeichen- und Markenschutz-Gesetzgebung als frei zu betrachten wären und daher
von jedermann benutzt werden dürften.

Umschlaggestaltung: KünkelLopka Medienentwicklung, Heidelberg
Umschlagfoto: Uwe Schimank/Ute Volkmann
Gedruckt auf säurefreiem und chlorfrei gebleichtem Papier
Printed in Germany

ISBN 978-3-531-16956-9

Inhaltsverzeichnis

C Prekaritätsprobleme im Gründungsprozess

Prekäres Unternehmertum.
Einführung in ein vernachlässigtes Forschungsfeld

Andrea D. Bührmann und Hans J. Pongratz

Zwar können schon seit Mitte des 20. Jahrhunderts vermehrte Beiträge zu Fragen der Entrepreneurship-Forschung konstatiert werden[1]. Der eigentliche Beginn der Formierung einer transdisziplinär orientierten Entrepreneurship-Forschung liegt aber erst in den 1980er Jahren (siehe Acs/Audretsch 2003; Cornelius et al. 2006): Zu dieser Zeit begannen Forschende aus unterschiedlichen wissenschaftlichen Disziplinen – der Ökonomie, der Psychologie, den Rechtswissenschaften, der Geschichte sowie der Soziologie – und Akteure bzw. Akteurinnen aus verschiedenen Praxisfeldern, intensiver über Fragen wie Problemstellungen der Gründung und Führung einer unternehmerischen Existenz sowie über deren gesellschaftliche Relevanz zu diskutieren.

1   Die Formierung einer soziologisch orientierten Entrepreneurship-Forschung

Zentrale Konzepte und Theorien der Entrepreneurship-Forschung stammten dabei aus der Soziologie. Immer wieder wurde nicht nur auf Max Webers klassischen Beitrag zur Relevanz kultureller Faktoren für den ‚Geist des Kapitalismus' rekurriert, sondern auch auf Emile Durkheims professionssoziologische Überlegungen zur gesellschaftlichen Arbeitsteilung und Georg Simmels Gedanken zum Konsum- und Lebensstil moderner Gesellschaften Bezug genommen (vgl. dazu auch Mikl-Horke 2008). Diese theoretischen Konzepte sind dann seit Mitte der 1980er Jahre in der sogenannten Neuen Wirtschaftssoziologie wie auch in der Organisationssoziologie aufgenommen und weiterentwickelt worden. Wichtig sind hier vor allen Dingen Granovetters (1985) Konzept der sozialen ‚Einbettung', Whites (1981) Netzwerktheorie und Colemans (1990) Rational Choice-Ansatz geworden (vgl. Beckert 2009).

---

[1] So wurden schon früh an der Universität Münster unternehmerische Aktivitäten untersucht. Hier kann in Umrissen die Genealogie einer ‚Münsteraner Schule' rekonstruiert werden, die sich allerdings weniger durch methodologisch-methodische, denn durch thematische Kontinuitäten auszeichnet. Im Zentrum stand eine dezidiert soziologische Auseinandersetzung mit dem Phänomen Unternehmertum: Ausgehend von den Forschungsbemühungen zum ‚deutschen Unternehmer' (Hartmann 1968) interessierte man sich für das Verhältnis zwischen Unternehmertum und Universität (Hartmann/Wienold 1967), untersuchte die soziale Struktur der Unternehmerschaft (Biermann 1971) und beschäftigte sich schließlich sowohl mit den ‚neuen Selbstständigen' (Bögenhold 1985) als auch neuerdings mit den ‚anderen' Selbständigen (vgl. etwa Bührmann 2007).

Inzwischen operiert die soziologisch orientierte Entrepreneurship-Forschung auf mehreren Ebenen:

- Auf der Makro-Ebene steht die Überlegung im Fokus, dass unternehmerische Praktiken die bestehenden gesellschaftlichen Strukturen reproduzieren, aber auch herausfordern können. Sie werden als ‚Struktur-Innovationen' moderner Gesellschaften (Maurer 2008: 17) verstanden. Insbesondere Kapitalgesellschaften erscheinen in dieser Perspektive geradezu als omnipotent; freilich macht die Unternehmenssoziologie immer wieder auf die Einbettung der Unternehmen in gesellschaftliche Strukturen aufmerksam. In diesem Kontext werden auch die Kontingenzen und intendierten wie nicht-intendierten makro-sozialen Folgen unternehmerischer Entscheidungen thematisiert (vgl. hier für einen aktuellen Überblick der Diskussionen Maurer/Schimank 2008). Neben diesen vornehmlich modernisierungstheoretisch und auch bisweilen systemtheoretisch inspirierten Debatten wird in regulationstheoretischer Perspektive zum Beispiel nach dem Verhältnis zwischen Akkumulationsregime und dazu komplementären Regulationsweisen gefragt. Dabei geht es auch um die Reproduktionsmechanismen sozialer Ungleichheit (vgl. etwa Thien 2010).
- Die Organisationsforschung betrachtet Unternehmen vielfach im Rekurs auf Luhmann (2006) als – freilich sehr verbreiteten – Spezialfall von Organisationen, d.h. als ein soziales Gebilde, das sich durch Zwecke, Regeln, Mitgliedschaftsstatuten und eine relative Beständigkeit auszeichnet. Ein weiterer Ausgangspunkt ist Webers Definition des privat-kapitalistischen Wirtschaftsbetriebs: „Allerdings ist Kapitalismus identisch mit dem Streben nach Gewinn, im kontinuierlichen, rationalen kapitalistischen Betrieb: nach immer erneutem Gewinn: nach Rentabilität" (Weber 1988: 4)[2]. Auf der Meso-Ebene werden unterschiedliche unternehmerische Organisationsformen und -kulturen diskutiert und deren Formations- wie Transformationsprozesse in (transnationalen) Netzwerken erforscht. In neoinstitutionalistischen Ansätzen wird zudem nach den Beziehungen zwischen Unternehmen und ihrem organisationalen Umfeld gefragt (vgl. dazu DiMaggio/Powell 1991).
- Auf der Mikroebene werden unternehmerische Praktiken untersucht, die sich entweder auf die innere Unternehmensorganisation oder auf das äußere Marktgeschehen richten. Nach innen lässt sich die unternehmerische Position mit der Agenturtheorie als die eines Auftraggebers (Prinzipals) bestimmen, der auf kompetente Leistungen seiner Auftragnehmer (als Agenten) angewiesen ist, oder mit der Machttheorie als eine Managementaufgabe, die sich der Machtinstrumente der Unternehmensleitung bedient. Die Agenturtheorie entwickelt vertragstheoretische Lösungen für Entrepreneurship-Problematiken (vgl. Pratt/Zeckhauser 1985);

---

[2] Maurer (2008: 25) macht zu Recht darauf aufmerksam, dass bisher, abgesehen von einigen institutionentheoretischen Ausnahmen, „explizite Erklärungen und Analysen des Unternehmens noch fehlen". Vgl. für einen Überblick der aktuellen Debatten auch Minssen 2008.

machttheoretische Konzepte hingegen analysieren die mikropolitischen Strategien und Spiele, die aus unterschiedlicher Verfügungsmacht über betriebliche Ressourcen resultieren (vgl. Crozier/Friedberg 1979). Davon ausgehend sind dann der strukturationstheoretische Ansatz von Anthony Giddens und das Praxiskonzept von Pierre Bourdieu fruchtbar gemacht worden. In der auf das Markthandeln bezogenen Entrepreneurship-Forschung werden häufig Gründungsaktivitäten betrachtet und insbesondere Gründungsmotive eruiert (siehe Bührmann in diesem Band). Wirtschaftssoziologische Studien widmen sich den durch unternehmerische Praktiken bedingten Wettbewerbsdynamiken und Kooperationsproblemen am Markt (siehe Beckert 2009). Der Bogen zurück zur Makro-Ebene wird geschlagen mit der Frage nach der Relevanz des Leitbilds unternehmerischen Handelns für die Bewältigung flexibilisierter Erwerbserfordernisse und individualisierter Lebenslagen: etwa mit dem Idealtypus des Arbeitskraftunternehmers (Pongratz/Voß 2003) oder mit dem Konzept des „unternehmerischen Selbst" (Bührmann 2005; Bröckling 2007).

Die hier nur kursorisch skizzierten Ausdifferenzierungen in Bezug auf die theoretischen Ausrichtungen und methodischen Operationalisierungen verweisen auf eine Zunahme des soziologischen Forschungsinteresses. Damit reagiert die soziologische Entrepreneurship-Forschung auf eine gesellschaftspolitische Renaissance des Unternehmertums. Bislang widmet sie sich vor allem den ökonomischen Chancen, die unternehmerische Praktiken eröffnen. Mit diesem Band lenken wir demgegenüber den Blick auf die sozialen und beruflichen Risiken, die mit selbstständiger Erwerbstätigkeit einhergehen.

Wir legen diesem Unterfangen einen weiten Begriff von Unternehmertum als einer Marktposition zugrunde: Demnach ist jede Person Unternehmer/in, die zu Erwerbs- und Gewinnzwecken auf eigene Rechnung und in eigener Verantwortung Güter oder Dienstleistungen produziert (oder produzieren lässt) und sie zu vermarkten versucht (vgl. Pongratz 2008: 461). In statistischen Kategorien wird diese Gruppe am genauesten erfasst durch den Status der beruflichen Selbstständigkeit, welcher Erwerbssicherung durch das Angebot von Gütern und Dienstleistungen auf geeigneten Absatzmärkten bezeichnet[3]. Weil Selbstständige eine höchst heterogene Berufsgruppe bilden, hat sich bisher kein spezieller Zweig der Arbeits- und Berufsforschung ihrer angenommen und nur wenige Studien (wie z.B. Bögenhold 1985) decken das gesamte Feld unternehmerischer Selbstständigkeit in Deutschland ab. Die Kategorien der Selbstständigen und der Unternehmer/innen werden in diesem Band also synonym

---

[3] Das Statistische Bundesamt definiert Selbstständige als „Personen, die einen Betrieb oder eine Arbeitsstätte gewerblicher oder landwirtschaftlicher Art wirtschaftlich und organisatorisch als Eigentümer/-innen oder Pächter/-innen leiten (einschl. selbstständiger Handwerker/-innen) sowie alle freiberuflich Tätigen, Hausgewerbetreibenden und Zwischenmeister/-innen" (Statistisches Bundesamt 2009: 80).

verwendet. Dabei bleibt zu beachten, dass sich ihre Bedeutungsgehalte in verschiedenen Diskurskontexten erheblich unterscheiden[4].

Selbstständige Erwerbsarbeit gewinnt seit einiger Zeit angesichts einer fortschreitenden Erosion des Normalarbeitsverhältnisses (Mückenberger 1985) als Alternative zu abhängiger Beschäftigung an Bedeutung. Sie wird zum Leitbild eines ökonomischen Handelns, das auf Veränderungen der Märkte rasch zu reagieren verspricht. So gründen immer mehr Menschen ein Unternehmen; allerdings gründen die meisten von ihnen ,anders' (vgl. auch Bögenhold/Fachinger und Gather et al. in diesem Band). D.h. sie gründen ihr Unternehmen nicht, weil sie dies immer schon wollten oder sich gar als geborene Unternehmer/innen sehen und aus gesicherten Verhältnissen in eine – aller Voraussicht nach – erfolgreiche unternehmerische Zukunft meinen starten zu können. Vielmehr gründen sie ,anders' als der sogenannte ,Normalunternehmer' (Bührmann 2007)[5] , entweder weil sich ihnen eine Chance bietet und sie unbedingt eine Idee verwirklichen wollen, oder weil sie sich durch drohende Arbeitslosigkeit dazu gezwungen sehen. Freilich verändern sich nicht nur die Motive von Unternehmensgründungen, sondern auch ihr sozialer Hintergrund: Denn seit den 1990er Jahren gründen verstärkt Frauen, sowie Personen mit Migrationshintergrund nicht nur im Vollzeit-, sondern auch im Neben- oder Teilzeiterwerb Unternehmen (siehe den Beitrag von Bührmann in diesem Band).

Besonders für diese ,anderen' Unternehmerinnen und Unternehmer hat die Bewältigung der Kontingenz flexibler Märkte aber auch ihren Preis: Denn als unabhängige Selbstständige tragen sie ein erhebliches Risiko. Erfolg stellt sich meist erst nach intensiven Anstrengungen und längeren Durststrecken ein – oft bleibt er allerdings auch ganz aus. Unternehmertum bleibt bis zu dem Zeitpunkt, da ausreichend Kapital für eine dauerhafte Absicherung des eigenen Lebensunterhalts angespart ist, eine prekäre Erwerbsform (auf diese Frage gehen Pongratz und Simon in ihrem Beitrag ein).

Das ist eine Erfahrung, die viele Generationen von traditionellen Selbstständigen – Bauern und Bäuerinnen, Handwerkern und Handwerkerinnen sowie Händlern und Händlerinnen – schon in vorindustrieller Zeit miteinander teilten (siehe Wengenroth 1989). Beispielsweise brachten Naturkatastrophen unkalkulierbare Risiken für Bauern und Bäuerinnen mit sich. Beim Handwerk verhielt es sich so mit dem technologischen Fortschritt und beim Handel mit Unglücksfällen beim Warentransport. Der industrielle Kapitalismus hat sie allesamt dem Konkurrenzdruck einer zunehmend globalisierten

---

[4] Das Feld der Entrepreneurship-Forschung geht auch darüber noch hinaus, indem es unternehmerische Praktiken durch Beschäftigte als Intrapreneure in Unternehmen oder die ehrenamtliche Tätigkeit im Rahmen von „social entrepreneurship" mit einschließt (siehe Pongratz 2008).

[5] Dieser gesellschaftlichen Vorstellung entsprechend gilt es als ,normal', ein Unternehmen zu gründen, „wenn man: ein berufserfahrener, erwerbstätiger Mann ohne Migrationshintergrund ist, über angemessenes ökonomisches Kapital verfügt, profunde unternehmerische Fachkenntnisse sowie eine entsprechende (Berufs-)Ausbildung hat, sich rast- und ruhelos seinem Unternehmen widmen kann/will, in ein entsprechendes soziales Netzwerk eingebunden ist, eine starke und schnelle Unternehmensexpansion anstrebt, und vor allen Dingen immer schon ein Unternehmen gründen wollte und dies deshalb von langer Hand geplant hat" (Bührmann 2010: 46).

Ökonomie ausgesetzt und – sofern nicht der Wachstumsschritt zum größeren Unternehmen gelang – in Nischenbereiche am Rande kapitalistischer Ökonomie gedrängt. Die Prekarisierungsgefahr der traditionellen Selbstständigkeit resultiert insbesondere aus der Aufgabe, auf krisenanfälligen Märkten das unternehmerische Engagement über die ganze Spanne eines Erwerbslebens oder gar über mehrere Erwerbsgenerationen hinweg zu sichern.

Auch größere Unternehmen scheitern regelmäßig, wie die anhaltend hohen Insolvenzzahlen in Deutschland zeigen, doch dürfte die Situation der betroffenen Unternehmer/innen aufgrund des zwischenzeitlich angesammelten Kapitals selten als prekär gelten. Begrenzt sind die Erwerbsrisiken auch für viele der sogenannten Freien Berufe, die im Verlauf der industriellen Entwicklung hochspezialisierte Berufsfelder besetzt und mit Professionalisierungsstrategien monopolisiert haben: Niedergelassene Ärzt/inn/e/n und Apotheker/innen, selbstständige Architekt/inn/en und Unternehmensberater/innen sind in aller Regel durch ein hohes Ausbildungsniveau, beachtliche Verdienstmöglichkeiten, entsprechende Versicherungen und eine privilegierte Marktposition weitgehend vor Prekarisierung geschützt. Sie können zumeist auf die Sicherungsleistungen verzichten, mit denen der bundesdeutsche Wohlfahrtsstaat abhängig Beschäftigte vor Prekarisierung zu schützen sucht (zu Fragen der sozialen Sicherung siehe den Beitrag von Schulze Buschoff)[4].

2 Erwerbsarbeit jenseits von Normalarbeitsverhältnis und Normalunternehmertum

Das gilt weniger für die in den letzten beiden Jahrzehnten neu hervorgetretene Erwerbsform der Solo-Selbstständigen, die eine unternehmerische Tätigkeit nur zum Zwecke der Sicherung von Aufträgen für die eigene Arbeitskraft aufnehmen – ohne den Anspruch, mit Hilfe fremder Arbeitskraft ein wachsendes Unternehmen aufzubauen (siehe ausführlich hierzu Bögenhold/Fachinger in diesem Band). Im Unterschied zu den Freien Berufen haben sie kaum Professionalisierungsstrategien zur Regelung des Marktzugangs entwickelt, sondern sind im Gegenteil häufig einem unregulierten Wettbewerb mit starkem Druck auf den Preis ihrer Leistungen ausgesetzt.

Ökonomische und historische Unternehmerstudien, aber auch viele sozialwissenschaftliche Analysen haben sich bisher auf die Erfolgsgeschichten selbstständigen (insbesondere kapitalistischen) Unternehmertums und deren Voraussetzungen konzentriert (z.B. Kocka 1975). Während die einen im Anschluss an marxistische Positionen sich in einer vor allen Dingen makro-soziologischen Perspektive damit begnügen, kapitalistische Unternehmer/innen als ‚Personifizierung des Kapitals‘ oder

---

[4] Geschlechtersoziologisch inspirierte Studien haben in der Vergangenheit wiederholt auf die herrschaftliche Seite des Normalarbeitsverhältnisses und die damit verbundene Abwertung anderer Tätigkeitsformen aufmerksam gemacht (vgl. für einen Überblick Aulenbacher et al. 2007); zum Gender Income Gap bei Selbstständigen siehe Gather et al. in diesem Band.

auch als bloße ‚Agent/inn/en' kapitalistischer Bewegungsgesetze zu thematisieren, konzentrieren sich andere im Anschluss an Schumpeters (1964; 1928) Konzept des Unternehmers als ‚innovativem Zerstörer' auf die Erfolgsbedingungen unternehmerischer Initiativen (vgl. für einen Überblick über die Diskussion Becker/Knudsen 2003).

Obwohl nun etwa Deutschmann (2008: 41) solche Konzeptionen als unterkomplex kritisiert, weil sie Unternehmer/innen im Grunde auf ‚informationsverarbeitende Maschinen', die stets kühl kalkulierend den Gesetzen der Profitmaximierung folgen, reduzieren, verkörpert auch für ihn das Unternehmertum „einen neuen, auf Geld und Markterfolg gegründeten Typus sozialer Aufwärtsmobilität, der zum Motor nicht nur wirtschaftlicher, sondern gesamtgesellschaftlicher Transformationen wird und einen anhaltenden institutionellen Veränderungsdruck bewirkt" (ebd.). Und auch Kraemer (2008) betont ausgehend von Schumpeters Unternehmerbild das charismatische Potenzial des Unternehmerischen. In beiden Debattenbeiträgen, die hier für viele stehen, geht es um die Erfolgspotenziale unternehmerischer Aktivitäten, sie interessieren sich kaum für die Bedingungen des bloßen unternehmerischen Überlebens.

Stark vereinfacht ausgedrückt dominiert damit folgende Sichtweise auch in der soziologisch orientierten Entrepreneurship-Forschung: Unternehmer und Unternehmerinnen sind entweder erfolgreich oder sie scheitern; wenn sie Erfolg haben, erreichen sie den gesicherten Mittelstand, scheitern sie aber, so zählen sie nicht mehr zur Unternehmerschicht[5]. Dagegen wollen wir dem vorliegenden Band den Blick darauf lenken, dass sich Unternehmertum häufig über lange Phasen – vor allem in der Gründungszeit aber auch darüber hinaus – in einer Prekaritätszone zwischen Erfolg und Scheitern bewegt. Prekaritätserfahrungen sind manchmal nur eine kurze Übergangsstufe zum unternehmerischen Erfolg; oft aber begleiten sie das selbstständige Unternehmertum über lange Erwerbsphasen hinweg. Für große Gruppen selbstständiger Unternehmerinnen und Unternehmer bezeichnet Prekarität den Normalzustand. In solchen Fällen wird die Bewältigung der prekären Erwerbsbedingungen zur zentralen Herausforderung einer unternehmerischen Existenz.

Dieser Band setzt sich das Ziel, über die prekären Seiten selbstständigen Unternehmertums aufzuklären. Dabei teilen wir Bourdieus Überzeugung, dass „das Prekariat heutzutage allgegenwärtig ist. Im privaten, aber auch im öffentlichen Sektor, wo sich die Zahl der befristeten Beschäftigungsverhältnisse und Teilzeitstellen vervielfacht hat; in den Industrieunternehmen, aber auch in den Einrichtungen der Produktion und Verbreitung von Kultur, dem Bildungswesen, dem Journalismus, den Medien usw" (Bourdieu 1998: 96). Die Rede von der Allgegenwart des Prekären bzw. des Prekariats impliziert, dass sich Prekarisierungsprozesse in allen Bereichen der Gesellschaft finden lassen. Allerdings können – darauf hat Candeias (2008: 122) kürzlich hingewiesen – vielfältige Formen der Prekarisierung beobachtet werden, die „je nach Klassenzugehörigkeit, geschlechtlichen, ethno-nationalen oder anderen Zuschreibungen ganz

---

[5] Mit dem unternehmerischen Scheitern und der Möglichkeit eines Restarts beschäftigt sich der Beitrag Kay und Kranzusch in diesem Band.

unterschiedlich ausfallen und verschieden bearbeitet werden". Diese Heterogenität der Prekarisierungsformen legt eine allgemein gehaltene Begriffsfassung nahe, wie sie Kalleberg (2009: 2) verwendet: „By ‚precarious work' I mean employment that is uncertain, unpredictable, and risky from the point of view of the worker". In diesem Sinne setzen die theoretischen Überlegungen von Castel (2000) zur „Zone der Prekarität" bei den Folgen sozialstaatlicher Deregulierung für abhängig Beschäftigte an und die empirische Studie von Dörre et al. (2004) richtet sich auf deren subjektive Verarbeitungsformen.

Ausgehend von einer solchen weiten Begriffsfassung beziehen wir – anders als Castel (2000), Kalleberg und z.B. die Forschungsgruppe um Dörre – den Begriff des Prekären nicht nur auf abhängige Beschäftigungsverhältnisse[6,] sondern auch auf unternehmerische Erwerbsformen. Betroffen sind nicht nur schon vielfach als ‚anders' markierte Problemgruppen am Arbeitsmarkt, also etwa Frauen in Teilzeitbeschäftigung, Migrant/inn/en im Niedriglohnbereich oder Geringqualifizierte mit befristeter Anstellung. Vielmehr finden sich in der Prekaritätszone auch qualifizierte Selbstständige in wissensbasierten und -produzierenden Branchen neben den Betreiber/inne/n kleinerer oder größerer Geschäftsläden oder der Gruppe der Künstler/innen (zu letzteren siehe Dangel-Vornbäumen in diesem Band). Prekarität trifft Selbstständige ebenso wie abhängig Beschäftigte. Sie befinden sich allesamt in jener ‚eigentümlichen sozialen Schwebelage' (Kraemer/Speidel 2005), in der die berufliche Situation und die Existenzsicherung auf längere Sicht ungewiss bleiben: Einerseits sinkt ihr Einkommen in Richtung des relativen Armutsniveaus, andererseits haben sie subjektiv mit Sinnverlusten, Anerkennungsdefiziten und Planungsunsicherheiten – mit einer subjektiv ‚gefühlten Prekarisierung' – zu kämpfen (Kraemer 2009: 246f.; vgl. dazu auch etwa Struck 2009; Völker 2006)[7].

Damit greift der Band zwei aktuell intensiv diskutierte, aber bisher kaum im Zusammenhang betrachtete gesellschaftliche Entwicklungen auf: die zunehmende Bedeutung von Unternehmertum und die wachsende Gefahr der Prekarisierung von Erwerbsarbeit. Entrepreneurship und berufliche Selbstständigkeit gelten als fortgeschrittener Ausdruck einer flexibilisierten und dynamisierten Ökonomie, während Prekarisierung für ihre sozialen Begleiterscheinungen steht. Indem beide Entwicklungen miteinander in Verbindung gebracht werden, rückt ein zentrales Problemfeld der Vermittlung von Wirtschaft und Gesellschaft in den Mittelpunkt des Forschungsinteresses. So erfährt die Entrepreneurship-Forschung eine Anbindung an die aktuelle Ungleichheitsforschung. Schwerpunkte der Entrepreneurship-Forschung, wie Existenzgründung und Mikro-Selbstständigkeit, werden ebenso aufgegriffen wie neuere Konzeptionen der Ungleichheitsforschung, indem zum Beispiel die objektiven Lebenslagen in Zusammenhang mit individuellen Formen der Lebensführung gebracht werden (siehe insbesondere die Beiträge von Fischer und Inhetveen/Schmitt). Diese Vermitt-

---

6 Damit folgen sie im Grunde der ILO-Definition prekärer Beschäftigung (vgl. auch Rodgers 1989).
7 Für eine solche relationale Definition prekärer Lebensverhältnisse, die im Übrigen an Simmels klassische Studie „Der Arme" anknüpft, vgl. auch Brinkmann et al. 2006: 17.

lung gewährleistet den Anschluss an die politisch relevanten Debatten um Prekarität und soziale Exklusion (vgl. für einen Überblick Castel/Dörre 2009; Bude/Willisch 2006).

Sie wirft indes zugleich eine Reihe konzeptionell-analytischer und methodischer Probleme auf, die im Band thematisiert werden und zu denen einzelne Lösungsansätze vorgestellt und diskutiert werden. Beide Phänomene – Unternehmertum und Prekarität – sind trotz ihrer aktuellen Prominenz in Ökonomie wie Soziologie begrifflich-konzeptionell wenig geklärt. Die Fokussierung einer Kernthematik, nämlich der Prekaritätsrisiken selbstständigen Erwerbs, soll dieser Debatte neue Impulse geben.

Denn prekäres Unternehmertum ist noch ein weitgehend vernachlässigtes (soziologisches) Forschungsfeld: Zwar sind – national wie international – eine Vielzahl von Daten qualitativer und quantitativer Sozialforschung zum Gründungsgeschehen verfügbar. Doch zum einen sind diese breit gestreut und werden wenig im Zusammenhang betrachtet oder zu einem Gesamtbild unternehmerischer Praxen und Praktiken integriert; zum anderen sind Prekarisierungsgefahren in der Entrepreneurship-Forschung bisher kaum berücksichtigt worden. An beiden Forschungsdefiziten setzt dieser Band an, indem er Beiträge zusammenführt, welche die verfügbaren Daten auf vielfältige Weise nutzen und im Hinblick auf die Prekarisierungsproblematik auswerten.

An quantitativen Datensätzen wird zurückgegriffen auf:

- die öffentlich verfügbaren Datensätze des ALLBUS (Allgemeine Bevölkerungsumfrage der Sozialwissenschaften), des SOEP (Sozio-oekonomisches Panel) oder des Mikrozensus (als amtlicher Repräsentativstatistik des Statistischen Bundesamtes)[8], deren Stichproben groß genug sind, um auch innerhalb der Gruppe der Selbstständigen differenzierte Analysen vornehmen zu können (siehe Bögenhold/Fachinger sowie Gather et al. in diesem Band);
- den Global Entrepreneurship Monitor als einer jährlichen Repräsentativbefragung der Bevölkerung von bis zu 60 Ländern weltweit (siehe aktuell für Deutschland Brixy et al. 2009; vgl. Pongratz/Simon in diesem Band);
- das Gründerpanel des Instituts für Mittelstandsforschug (IfM) Bonn mit dem jährlich auf nationalen Gründermessen Daten zu Gründungsinteresse und Gründungsverhalten erhoben werden (siehe Kay/Kranzusch in diesem Band);
- den KfW-Gründungsmonitor, der jährlich (im Auftrag der KfW Bankengruppe) mit einer nationalen Repräsentativbefragung das laufende Gründungsgeschehen erfasst (siehe aktuell Kohn/Spengler 2009; vgl. Pongratz/Simon in diesem Band);
- weitere Daten der amtlichen Statistik des Statistischen Bundesamtes (z.B. Einkommenssteuerdaten), der Bundesministerien (z.B. der Agrarberichterstattung) oder von Behörden der Europäischen Union (z.B. EU-Arbeitskräfteerhebung).

---

[8] Mikrozensus-Daten liegen zudem dem Gendermonitor Existenzgründung (für die Jahre 2004 bis 2006) oder aktuell dem Selbstständigen-Monitor (Piorkowsky et al. 2009) der Universität Bonn zugrunde (siehe Dangel-Vornbäumen in diesem Band).

Qualitative Befragungen gibt es zu einer Vielzahl einzelner Gruppen von Selbstständigen. Inhetveen und Schmitt stehen für ihren Beitrag sogar qualitative Paneldaten (drei Befragungszeitpunkte zwischen 1976 und 2008) zur Verfügung, die es erlauben, den Wandel der Erwerbsmuster selbstständiger Bäuerinnen nachzuverfolgen. Einen vergleichenden Zugang zu verschiedenen Gruppen von Migrant/inn/en ermöglicht hingegen die Kombination quantitativer und qualitativer Daten des Projekts „Unternehmensgründungen von Migrantinnen", auf das sowohl Bührmann als auch Fischer in ihren Beiträgen zurückgreifen. Auch wenn diese Datensätze aufgrund methodischer Differenzen und unterschiedlicher Definitionen beruflicher Selbstständigkeit und unternehmerischen Handelns nur begrenzt miteinander zu vergleichen sind, liefern sie doch inzwischen ein gehaltvolles und facettenreiches Bild der sozialen Lage der unternehmerisch aktiven Bevölkerung. Allerdings implizieren die Heterogenität der Quellen und die sich daraus ergebenden begrifflichen Problemstellungen schließlich wohl auch, dass bisher noch kaum empirisch gesättigte Theorien zur Verfügung stehen. Vielmehr weist der derzeitige Forschungsstand einen stark explorativen Charakter auf.

3 Themenschwerpunkte der einzelnen Beiträge

Wir haben in diesem Band Analysen aus laufenden und abgeschlossenen Forschungsprojekten versammelt, die Aufschluss über prekäre Erwerbsbedingungen bei einzelnen oder mehreren unternehmerischen Gruppen geben. Die Beiträge liefern Antworten vor allem zu den folgenden drei Leitfragen:

- Welche Prekaritätsrisiken sind charakteristisch für verschiedene Felder und Phasen selbstständigen Unternehmertums?
- Welche Strategien zur Bewältigung solcher Risiken entwickeln die untersuchten Unternehmerinnen und Unternehmer?
- Welche institutionellen Mechanismen zur Reduzierung von Prekarität gibt es und wie wirken sie?

Der Sammelband gliedert sich in drei Teile: Im ersten Teil werden allgemeine Informationen zur sozialen Lage selbstständiger Unternehmerinnen und Unternehmer in Deutschland gegeben. Hans Pongratz und Stefanie Simon nehmen das gesamte Spektrum selbstständiger Erwerbstätigkeit in den Blick, um aus wirtschaftssoziologischer Perspektive zunächst typische Marktrisiken unternehmerischen Handelns zu bestimmen. Mit Verweis auf die empirische Forschung zeigen sie dann in ungleichheitssoziologischer Sicht, dass sich diese Risiken bei verschiedenen Gruppen von Unternehmer/inne/n in ganz unterschiedlichem Ausmaß in prekären Erwerbsbedingungen niederschlagen. Mit Blick auf Erwerbsmotive und institutionelle Rahmenbedingungen von Selbstständigkeit unterscheiden Pongratz und Simon drei charakteristische Konstellationen prekären unternehmerischen Erwerbs: unzureichende Marktanpassung, lebensphasenspezifisches Arrangement und Selbstständigkeit als Lebens- und Familienmodell. Sie erläutern und begründen diese Prekarisierungskonstellationen mit ausgewählten Forschungsergebnissen, sowohl zu ‚klassischen' Formen der Selbstständigkeit (etwa in Landwirtschaft, Handwerk und Freien Berufen), als auch zu neuen Formen, insbesondere der Solo-Selbstständigkeit. Abschließend diskutieren Pongratz und Simon Überlegungen zur Frage, wie Prekaritätsrisiken selbstständigen Unternehmertums begrenzt und diese Erwerbsform sozial abgesichert werden kann. Der Annahme folgend, dass die Prekarisierungsgefahr in erster Linie aus Marktrisiken resultiert, schlagen sie als Gestaltungsansätze Marktadäquanz und Marktunabhängigkeit vor.

Dieter Bögenhold und Uwe Fachinger konzentrieren sich auf die Situation der Solo-Selbstständigen als der am stärksten wachsenden Gruppe von Selbstständigen. Sie beleuchten zunächst theoretisch und empirisch die Entwicklung beruflicher Selbstständigkeit in der zweiten Hälfte des 20. Jahrhunderts. Mit ihrer Auswertung der Mikrozensen des Statistischen Bundesamtes zu den Entwicklungsverläufen selbstständiger Erwerbsarbeit seit Anfang der 1990er Jahre belegen sie die strukturellen Veränderungen, die sich hinter der generellen Zunahme beruflicher Selbstständigkeit verbergen. Die Zunahme der Solo-Selbstständigen wird nach Wirtschaftssektoren, Regionen und Geschlecht differenziert dargestellt. Bögenhold und Fachinger zeigen, dass mit dieser Ausdifferenzierung eine stärkere Ausprägung von Prekarisierung und Ungleichzeitigkeiten von Lebenslagen auch bei ‚klassischen' Selbstständigengruppen einhergeht. In der gesellschaftlichen Debatte werden mit dieser Entwicklung auf der einen Seite Hoffnungen auf stabile Erwerbsmöglichkeiten verbunden, auf der anderen Seite aber moderne Varianten von Tagelöhnertum befürchtet. Bögenhold und Fachinger interpretieren diese als Ausdruck der generellen Destandardisierung und Fragmentierung von Erwerbsarbeit.

Daran anschließend stehen im zweiten Teil charakteristische Risikolagen, Bewältigungsstrategien und institutionelle Regelungen einzelner Unternehmergruppen im Mittelpunkt. Claudia Gather, Tanja Schmidt und Susan Ulbricht diskutieren empirische Befunde und theoretische Defizite im Hinblick auf die prekäre Selbstständigkeit von Frauen. Anhand von Sekundärauswertungen von Daten für Berlin (Mikrozensus) und für den Bund (SOEP) zeigen sie, dass das Einkommen der selbständigen Frauen etwas unter dem aller erwerbstätigen Frauen liegt, aber weit niedriger ist als das Einkommen selbstständiger Männer. Insgesamt fällt der Gender Income Gap bei Selbstständigen mit 34,7 % noch deutlich höher aus als bei abhängig Beschäftigten. Zur Erklärung dieses Unterschiedes betrachten Gather, Schmidt und Ulbricht den Bildungsabschluss, das Vorhandensein von Kindern im Haushalt und die Branchenwahl in Bezug auf das Einkommen von selbstständigen Frauen. Doch weder die Branche noch der Bildungsabschluss können die stark unterschiedlichen Einkommen von weiblichen und männlichen Selbstständigen erklären. Und auch die ungleiche Aufgabenverteilung in Haushalten lässt sich nicht als entscheidender Erklärungsfaktor nachweisen, weil auch Frauen ohne Kinder nicht annähernd die Einkommenshöhe der männlichen Selbstständigen erreichen. Es bleibt also wie schon in Bezug auf abhängig Beschäftige ein ‚unerklärter Rest' bei der Aufklärung der Einkommenslücke.

Selbstständige Frauen stehen auch im Mittelpunkt des Beitrags von Heide Inhetveen und Mathilde Schmitt. Sie untersuchen die ‚Überlebenskultur' landwirtschaftlicher Familienbetriebe und fragen, ob hier von einem auf Dauer gestellten Prekariat zu
sprechen ist. In drei Follow up-Studien zu Bäuerinnen in Bayern haben die Autorinnen 1977, 1997 und 2007 in einer Longitudinalstudie die Entwicklung von 133 landwirtschaftlichen Betrieben in 63 Dörfern studiert und dabei verschiedene Strategien
des Umgangs mit prekären Lebenssituationen identifiziert. Diese betreffen unter anderem die Umnutzung der vorhandenen Ressourcen, insbesondere die Kommerzialisie-
rung der weiblichen Ökonomie, neue Erbmodalitäten und eine veränderte ‚work-life-
balance'. Inhetveen und Schmitt zufolge wird das bäuerliche Überleben nicht einfach
durch die Bewahrung der traditionellen bäuerlichen Lebensweise erreicht. Vielmehr
seien es einerseits die vielfachen Verknüpfungen bäuerlicher Prinzipien mit modernen
unternehmerischen Konzepten, auch im Sinne von Einkommenskombinationen, und
andererseits der Mut, normative Grenzen der bäuerlichen Prinzipien zu überschreiten,
mit denen bäuerliche Familien Krisen und Verunsicherungen überlebten. Vielen gelin-
ge es so, mit dem durchaus ‚gefühlten' Prekarisierungsdruck produktiv umzugehen.

Werden Bauern bzw. Bäuerinnen im Themenfeld der Unternehmensforschung
eher selten in den Blick genommen, so stehen die Berufsgruppen der sogenannten
Kreativ- und Kulturwirtschaft seit einiger Zeit im Zentrum der Aufmerksamkeit. Caroline Dangel-Vornbäumen geht in ihrer Analyse der Berufsgruppe der Künstler/in-
nen von Forschungsbefunden des Forschungsprogramms ‚Haushalts-Unternehmens-
Komplexe' aus. Sie diskutiert den Umfang und die Entwicklungslinien prekären Unternehmertums und die soziale Lage von Künstler/inne/n in Deutschland sowie in
ausgewählten Ländern in Europa unter Berücksichtigung genderspezifischer Aspekte.
Dangel-Vornbäumen fragt, inwiefern selbstständige Künstlerinnen und Künstler als
Modernisierungsavantgarde für prekäres Unternehmertum verstanden werden können. Der Vergleich der Selbstständigen dieser Berufsgruppe mit den Selbstständigen
insgesamt zeigt: Existenzgründungen und Entwicklungsverläufe selbstständiger Erwerbstätigkeit im Bereich Kunst und Kultur vollziehen sich in einer Art und Weise,
die dem Trend des wirtschaftlichen und gesellschaftlichen Strukturwandels vorauseilt
oder zumindest voranschreitet. Dies gilt auch für ihre Rolle als Trendsetter für prekäre
Unternehmensformen. Abschließend fordert Dangel-Vornbäumen mit Blick auf eine
Zunahme prekärer Lebens- und Arbeitsverhältnisse, die Fluktuation zwischen den
Erwerbsformen abhängiger Beschäftigung, erwerbswirtschaftlicher Selbstständigkeit
und Erwerbslosigkeit in der Sozialpolitik verstärkt zu berücksichtigen.

Den sozialpolitischen Gestaltungsrahmen für selbstständige Erwerbstätigkeit in
Deutschland erläutert anschließend Karin Schulze Buschoff. Auch sie geht davon aus,
dass die ‚Renaissance der Selbstständigkeit' vor allem auf die Zunahme der Solo-
Selbstständigen zurückgeht. Sie sieht diese Erwerbsform mit besonderen Risiken verbunden, weil sie nicht das Profil der traditionellen Selbstständigen (Kleingewerbetreibende, Professionen, Mittelstandsbetriebe und verkammerte Berufe) aufweist und nur
mit geringen Vermögenswerten ausgestattet ist. Diese Entwicklung stellt Schulze Bu-

schoff zufolge neue Herausforderungen an politische Akteure und Institutionen und wirft die Frage auf, ob und in welcher Form die nationalen staatlichen Sicherungssysteme auf diese Herausforderungen eingestellt sind. Mit der detaillierten Darstellung der bestehenden Regelungen zur sozialen Sicherung Selbstständiger für die verschiedenen institutionellen Bereiche (Krankenversicherung, Altersvorsorge, Arbeitslosenversicherung u.a.) zeigt Schulze Buschoff, dass das solidarische, umlagefinanzierte Sicherungssystem in Deutschland der wachsenden Differenzierung selbstständiger Erwerbslagen nicht gerecht wird, weil es die Selbständigen nur bruchstückhaft mit einer Vielzahl von Sonderregelungen erfasst. Im Vergleich mit anderen europäischen Ländern fehle eine systematische Einbindung aller Selbstständigen in die staatlichen Pflichtversicherungssysteme. Statt weiterer Sonderregelungen plädiert Schulze Buschoff für eine umfassende und konsequente Berücksichtigung der Selbstständigen im Sozialrecht, im Arbeitsrecht und im allgemeinen Vertragsrecht und diskutiert konkrete Gestaltungsvorschläge für diese Aufgabe.

Abschließend werden im dritten Teil spezielle Prekaritätsrisiken und Bewältigungsformen in der Gründungsphase von Unternehmen thematisiert. Ute Fischer widmet sich mit einer qualitativen empirischen Studie dem Handlungsproblem der Existenzgründung: Welche Herausforderungen stellt sie an die Gründungspersonen? Was macht erfolgreiches Gründungshandeln aus? Worin liegen Scheiternsrisiken? Sie identifiziert zunächst generelle Merkmale des unternehmerischen Handelns und des unternehmerischen Habitus und bezieht diese anschließend auf Fallrekonstruktionen von Interviews mit arbeitslosen Gründerinnen aus dem Projekt „Unternehmensgründungen von Migrantinnen". Fischer rückt die besonderen Bedingungen der Gründung aus Arbeitslosigkeit in den Fokus, insbesondere von mit Überbrückungsgeld oder als Ich-AG geförderten Gründungen, und analysiert deren spezifische Risiken. In der Untersuchungsgruppe der Migrantinnen findet sie in ihren Daten ein großes Spektrum unterschiedlicher Prekarisierungsformen. Als entscheidenden Faktor für den Gründungserfolg ermittelt Fischer in den von ihr erforschten Fällen einen unternehmerischen Habitus und veranschaulicht seinen Einfluss an der exemplarischen Gegenüberstellung einer gescheiterten und einer gelungenen Gründung. Sie zieht daraus das Fazit, dass die Förderinstrumente für arbeitslose Gründungspersonen die Gefahr nicht nachhaltiger Gründungen bergen, weil sie die erforderlichen unternehmerischen Dispositionen nicht hinreichend berücksichtigen. Ein fallbezogener Beratungsansatz könne dazu beitragen, günstige habituelle Dispositionen zu identifizieren und die Fördermaßnahmen gezielt darauf abzustimmen.

Mit kooperativen Unternehmen betrachten Oliver Bierhoff und Hanns Wienold eine spezielle Form der unternehmerischen Praxis, nämlich die kollektive Gründung mit dem Anspruch solidarischen Wirtschaftens. Aus theoretischer Perspektive erörtern sie die Möglichkeiten von kooperativen Unternehmungen als Alternativen zur klassischen kapitalistischen Ökonomie. Den Ausgangspunkt ihrer Überlegungen bildet die Kritik der hierarchischen Strukturen kapitalistischer Unternehmen und die arbeitssoziologische Debatte um die Entgrenzung solcher Strukturen. Bierhoff und Wienold erkennen in Entgrenzungskonzepten der Selbstorganisation oder der Projektförmigkeit ursprüngliche Ideen einer alternativen Ökonomie wieder und sehen damit auch für kooperative Unternehmen Chancen zur gesellschaftlichen Neupositionierung gegeben. In Grundzügen zeichnen sie wichtige historische Ansätze zu Demokratie und Solidarität in Wirtschaftsorganisationen (v.a. Genossenschaften und Alternativbetrieben) nach. Sie diskutieren aber auch spezifische Probleme, die aus den komplexen Anforderungen von demokratischen Strukturen in Organisationen, etwa aus unternehmerischen Kompetenzdefiziten oder aus Organisations- und Managementdefiziten, erwachsen können. Solche Problematiken stellen für kooperative Unternehmen beständige Herausforderungen dar und beinhalten Prekarisierungsgefahren für die Beschäftigten. Bierhoff und Wienold schließen mit Überlegungen zu weiteren Entwicklungsperspektiven kooperativer Unternehmen als Beitrag zu einer internationalen solidarischen Ökonomie.

Rosemarie Kay und Peter Kranzusch gehen in ihrem Beitrag von der Beobachtung aus, dass Gründungen durch vormals gescheiterte Unternehmer/innen kein randständiges Phänomen darstellen. Restarter gehen in finanzieller Hinsicht im Vergleich zu Erstgründenden unter erschwerten Bedingungen in eine erneute selbstständige Tätigkeit. Andererseits haben sie aus der vorangegangenen unternehmerischen Tätigkeit lernen können, was ihnen unter sonst gleichen Bedingungen Vorteile gegenüber Erstgründenden verschaffen sollte. Vor diesem Hintergrund gehen Kay und Kranzusch der Frage nach, ob eine erneute Gründung gute Chancen für eine berufliche Existenz bietet oder die bereits vorhandenen Probleme weiter verschärft. Diese Frage wird auf Basis des Gründungspanels des Bonner Instituts für Mittelstandsforschung in mehren Schritten beantwortet: Zunächst werden die Charakteristika von Restartern jenen von Erstgründenden und erfolgreichen Wiederholungsgründenden gegenübergestellt, um auf diese Weise Hinweise auf Unterschiede in den Erfolgsvoraussetzungen dieser drei Gründendengruppen zu erlangen. In einem zweiten Schritt werden die Probleme identifiziert, die während der Gründungsphase aufgetreten sind und der empirisch-faktische Erfolg von Restartern analysiert. Kay und Kranzusch kommen zu dem Ergebnis, dass für die Mehrheit der Restarter der erneute Schritt in die Selbstständigkeit keine ‚Verzweiflungstat' darstellen dürfte. Auch wenn ihre Wahrscheinlichkeit, beim zweiten Mal zu scheitern, etwas größer ist als für die Wiederholungsgründer ohne Scheiternserfahrung oder die Erstgründer, können sich die meisten von ihnen am Markt behaupten mit der Chance auf ein auskömmliches Einkommen.

Im abschließenden Beitrag erörtert Andrea D. Bührmann die theoretischen Perspektiven und methodologisch-methodischen Herausforderungen einer soziologisch orientierten Entrepreneurship-Forschung ausgehend von einer symptomalen Lektüre aktueller Studien zur Gründungsmotivation von Migrant/inn/en. Dabei stellt sie die Befunde des Forschungsprojekts „Unternehmensgründungen von Migrantinnen" zu den Gründungsmotiven von Frauen mit türkischem bzw. polnischem Migrationshintergrund vor und macht deutlich, dass die Frage nach den Gründungsmotiven von Migrantinnen dringend in intersektionaler Perspektive bearbeitet werden sollte. Bührmann formuliert ausgehend von diesem Befund allgemeine Leitlinien für eine soziologisch orientierte Entrepreneurship-Forschung, die sich den Problemen der ‚anderen‘, prekären unternehmerischen Praxen gerade nicht verschließt, sondern sie in den Blick nimmt. Eine solche soziologische Unternehmensforschung solle den Modellplatonismus – wie er vielfach zu finden sei – überwinden, um empirisch gehaltvolle und damit belastbare Theorien formulieren zu können. Bührmann plädiert deshalb für eine Verknüpfung explorativer und exploitiver Forschungstrategien, um Synergien über lose Kopplungen der Forschungsbemühungen jeweils spezialisierter Forschungsgruppen zu erreichen.

4   Weitere Forschungsperspektiven

Dieser Band ist eine der seltenen Gelegenheiten, in denen das verstreute Feld der Entrepreneurship-Forschung in Deutschland unter einem gemeinsamen thematischen Fokus zusammengeführt wird. Dieser Anspruch spiegelt sich wieder in der interdisziplinären Zusammensetzung der Autorinnen und Autoren, die vorwiegend der Soziologie, aber auch den ökonomischen und politischen Wissenschaften entstammen. Sie nutzen ein breites Spektrum empirischen Materials: quantitative und qualitative Daten aus unterschiedlichen Quellen und teilweise sogar als Paneldaten. Insgesamt liefern sie damit einen empirischen Überblick über soziale Problemlagen von Selbstständigen und Unternehmer/inne/n in einer bisher nicht verfügbaren Qualität und Breite. Freilich ist das Feld des prekären Unternehmertums weit gespannt, seine Formen sind vielfältig und es bedarf noch einiger Forschungsanstrengungen, um empirisch gehaltvolle Theorien formulieren zu können. Offene Forschungsfragen sind vor allen Dingen:

- Erstens ist zu fragen, wie weit die Gemeinsamkeiten zwischen den einzelnen Sparten prekären Unternehmertums, wie selbstständigen Unternehmerinnen und Unternehmern in Handwerk, (Klein-)Handel, Solo-Selbstständigen und Freien Berufen reichen und worin sie begründet sind.
- Zweitens stellt sich die Frage nach den Auswirkungen von Prekarisierungsprozessen für die Lebensführung und das Selbstverständnis der betroffenen Unternehmer/innen? Hier stehen also die subjektiven Verarbeitungsstrategien und Bewältigungspraxen prekären Unternehmertums im Zentrum.
- Drittens sind die gesellschaftstheoretischen Implikationen einer Prekarisierung zu klären, die neben den abhängigen auch die selbständigen Erwerbsformen einschließt. Ausgehend von einem Gestaltwandel des Unternehmerischen ist nach einem möglichen ökonomischen, politischen aber auch sozialen Funktionswandel zu fragen (vgl. Pongratz 2008)[9].

---

[9] Damit wäre auch zu fragen, inwiefern das Prekariat als moderne Variante des Proletariats angesehen werden kann, wie dies die Sinus-Milieu-Studien (FES 2006) suggerieren.

Mit Unternehmensgründungen und Entrenpreneurship-Konzepten verbinden sich mancherlei individuelle und gesellschaftliche Hoffnungen: Erfolgserwartungen einzelner Unternehmer/innen ebenso wie generelle Ansprüche an wirtschaftliche Innovation oder die Schaffung neuer Arbeitsmöglichkeiten. Prekäres Unternehmertum ist Ausdruck des Scheiterns solcher Hoffnungen – oder zumindest ihrer eingeschränkten Erfüllung. Die Ergebnisse dieses Bandes zeigen aber auch, dass diese Prekarisierungsrisiken kein Grund zur Entmutigung sein müssen, sondern eher Anlass zu einer realistischen Einschätzung der Chancen und Gefahren selbstständigen Unternehmertums und der damit verbundenen Marktabhängigkeit geben. Deshalb plädieren wir dafür, die Möglichkeiten sozialwissenschaftlicher Entrepeneurship-Forschung für diesen Zweck noch weit zielstrebiger und konsequenter zu nutzen, als das bisher der Fall ist.

Zum Schluss dieser Einführung obliegt es uns als den Herausgebenden, an die Bedingungen zu erinnern, unter denen dieser Sammelband entstehen konnte. Auch ein solches kleines, innovatives und irgendwie sogar unternehmerisches Projekt kommt nicht ohne die Unterstützung und Mitwirkung vieler anderer aus. Wir bedanken uns zunächst herzlich bei den Autorinnen und Autoren der Beiträge, die sich mit uns zusammen dieser neuen Forschungsfrage angenommen haben. Ausgehend von einer Ad-hoc-Gruppe beim Soziologiekongress 2008 konnten wir die Thematik systematisch eingrenzen und gezielt nach ergänzenden Forschungsbeiträgen suchen. Die Autorinnen und Autoren sind mit unseren inhaltlichen Anregungen ebenso wie mit den formalen Anforderungen der Buchproduktion sehr verständnisvoll und produktiv umgegangen – und haben durch ihre verlässliche Beteiligung auch unserer Motivation immer wieder neue Nahrung gegeben.

Bei den Korrekturen hat uns Verena Steinwendner mit ihrem aufmerksamen Blick und ihren sachkundigen Kommentaren in bewährter Manier zur Seite gestanden. Die formale Gestaltung von Text und Bild sowie die Erstellung der Literaturverzeichnisse hat Stefanie Simon – neben ihrem eigenen Beitrag zum Band – mit professionellem redaktionellem Anspruch übernommen. Schließlich danken wir unseren ‚Gastgebern‘ Andrea Maurer (Universität der Bundeswehr München) und Uwe Schimank (Universität Bremen), die uns als Herausgeberin bzw. Herausgeber der Reihe „Wirtschaft und Gesellschaft" einen prominenten Rahmen für unser Anliegen geboten und uns bei seiner Verwirklichung überaus entgegenkommend zur Seite gestanden haben.

Literatur

Acs, Zoltan J. und David B. Audretsch, 2003: Handbook of Entrepreneurship Research: An Interdisciplinary Survey and Introduction. Boston: Kluwer Academic Publishers.
Aulenbacher, Brigitte, Maria Funder, Heike Jacobson und Susanne Völker (Hg.), 2007: Arbeit und Geschlecht im Umbruch moderner Gesellschaften. Wiesbaden: VS Verlag.

Bartelheimer, Peter, 2009: Warum Erwerbsausschluss kein Zustand ist. In: Robert Castel und Klaus Dörre (Hg.): Prekarität, Abstieg, Ausgrenzung. Die soziale Frage am Beginn des 21. Jahrhunderts. Frankfurt a. M. und New York: Campus, S. 131–143.

Becker, Markus und Thorbjörn Knudsen, 2003: The Entrepreneur at a Crucial Juncture in Schumpeter's Work: Schumpeter's 1928 Handbook Entry "Entrepreneur". In: Roger Koppl, Jack Birner und Per Kirruld-Klitgaard (Hg.): Advances in Austrian Economics. Amsterdam: Elesvier, S. 199–234.

Beckert, Jens, 2009: The Social Order of Markets, Theory and Society, Jg. 38, S. 245–269.

Betzelt, Sigrid und Karin Gottschall, 2005: Flexible Bindungen - prekäre Balancen. Ein neues Erwerbsmuster bei hochqualifizierten Alleindienstleistern. In: Martin Kronauer und Gudrun Linne (Hg.): Flexicurity. Berlin: Edition Sigma, S. 275–294.

Biermann, Benno, 1971: Die soziale Struktur der Unternehmerschaft: Demographischer Aufbau, soziale Herkunft und Ausbildung der Unternehmer in Nordrhein-Westfalen. Stuttgart: Enke.

Bögenhold, Dieter, 1985: Die Selbständigen. Zur Soziologie dezentraler Produktion. Frankfurt am Main: Campus.

Bourdieu, Pierre, 1998: Das Prekariat ist überall. In: Pierre Bourdieu (Hg.): Gegenfeuer. Wortmeldungen im Dienste des Widerstands gegen die neoliberale Invasion. Konstanz: UVK Universitätsverlag Konstanz, S. 96–102.

Brinkmann, Ulrich, Klaus Dörre, Silke Röbenach, Klaus Kraemer und Frederic Speidel, 2006: Prekäre Arbeit. Ursachen, Ausmaß, soziale Folgen und subjektive Verarbeitungsformen unsicherer Beschäftigungsverhältnisse. Bonn: Friedrich-Ebert-Stiftung.

Brixy, Udo, Jolanda Hessels, Christian Hundt, Rolf Sternberg und Heiko Stüber, 2009: Global Entrepreneurship Monitor (GEM). Länderbericht Deutschland 2008. Hannover: Institut für Wirtschafts- und Kulturgeographie, Universität Hannover. Nürnberg: Institut für Arbeitsmarkt- und Berufsforschung der Bundesagentur für Arbeit (IAB).

Bröckling, Ulrich, 2007: Das unternehmerische Selbst. Soziologie einer Subjektivierungsform. Frankfurt am Main: Suhrkamp.

Bude, Heinz und Andreas Willisch, 2006: Das Problem der Exklusion. Ausgegrenzte, Entbehrliche, Überflüssige. Hamburg: Hamburger Edition.

Bührmann, Andrea D., 2005: The Emerging of the Enterprising Self and it's Contemporary Hegemonic Status: Some Fundamental Observations for an Analysis of the (Trans-)Formational Process of Modern Forms of Subjectivation, Forum: Qualitative Social Research [On-line Journal], 6 (1), Art. 16.

Bührmann, Andrea D., 2007: Das Bild vom Normalunternehmer. Deutungsmuster in der Existenzgründungsberatung. In: Wolfgang Ludwig-Mayerhofer, Christoph Berendt und Ariadne Sondermann (Hg.): Fallverstehen und Deutungsmacht. Akteure in der Sozialverwaltung und ihre Klienten. Opladen/Farmington Hills: Barbara Budrich, S. 119–142.

Bührmann, Andrea D., 2010: Das unternehmerische Leitbild in der Beratungs- und Förderinfrastruktur für migrantische Unternehmerinnen. In: Andrea D. Bührmann, Ute L. Fischer und Gerda Jasper (Hg.): Migrantinnen gründen Unternehmen. München und Mering: Hampp-Verlag, S. 45–66.

Candeias, Mario, 2008: Genealogie des Prekariats. In: Claudio Altenhain, Anja Danilina, Erik Hildebrandt, Stefan Kausch, Annekathrin Müller und Tobias Roscher (Hg.): Von ,Neuer Unterschicht' und Prekariat. Gesellschaftliche Verhältnisse und Kategorien im Umbruch. Bielefeld: Transcript Verlag, S. 121–138.

Castel, Robert, 2000: Die Metamorphosen der sozialen Frage. Eine Chronik der Lohnarbeit. Konstanz: UVK Univ.-Verl. Konstanz.

Castel, Robert und Klaus Dörre, 2009: Prekarität, Abstieg, Ausgrenzung. Die soziale Frage am Beginn des 21. Jahrhunderts. Frankfurt am Main: Campus.

Coleman, James, 1990: Foundations of Social Theory. Cambridge, MA: Belknap Press.

Cornelius, Barbara, Hans Landström und Olle Persson, 2006: Entrepreneurial Studies: The Dynamic Research Front of a Developing Social Science, Entrepreneurship Theory and Practice, Jg. 30, S. 375–398.

Crozier, Michel und Erhard Friedberg, 1979: Macht und Organisation. Die Zwänge kollektiven Handelns. Königstein/Ts.: Athenäum.

Deutschmann, Christoph, 2008: Kapitalistische Dynamik. Eine gesellschaftstheoretische Perspektive. Wiesbaden: VS Verlag.

Di Maggio, Paul und Walter Powell, 2001: The New Institutionalism in Organizational Analysis. Chicago: University of Chicago Press.

Dörre, Klaus, 2005: Prekäre Beschäftigung ein unterschätztes Phänomen in der Debatte um Marksteuerung und Subjektivierung von Arbeit. In: Karin Lohr und Hildegard-Maria Nickel (Hg.): Subjektivierung von Arbeit – Riskante Chancen. Münster: Westfälisches Dampfboot, S. 180–216.

Dörre, Klaus, Klaus Kraemer und Frederic Speidel, 2004: Prekäre Arbeit. Ursachen, soziale Auswirkungen und subjektive Verarbeitungsformen unsicherer Beschäftigungsverhältnisse, Das Argument, Nr. 256, S. 378–397.

Dörre, Klaus; Klaus Kraemer und Frederic Speidel, 2006: Prekäre Beschäftigung und soziale (Des-)Integration. Ursprünge, Konsequenzen und politische Verarbeitungsformen unsicherer Beschäftigung, Jahrbuch Arbeit, Bildung, Kultur, Jg. 23/24, S. 9–40.

Florida, Richard, 2002: The Rise of the Creative Class … and how it's Transforming Work, Leisure, Community & Every Day Life. New York: Basic Books.

Friedrich-Ebert-Stiftung (FES), 2006: Gesellschaft im Reformprozess. Eine Studie von TNS-Infratest. Berlin: Selbstverlag.

Granovetter, Mark, 1985: Economic Action and Social Structure: The Problem of Embeddedness, The American Journal of Sociology, Jg. 91, S. 481–510.

Hartmann, Heinz, 1968: Der deutsche Unternehmer: Autorität und Organisation. Frankfurt am Main: Europäische Verlagsanstalt.

Hartmann, Heinz und Hanns Wienold, 1967: Unternehmer und Universität. Gütersloh: Bertelsmann.

Kalleberg, Arne L., 2009: Precarious Work, Insecure Workers: Employment Relation in Transition, American Sociological Review, Jg. 74, S. 1–22.

Kocka, Jürgen, 1975: Unternehmer in der deutschen Industrialisierung. Göttingen: Vandenhoeck & Ruprecht.

Kohn, Karsten und Hannes Spengler, 2009: KfW-Gründungsmonitor 2009. Untersuchung zur Entwicklung von Gründungen im Voll- und Nebenerwerb. Frankfurt am Main: KfW Bankengruppe.

Kraemer, Klaus, 2008: Charisma im ökonomischen Feld. In: Andrea Maurer und Uwe Schimank (Hg.): Die Gesellschaft der Unternehmen – die Unternehmen der Gesellschaft. Gesellschaftstheoretische Perspektiven der Wirtschaft. Wiesbaden: VS Verlag, S. 63–77.

Kraemer, Klaus, 2009: Prekarisierung – jenseits von Stand und Klasse? In: Robert Castel und Klaus Dörre (Hg.): Prekarität, Abstieg, Ausgrenzung. Die soziale Frage am Beginn des 21. Jahrhunderts. Frankfurt a. M. und New York: Campus, S. 241–252.

Kraemer, Klaus und Frederic Speidel, 2005: Prekarisierung von Erwerbsarbeit. Zum Wandel eines arbeitsweltlichen Integrationsmodus. In: Wilhelm Heitmeyer und Peter Imbusch (Hg.): Integrationspotentiale einer modernen Gesellschaft. Wiesbaden: VS Verlag, S. 367–390.

Lorey, Isabel, 2008: VirtuosInnen der Freiheit – Zur Implosion von politischer Virtuosität und produktiver Arbeit. In: Claudio Altenhain, Anja Danilina, Erik Hildebrandt, Stefan Kausch, Annekathrin Müller und Tobias Roscher (Hg.): Von ,Neuer Unterschicht' und Prekariat. Gesellschaftliche Verhältnisse und Kategorien im Umbruch. Bielefeld: Transcript Verlag, S. 153–164.

Luhmann, Niklas, 2006: Organisation und Entscheidung. 2. Auflage. Wiesbaden: VS Verlag.

Manske, Alexandra, 2007: Prekarisierung auf hohem Niveau. Eine Feldstudie über Allein-Unternehmer in der IT-Branche. München und Mering: Hampp-Verlag.

Maurer, Andrea, 2008: Das moderne Unternehmen: Theoretische Herausforderungen und Perspektiven für die Soziologie. In: Andrea Maurer und Uwe Schimank (Hg.): Die Gesellschaft der Unternehmen - die Unternehmen der Gesellschaft. Wiesbaden: VS Verlag, S. 17–39.

Maurer, Andrea und Uwe Schimank, 2008: Die Gesellschaft der Unternehmen – die Unternehmen der Gesellschaft. Gesellschaftstheoretische Perspektiven der Wirtschaft. Wiesbaden: VS Verlag.

Mikl-Horke, Gertraude, 2008: Klassische Positionen der Ökonomie und Soziologie und ihre Bedeutung in der Wirtschaftssoziologie. In: Andrea Maurer (Hg.): Handbuch der Wirtschaftssoziologie. Wiesbaden: VS Verlag, S. 19–44.

Minssen, Heiner, 2008: Unternehmen. In: Andrea Maurer (Hg.): Handbuch der Wirtschaftssoziologie. Wiesbaden: VS Verlag, S. 247–267.

Mückenberger, Ulrich, 1985: Die Krise des Normalarbeitsverhältnisses. Hat das Arbeitsrecht noch Zukunft? Zeitschrift für Sozialreform, Jg. 31, S. 415-434 / 457-475.

Piorkowsky, Michael-Burkart, Sabine Fleißig und Annika Junghans, 2009: Selbstständige in Deutschland 1997-2007. Der erste Selbstständigen-Monitor für Deutschland mit dem vollständigen Datensatz des Mikrozensus des Statistischen Bundesamtes. Bonn: Professur für Haushalts- und Konsumökonomik.

Pongratz, Hans J., 2008: Eine Gesellschaft von Unternehmern. Expansion und Profanierung „schöpferischer Zerstörung" in kapitalistischen Ökonomien, Berliner Journal für Soziologie, Jg. 18, S. 457–475.

Pongratz, Hans J. und G. Günther Voß, 2003: Arbeitskraftunternehmer. Erwerbsorientierungen in entgrenzten Arbeitsformen. Berlin: Edition Sigma.

Pratt, John W. und Richard Zeckhauser, 1985: Prinzipals and Agents: The Structure of Business. Boston: Harvard Business School Press.

Rodgers, Gerry, 1989: Precarious Work in Western Europe. In: Gerry Rodgers und Janine Rodgers (Hg.): Precarious Jobs in Labour Markets Regulation. The Growth of Atypical Employment in Western Europe. Genf: International Institute for Labour Studies, S. 1–16.

Schumpeter, Joseph A., 1928: Unternehmer, in: Handwoerterbuch der Staatswissenschaften, 4. Auflage, Bd. 8. Jena, S. 467-487.

Schumpeter, Joseph A., 1964: Theorie der wirtschaftlichen Entwicklung. 6. Auflage. Berlin: Duncker & Humblot.

Statistisches Bundesamt, 2009: Statistisches Jahrbuch 2009. Für die Bundesrepublik Deutschland. Wiesbaden: Statistisches Bundesamt.

Struck, Olaf, 2009: Abstiegssorgen der Mitte – Flexibilität benötigt Sicherheiten. In: Robert Castel und Klaus Dörre (Hg.): Prekarität, Abstieg, Ausgrenzung. Die soziale Frage am Beginn des 21. Jahrhunderts. Frankfurt a. M. und New York: Campus, S. 269–281.

Thien, Hans-Günter, 2010: Klassen im Postfordismus. Münster: Westfälisches Dampfboot.

Völker, Suanne, 2006: Praktiken der Instabilität. Eine empirische Untersuchung zu Prekarisierungsprozessen. In: Brigitte Aulenbacher, Mechthild Bereswill, Martina Löw, Michael Meuser, Gabriele Mordt, Reinhild Schäfer und Sylka Scholz (Hg.): FrauenMännerGeschlechterforschung. Münster: Westfälisches Dampfboot, S. 140–154.

Weber, Max, 1988: Gesammelte Aufsätze zur Religionssoziologie. 8. Auflage. Tübingen: Mohr Siebeck.

Wengenroth, Ulrich, 1989: Prekäre Selbständigkeit. Stuttgart: Zabern.

White, Harrison C., 1981: Where do Markets Come From? American Journal of Sociology, Jg. 87, S. 517–547.

Prekaritätsrisiken unternehmerischen Handelns

Hans J. Pongratz und Stefanie Simon

1 Prekarität im selbstständigen Unternehmertum

1.1 Unternehmerisches Risiko als Erwerbsbedingung

Unternehmerisches Handeln ist riskant. Diese Aussage erscheint auf den ersten Blick als ökonomische Binsenweisheit mit geringer sozialwissenschaftlicher Relevanz. Der Erfolg einer ökonomischen Unternehmung lässt sich zwar kaufmännisch kalkulieren, aber nicht mit Sicherheit prognostizieren; denn dieser Erfolg realisiert sich auf Märkten, auf denen Warentausch durch kontingente wechselseitige Abstimmungsprozesse zwischen einer Vielzahl von anbietenden und nachfragenden Akteuren zustande kommt. Wer mit dem eigenen Angebot keine kostendeckenden Erlöse erzielt, trägt nicht nur keinen Gewinn aus seiner Unternehmung davon, sondern muss sogar mit Verlusten rechnen. Denn ein „Risiko als Gefahr eines Verlustes oder Schadens" (Mikus 2001: 5) existiert nur dann, wenn Verlust oder Schaden mit einer gewissen Wahrscheinlichkeit tatsächlich eintreten können. Die Betriebswirtschaftslehre versucht, mit Instrumenten des Risikomanagements (Götze et al. 2001, Rogler 2002, Wolke 2008) den Umgang mit den Unwägbarkeiten des Marktes auf eine rationale Basis zu stellen und soweit wie möglich berechenbar und beherrschbar zu machen.

Im Selbstverständnis des Unternehmertums gilt dieses Marktrisiko als Legitimation für hohe Gewinne und deren uneingeschränkte Aneignung durch die Unternehmerschaft: Wer zum Nutzen vieler (v.a. von Konsument/inn/en und Belegschaft) viel riskiere (z.B. an Ansehen und Vermögen), solle dafür im Erfolgsfalle auch in reichlichem Maße und in unbehelligter Weise belohnt werden. Die Marktideologie des modernen Kapitalismus dient der Unternehmerschicht als Mittel zur Rechtfertigung des eigenen gesellschaftlichen Statusprivilegs. Tatsächlich zählen Unternehmer/innen, vor allem wenn sie Personal beschäftigen, zu den wohlhabendsten Gruppen einer fortgeschrittenen kapitalistischen Ökonomie wie der Bundesrepublik Deutschland (siehe Kap. 1.3). Zwischen Erfolg und Scheitern liegt indes ein breites Spektrum unternehmerischer Praxis, auf das im Folgenden der Begriff der Prekarität angewendet werden soll (genauer dazu Kap. 1.3). Denn ob unternehmerisches Handeln zum Erfolg führt oder Verluste zeitigt, entscheidet sich selten schnell und bleibt eine wechselhafte Angelegenheit, die oft viel Geduld und Ausdauer für ein langanhaltendes Engagement auf dem Markt verlangt. Für die Unternehmer/innen hat die prinzipielle Unsicherheit unternehmerischen Handelns häufig prekäre Erwerbsbedingungen für die eigene Person zur Folge.

Allerdings ist die Annahme der Prekarisierung der Erwerbsarbeit, wie sie sich in der ungleichheitssoziologischen Diskussion der letzten Jahre etabliert hat (siehe zusammenfassend Castel/Dörre 2009), nicht ohne weiteres auf unternehmerisches Handeln übertragbar. Denn dieser Prekarisierungsdiskurs ist weitestgehend auf die Situation abhängig Beschäftigter ausgerichtet. Er geht davon aus, dass durch die Flexibilisierung des Arbeitsmarktes und durch den Rückbau sozialstaatlicher Regelungen große Teile der Arbeitnehmerschaft erhöhten Erwerbsrisiken ausgesetzt sind. Solche Entwicklungen der Arbeitsmärkte stellen indes für Unternehmer/innen gerade keine Gefahr dar, weil sie selbst ihre Arbeitskraft nicht zum Verkauf anbieten. Im Gegenteil sind sie es, die als Nachfragende fremder Arbeitskraft davon potenziell profitieren: Der Abbau von Arbeitnehmerrechten und der Druck auf die Löhne tragen zur Senkung unternehmerischer Risiken bei. Eher könnten Unternehmer/innen vom Rückbau des Sozialstaats (z.B. in der Kranken- oder Rentenversicherung) betroffen sein, doch war in Deutschland zuletzt die Gegentendenz vorherrschend, selbstständig Erwerbstätige konsequenter in das System sozialer Sicherung einzubeziehen (siehe Schulze Buschoff in diesem Band).

Im Hinblick auf soziale Sicherung erfährt der unternehmerische Erwerb keine Prekarisierung, in dieser Hinsicht war er schon immer prekär. Auf den Märkten für Güter und Dienste, auf denen die Selbstständigen ihr Auskommen suchen, gibt es so etwas wie unbefristete Auftragsverhältnisse oder Gewähr für Vollzeitarbeit nicht: Auftragserteilung und Arbeitsauslastung hängen von wechselnden Bedingungen auf dem jeweiligen Markt ab. Und Sozialversicherungen sind nur für Teilbereiche selbstständigen Erwerbs obligatorisch (siehe ebd.). In beiden Fällen – abhängiger wie selbstständiger Erwerb – ist die Prekarität durch Marktrisiken bedingt: im einen Fall durch Risiken des Arbeitsmarktes, im anderen Fall durch Risiken von Absatzmärkten (siehe auch Kap. 1.2).

Das Thema der Prekarität von Unternehmertum verbindet die wirtschaftssoziologische Frage nach den Besonderheiten unternehmerischen Handelns mit einer sozialstrukturellen Sicht auf die ungleiche Verteilung von Erwerbs- und Einkommenschancen. Bislang ist dieser Zusammenhang vorwiegend im Hinblick auf jene Unternehmerschicht betrachtet worden, die zur wirtschaftlichen und sozialen Elite des Landes zählt (Hartmann 2004). Die ‚kleinen‘ Selbstständigen wurden dagegen zumeist sozialstrukturell im Kleinbürgertum verortet, ohne diese Positionierung mit der Marktabhängigkeit ihres Erwerbs in Verbindung zu bringen (vgl. Bourdieu 1987). Der anhaltende Rückgang der Zahl der Selbstständigen seit Mitte des 19. Jahrhunderts, der schon Marx zur Vorhersage ihres gänzlichen Verschwindens veranlasste, und das Veralten der Kleinbürgerkategorie haben diese Gruppe – und mit ihr das Phänomen prekären Unternehmertums – aus dem Fokus der Ungleichheitsforschung geraten lassen. Die Zunahme der Selbstständigen in Deutschland in den vergangenen 20 Jahren, neue Formen des unternehmerischen Erwerbs (v.a. Solo-Selbstständigkeit) und die aktuelle Sozialstaatsdiskussion verleihen der Thematik nun neue Relevanz.

Im Folgenden wollen wir den analytischen Zugang zur Prekarität unternehmerischen Handelns schärfen, die empirische Sachlage klären und Möglichkeiten der wirtschafts- und sozialpolitischen Gestaltung ausloten. Wir greifen viele der Themen auf, die in den weiteren Beiträgen zu diesem Band vertiefend behandelt werden, in der Absicht, Umrisse und Strukturen der Gesamtproblematik zu skizzieren. Dazu erörtern wir zunächst aus wirtschaftssoziologischer Sicht typische Risiken unternehmerischen Handelns (Kap. 1.2). In ungleichheitssoziologischer Perspektive zeichnen wir anschließend ein empirisches Bild der Erwerbslage von prekären Unternehmer/inne/n. Im zweiten Teil des Aufsatzes unterscheiden und erläutern wir drei charakteristische Konstellationen prekären unternehmerischen Erwerbs: unzureichende Marktanpassung (Kap. 2.1), lebensphasenspezifisches Arrangement (Kap. 2.2) und Selbstständigkeit als Lebens- und Familienmodell (Kap. 2.3). Diese Prekaritätskonstellationen dienen als Bezugspunkt für die Fragen des dritten Teils, wie Prekaritätsrisiken selbstständigen Unternehmertums begrenzt und diese Erwerbsform sozial abgesichert werden kann. Der Annahme folgend, dass die Prekarisierungsgefahr in erster Linie aus Marktrisiken resultiert, schlagen wir als Gestaltungsansätze Marktadäquanz (Kap. 3.1) und Marktunabhängigkeit (Kap. 3.2) vor.

1.2 Marktrisiken und ihre institutionelle Einhegung

Die Prekarität unternehmerischen Erwerbs ist spezifischen Risiken der relevanten Märkte geschuldet. Erstaunlicher Weise haben sich weder wirtschafts- noch sozialwissenschaftliche Analysen des Marktes bisher eingehender mit der Kategorie des Risikos befasst. In der Sicht der neoklassischen Ökonomie regeln sich die Austauschbeziehungen am Markt über Mechanismen der Preisbildung; das Risiko erscheint allenfalls als ein Faktor der Preiskalkulation. In neueren wirtschaftssoziologischen Marktanalysen stehen Netzwerkbeziehungen zwischen Marktakteuren und institutionelle Regelungen zur sozialen Einbettung der Märkte im Vordergrund (Beckert 1997, Aspers/Beckert 2008). Beides wirkt in der Regel risikobegrenzend, doch gerade dieser Aspekt spielt in der Debatte um die Abweichungen vom neoklassischen Modell des perfekten Marktes bislang keine große Rolle. Wer nach einem soziologischen Risiko-Begriff sucht, wird am ehesten in der gesellschaftsanalytischen Debatte zur Risikogesellschaft (Beck 1986) fündig, mit geringem Bezug zur Analyse von Marktprozessen (vgl. Bonß 1995).

Betriebswirtschaftliche Ansätze zum Risikomanagement liefern Beschreibungen vielfältiger (potenzieller) Gefahren der Entwicklung, der Herstellung und des Vertriebs von Waren und sammeln bewährte Strategien zur Risikobegrenzung, zum Beispiel durch Qualitätssicherung oder Controlling – sind aber kaum theoretisch fundiert. Rogler (2001 und 2002) unterscheidet beispielsweise zwischen Beschaffungs-, Produktions- und Absatzrisiken der Industrieproduktion. Lassen wir jene Gefahren außer Acht, die jede zielgerichtete menschliche Aktion begleiten (z.B. Unfallgefahren, Naturereignisse oder Grenzen rationaler Entscheidung), und konzentrieren uns auf

Marktrisiken, so erscheint unternehmerischer Erfolg primär abhängig von Risiken des Absatzmarktes, des Beschaffungs- und des Arbeitsmarktes sowie des Finanzmarktes. Den Kern des unternehmerischen Risikos bildet die Gefahr, die produzierten und lieferbereiten Güter oder Dienstleistungen nicht zu einem kostendeckenden Preis am Markt absetzen zu können. Wer nichts verkauft, hat keine Einnahmen – und kann eventuell nicht einmal die für Herstellung und Marktzugang aufgelaufenen Kosten abdecken.

Das Absatzrisiko hängt vom Verhalten zweier Gruppen von Marktpartnern ab: vom Kaufverhalten der (potenziellen) Nachfragenden und von den Wettbewerbsstrategien der anbietenden Konkurrenz:

- Auf der Nachfrageseite besteht die Gefahr, dass die angebotene Ware nicht den Bedürfnissen oder den Preisvorstellungen der Kundschaft entspricht. Auch wer in der Vergangenheit genügend Nachfrage gefunden hat, ist vor unerwarteten Wendungen nicht gefeit: Bedürfnisse schwanken und verändern sich, Kund/inn/en informieren und orientieren sich neu; sie entdecken die Vorteile der einen und die Nachteile der anderen Ware, richten ihr Verhalten aneinander aus, folgen Moden und geben sie wieder auf.

- Auf indirekte Weise vollzieht sich der Einfluss durch das Wettbewerbsverhalten der ähnliche Waren offerierenden Unternehmer/innen: Indem konkurrierende Anbieter/innen (der Marktlogik folgend) die eigenen Waren ins beste Licht zu rücken und die Nachfragenden zum Kauf derselben zu bewegen versuchen, gefährden sie beständig wechselseitig ihre ökonomische Existenz. Dieser Wettbewerb um die beste und preisgünstigste Leistung gilt in Schumpeterscher Tradition als Motor der kapitalistischen Wirtschaftsdynamik, weil er permanent Produktinnovationen generiert, welche die Konkurrenz zu Anpassung, Aufgabe oder neuerlicher Innovation zwingen.

Neben dem Absatzrisiko besteht das Risiko, die nötigen Ressourcen in geeigneter Qualität und zum bestmöglichen Preis zu erstehen (Beschaffungsrisiko) und sie in effizienter Weise zur Erzeugung der gewünschten Ware zu kombinieren (Produktionsrisiko). Denn in der modernen arbeitsteiligen Wirtschaft sind Unternehmer/innen angewiesen auf Vorleistungen und Ressourcen, die sie von anderen Märkten beziehen: Betriebsmittel und Dienstleistungen auf diversen Beschaffungsmärkten, Arbeitskraft auf dem Arbeitsmarkt und Fremdkapital auf dem Kapitalmarkt.

- Für die Beschaffung von Produkten und Dienstleistungen gilt dieselbe Risikokonstellation wie für den Absatzmarkt – nur dass sie nunmehr aus der Nachfrageperspektive zu bewerten ist: Entsprechen die gekauften Leistungen den für die Weiterverarbeitung erforderlichen Ansprüchen und lassen ihre Kosten eine wettbewerbsfähige Preisgestaltung der eigenen Waren zu?

- Auf dem Arbeitsmarkt wird das Recht auf die zeitlich begrenzte Nutzung der Arbeitskraft fremder Personen erstanden. Das unternehmerische Risiko liegt in der Realisierung der gewünschten Arbeitsleistung: Entsprechen Leistungsfähigkeit und Leistungswille der gemieteten Arbeitskraft den Erwartungen und kann die notwendige Leistungserbringung in ausreichendem Maße gesteuert und kontrolliert werden?

- Die Beschaffung von Produkten, Dienstleistungen und Arbeitskraft erfordert teils erhebliche Vorinvestitionen, die finanziert werden müssen, noch bevor Einnahmen aus dem Warenverkauf zu erzielen sind. Soweit dafür nicht eigene Finanzmittel zur Verfügung stehen (die Kosten durch entgangenen Zins verursachen), müssen sie auf dem Kapitalmarkt als Kredit gekauft und mit Schuldzinsen bezahlt werden. Risiken bergen dabei die Steigerung der Produktionskosten durch Zinsaufwendungen und der zeitliche Erfolgsdruck durch Rückzahlungsfristen – der Markterfolg muss sich rechtzeitig genug einstellen, um die Erwartungen der Kreditgeber erfüllen zu können.

Derartige Kalkulationen unternehmerischer Risiken bestimmen das Wirtschaftshandeln in modernen kapitalistischen Gesellschaften. Selbstständiger Erwerb unterscheidet sich von abhängiger Beschäftigung wesentlich in der Frage, ob das unternehmerische Kalkül den Erwerbstätigen selbst obliegt oder ob es von einer Organisation – dem Unternehmen bzw. dessen Management – als korporativem Akteur übernommen wird. Im ersten Fall schlägt das Marktrisiko unmittelbar und kurzfristig auf die Erwerbsbedingungen (z.B. Arbeitszeit und Einkommen) durch, im zweiten Fall längerfristig, vermittelt über die Auftragslage des Unternehmens. Die Organisation wirkt als Puffer zwischen den Unwägbarkeiten der Absatz- und Beschaffungsmärkte und der Beschäftigungssituation der Belegschaft – und ihre Kapitalgeber nehmen im Gegenzug für diese Stabilisierung der Erwerbsbedingungen den am Markt erzielten Gewinn für sich in Anspruch. Während die Prekarität des selbstständigen Erwerbs direkt marktbedingt ist, resultiert sie bei abhängiger Beschäftigung aus marktinduzierten Managemententscheidungen. Selbstständige sind von Marktschwankungen schnell und unvermittelt betroffen, können aber mit eigenen Initiativen auch rasch und variantenreich darauf reagieren.

Viele der Institutionen, die sich in den unterschiedlichen Feldern selbstständigen Erwerbs – teils über lange historische Zeiträume hinweg – entwickelt haben, lassen sich als kollektive Strategien zur Begrenzung von Marktrisiken (und damit zum Schutz vor Prekarisierung) verstehen. Da sich diese Institutionalisierungsformen im internationalen Vergleich stark unterscheiden, sollen hier nur einige für Deutschland besonders bedeutsame institutionelle Marktbeschränkungen angeführt werden:

- In einer jahrhundertealten Tradition stehen hierzulande die Zugangsbeschränkungen im Handwerk, die vor allem über Ausbildungsordnungen geregelt sind: Nur wer das normierte Ausbildungssystem erfolgreich durchläuft, erwirbt das Anrecht auf Führung eines selbstständigen Betriebs. Diese Zugangskontrolle schützt die selbstständigen Handwerker/innen vor Konkurrenz, sichert die Qualität handwerklicher Leistungen und gewährleistet ein existenzsicherndes Preisniveau.

- Im Feld der Freien Berufe wurden im Zuge von Professionalisierungsstrategien unterschiedliche Formen konkurrenzreduzierender Marktregulierungen durchgesetzt: Neben den – im Vergleich zum Handwerk noch gesteigerten – Ausbildungsanforderungen (in der Regel ein Studium) wurden geschützte Berufsbezeichnungen, verbindliche Honorar- und Gebührenordnungen oder wettbewerbshemmende Berufsnormen etabliert. Der Konkurrenzschutz reicht bis zur Kontingentierung von Betriebsstätten: Die Zulassungsbeschränkungen für Arztpraxen und Apotheken beispielsweise sichern den Absatz und tragen zugleich zur flächendeckenden Versorgung mit ärztlichen Leistungen bei.

- Das wohl vielgestaltigste System der Marktregulierung findet sich (in diesem Falle EU-weit) in der Agrarwirtschaft. Agrarpolitische Maßnahmen werden bezüglich aller genannten Marktrisiken wirksam: Die Absatzförderung nimmt Einfluss auf das Ernährungs- und Kaufverhalten und stimuliert zusammen mit Exportsubventionen die Nachfrage, die Kreditförderung senkt die Finanzierungsrisiken für Investitionen, Sonderregelungen für mithelfende Familienangehörige oder Saisonarbeiter tragen jahreszeitlichen Arbeitsschwankungen Rechnung. Hinzu kommt ein großes Arsenal produktionsbezogener Zuschüsse, die das Wirtschaftsverhalten steuern und gleichzeitig die landwirtschaftlichen Einkommen sichern sollen.

Nicht auf allen Gebieten selbstständigen Erwerbs finden sich derartige institutionelle Marktbeschränkungen, die das Risiko mindern und damit Prekarität vermeiden können. Unternehmer/innen im Handel und im Gaststätten- und Hotelgewerbe oder Anbieter/innen von unternehmensnahen Dienstleistungen etwa sind kaum durch berufs- oder produktspezifische Regelungen vor Marktrisiken geschützt. In diesen Branchen sind verstärkt prekäre Erwerbsbedingungen zu erwarten – bei den Unternehmer/inne/n ebenso wie bei den abhängig Beschäftigten.

Zusammenfassend lehrt die wirtschaftssoziologische Betrachtung unternehmerischer Risiken dreierlei: Erstens, wie vielfältig und komplex die Risikokonstellationen sind, zweitens, dass institutionelle Risikobeschränkungen möglich und verbreitet sind, und drittens, welch heterogenes Bild unternehmerischen Erwerbs beide Aspekte zusammen ergeben. Diese Szenerie wollen wir im Folgenden mit Zahlen zur Erwerbssituation selbstständiger Unternehmer/innen in Deutschland unterlegen – und damit das Ausmaß prekären Unternehmertums genauer bestimmen.

1.3 *Disparitäten selbstständigen Unternehmertums*

Da der Unternehmer-Begriff sehr vielfältig verwendet wird und kaum zweifelsfrei festzulegen ist (siehe die Einleitung von Bührmann/Pongratz in diesem Band), ist auch die Gruppe der Unternehmer/innen sozialstrukturell nur schwer zu umreißen. Diese Heterogenität hat in den unterschiedlichen historischen Entwicklungslinien selbstständiger Erwerbsarbeit ihre Ursache. Während es den arbeitsvertraglich fundierten Arbeitnehmerstatus (als Arbeiter/in oder Angestellte/r) erst seit der Zeit der Industrialisierung (in Deutschland also seit ca. 150 Jahren) gibt, reichen die Wurzeln selbstständigen Erwerbs in Landwirtschaft und Handwerk über viele Jahrhunderte zurück – mit Marktstrukturen und Berufsordnungen, die bis heute nachwirken. Andere Felder unternehmerischen Erwerbs haben sich dagegen erst in den letzten Jahrzehnten in nennenswertem Umfang ausgebildet, beispielsweise die unternehmensnahen Bildungs- und Beratungsleistungen.

Tabelle 1: Selbstständige in Deutschland im Jahr 2008

Selbstständige	4.160.000
inklusive mithelfender Familienangehöriger, davon:	4.465.000
Land- und Forstwirtschaft	402.000
Produzierendes Gewerbe	771.000
Dienstleistungen (DL), davon	3.292.000
Handel	748.000
Gastgewerbe	352.000
Unternehmensnahe Dienstleistungen	818.000
Sonstige Dienstleistungen	1.276.000

Quelle: Eigene Berechnung auf der Grundlage des Statistischen Jahrbuchs 2009 (Statistisches Bundesamt 2009: 81f.)

Insgesamt zählt die amtliche Statistik im Jahr 2008 in Deutschland 4,16 Mio. Selbstständige, das sind ca. 12 % aller Erwerbstätigen. Von der Gesamtzahl der 4,46 Mio. Selbstständigen einschließlich mithelfender Familienangehöriger (siehe Tab. 1) sind nicht einmal mehr 10 % in der Land- und Forstwirtschaft tätig[1], knapp doppelt so viele Selbstständige finden sich im produzierenden Handwerk. Folglich sind, ähnlich wie in der Gesamtwirtschaft, auch die Selbstständigen heute zu etwa 70 % in Dienstleistungsberufen tätig; große Felder bilden dort der Handel und das Gastgewerbe mit zusammen 1,1 Mio. Personen. Die genannten Bereiche selbstständiger Existenz haben schon in vorindustrieller Zeit im Wirtschaftsgefüge eine gewichtige Rolle gepielt. Heute erbringen indes fast die Hälfte der selbstständigen Unternehmer/innen Leistungen, welche das Statistische Bundesamt unter die reichlich diffusen Kategorien der ,unternehmensnahen' sowie der ,sonstigen' Dienstleistungen zu fassen versucht. Darunter fallen auch die Freien Berufe (siehe Tab. 2), die auf der Grundlage berufsständischer Organisation unternehmerische Sonderstellungen für sich in Anspruch nehmen.

---

[1] Der Agrarbericht 2007 weist für das Jahr 2005 noch 164.000 Betriebe im Haupterwerb aus (Bundesregierung 2007: 10).

Tabelle 2:   Entwicklung der Zahl der Selbstständigen in Deutschland

	2000	**2007**	Veränderung
Selbstständige insgesamt	3.643.000	4.160.000	+ 14 %
Mit Beschäftigten	1.801.000	1.838.000	+ 2 %
Ohne Beschäftigte	1.842.000	2.323.000	+ 26 %
Freie Berufe[2]	917.000	1.180.000	+ 29 %
Mit Beschäftigten	427.000	460.000	+ 8 %
Ohne Beschäftigte	490.000	720.000	+ 47 %

Quelle: Statistisches Bundesamt 2009: 89 (Ergebnisse des Mikrozensus)

Nachdem der Anteil der Selbstständigen an allen Erwerbstätigen im Zuge der Industrialisierung beständig zurückgegangen war, nimmt er in Deutschland seit Beginn der
1990er Jahre allmählich wieder zu. Wie Tabelle 2 zeigt, ist der Anstieg der Selbstständigen um 14 % von 2000 bis 2007 fast ausschließlich auf die Zunahme von Solo-
Selbstständigkeit (ohne Beschäftigte) zurückzuführen. Bei den Freien Berufen sind
beide Entwicklungen besonders ausgeprägt zu beobachten: Die Zahl der Freiberufler
ohne Arbeitgeberfunktion ist innerhalb dieser sieben Jahre annähernd um die Hälfte
gestiegen. Es finden also beträchtliche Umschichtungen innerhalb des selbstständigen
Unternehmertums hin zu Dienstleistungstätigkeiten und Solo-Selbstständigkeit statt.

Tabelle 3:   Nettoeinkommen aus Erwerbstätigkeit (im Haupterwerb) im Jahr 2003

	Selbstständige	**Abhängig Beschäftigte**	**Alle**
Mittelwert der Netto-Einkommen	38.562 €	26.975 €	28.395 €
Median der Netto-Einkommen	14.252 €	22.480 €	21.879 €
1. Dezil	< 3.622 €	< 5.535 €	< 4.880 €
10. Dezil	> 78.244 €	> 50.012 €	> 51.824 €
90/10 Relation	*103,8*	*31,8*	*41,2*

Quelle: Merz 2006: 6 (Auswertung der Lohn- und Einkommenssteuerstatistik)

---

[2] Die Kategorie der Freien Berufe ist in Deutschland steuerrechtlich definiert und wird in § 1 Abs. 2
PartGG (Gesetz über Partnerschaftsgesellschaften Angehöriger Freier Berufe) folgendermaßen festzule-
gen versucht: „Die Freien Berufe haben im allgemeinen auf der Grundlage besonderer beruflicher Quali-
fikation oder schöpferischer Begabung die persönliche, eigenverantwortliche und fachlich unabhängige
Erbringung von Dienstleistungen höherer Art im Interesse der Auftraggeber und der Allgemeinheit zum
Inhalt".

Zur Abschätzung der Prekarität der Erwerbsbedingungen dieser Gruppen greifen wir im Folgenden auf Einkommensdaten, und dabei wiederum vorwiegend auf Daten zur Höhe des Einkommens zurück[3]. Angesichts der Unbeständigkeit selbstständigen Erwerbs wären für eine zuverlässige Einschätzung von Prekarität zusätzlich die Stetigkeit der Einnahmen, die Dauer der Selbstständigkeit oder das Niveau der sozialen Absicherung zu berücksichtigen; doch stehen diesbezüglich noch kaum detaillierte Auswertungen zur Verfügung. Die Zahlen der Einkommenssteuerstatistik sprechen nur auf den ersten Blick gegen eine besondere Prekarisierungsgefahr unternehmerischen Erwerbs: Merz (2006: 6) ermittelt auf dieser Datengrundlage für Selbstständige ein mit 38.562 Euro im Durchschnitt um etwa 40 % höheres Nettoeinkommen als für abhängig Beschäftigte im Jahr 2003 (siehe Tab. 3). Berufliche Selbstständigkeit ist also im Allgemeinen ein lohnendes Unterfangen mit attraktiven Gewinnaussichten. Allerdings nicht für alle: Denn die Hälfte der Selbstständigen, so weist der Median-Wert aus, verdient weniger als 14.252 Euro pro Jahr – während der Einkommens-Median bei den abhängig Beschäftigten um ca. 40 % höher liegt. Die Differenz von Mittelwert und Median der Nettoeinkommen, die bei den Arbeitnehmern mit ca. 4.500 Euro gering ausfällt, ist für die Selbstständigen mit über 24.000 Euro gravierend. Verdeutlicht wird die extreme Einkommensungleichheit (siehe Tab. 3) unter Selbstständigen durch den Umstand, dass die einkommensstärksten 10 % (10. Dezil) mehr als das hundertfache der einkommensschwächsten 10 % (1. Dezil) verdienen (90/10 Relation).

Mit weniger als etwa 14.000 Euro Einkommen befindet sich die Hälfte der Selbstständigen (bezogen auf die Daten von Merz 2006) im Bereich jenes Wertes, der meist als Armutsgrenze bestimmt wird, nämlich 50 % des Haushalts-Durchschnittseinkommens der Gesamtbevölkerung. Müssten die Haushalte dieser Selbstständigen allein davon leben, so wären sie sämtlich als arm einzustufen. Tatsächlich ist die Armutsquote der Haushalte von Selbstständigen (als Hauptverdienern) deutlich niedriger; den Daten des Sozio-oekonomischen Panels (SOEP) zufolge liegt sie in den Jahren 2001 und 2006 bei etwas über 10 % (Statistisches Bundesamt 2008: 168)[4]. Aber auch diese ‚offizielle‘ Armutsquote zählt noch zu den höchsten unter den Haushalten mit Vollzeit-Erwerbstätigen: Nur die Gruppe der un- und angelernten Arbeiter/innen liegt mit 13,5 % in 2001 und 18,1 % in 2006 deutlich über diesem Wert, bei den qualifizierten Angestellten beträgt die Armutsquote nur 1,8 % in 2001 und 4,0 % in 2006 (ebd.). Als

---

[3] Wir stützen uns dabei auf die Analysen von Bögenhold/Fachinger und Gather et al. in diesem Band. Prekarität ist ein schwer zu operationalisierendes Konstrukt, das objektive Indikatoren ebenso umfasst wie Aspekte des subjektiven Erlebens von Unsicherheit (Kraemer 2008). Für die unternehmerisch Selbstständigen läge es nach den vorausgehenden Ausführungen (Kap. 1.2) nahe, zunächst Risikokonstellationen zu ermitteln, doch stehen dafür bisher keine für sozialwissenschaftliche Fragestellungen brauchbaren Messinstrumente zur Verfügung. Die Einkommenshöhe dient uns stattdessen als Hilfsindikator für das ‚realisierte‘ Risiko.

[4] Diese Abweichung liegt in zweierlei begründet: Zum einen beziehen sich die Einkommensdaten von Merz zwar auf hauptberuflich Selbstständige, erfassen aber nur ihre Einnahmen aus selbstständigem Erwerb; dazu können bis zur selben Höhe Einnahmen aus abhängiger Beschäftigung kommen. Zum anderen sind viele Selbstständige weder Alleinverdienende noch Hauptverdienende in ihrem Haushalt.

positive Entwicklung können die Selbstständigen verbuchen, dass sich ihre Armutsquote zwischen 2001 und 2006 nicht erhöht hat, während sie für die Gesamtbevölkerung ab 18 Jahren (also einschließlich von Arbeitslosen und Rentner/inne/n) von
10,4 % auf 13,3 % gestiegen ist (ebd.).

Die Analysen von Bögenhold/Fachinger sowie von Gather et al. (beide in diesem
Band) zeigen, dass zwei Gruppen von Selbstständigen besonders niedrige Einkommen
aufweisen: Solo-Selbstständige und Frauen. Die Auswertung der Mikrozensusdaten
durch Bögenhold und Fachinger belegt, dass die Haushalte von Selbstständigen ohne
Beschäftigte vor allem die unteren Einkommensklassen (bis ca. 3.000 Euro monatliches Nettoeinkommen) besetzen, während darüber Haushalte der Selbstständigen mit
Beschäftigten dominieren. Knapp ein Drittel der Haushalte von Solo-Selbstständigen
verfügt monatlich über weniger als 1.700 Euro netto und liegt damit in dem vom Statistischen Bundesamt (2008: 165) als „prekärer Wohlstand" eingestuften Bereich (75 %
des Durchschnittseinkommens der Bevölkerung). Gather, Schmidt und Ulbricht weisen mit SOEP-Daten (aus den Jahren 2002 bis 2007) nach, dass unter den in Vollzeit
selbstständig Erwerbstätigen die Frauen in den unteren beiden Einkommens-
Quartilen wesentlich häufiger vertreten sind als die Männer: Im untersten Quartil (bis
ca. 1.100 Euro Bruttomonatsverdienst) liegt der Anteil der Frauen bei 40,8 %, der der
Männer nur bei 15,4 %. Der auf dieser Grundlage berechnete Gender Wage Gap beträgt 34,7 % und liegt deutlich über dem Wert von 22,6 % für abhängig Beschäftigte[5].

Tabelle 4:   ‚Reiche' und ‚arme' Berufe: Einkommensungleichheiten innerhalb der Freien Berufe

Durchschnittliche Einkünfte 2004 in Euro			
Zahnärzte	119.639	Journalisten	22.694
Ärzte	117.700	Übersetzer	20.920
Lotsen	108.816	Lehrer	20.265
Wirtschaftsprüfer	82.664	Heilpraktiker	19.871
Steuerberater	82.237	Künstler. Berufe	19.745
Rechtsanwälte	69.823	Werbung	18.701

Quelle: Statistisches Bundesamt 2009: 608 (Steuerpflichtige mit überwiegenden
Einkünften aus freiberuflicher Tätigkeit)

---

[5] Dass Bögenhold und Fachinger (in diesem Band) im Widerspruch dazu keine gravierenden Unterschiede im Einkommen zwischen selbstständigen Frauen und Männern feststellen, dürfte daran liegen,
dass sie das Haushaltseinkommen zugrunde legen, während Gather et al. (in diesem Band) mit Indivi-
dualeinkommen rechnen. Die Diskrepanz der Befunde erklärt sich dann durch die Annahme, dass die
selbstständigen Männer sehr viel häufiger Hauptverdienende im Haushalt sind als die selbstständigen
Frauen.

Eine dritte maßgebliche Einkommensdifferenzierung betrifft unterschiedliche Berufsfelder: Die Einkommenssteuerstatistik weist für das Jahr 2004 innerhalb der Gruppe der Freien Berufe ein Spektrum der Durchschnittseinkommen zwischen ca. 20.000 Euro und ca. 120.000 Euro aus (Tab. 4). Die hohen Einkommensunterschiede lassen sich nur bedingt durch differierende Qualifikationsniveaus erklären, denn auch Berufe im unteren Einkommensspektrum, wie z.B. Journalist/inn/en, Übersetzer/innen oder Lehrer/innen setzen in der Regel ein Studium voraus. Offenbar konnten aber die klassischen Professionen, wie Ärzte und Rechtsanwälte, mit berufsständischen Strategien privilegierte Einkommensansprüche durchsetzen.

All diese Befunde belegen die starke Spreizung der Einkommen von selbstständigen Unternehmer/inne/n und damit die ausgeprägte soziale Ungleichheit innerhalb dieser Erwerbsgruppe. Selbstständige verdienen zwar im Durchschnitt erheblich mehr als abhängig Beschäftigte, befinden sich aber gleichzeitig zu einem weit höheren Anteil im Bereich prekären Erwerbs. Das Risiko geringen Einkommens ist besonders hoch für Solo-Selbstständige, für selbstständige Frauen und für Berufe mit geringem Professionalisierungspotenzial. Teilweise kumulieren die Einkommensnachteile, etwa weil Frauen wesentlich häufiger als Männer ohne Beschäftigte selbstständig sind (Gather et al. in diesem Band). Da die Einkommen der Selbstständigen relativ stabil geblieben sind, kann zwar von einer erheblichen Prekarität selbstständigen Unternehmertums ausgegangen werden, aber nicht unbedingt von einer zunehmenden Prekarisierung. Allerdings erfolgt ein großer Teil der Neugründungen in der Prekaritätszone der Solo-Selbstständigkeit und der wenig professionalisierten Dienstleistungsberufe.

2 Typische Problemkomplexe selbstständigen Erwerbs

Verlustrisiken sind unternehmerischem Markthandeln immanent und Phasen des prekären Erwerbs deshalb nicht generell zu vermeiden. Erklärungsbedürftig ist hingegen, warum so viele Selbstständige in Deutschland von Prekarisierung betroffen sind, wie es die (in Kap. 1.3) geschilderten Einkommensdaten belegen. Und zu fragen bleibt, warum manche Gruppen (Solo-Selbstständige, Frauen) und manche Berufe in besonderem Grade davon betroffen sind. Um diese Zusammenhänge weiter aufzuklären, identifizieren wir im Folgenden auf der Grundlage von Analysen zu Teilbereichen selbstständiger Erwerbstätigkeit eine Reihe typischer Problemkomplexe, aus denen prekäre Erwerbskonstellationen resultieren. Prekäre Selbstständigkeit kann demnach entweder die Folge ökonomischer Fehlanpassung (Kap. 2.1) oder eines spezifischen – vorübergehenden oder dauerhaften – biographischen Arrangements sein, mit welchem lebensphasenspezifische Anforderungen zu bewältigen (Kap. 2.2) oder unternehmerische Lebens- und Familienmodelle zu verwirklichen (Kap. 2.3) versucht werden.

2.1   Prekärer Erwerb aufgrund unzureichender Marktanpassung

Aus ökonomischer Sicht ist eine Unternehmung besonders gefährdet in der Phase der Gründung und in Zeiten von Marktveränderungen und -krisen. Laut Kay und Kranzusch (in diesem Band) werden in Deutschland jedes Jahr etwa 400.000 Unternehmen neu gegründet und etwa ebenso viele aufgegeben – das sind immerhin mehr als 10 % aller Unternehmen. Von neu gegründeten Unternehmen stellen innerhalb der ersten vier Jahre gut 40 % den Betrieb wieder ein (Brüderl et al. 2007: 301ff.). Die Gründe für mangelnden unternehmerischen Erfolg sind vielfältig (ebd.: 277ff.). Die Literatur zur Gründungsberatung (vgl. z.B. Corsten 2002) nennt als Gründungsprobleme u.a. geringe Marktkenntnisse, schlechte Planung, unzureichende Finanzierung, unrealistische Umsatzerwartungen, mangelnde unternehmerische Erfahrung oder ungeeignete fachliche Voraussetzungen (vgl. auch Fischer in diesem Band). Den Erfahrungsberichten der Gründungsberater/innen der Industrie- und Handelskammern zufolge (DIHK 2009: 9) liegen die Hauptprobleme in Defiziten im kaufmännischen Bereich, in unklaren Vorstellungen von Geschäftsidee und Zielgruppe und in falschen Einschätzungen der finanziellen Anforderungen einer Gründung. Gründungsberatung und Gründungsförderung können durch Finanzierungshilfen, Weiterbildungsangebote oder Netzwerkbildung dazu beitragen, solche Defizite abzubauen und die Startvoraussetzungen zu verbessern – oder schlecht vorbereitete Gründungen zu unterlassen. Aber auch mit derartiger Unterstützung bleibt eine Gründung ein unternehmerisches Wagnis, für das eine unbestimmte Zeit lang niedrige und unsichere Einnahmen bei erheblichen Kosten einzukalkulieren sind.

Situationen unzureichender Marktanpassung können sich aber auch nach einer erfolgreichen Gründung in späteren Unternehmensphasen durch Veränderungen oder Krisen am Markt einstellen. Wandlungen im Nachfrageverhalten sowie innovative oder preisgünstige Angebote der Konkurrenz erschweren den Absatz und gefährden das unternehmerische Einkommen. Ein laufender Geschäftsbetrieb erfordert (unabhängig von der Betriebsgröße und der Mitarbeiterzahl) zur Deckung der Kosten kontinuierlich fließende Einnahmen durch beständige Verkaufserlöse. Vergangene Markterfolge tragen nur dann über Krisenphasen hinweg, wenn sie zum Aufbau finanzieller Reserven oder nachhaltiger Kundenbeziehungen genutzt werden konnten. Doch stehen Unternehmer/inne/n vielfältige Optionen offen, auf derartige Schwankungen und Krisen zu reagieren: Sie können neue Leistungen entwickeln oder innovative Konkurrenzprodukte nachahmen, sie können vermittels Vertrieb und Marketing Ansehen und Bekanntheit der eigenen Güter und Dienste steigern oder die Produktionskosten durch Rationalisierungsmaßnahmen senken, um niedrigere Preisniveaus zu erreichen. Alle diese Maßnahmen zur Marktanpassung bringen neben der Unsicherheit bezüglich ihrer Effektivität neue Kosten mit sich. Bis ihre Wirkung einsetzt, schmälern sie den Ertrag, welcher die Existenz der Selbstständigen sichert. Diese Handlungsdynamik birgt die Gefahr einer Prekarisierungsspirale in sich: Die prekäre Situation unzureichender Erträge gibt Anlass zu neuerlichen Investitionen, welche den erzielbaren

Überschuss kurzfristig weiter mindern – und damit die Prekarität erhöhen (bevor auf längere Frist Erfolge erwartbar sind). Anhaltender Misserfolg am Markt zwingt zur Entscheidung, entweder den Markt zu verlassen, um weitere Verluste zu vermeiden, oder noch höhere Risiken einzugehen in der Hoffnung auf Verbesserung künftiger Marktchancen[6].

Sofern sich nach erfolgreicher Marktanpassung über kurz oder lang der gewünschte Erfolg einstellt, erscheint diese prekäre Situation lediglich als Übergangsphase mit temporären Einschränkungen, welche durch die dauerhafte Festigung der eigenen Marktpositionen wieder kompensiert werden. Übergangsprekarität im Gefolge von Marktanpassung zeugt von der Funktionsfähigkeit der Märkte und schlägt sich in sozialstruktureller Perspektive in Schwankungen des unternehmerischen Einkommens nieder. Soziale Probleme sind erst im Falle anhaltenden Misserfolgs zu erwarten, wenn sich die Risikosteigerung nicht auszahlt, weil die Marktanpassung nicht gelingen will: Denn dieser Prozess kann sich über lange Zeiträume erstrecken und verschiedene Phasen des Erkennens der Krise, der Vorbereitung und Durchführung von Maßnahmen zur Marktanpassung, der Realisierung des endgültigen Scheiterns und schließlich der beruflichen Neuorientierung umfassen. Die psychischen, sozialen und finanziellen Belastungen einer gescheiterten Marktanpassung stellen einen gravierenden Einschnitt der Erwerbsbiographie dar.

Trotz ihrer sozialen Problematik lässt sich diese Situation ökonomisch als Ergebnis eines Selektionsmechanismus verstehen, der den Markt von nicht konkurrenzfähigen Angeboten ‚befreit‘, seine Allokationseffizienz steigert und die Erfolgschancen der verbliebenen Wettbewerber (und deren Einkommen) verbessert. Unternehmerische Prekarität zählt dann zu jenen sozialen Folgen kapitalistischer Ökonomie, die für das Ziel funktionierender Märkte von der Gesellschaft in Kauf genommen werden. Dass Unternehmensliquidationen den Betroffenen nicht alle Chancen rauben, zeigen die Befunde von Kay und Kranzusch (in diesem Band) zur Gruppe der Restarter, die nach einer gescheiterten Gründung erneut den Versuch wagen, sich selbstständig zu machen. Teilweise belastet mit finanziellen Folgekosten und oft mit geringerem Startkapital ausgestattet, sind ihre Erfolgsaussichten zwar schlechter als die von Erstgründenden, aber – mit der gewonnenen unternehmerischen Erfahrung im Hintergrund – gut genug, um eine neuerliche Gründung zu rechtfertigen.

Neben Erfolg und Scheitern gibt es noch ein drittes ökonomisches Szenario, das von sozialstruktureller Bedeutung ist: das ‚Überleben‘ am Markt ohne nachhaltigen Markterfolg. Maßnahmen zur Marktanpassung lassen oft nur schwer erkennen, in welchem Ausmaß und bis zu welcher Frist sie Wirkung zeigen müssen, um den weiteren Verbleib am Markt zu rechtfertigen. Eindeutig erzwungen ist ein Marktausstieg nur in dem eher seltenen Fall (wenn man von den geschilderten Einkommensdaten der Selbstständigen ausgeht), dass Aufträge gänzlich ausbleiben. Im Regelfall muss die

---

[6] Der geringe Anteil der Insolvenzen an den Unternehmensliquidationen in Deutschland (siehe Kay/Kranzusch in diesem Band) zeigt, dass die meisten Unternehmer/innen den Markt verlassen, bevor sie jeden unternehmerischen Entscheidungsspielraum verlieren.

Nachfrageentwicklung laufend daraufhin interpretiert werden, ob sie künftigen Markterfolg verspricht und die zwischenzeitliche Prekarisierung folglich vertretbar bleibt. Die Schwierigkeit, den richtigen Zeitpunkt zum Ausstieg zu finden, ist dann besonders groß, wenn der Umsatz neben der Deckung der Kosten einen kleinen Überschuss abwirft (ohne das angestrebte stabile Einkommensniveau zu erreichen) – und keine unmittelbare Not drängt. Diese Selbstständigen sind weder gescheitert noch ‚wirklich' erfolgreich: Sie haben ihr Angebot am Markt etabliert und erleben Verkaufserfolge (mit denen sie ‚überleben' können), während gleichzeitig die Erwerbssituation unbefriedigend und die unternehmerischen Wahlmöglichkeiten beschränkt bleiben[7].

Um die hier analytisch differenzierten Szenarien mit empirischen Daten untermauern zu können, wären genauere lebensgeschichtliche Untersuchungen der Umsatz- und Einkommensentwicklungen von Selbstständigen erforderlich, als aktuell verfügbar sind. Qualitative Studien legen den Schluss nahe, dass vor allem Solo-Selbstständige von einer gewissermaßen zwischen Erfolg und Scheitern ‚schwebenden' Prekarisierung betroffen sind (siehe z.B. Betzelt/Gottschall 2005, Egbringhoff 2007, Manske 2007). Denn Solo-Selbstständige sind (vor allem in den Kreativberufen) meist flexibel in der Wahl des Arbeitsumfeldes und damit auch in der Gestaltung der Produktionskosten: Beispielsweise lässt sich eine selbstständige Tätigkeit als Webdesigner/in in einer Ecke des heimischen Wohnzimmers mit Laptop und Telefon im Prinzip genauso ausüben wie in einem repräsentativen Büro mit aufwändiger technischer Ausstattung. Es ist vor allem angestelltes Personal, das hohe Fixkosten durch Gehaltszahlungen und eine angemessene Arbeitsplatzausstattung verursacht. Wer dagegen nur die eigene Arbeitskraft einsetzt, kann den Rahmen dafür, individuellen Neigungen und Bedürfnissen (oder Zwängen) folgend, fast beliebig variieren (zu unterschiedlichen Strategien siehe Egbringhoff 2007)[8]. Hochqualifizierte Dienstleistende erleben die inhaltlichen Herausforderungen und arbeitsorganisatorischen Freiräume vielfach als ausreichende Kompensation für prekäre Erwerbsbedingungen. Ihre Solo-Selbstständigkeit lässt sich folglich als „spezifische Mischung von Privilegierung und Prekarisierung" (Betzelt/Gottschall 2005: 289) oder als „Prekarisierung auf hohem Niveau" (Manske 2007) interpretieren.

---

[7] Ähnliche Folgen kann die Marktanpassung über Preiszugeständnisse haben: Der niedrigere Preis sichert zwar den Absatz, schmälert aber den Spielraum für Investitionen ebenso wie für Gewinnausschüttungen.

[8] Bei Selbstständigen in der IT-Branche hängt das ‚Überleben' am Markt offenbar entscheidend von der Frage ab, welches Einkommensniveau angestrebt wird: Manske (2007) zufolge unterscheiden sich die drei Erwerbstypen der „Unternehmer", der „Dienstleister" und der „Künstler" aufgrund unterschiedlicher Erwerbsmotive gravierend hinsichtlich ihrer Einkommenserwartungen. Selbstständige in Kultur- und Medienberufen nutzen die Privatsphäre als Ressource des individuellen Risikomanagements: „Auftragsschwankungen und die damit einhergehenden Arbeitsspitzen und -flauten werden oftmals durch den Partner oder die Partnerin aufgefangen – sowohl in Form vermehrter Reproduktionsleistungen als auch zeitweiser finanzieller Unterstützung" (Betzelt/Gottschall 2005: 284f.).

2.2 Prekäre Selbstständigkeit als lebensphasenspezifisches Arrangement

Im Falle unzureichender Marktanpassung sind wir davon ausgegangen, dass das Ziel der unternehmerischen Initiative dauerhafte Selbstständigkeit ist und Prekarität als Einstiegs- oder Krisenphase auf diesem Wege notgedrungen hingenommen wird. Prekärer Erwerb erscheint als vorübergehend geduldete Begleiterscheinung einer unternehmerischen Existenz. In den Fällen, die wir nun näher betrachten wollen, ist die Selbstständigkeit selbst das Übergangsphänomen, „ein Produkt von Gelegenheitsstrukturen" (Egbringhoff 2007: 275), das für eine bestimmte Phase des Erwerbslebens als Alternative zur abhängigen Beschäftigung gewählt wird, ohne dass es das eigentliche Berufsziel darstellt. Aufgrund der zeitlich begrenzten Perspektive werden dabei oft Bedingungen in Kauf genommen, die als hinderlich für eine erfolgreiche Gründung gelten: fehlendes Kapital, mangelnde Kenntnisse und Erfahrungen, enge zeitliche Verfügbarkeit oder starke Konkurrenz. Als Übergangsstadium angelegt hat die Selbstständigkeit eher den experimentellen Charakter des Erprobens fachlicher und unternehmerischer Fähigkeiten oder des Tests von Marktzugangschancen – und birgt damit höhere Risiken in sich als ein konsequent unternehmerisches Engagement mit langfristiger Zielsetzung. Selbstständigkeit als Übergang ist insbesondere in den Lebensphasen des Berufseinstiegs und des Wiedereinstiegs nach einer freiwilligen (z.B. familiär bedingten) oder unfreiwilligen, durch Arbeitslosigkeit verursachten Erwerbspause zu beobachten.

Selbstständigkeit als Berufseinstiegsvariante

In Deutschland ist Selbstständigkeit kein verbreiteter Modus des Berufseinstiegs. Er findet sich fast nur im Falle der Übernahme eines Familienbetriebes in Landwirtschaft oder Handwerk (siehe Kap. 2.3)[9]. Vor diesem Hintergrund erscheint es ebenso ungewöhnlich wie risikoreich, den Schritt in die Selbstständigkeit unmittelbar nach der schulischen oder beruflichen Ausbildung zu wagen. Dennoch stellt in einigen Berufsfeldern Selbstständigkeit eine wichtige Einstiegsoption dar, wie das Beispiel der Rechtsanwält/inn/e/n lehrt. Jurist/inn/en stehen mehrere attraktive Berufsalternativen offen: neben einer Laufbahn im öffentlichen Dienst vor allem der Eintritt in eine Sozietät, die Anstellung in einer Kanzlei oder (als Syndikus) in einem Wirtschaftsunternehmen. In einer Befragung angehender Rechtsanwält/inn/e/n, die zwischen 1996 und 1999 ihre erste Zulassung erhalten hatten, konnten 25 % keine dieser Positionen erreichen und gründeten stattdessen eine eigene Kanzlei (Wasilewski et al. 2000: 79)[10].

---

[9] Traditionell arbeiten Hoferb/inn/en jedoch längere Zeit als mithelfende Familienangehörige im Betrieb mit, bevor sie seine Leitung übernehmen. Auch im Handwerk und in den Freien Berufen sieht das Erwerbsmodell der Selbstständigkeit eine vorgängige Phase abhängiger Beschäftigung vor – zur Ausbildung, um Erfahrungen zu sammeln, um Marktkontakte aufzubauen oder zur Ansparung von Kapital.

[10] Die Verteilung der übrigen Optionen (ohne öffentlicher Dienst) lautet (Wasilewski et al. 2000: 79): 32 % wurden in einer Kanzlei angestellt, 7 % als Syndikus, 4 % traten in eine Sozietät ein; die größte

Obwohl der Anwaltsberuf zu den einkommensstarken Segmenten zählt (siehe Tab. 4), weist die Befragung ihre Einstiegsbedingungen als prekär aus: Bei einem Monatsumsatz von 4.700 DM betrug der durchschnittliche monatliche Gewinn im ersten Wirtschaftsjahr nur 1.000 DM (also ca. 511 Euro) – ließ sich aber kontinuierlich steigern über 2.700 DM (ca. 1.380 Euro) im zweiten auf etwa 4.000 DM (ca. 2.045 Euro) im dritten Wirtschaftsjahr (ebd.: 115). Zum Vergleich: Die angestellten Kolleg/inn/en erzielten bereits im ersten Jahr ein durchschnittliches Monatseinkommen von 5.900 DM, das bis zum dritten Jahr auf 6.800 DM anstieg (ebd.: 122). Die Gründung einer Kanzlei ist also für die ersten Berufsjahre die ungünstigste Variante mit prekären Bedingungen, vor allem im Anfangsstadium.

Diese Schwierigkeit resultiert aus dem Überangebot an Jurist/inn/en (ebd.: 29ff.) und den Konkurrenzvorteilen der etablierten Kanzleien. Berufsanfänger/innen wählen dennoch die Option Selbstständigkeit, um nach einer zeit- und kostenintensiven Ausbildung ihre Chancen zu einer Karriere in einem attraktiven Berufsfeld zu wahren. Ähnliche Konstellationen finden sich auf anderen Gebieten mit hohen Qualifikationsanforderungen, verheißungsvollen Karriereangeboten, einer Tradition selbstständigen Erwerbs sowie einem Überschuss an Bewerber/inne/n: etwa bei Journalist/inn/en, Übersetzer/inne/n oder Architekt/inn/en, für die wir allerdings nicht über ähnlich differenzierte Einkommensdaten verfügen. In jüngster Zeit hat sich die Medien- und Kreativbranche zu einem Feld stark nachgefragter ‚Traumberufe' entwickelt, in welche der Einstieg vielfach über eine mit hohen Belastungen und Unsicherheiten verbundene freie Mitarbeit in formaler Selbstständigkeit führt (vgl. Mayer-Ahuja/Wolf 2005, Marrs 2007).

Selbstständigkeit als Wiedereinstieg nach einer freiwilligen Erwerbspause

Die niedrigen Einkommen selbstständiger Frauen (siehe Kap. 1.3) sind vielfach wohl Ergebnis des Versuchs, über eine selbstständige Tätigkeit wieder beruflich Fuß zu fassen[11]. Der Wiedereinstieg in den Beruf ist ein verbreitetes Problem von Frauen nach familiär bedingten Erwerbspausen (z.B. zur Betreuung der Kinder oder zur Pflege von Angehörigen). Selbstständigkeit bietet sich dafür gerade dann an, wenn weiterhin enge zeitliche und räumliche Bindungen an die Aufgaben in der Familie bestehen. Denn oft lässt sich selbstständiger Erwerb besonders variabel gestalten: Wie viele Aufträge angenommen, wann und wo sie bearbeitet werden – alle diese Entscheidungen eröffnen Raum für Arrangements mit familiären Verpflichtungen. So ermöglicht diese Konstellation zwar Erwerbsarbeit, begrenzt sie aber zugleich in ihrem Entwicklungspotenzial. Die Prekarisierungsgefahr ist hoch, weil zwei höchst unterschiedliche Aufgabenfelder

---

Gruppe (32 %) begann in freier Mitarbeiterschaft für eine Kanzlei – und erzielte damit durchschnittlich höhere Einkommen als die Gründer/innen (ebd.: 124).

[11] Die Ursache für ihre prekäre Selbstständigkeit ist dann letztlich die ungleiche Arbeitsteilung zwischen den Geschlechtern in der Familie: Weiterhin sind Frauen weit häufiger als Männer bereit, berufliche Nachteile aufgrund familiärer Verpflichtungen in Kauf zu nehmen.

in beständiger Konkurrenz zueinander bewältigt und kombiniert werden müssen. Für Maßnahmen zur Marktanpassung, etwa zur Entwicklung neuer Angebote fehlen oft die Zeit und das Geld. Im Haushaltskontext (so legen die ausgewerteten Daten von Bögenhold/Fachinger in diesem Band nahe) kann diese Prekari-sierungsgefahr durch Partnereinkommen aus abhängiger Beschäftigung häufig gebannt werden. Die Einkommenskombination sichert die Existenz des Haushalts, erhöht aber die Abhängigkeit und bremst das unternehmerische Engagement des selbstständigen Parts. Selbstständigkeit steht in dieser Konstellation in der Gefahr, zur wünschenswerten, aber nicht erforderlichen Nebentätigkeit herabgewürdigt zu werden.

Selbstständigkeit als Erwerbsalternative bei Arbeitslosigkeit

Die Angst vor Arbeitslosigkeit ist eines der zentralen Gründungsmotive in Deutschland (siehe Kap. 2.3). Die Gründungshäufigkeit ist in den letzten Jahren dem Verlauf der Arbeitslosenquote gefolgt: Stieg letztere an, nahmen die Gründungen zu (DIHK 2009: 2). Dem KfW-Gründungsmonitor 2009 zufolge war ein überproportionaler Anteil der Gründer/innen zum Gründungszeitpunkt arbeitslos, nämlich 20 % aller Gründenden und sogar 32 % der Vollzeit-Gründenden – bei einem Anteil von nur 7 % Arbeitslosen im Untersuchungssample (Kohn/Sprengler 2009: 43). Allmählich haben auch Arbeitsverwaltung und Arbeitsforschung das Potenzial beruflicher Selbstständigkeit als Erwerbsalternative entdeckt; zu entsprechenden Fördermaßnahmen liegt inzwischen eine Reihe von Evaluationsbefunden vor[12]. Dabei gilt Arbeitslosigkeit (oder die Angst davor) als ambivalente Ausgangsbasis einer Unternehmensgründung. Auf der einen Seite liegt es zwar nahe, die drohende oder tatsächliche Arbeitslosigkeit zur beruflichen Neuorientierung zu nutzen und dabei Selbstständigkeit mit ins Kalkül zu ziehen. Auf der anderen Seite sind aber bei Gründungen ,aus Not' selten die erfolgskritischen Voraussetzungen erfüllt: Kapital für Investitionen (bzw. Kreditwürdigkeit), Marktkenntnisse, betriebswirtschaftliches Wissen oder unternehmerische Erfahrung. Gerade Langzeitarbeitslose weisen niedrige Qualifikationsniveaus auf und haben ihre finanziellen Ressourcen während der Arbeitslosigkeit ohnehin bereits strapaziert[13].

Die Evaluation von Fördermaßnahmen der Bundesagentur für Arbeit fällt in Anbetracht dieser Problematik erstaunlich positiv aus: Von den Arbeitslosen, die sich zwischen 2003 und 2008 mit einem Existenzgründungszuschuss (besser bekannt als Ich-AG) selbstständig gemacht hatten, waren nach fünf Jahren immer noch knapp

---

[12] Kohn und Spengler (2009) erkennen sogar eine „Überrepräsentation von Langzeitarbeitslosen", die zeigt, „dass die Existenzgründung gerade auch für langzeitarbeitslose Menschen eine häufig wahrgenommene Option zum Wiedereintritt in die Erwerbstätigkeit darstellt" (46).

[13] Gründerberater/innen stellen beispielsweise fest, „dass ein immer höherer Anteil arbeitsloser Existenzgründer die Finanzierung ihres Startups nicht gründlich genug durchdenkt. Dieser Anteil ist von 39 Prozent im Jahr 2007 auf 42 Prozent im Jahr 2008 gestiegen" (DIHK 2009: 11). Der Verdacht steht im Raum, dass viele Arbeitslose eher aus Verzweiflung gründen, sozusagen als letzte Chance, im Erwerbsleben Fuß zu fassen, denn aufgrund einer wohl kalkulierten Planung.

60 % unternehmerisch aktiv (Caliendo et al. 2009: 2). Damit unterscheidet sich die ‚Überlebensrate' dieser Gruppe nicht wesentlich von anderen Gründenden (Kohn/Spengler 2009: 65). Eher verweist das erzielte Einkommen der Ich-AG-Gründenden auf die Prekarisierungsgefahr – bei gravierenden Differenzen zwischen West- und Ostdeutschland sowie zwischen Männern und Frauen. Die Haushalte mit Ich-AG-Gründenden überschreiten zwar im Durchschnitt deutlich die Armutsgrenze (Caliendo et al. 2009: 5). Doch weisen vor allem Frauen ein hohes Prekarisierungs-risiko auf: Obwohl in Vollzeit erwerbstätig, verdienen 50 % der Frauen weniger als 968 Euro in Westdeutschland oder 738 Euro in Ostdeutschland (ebd.: 4). Auf sich al-lein gestellt würden diese Frauen zu jenen „working poor" (Ehrenreich 2001) zählen, die trotz Vollzeit-Selbstständigkeit kaum von der eigenen Arbeit leben können. Es bleibt zu vermuten, dass in vielen dieser Fälle die Fortsetzung des unternehmerischen Engagements weniger in dessen Erfolg begründet liegt, als in fehlenden Alternativen.

2.3 Selbstständiger Erwerb als Lebens- und Familienmodell

Es gibt viele Motive für selbstständiges Unternehmertum als Berufsweg: Neben den ökonomischen Beweggründen (wie wir sie in Kap. 2.1 vorausgesetzt haben) kann auch eine als vorübergehende Phase geplante Selbstständigkeit (siehe Kap. 2.2) zum Dauer-zustand werden – entweder ihres Erfolges wegen oder aus Mangel an Alternativen oder schlicht aufgrund der Gewöhnung an eine eingespielte Praxis. Daneben streben viele Selbstständige nach einer dauerhaften unternehmerischen Existenz als Basis ihres individuellen Lebens- und Familienkonzepts. Typische nicht-ökonomische Motive hierfür sind die Chance zur Übernahme des elterlichen Betriebes sowie der Wunsch, sein ‚eigener Herr' (auch als Frau) zu sein und die Arbeitsbedingungen selbst zu be-stimmen. Gegenüber einer rein ökonomischen Motivation erhöhen solche Beweg-gründe das Prekaritätsrisiko, weil sie mit Werthaltungen und sozialen Bindungen ein-hergehen, welche die Rationalität des ökonomischen Kalküls beeinträchtigen. Wir ge-hen im Folgenden anhand dieser beiden nicht-ökonomischen Motivlagen der Frage nach, warum prekäre Selbstständigkeit nicht nur vorübergehend als marktbedingte Krise oder als lebensphasenspezifisches Arrangement akzeptiert, sondern in vielen Fällen als Dauerzustand hingenommen wird.

Soziale Bindung durch Übernahme eines Familienbetriebes

In einigen Branchen führt der übliche Weg zum Unternehmertum über die Übernah-me eines familieneigenen Betriebs: In der Landwirtschaft sind Neugründungen selten, die meisten Betriebe gehen per Hofnachfolge von den Eltern auf die Kinder über; und auch im Handwerk ist die Fortführung des elterlichen Betriebes weit verbreitet. Un-ternehmertum qua Erbfolge bietet eine Reihe von Vorteilen, sofern ein funktionieren-der Betrieb mit etabliertem Marktzugang zu günstigen Konditionen übergeben wird. Das Familienerbe ist aber auch (abgesehen von eventuellen Auszahlungserfordernis-sen an andere Erbende) mit einer Reihe von Restriktionen verknüpft, die ihren Ursprung in der Verpflichtung auf die Familiengeschichte haben. So sieht sich die Nachfolgegeneration mit dem Anspruch konfrontiert (von Seiten der Verwandtschaft ebenso wie von Mitarbeiter- oder Kundenseite), den Betrieb in analoger Weise fortzuführen, etwa mit ähnlichen Produkten und im vertrauten Geschäftsstil, vor allem aber mit entsprechendem Erfolg. Sind die Kinder als Unternehmer/innen weniger erfolgreich als ihre Eltern oder müssen den Betrieb gar einstellen, so sind sie nicht bloß ökonomisch gescheitert, sondern haben auch das Familienerbe ,verspielt' und die Familientradition gebrochen. Im Familienunternehmen aufgewachsen und oft früh als mithelfende Angehörige eingebunden, haben Nachfolger/innen solche Erwartungen in hohem Maße internalisiert (vgl. z.B. für die Landwirtschaft Schallberger 1996)[14].

Der äußere Erwartungsdruck und die innere Anspruchshaltung machen es schwer, ein ererbtes Unternehmen aufzugeben, und erhöhen die Bereitschaft, prekäre Erwerbsbedingungen über lange Zeit hinweg durchzustehen. Wenn sich die Ertragslage erst in der mittleren oder späten Erwerbsphase verschlechtert, ist der Druck hoch, den Betrieb auch gegen die ökonomische Vernunft bis zum eigenen Ruhestand notdürftig aufrechtzuerhalten (vgl. Inhetveen/Schmitt in diesem Band). Das Unternehmen wird zum Auslaufbetrieb, von dem absehbar ist, dass er in der folgenden Generation nicht (zumindest nicht im Vollerwerb) weitergeführt werden kann.

Tabelle 5: *Landwirtschaftliche Betriebe (im Haupterwerb) nach Gewinnpotenzial (Wirtschaftsjahr 2007/08, Durchschnittswerte nach Dritteln des Gewinns)*

	Unteres Drittel	Mittleres Drittel	Oberes Drittel
Gewinn je Unternehmen (in Euro)	7.728	38.042	103.499
Betriebsfläche (in Hektar)	47,0	56,6	98,3
Zugepachtete Fläche (in Hektar)	25,5	30,3	60,2
Nettoinvestitionen je Hektar landwirtschaftlicher Nutzfläche	36	75	239
Zuschüsse je Hektar landwirtschaftlicher Nutzfläche	395	429	435

Quelle: Bundesministerium für Ernährung, Landwirtschaft u. Verbraucherschutz[15]

---

[14] In wirtschaftswissenschaftlichen Analysen von Familienbetrieben (siehe z.B. als Überblick Westhead/Cowling 1998) spielt diese Problematik bislang eine geringe Rolle. Sie beschäftigen sich vorwiegend mit der Situation der Übergabe und den Anforderungen zu ihrer Vorbereitung sowie zur Neuausrichtung des Unternehmens durch die Nachfolgegeneration.

[15] http://etracker.zadi.de/lnkcnt.php?et=W5E&url=http://berichte.bmelv-statistik.de/BFT-1110000-2008.xls&lnkna me=http://berichte.bmelv-statistik.de/BFT-1110000-2008.xls, Abruf: 19.1.2010

Markant zeigt sich diese Situation in der Landwirtschaft, wo die Zahl der Betriebe seit Jahrzehnten beständig abnimmt[16] und die Argarstatistik enorme Einkommensdisparitäten ausweist (Tab. 5): Das einkommensstärkste Drittel der Höfe fuhr mit 103.499 Euro in dem (für die Branche günstigen) Wirtschaftsjahr 2007/08 einen im Durchschnitt 13mal höheren Gewinn ein als das einkommensschwächste Drittel mit 7.728 Euro[17]. Nun ist für die Landwirtschaft anzunehmen, dass Gewinndifferenzen vor allem mit der Betriebsgröße zusammenhängen, doch ist, wie Tabelle 5 ausweist, die Betriebsfläche des reichsten Drittels (mit 98,3 Hektar) im Durchschnitt nur etwa doppelt so umfangreich wie die des ärmsten Drittels (mit 47,0 Hektar). Die gewinnarmen Betriebe können auch nicht als ökonomisch inaktiv gelten, da sie Grund im Umfang der Hälfte der eigenen Fläche zugepachtet haben, für den sie zusätzliche Pachtkosten und Arbeitsleistungen aufwenden müssen (siehe Tab. 5). Offenbar sind also auch die Betriebe mit prekärer Ertragslage voll funktionsfähig und werden weitergeführt, obwohl sie kaum Ertrag abwerfen[18]. Da diese Bauern und Bäuerinnen (bei 47 Hektar durchschnittlicher Betriebsfläche) über erhebliches Vermögen verfügen, das sie durch Verkauf zur Einkommenssteigerung nutzen könnten, können sie nicht als arm, sondern nur als einkommensschwach gelten. Dass sie sich lieber mit einem Niedrigeinkommen abfinden, als den ererbten Grund und Boden zu veräußern, läßt sich nur mit starken Bindungen an die Familientradition erklären. Denn andere nicht-ökonomische Motive, wie der Wunsch nach Unabhängigkeit oder nach Fortdauer der gewohnten Erwerbstätigkeit, würden durch einen Landverkauf kaum beeinträchtigt.

Unabhängigkeit als Leitmotiv selbstständigen Erwerbs

Die Entrepreneurship-Forschung zeigt, dass neben ökonomischem Gewinnstreben oder Angst vor Arbeitslosigkeit ein wesentliches Gründungsmotiv der Wunsch nach unabhängiger Lebensgestaltung und selbstbestimmten Arbeitsbedingungen ist. In der Studie von Bührmann et al. (2010) zur Gründungsmotivation von Migrantinnen nennen alle befragten Gruppen (mit oder ohne Migrationshintergrund, Frauen wie Männer) als Gründungsmotive am häufigsten: „ich habe eine sich ergebende Chance ergriffen", „ich wollte meine eigenen Ideen umsetzen" und „ich wollte selbst entscheiden" (siehe Bührmann in diesem Band)[19]. Offen bleibt dabei die Frage, ob Motive von

---

[16] Ganz im Widerspruch zur arbeitspolitischen Gründungsförderung sind diese Betriebsaufgaben erwünscht und werden systematisch vorangetrieben (vgl. Inhetveen/Schmitt in diesem Band).

[17] Selbst wenn Einnahmen im Nebenerwerb berücksichtigt würden (die maximal bis zur Höhe des Haupterwerbseinkommens reichen können), verbliebe ein großer Teil der Bauern und Bäuerinnen in Deutschland in der prekären Einkommenszone.

[18] Der Marktertrag wird in der untersten Drittel im Durchschnitt sogar negativ, wenn man die Zuschüsse in Rechnung stellt, die in dieser Gruppe mit 395 Euro je Hektar landwirtschaftlicher Nutzfläche in der Summe den Gewinn übersteigen. Auf eine Ausstiegsperspektive deuten dennoch die im Vergleich zu den anderen Betrieben mit 36 Euro je Hektar landwirtschaftlicher Nutzfläche sehr geringen Nettoinvestitionen hin.

[19] Im KfW-Gründungsmonitor 2009 sollten sich die Befragten für ein einziges Hauptmotiv entscheiden; dabei gab jeweils ca. ein Drittel „fehlende Erwerbsalternativen" (32,6 %), „die Ausnutzung einer Geschäftsidee" (30,5 %) oder sonstige Gründe (36,9 %) an, unter denen „Selbstverwirklichung" die meisten

Unabhängigkeit und Selbstverwirklichung stark genug sind, um prekäre Erwerbsbedingungen dauerhaft in Kauf zu nehmen. Wir vermuten diesen Zusammenhang in erster Linie in jenen Berufsfeldern, in deren Selbstdarstellung Autonomie eine wesentliche Rolle spielt (vgl. Bierhoff/Wienold in diesem Band zum Solidaritätsanspruch kollektiver Gründungen). Das gilt für alle künstlerischen Berufe (Schriftsteller/innen, bildende und darstellende Künste u.a.), die den individuellen Ausdruck zur existenziellen Anforderung stilisieren (vgl. Müller-Jentsch 2005). Das Ethos der künstlerischen Berufung reduziert den Spielraum zur Marktanpassung und erhöht so das Erwerbsrisiko. Gleichzeitig entlastet diese Selbstwahrnehmung von ökonomischem Erfolgsdruck: Auch wer wenig verkauft, braucht sich nicht als gescheitert zu betrachten, solange er/sie als Künstler/in öffentlich Anerkennung findet. Es verwundert deshalb nicht, dass Künstler/innen zu den ärmsten Selbstständigen der Republik zählen (siehe Tab. 4) und gleichzeitig als „Modernisierungsavantgarde für prekäre Unternehmensformen" (siehe Dangel-Vornbäumen in diesem Band) gelten. In eine ähnliche Richtung weisen Selbstbild und Motivlage in anderen einkommensschwachen Berufen mit Kreativitätsansprüchen: Journalist/inn/en, Übersetzer/innen oder Werbeberufe (siehe Tab. 4).

Weniger Selbstverwirklichung als Unabhängigkeit – im Sinne von Hierarchiefreiheit und Eigenverantwortung – versprechen Branchen wie der Handel oder das Gaststättengewerbe. Für Gründungen eignen sie sich besonders, weil es kaum fachliche Qualifikationshürden gibt und weil begrenzte Investitionen (z.B. im Falle der Pacht eines Restaurants oder von Franchise) schnelle Markterfolge erhoffen lassen. Da solche Unternehmungen oft eine kleine Belegschaft und engen Kundenkontakt erfordern, ist das soziale Erleben von Entscheidungsfreiheit und Selbstbestimmung hier besonders intensiv. Die Annahme liegt nahe, dass Personen, die es über längere Zeit hinweg gewohnt waren, selbstständig ihre Arbeitsangelegenheiten zu regeln, dies als wesentliche Lebensqualität begreifen und Schwierigkeiten haben, sich mit der Aussicht auf eine abhängige und untergeordnete betriebliche Position anzufreunden – und deshalb ökonomisch gebotene Entscheidungen hinausschieben und sich mit prekären Erwerbsbedingungen zu arrangieren lernen.

Fazit: Prekäre Selbstständigkeit als Kunst des ‚Überlebens'

Die Ursachen für prekäre Selbstständigkeit sind vielfältig. Ob bei unzureichender Marktanpassung, in lebensphasenspezifischen Arrangements oder mit einem auf Dauer angelegten Lebens- und Familienmodell – in vielen Fällen sind Selbstständige bereit, ihre Erwerbstätigkeit unter unsicheren und finanziell unbefriedigenden Bedingungen auszuüben. Gewohnheit und Mangel an Alternativen können in Zeiten hoher

---

Nennungen aufweist (Krohn/Sprengler 2009: 105f.). Der Global Entrepreneurship Monitor 2009 unterscheidet nur zwischen „klassischen" Gründer/inne/n, die eine Geschäftsidee ausnutzen wollen, und „getriebenen" Gründer/inne/n, die keine Erwerbsalternative sehen (Brixy et al. 2009: 4), wobei der Anteil der letzteren zwar im internationalen Vergleich in Deutschland besonders hoch ist, aber auch hierzulande nur etwas mehr als ein Viertel aller Gründenden ausmacht.

Arbeitslosigkeit die Akzeptanz dieses Zustands weit über die ursprünglich veranschlagten Zeiträume hinaus ausdehnen. Selbstständigkeit als dauerhaftes Lebens- und Familienmodell verbindet ökonomische und nicht-ökonomische Motive miteinander, etwa wenn der Restaurantbesitzer weder Betrieb noch Unabhängigkeit verlieren will oder wenn die Fotografin gleichermaßen die Möglichkeit zur Selbstverwirklichung und die freie Zeiteinteilung als Solo-Selbstständige schätzt. Das Streben nach Autonomie zeigt unter solchen Umständen einen ambivalenten Charakter: Zwar sind die Erwerbsbedingungen im Prinzip frei gewählt, doch können die Marktverhältnisse, unter denen sie aufrecht erhalten werden, zu erheblichen Zugeständnissen nötigen. Prekarität schränkt Handlungs- und Entscheidungsspielräume am Markt ein und bedroht damit jenes Anliegen, das viele erst zu unternehmerischer Selbstständigkeit bewegt hat: die Unabhängigkeit des Erwerbshandelns. Die Balance von Ansprüchen und Marktbedingungen erfordert beständige Anstrengungen. Egbringhoff (2007: 279f.) unterscheidet in ihrer qualitativen Studie von Solo-Selbstständigen drei Chancen-Risiken-Konstellationen: die gelingende situative Optimierung, die instabile und überfordernde Prekarisierung und die permanente Balancierung von Flexibilitätsanforderungen durch kompensatorische Ausgleichsleistungen.

Prekäre Selbstständigkeit kann zum Dauerzustand werden, weil die auf Unternehmertum hin angelegten Lebens- und Familienmodelle zahlreiche Möglichkeiten zu einer flexiblen Existenzsicherung bieten. Für eine anpassungsfähige ‚Überlebensstrategie‘ können unter anderem genutzt werden: (a) eigener Besitz (z.B. ererbtes oder in erfolgreichen Zeiten angespartes Vermögen) als Investitionsquelle zur Marktanpassung oder als Sicherheitsreserve bei Einnahmeausfällen und (b) persönliche Netzwerke (Familie, Freunde, Berufskolleg/inn/en u.a.) zur Unterstützung bei Auftragsschwankungen oder als Kontaktpersonen für neue Marktzugänge. Strategische Optionen eröffnet (c) die Diversifizierung des unternehmerischen Engagements, etwa wenn freie Grafikdesigner ihre ‚wahrhaft‘ künstlerischen Werke über ‚Brotaufträge‘ am kunstgewerblichen Markt finanzieren. Und schließlich können (d) der Lebensstandard und die Lebensführung im eigenen Haushalt den wechselvollen Bedingungen selbstständigen Erwerbs angepasst werden – nicht nur wie im Arbeitnehmerhaushalt über eine Budgetierung der Ausgaben, sondern auch über die flexible Verzahnung von unternehmerischen Anforderungen und Handlungsspielräumen des privaten Haushalts. Bei prekärer Selbstständigkeit wird das unternehmerische Risiko vielfach über Strategien im Privatleben ausgeglichen, die über die Anforderungen unternehmerischen Handelns hinaus zur Frage einer Kunst des ‚Überlebens‘ werden.

3   Gestaltungsansätze zur Sicherung selbstständiger Erwerbstätigkeit

Trotz der Relevanz nicht-ökonomischer Motive für die Verstärkung und Verlängerung prekärer Selbstständigkeit bleibt der Kern des Problems ökonomischer Natur, nämlich unzureichender Absatz am Markt. Nicht-ökonomische Faktoren können dazu führen, dass diese Marktproblematik unrealistisch beurteilt, zu spät erkannt, phasenweise oder dauerhaft geduldet oder nicht konsequent unternehmerisch angegangen wird. Doch überwunden werden kann prekäre Selbstständigkeit letztlich nur durch wirtschaftlich erfolgreiches Agieren am Markt, also durch die Entwicklung und Umsetzung geeigneter Strategien zur Marktanpassung. Prekarität vermeidet, wer sein unternehmerisches Handeln veränderten Umweltbedingungen anzupassen vermag.

Den primären Gestaltungsansatz sehen wir folglich in der Unterstützung der Unternehmer/innen bei der (Wieder-)Herstellung von Marktadäquanz (Kap. 3.1). Da sich Markterfolg aber nicht erzwingen lässt, schlagen wir für den Fall unzureichender Marktanpassung als sekundären Gestaltungsansatz Marktunabhängigkeit vor (Kap. 3.2): zum einen durch Förderung des Zugangs zu alternativen Erwerbsmöglichkeiten (um die Entscheidung zum Marktaustritt aus Prekaritätsgründen zu erleichtern), zum anderen durch institutionelle Maßnahmen der sozialen Sicherung selbstständigen Erwerbs.

3.1 Marktadäquanz als ökonomischer Gestaltungsansatz

Hier ist nicht der Ort, um das reichhaltige Instrumentarium der Betriebswirtschaftslehre zur Herstellung und Erhaltung des Markterfolgs von Unternehmen auszubreiten. Daneben erörtert die Gründungsforschung, welche Probleme speziell beim Marktzugang auftreten und wie sie bewältigt werden können (als Überblick siehe Witt o.J.)[20]. Gründungsexpert/inn/en schätzen im Global Entrepreneurship Monitor (GEM) die Rahmenbedingungen für Gründungen in Deutschland differenziert ein: Im Vergleich mit anderen Ländern bewerten sie die physische Infrastruktur, die öffentliche Förderung und den Schutz geistigen Eigentums positiv, viele andere Faktoren aber eher negativ, vor allem die gesellschaftlichen Werte und Normen (also die Gründungskultur) und die gründungsbezogene Ausbildung in Schulen (Brixy et al. 2009: 17f.).

Befähigung zu unternehmerischem Handeln

Weil von Unternehmensgründungen wesentliche wirtschaftliche Impulse erhofft werden, haben Gründungsberatung und Gründungsförderung als Instanzen zur Befähigung zu unternehmerischem Handeln in den letzten Jahren hohe Aufmerksamkeit erfahren. Einem mit Blick auf prekären Erwerb besonders wichtigen Gestaltungsfeld wurde allerdings vergleichsweise wenig Unterstützung und Rückhalt zuteil: Es fehlt an Beratungs- und Förderungsstrukturen, welche die Betriebsentwicklung begleiten und so helfen können, zwischenzeitliche Unternehmenskrisen zu überwinden oder dauerhafter Prekarität zu entrinnen. Eine gewisse institutionelle Basis dafür liefern Handwerkskammern, Industrie- und Handelskammern, Bauernverband und Agrarverwal-

---

[20] Auf die Defizite, welche die Gründungsberater/innen der Industrie- und Handelskammern (DIHK 2009: 9) bei Gründenden erkennen, haben wir bereits (in Kap. 2.1) hingewiesen; Finanzierungsschwierigkeiten führt der KfW-Gründungsmonitor genauer aus (Kohn/Spengler 2009: 80f.).

tung oder die Berufsverbände der Freien Berufe. Kaum verfügbar sind dagegen berufs- und branchenübergreifende Beratungs- und Fördereinrichtungen für selbstständige Unternehmer/innen auch für die Zeit nach der Gründung. Kammern und Verbände erreichen die stark wachsende und besonders prekaritätsgefährdete Gruppe der Solo-Selbstständigen (siehe Kap. 1.3) dann kaum mehr; zudem kann gerade in kritischen Unternehmenssituationen der Gang zu einer berufsständischen Vertretung aus Angst vor Gesichtsverlust schwerer fallen als die Inanspruchnahme einer berufsferneren Instanz[21]. Die Herausforderung, prekäre Selbstständige mit Unterstützungsangeboten zu erreichen, wird unterstrichen durch die Schwierigkeiten der Dienstleistungsgewerkschaft ver.di, Solo-Selbstständige anzusprechen und verbandlich einzubinden (siehe http://freie.verdi.de/, Abruf: 26.03.2010; vgl. Vogl 2008).

Analytisch wird man dieser Problematik nur gerecht, wenn selbstständiger Erwerb nicht bloß als statische Marktlage, sondern als dynamische Marktkarriere betrachtet wird. In der individuellen Marktkarriere drückt sich der Entwicklungsweg des/der Selbstständigen aus mit seinen Anfangsschwierigkeiten und späteren Boom- und Krisenphasen, mit fachlichem Wechsel und persönlichen Entwicklungsperspektiven. Angelegt, obgleich keineswegs konsequent entfaltet, ist ein Verständnis von Selbstständigdigkeit als Karrierepfad im deutschen Modell handwerklicher Ausbildung. Es ist bekannt für die Dualität von praktischer Unterweisung im Betrieb und Theorievermittlung in der Berufsschule, die ein breites fachliches Fundament schafft. Wenig beachtet geblieben ist, dass dieses Modell zugleich, vor allem im mittelständischen Handwerksbetrieb, stufenweise in die berufliche Selbstständigkeit einführt.

Im Handwerksbetrieb lernen die Auszubildenden früh die Marktsituation kennen und kommen in Kontakt mit der Kundschaft. Im Gesellenstatus werden Aufträge mit Kund/inn/en abgesprochen und eigenständig mit Blick auf den Kundennutzen ausgeführt. Die Meisterausbildung führt schließlich in betriebswirtschaftliche Grundlagen ein und bereitet auf eine eigenständige Betriebsführung vor. Sie lässt aber offen, wann sich Meister/innen tatsächlich selbstständig machen. Auch als Arbeitnehmer können sie unternehmerische Funktionen übernehmen und sich in ihnen üben, etwa in der Mitarbeiterführung, der Angebotsentwicklung oder der Kundenakquisition. Dieses Ausbildungsmodell erlaubt es also, eine Gründung im Laufe der Berufskarriere und im Rahmen eines Beschäftigungsverhältnisses vorzubereiten und sie erst dann zu vollziehen, wenn die nötigen fachlichen, persönlichen und finanziellen Voraussetzungen geschaffen sind. Bestätigt wird dieses Modell durch die relativ großen Chancen des Fortbestands von Gründungen im Handwerk (Kohn/Spengler 2009: 64).

---

[21] Ein weiteres Problem: Selbstständige in Ost- wie Westdeutschland brachten Daten des Sozioökonomischen Panels zufolge in den drei Jahren von 1998 bis 2000 unter allen Berufsgruppen am wenigsten Zeit für berufliche Weiterbildung auf, nämlich nur 109 (Ost) bzw. 124 Stunden (West), während Angestellte und Beamte (West) durchschnittlich 214 Stunden aufwendeten und selbst die Arbeiter/innen (West) für diesen Zweck 132 Stunden erübrigen konnten (Büchel/Pannenberg 2004 zitiert nach Berichtssystem Weiterbildung 2006: 69f.).

Die Idee der Marktkarriere verweist darauf, dass unternehmerisches Engagement eine beständige Auseinandersetzung mit sich wandelnden Marktanforderungen bedeutet und die entsprechenden Kenntnisse und Fähigkeiten permanent weiterentwickelt werden müssen. In größeren Unternehmen lässt sich diese Problematik arbeitsteilig durch die Einrichtung spezialisierter Abteilungen (z.B. für Vertrieb oder Marketing) lösen. Klein-Unternehmer/inne/n oder Solo-Selbstständigen, die ihre Arbeitskraft auch zur Leistungserstellung einsetzen, bleibt dafür wenig Zeit. Sie sind auf Unterstützung durch institutionelle Ausbildungsangebote, Informations- und Beratungsleistungen sowie auf die Möglichkeit zum Erfahrungsaustausch unter Kolleg/inn/en angewiesen.

Regulierung von Marktstrukturen

Das Karrieremodell des Handwerks ist auch deshalb bemerkenswert, weil sich die ausbildenden Handwerksmeister/innen damit künftige Konkurrenz heranziehen. Dennoch dient es der langfristigen Sicherung der Marktstrukturen, indem es die verbandlich normierten Leistungs- und Geschäftsregeln an die nachwachsende Generation vermittelt. Das Handwerk liefert damit auch ein Beispiel für die Möglichkeit, Prekarität durch Marktregulierung zu vermeiden. Im vorindustriellen Handwerk haben die Zünfte den Berufs- und Marktzugang kontrolliert und so den eigenen Mitgliedern die Existenzgrundlagen gesichert. Solche Exklusionsmechanismen bringen neben einer Reihe weiterer Vorteile, wie Qualitätsförderung oder Versorgungssicherheit, erhebliche Nachteile mit sich, weil sie die Preiselastizität einschränken und die Innovationsbereitschaft mindern können. Die Aufhebung der Zunftordnungen war deshalb eine der Voraussetzungen für die Industrialisierung in Deutschland.

Doch haben sich Maßnahmen der Marktregulierung in typischen Feldern selbstständiger Erwerbstätigkeit (siehe Kap. 1.3) auch im modernen industriellen Kapitalismus durchgesetzt. Außer im Handwerk finden sich weit reichende Regulierungssysteme vor allem in der Landwirtschaft und in den Freien Berufen. Die Agrarpolitik der Europäischen Union hat ein komplexes System direkter und indirekter Markteingriffe hervorgebracht, das allerdings der Prekarisierung gerade nicht entgegen wirkt, weil es (siehe Kap. 2.3) den Strukturwandel der Landwirtschaft mit vermehrten Betriebsaufgaben fördern soll. Freilich wird dieses Maßnahmengeflecht von Bauern und Bäuerinnen höchst eigenwillig für flexible Überlebensstrategien genutzt, auch unter prekären Bedingungen (vgl. Inhetveen/Schmitt in diesem Band; siehe auch Pongratz 1991). Die Regulierungsniveaus verschiedener Freier Berufe unterscheiden sich stark. Während zum Beispiel die Zulassung niedergelassener Ärzt/inn/e/n in Deutschland restriktiv gehandhabt wird, ist die Gründung einer Rechtsanwaltskanzlei nur an fachliche Voraussetzungen gebunden. Die Wirkungen lassen sich am prekären Berufseinstieg der Rechtsanwält/inn/e/n (siehe Kap. 2.2) ebenso ablesen wie an den Einkommensdiskrepanzen zwischen den beiden Berufsgruppen (siehe Tab. 4).

Vor dem Hintergrund solcher Erfahrungen gehen wir davon aus, dass Marktregulierung nicht per se Prekarisierung entgegen wirkt. Vielmehr ist je nach Berufsfeld und Marktsegment abzuwägen, welche Regulierungsform die erwünschten Wirkungen verspricht. Eine Begrenzung von Prekarisierungsrisiken ist vor allem von Regulierungs-maßnahmen zu erwarten, welche

- Maßstäbe für fachliche Voraussetzungen und für die Leistungsqualität festlegen (weil sie mit der Erhöhung des Einstiegs- und Anspruchsniveaus die Einkommensaussichten verbessern),
- Markttransparenz beispielsweise hinsichtlich Konkurrenzangeboten, Honorarsätzen oder Vertragsgestaltung herstellen (weil sie die Kalkulierbarkeit der Einnahmen steigern)
- oder die Kooperation der Anbietenden untereinander erleichtern (weil koordinierte Leistungen die Qualität heben und die Erfolgswahrscheinlichkeit erhöhen).

Wir verstehen Regulierung hier als Gestaltungsansatz der Marktadäquanz, weil sich Marktanpassung von zwei Seiten steuern lässt: Auf der einen Seite können die Marktakteure ihr Handeln den Marktstrukturen anpassen (siehe oben), auf der anderen Seite aber lassen sich die Marktstrukturen auch auf die Anliegen der Marktakteure ausrichten. In diesem Sinne stellt Marktregulierung keinen Gegensatz zum Unternehmertum dar, sondern vielmehr eine Rahmenbedingung zur Entwicklung unternehmerischer Initiative. Regulierungsmaßnahmen können den Markttausch langfristig sichern im Interesse von Anbietenden wie Nachfragenden. Nur: Regulierung ist keine Frage, die sich über den Markt klären lässt, sondern die auf politischer Ebene unter Beteiligung der Marktakteure zu verhandeln ist (vgl. Aspers/Beckert 2008).

3.2   Marktunabhängigkeit als arbeits- und sozialpolitischer Gestaltungsansatz

Marktunabhängigkeit erfordert ein institutionelles Netz zur Existenzsicherung für den Fall, dass das eigene Engagement am Markt für diesen Zweck nicht ausreicht. Das Scheitern einzelner Unternehmer/innen ist funktionaler Bestandteil einer dynamischen Marktentwicklung, wie sie für moderne kapitalistische Gesellschaften kennzeichnend ist. Wollen diese Gesellschaften Mitverantwortung übernehmen für das berufliche Schicksal erfolgloser Selbstständiger, so stehen zwei arbeits- und sozialpolitische Gestaltungsansätze offen: primär die Schaffung von Zugängen zu anderen Erwerbsmöglichkeiten, sekundär – für den Fall, dass ersteres nicht gelingt – die Existenzsicherung im Rahmen sozialstaatlicher Versorgung. In Deutschland haben beide Gestaltungsansätze den Selbstständigen bisher wenig an Sicherheit zu bieten. Prinzipiell steht der Zugang zu Erwerbsalternativen zwar allen Selbstständigen nach einer Betriebsaufgabe offen, aber der Übergang wird institutionell kaum unterstützt. Und das soziale Sicherungssystem hierzulande wurde mit den Bismarckschen Sozialreformen auf die Bedürfnisse der Lohnarbeiterschaft zugeschnitten und berücksichtigt bis heute nur partiell die Situation von Selbstständigen (siehe ausführlich hierzu Schulze Buschoff in diesem Band). In beiden Punkten besteht erheblicher Nachholbedarf, sofern vergleichbarer Prekarisierungsschutz für unterschiedliche Formen der Erwerbstätigkeit politisch angestrebt wird.

Zugang zu alternativen Erwerbsmöglichkeiten

Das deutsche Erwerbssystem ist generell wenig mobilitätsförderlich; es belohnt im Allgemeinen die Strategie, sich früh für einen Beruf und einen Betrieb zu entscheiden und beiden lange treu zu bleiben. Betriebs- und Berufswechsel werden vor allem beim Eintritt von Arbeitslosigkeit – also bei der Zielgruppe abhängiger Beschäftigter – öffentlich durch die Arbeitsverwaltung gefördert. Kammern und Verbände leisten hingegen keine systematische Arbeitsvermittlung, sondern bieten allenfalls für Wiedergründungen ihre Hilfe an. So erfahren gescheiterte Selbstständige am ehesten als Restarter institutionelle Unterstützung und sind auf diesem Wege auch relativ erfolgreich (siehe Kay/Kranzusch in diesem Band). Daneben stehen ihnen als Erwerbsalternativen offen: Entweder die Ergänzung der bisherigen Unternehmung durch andersartige selbstständige Leistungen in einer Art Multi-Selbstständigkeit oder der Wechsel in eine abhängige Beschäftigung oder die Kombination von beidem.

Die Bündelung verschiedener selbstständiger Aktivitäten hat eine lange Tradition in der Landwirtschaft. Bereits in vorindustrieller Zeit ist die Not bäuerlicher Kleinbetriebe, deren Ertrag für eine Familienexistenz nicht hinreichte, durch ein Zubrot in Form von handwerklichem Nebenerwerb oder Tagelöhner-Diensten zu lindern versucht worden[22]. In der modernen Landwirtschaft schließt derartige Pluriaktivität vor allem Betätigungen im Fremdenverkehr (bei vorteilhafter regionaler Lage), in der Vermarktung eigener Produkte und beim Einsatz von Maschinen für Dienstleistungszwecke (z.B. vermittelt über Maschinenringe) ein. In jüngerer Zeit finden sich Entwicklungen in dieser Richtung auch im Handel und bei sonstigen Dienstleistungen. So sind mittlerweile knapp 70 % aller Nebenerwerbsselbstständigen im Dienstleistungsbereich tätig (Duschek/Hansch 2003). Im Handel können die Geschäftsräume beispielsweise für Angebote genutzt werden, die zu anderen Branchen rechnen, sich aber auf sinnvolle Weise mit dem eigenen Sortiment ergänzen, etwa wenn in einer Buchhandlung ein Cafe eröffnet wird oder wenn ein Schreibwarenladen eine Postfiliale beherbergt. Sonstige Dienstleistungen sind besonders einfach kombinierbar, wenn sie wenig technische Ausrüstung und eine gemeinsame fachliche Basis erfordern, wie beispielsweise bei der Schriftstellerin, die nebenberuflich übersetzt, oder beim Werbegrafiker, der mit der Einrichtung von Webseiten dazu verdient[23].

---

[22] Für derartigen Zuverdienst bietet ein Bauernhof aufgrund seiner zeitlichen und räumlichen Eigenart vielfältige Optionen. So fallen bäuerliche Arbeiten im Rhythmus der Jahreszeiten in unterschiedlicher Intensität (und in voraussehbarer Weise) an und eröffnen planbare Freiräume zum Zuerwerb (z.B. im Winter). Gebäude und technische Ausstattung eines Hofes können für verschiedenartige Zwecke genutzt werden: Scheunen als Werkstätten, Maschinen zum Dienstleistungseinsatz für andere Betriebe etc.

[23] Häufig wird die Selbstständigkeit ergänzt durch vorübergehende Jobs in abhängiger Beschäftigung, beispielsweise im Verkauf oder im Call Center. Diese Kombination hat den Vorteil, dass der zusätzliche Job nicht nur regelmäßige Einkünfte bringt, sondern auch (zumindest jenseits der 900-Euro-Grenze) für eine soziale Grundsicherung sorgt. Leider liegen über derart bausteinartig zusammengesetzte Erwerbsmuster bisher kaum Forschungsergebnisse vor.

Durch die Kombination verschiedener selbstständiger Unternehmungen oder ihre Verbindung mit einer Teilzeitbeschäftigung kann der ursprüngliche Betriebszweig oft trotz unzureichenden Ertrags aufrecht erhalten und biographische Kontinuität gewahrt werden. Einen Bruch im Erwerbsverlauf stellt dagegen der Wechsel von der Selbstständigkeit in ein Arbeitnehmerverhältnis dar und er ist deshalb mit besonderen Schwierigkeiten verbunden. Da eine erfolgreiche Unternehmung selten aufgegeben wird, sehen sich ehemalige Selbstständige im Bewerbungsprozess mit der Annahme konfrontiert, dass sie unternehmerisch versagt haben – während abhängig Beschäftigten, die sich verändern wollen, gerne ein Aufstiegsmotiv zugestanden wird. An diesem Problem setzt das Konzept der Übergangsarbeitsmärkte an, mit dem Schmid (2002) auf Erfahrungen in Vorreiterbranchen und in anderen Staaten zurückgreift: „Übergangsarbeitsmärkte sind gesetzlich garantierte oder (kollektiv-)vertraglich abgesicherte Brücken zwischen verschiedenen Beschäftigungsverhältnissen mit angemessener sozialer Absicherung, welche die Wahlmöglichkeiten zwischen verschiedenen Arbeitszeiten, Bildungszeiten und Beschäftigungsformen erhöhen" (174f.). Sie sollen die Erwerbssicherheit erhöhen, indem sie Übergänge zwischen den Beschäftigungsformen institutionalisieren und sie in ein erweitertes Arbeits- und Sozialrecht integrieren (zu Künstler/inne/n und Publizist/inn/en siehe Haak/Schmid 2001).

Das Spektrum der Erwerbsalternativen Restart, Pluriaktivität und Übergangsarbeitsmarkt erfordert eine Neufassung des arbeitsmarktpolitischen Leitkonzepts der Employability. Im Sinne von Beschäftigungsfähigkeit ist es bisher allein darauf angelegt, über das gesamte Erwerbsleben hinweg in abhängige Beschäftigung gelangen zu können, aber nicht darauf, unternehmerische Handlungsfelder erschließen zu können. Das Theorem des Arbeitskraftunternehmers (Voß/Pongratz 1998, Pongratz/Voß 2003) setzt zwar an Veränderungen im betrieblichen Beschäftigungsverhältnis an, schließt jedoch die Anforderungen selbstständigen Erwerbs mit ein: Dieser Erwerbstypus ist generell darauf angewiesen, die eigene Arbeitskraft so zu entwickeln und zu vermarkten, dass sie bei sich wandelnden Markterfordernissen flexibel einsetzbar bleibt. Die Arbeitskraftunternehmer-These bietet im Hinblick auf selbstständiges Unternehmertum zunächst wenig Neues, da sie in erster Linie die Angleichung der Erwerbsbedingungen der Arbeitnehmer/innen an die der Selbstständigen thematisiert (vgl. auch Pongratz 2008). Doch liefert sie damit einen Analyserahmen für verschiedenste Formen der Verbindung und des Übergangs zwischen abhängiger und selbstständiger Erwerbstätigkeit.

Soziale Sicherung selbstständiger Erwerbsarbeit

Berufliche Selbstständigkeit ist im deutschen System sozialer Sicherung in den letzten Jahrzehnten zunehmend berücksichtigt, aber nicht konsequent integriert worden: Es gibt – zumeist auf dem Niveau einer Grundsicherung – die Künstlersozialversicherung, die Renten- und Krankenversicherung in der Landwirtschaft und eine Reihe freiwilliger Versicherungsoptionen (siehe Schulze Buschoff in diesem Band). Für eine durchgängige Anwendung des etablierten sozialstaatlichen Instrumentariums auf

Selbstständige spricht dessen weitreichender Schutz. Doch bleibt unklar, wie die besonderen Merkmale selbstständigen Erwerbs – Auftragsschwankungen, Verschuldung, Pluriaktivität etc. – angemessen in einem System berücksichtigt werden können, das in seiner Konstruktion von gleichmäßig und beständig fließenden Lohnzahlungen ausgeht. Es bleibt daher zu prüfen, ob nicht besser das gesamte Sicherungssystem neu anzugehen und auf multiple Erwerbsgelegenheiten anstatt auf Lohnabhängigkeit hin anzulegen wäre[24].

Ein zentrales Problem hinsichtlich der Altersvorsorge Selbstständiger liegt in der Freiwilligkeit der Versicherung. Die Rentenversicherung für Arbeitnehmer/innen hat den unschätzbaren Vorzug, dass sie auch für Niedrigverdienende obligatorisch ist; so werden Rentenansprüche erworben, auch wenn das Einkommen wenig Spielraum für Sparleistungen lässt. Von Selbstständigen mit niedrigen (und noch dazu meist unregelmäßigen) Einnahmen ist schwerlich zu erwarten, dass sie davon kontinuierlich und ausreichend Rücklagen für einen existenzsichernden Ruhestand bilden (vgl. Fachinger 2002). Zumal derartige Spar- und Versicherungsleistungen in beständiger Konkurrenz mit betrieblichen Investitionsanforderungen stehen. Risiken werden in die Zukunft verschoben, um Handlungs- und Entscheidungschancen in der Gegenwart zu wahren. Mit dem Einkommen unterliegt auch die Vorsorgefähigkeit Selbstständiger einer Polarisierung (Ziegelmeyer 2009): Während einkommensstarke Selbstständige eine deutlich höhere Sparquote als abhängig Beschäftigte aufweisen, liegt sie bei einkommensschwachen Selbstständigen (Haushaltsnettoeinkommen unter 2.000 Euro) darunter. Konkret sind „etwa 26 % in der Klasse der über 55-Jährigen nicht in der Lage (…), den Vermögensbedarf zur Abdeckung der Grundsicherung ab 65 Jahren zu gewährleisten" (ebd.: 28). Weist die Gruppe der Selbstständigen bereits in der Erwerbsphase eine Armutsquote um die 10 % auf (siehe Kap. 1.3), so droht einem weit größeren Anteil aufgrund mangelnder Vorsorge die Verarmung im Alter.

Diese Problematik gilt analog für die Gefahren der Verschuldung und des Vermögensverlustes. Kapital für Gründungen und Investitionen wird dem privaten Vermögen der Unternehmerfamilien entnommen oder über Kredite beschafft, falls die Unternehmensreserven dafür nicht ausreichen. Beides erhöht das Risiko künftiger Prekarität. Denn der Einsatz eigenen Vermögens bedeutet (neben dem Verzicht auf Ertragszinsen) den Abbau von Reserven für einkommensschwache Zeiten und für die Altersvorsorge. Und Kredite belasten mit ihrer Verpflichtung zur Rückzahlung inklusive Schuldzinsen das künftige Einkommen und schränken die Rücklagemöglichkeiten längerfristig ein. Eine umfassende soziale Sicherung für Selbstständige müsste auch diese Risiken einbeziehen und Unterstützungsangebote sowohl zum Schuldenmanagement als auch zur Vermögenssicherung beinhalten[25]. Für die Problematik der Kre-

---

[24] Hier ergeben sich Überschneidungen mit der gewerkschaftlichen Diskussion um Flexicurity als einem Ansatz, der soziale Sicherung auch bei atypischer Beschäftigung und in wechselnden Erwerbsverhältnissen zu gewährleisten sucht (Kronauer/Linne 2005).

[25] In institutioneller Hinsicht bleibt das Schuldenmanagement bisher weitgehend den kreditgebenden Banken (in der Phase der Kreditaufnahme und bei Rückzahlungsschwierigkeiten) überlassen sowie in

ditaufnahme (für private wie betriebliche Zwecke) fühlen sich außerhalb von betriebswirtschaftlichen Ausbildungsgängen kaum Bildungs- und Beratungsinstanzen zuständig, obwohl sie eine zentrale Qualifikationsanforderung unternehmerischen Handelns bildet.

In noch stärkerem Maße gilt die Vermögenssicherung als Privatangelegenheit, für die sich nur Banken und Versicherungen mit ihren Gelddienstleistungen interessieren[26]. Dabei ist für Selbstständige soziale Sicherung sowohl eine Frage der Vermögensbildung wie der Vermeidung von Vermögensverlusten[27]. Privates Vermögen bietet kurzfristigen Schutz vor Ertragsschwankungen und schafft langfristig finanziellen Spielraum für Investitionen und zur Altersvorsorge. Vermögenssicherung lässt sich deshalb nicht auf ein Luxusproblem reicher Leute reduzieren (auch wenn es das vielfach ist). Sie erfüllt innerhalb einer kapitalistischen Gesellschaft für Erwerbstätige eine fundamentale Schutzfunktion, die sozialstaatliche Leistungen nicht ersetzen, sie jedoch wirkungsvoll ergänzen kann.

3.3   Ausblick

Diesen Überlegungen zu Marktadäquanz und Marktunabhängigkeit liegt die Idee einer unternehmerischen Selbstständigkeit zugrunde, die im Prinzip allen Erwerbspersonen in jeder Lebensphase offen steht – auch wenn sie faktisch nur von einer Minderheit und nur in bestimmten Erwerbslagen verwirklicht wird. Diese Idee von Selbstständigkeit als für alle verfügbare berufliche Wahlmöglichkeit setzt eine konsequente Auseinandersetzung mit den Anforderungen von Märkten voraus. Das gilt sowohl im Sinne der Aneignung unternehmerischer Kenntnisse und Fähigkeiten als auch bezüglich der politischen Gestaltung der Märkte mit den Zielen der Versorgungsqualität für die nachfragende Kundschaft und des existenzsichernden Erwerbs für die anbietenden Selbstständigen. Der Idee immanent ist die Notwendigkeit eines gewissen Schutzes vor den spezifischen Risiken von Märkten – durch soziale Sicherung ebenso wie durch Optionen zur Wahl verschiedener Erwerbsalternativen.

Diese Vorstellung von einem institutionell abgesicherten Zugang zu unternehmerischer Selbstständigkeit hält an abhängiger Beschäftigung als Normalfall moderner kapitalistischer Erwerbsarbeit fest. Soll Selbstständigkeit zu einer realistischen Wahlmöglichkeit für breite Bevölkerungskreise werden, sind neben der Gründungsförde-

---

letzter Instanz (im Falle der Überschuldung) Schuldnerberatungen und Inkassounternehmen. Die im internationalen Vergleich eher restriktive Kreditvergabe deutscher Banken an Kleinunternehmen stellt zwar ein Innovationshemmnis dar, erfüllt jedoch zugleich eine (unfreiwillige) soziale Schutzfunktion.

[26] Schon die politischen Bemühungen zum Vermögensaufbau für Arbeitnehmer – im Rahmen von Sparzulagen für vermögensbildende Leistungen und neuerdings der Förderung privater Zusatzrenten oder der Arbeitnehmerbeteiligung an Aktiengesellschaften – fallen wenig konsequent aus. Dabei können Arbeitnehmer mit Erwerbstätigkeit wenigstens kein Vermögen verlieren (mit Ausnahme seltener Haftungsfälle).

[27] Denn – je nach gewählter Unternehmensform – haften selbstständige Unternehmer/innen nicht nur mit dem investierten Eigenkapital, sondern darüber hinaus mit ihrem privaten Besitz für Unternehmensverluste.

rung auch die Kombination beider Erwerbsformen und der Wechsel zwischen ihnen systematisch zu unterstützen. In Anbetracht des beachtlichen Sicherungsniveaus abhängiger Beschäftigung in Deutschland und der hohen Wertschätzung für diesen Standard in der Bevölkerung (vgl. z.B. Pongratz/Voß 2003: 168ff.) wird Selbstständigkeit für viele nur dann zu einer attraktiven Option, wenn sie mit dieser Wahl nicht alternativlos aus dem Sicherungsnetz herausfallen.

Prekäre Selbstständigkeit ist bislang wohl auch deshalb wenig in Politik und Wissenschaft thematisiert worden, weil davon ausgegangen wird, dass Gründende freiwillig unternehmerische Risiken eingehen und in der Folge meistens damit Erfolg haben. Beides ist im Prinzip richtig, blendet aber die Schattenseiten prekären Unternehmertums aus. Und auch bezüglich der Freiwilligkeit der Entscheidung zum Unternehmertum sind Einschränkungen zu machen. Marx hat für die Lohnarbeit die theoretische Grunderkenntnis eingeführt, dass sie formal als freiwilliger Abschluss eines Arbeitsvertrages erfolgt, faktisch aber durch die Not der Besitzlosigkeit des Proletariats erzwungen ist. Es sind verschiedene Motive, welche die freie Wahl für Selbstständigkeit und gegen Lohnarbeit antreiben (siehe Kap. 2.3), aber auch für die meisten Selbstständigen bleibt Erwerbsarbeit eine alternativlose Notwendigkeit. Sie mögen nicht besitzlos ins Unternehmertum wechseln, aber mit diesem Schritt setzen sie Teile ihres Vermögens um der Erweiterung ihrer Wahlmöglichkeiten willens aufs Spiel. Viele von ihnen stellen Arbeitnehmer/innen ein und lassen sie für sich arbeiten – und gleichzeitig verlangen sie von sich selbst mehr an Einsatz und Risikobereitschaft, als ihnen jeglicher Arbeitgeber abverlangen könnte.

In den frühen Analysen zur Klassenstruktur moderner Gesellschaften hat diese uneindeutige Position der Selbstständigen – als Eigner von Kleinkapital und Ausbeuter ihrer eigenen wie fremder Arbeitskraft – dazu geführt, dass sie der Zwischenkategorie des, den theoretischen Annahmen zufolge, allmählich sich aufzehrenden Kleinbürgertums zugeordnet wurden. Nun bedürfen Klassenkategorien im Allgemeinen heute ohnehin der Revision und die Selbstständigen im Speziellen nehmen an Zahl wieder zu und lassen sich kaum über einen diffusen Bürgertumsbegriff definieren. Mit diesem Aufsatz plädieren wir dafür, erstens berufliche Selbstständigkeit über ihre spezifische Form des Marktbezugs wirtschaftssoziologisch neu zu bestimmen, sie zweitens über die Prekarisierungsdimension ungleichheitssoziologisch zu verankern, sowie drittens sie mit Überlegungen zur arbeits- und sozialpolitischen Regulierung arbeitssoziologisch einzubinden in die Debatte um die Zukunft der Arbeit. Dieser Zugriff auf verschiedene Fachdisziplinen liefert vielfältige Ansatzpunkte für die weitere Forschung und verweist auf die notwendige analytische Verbindung von Marktsoziologie und Ungleichheitsforschung.

Machen sich Arbeitnehmer/innen mit ihrem ‚freien‘ Entschluss zur Lohnarbeit abhängig von einem Arbeitgeber, so begeben sich Selbstständige mit ihrer zweifach ‚freien‘ Entscheidung – nämlich für Erwerbsarbeit und gegen Lohnarbeit – in unmittelbare Abhängigkeit von Marktprozessen. Gegenüber dem Arbeitgeber lassen sich Risikolagen und Interessenkonflikte konkret adressieren an die Betriebsleitung und mit Manager/inne/n oder Unternehmer/inne/n persönlich (oder durch stellvertretende Instanzen) verhandeln. Aber wer ist der Markt? Weder die anbietende Konkurrenz noch die nachfragende Kundschaft lassen sich zur Rechenschaft ziehen, wenn ihr Markthandeln die Existenzgrundlage eines/r Selbstständigen gefährdet. Entzieht sich der Markt als Mittel wirtschaftlichen Handelns, dem kein eigenständiger Akteursstatus zukommt, notwendig der Verantwortung für seine Effekte, so geht diese über auf die Gesellschaft, die diesen Markt ermöglicht und in Anspruch nimmt. Die Gesamtheit aller anbietenden und nachfragenden Marktakteure steht in der Pflicht, jenen Mechanismus zur Verteilung von Gütern und Dienstleistungen zu formen und zu gestalten, von dem sie sich in moderner Zeit so großen ökonomischen Nutzen verspricht, dass sie ihm entscheidenden Einfluss auf ihre sozialen Verhältnisse einzuräumen bereit ist.

Literatur

Aspers, Patrick und Jens Beckert, 2008: Märkte. In: Andrea Maurer (Hg.): Handbuch der Wirtschaftssoziologie. Wiesbaden: VS Verlag, S. 225–246.

Beck, Ulrich, 1986: Risikogesellschaft. Auf dem Weg in eine andere Moderne. Frankfurt am Main: Suhrkamp.

Beckert, Jens, 1997: Grenzen des Marktes: Die sozialen Grundlagen wirtschaftlicher Effizienz. Frankfurt am Main: Campus.

Beckert, Jens, 2009: Wirtschaftssoziologie als Gesellschaftstheorie, Zeitschrift für Soziologie, Jg. 38, S. 182–197.

Beckert, Jens, Rainer Diaz-Bone und Heiner Ganßmann, 2007: Märkte als soziale Strukturen. Frankfurt a. M. und New York: Campus.

Betzelt, Sigrid, 2006: Flexible Wissensarbeit: AlleindienstleisterInnen zwischen Privileg und Prekarität. Bremen: ZeS-Arbeitspapier 3/06, Zentrum für Sozialpolitik Universität Bremen.

Betzelt, Sigrid und Karin Gottschall, 2005: Flexible Bindungen - prekäre Balancen. Ein neues Erwerbsmuster bei hochqualifizierten Alleindienstleistern. In: Martin Kronauer und Gudrun Linne (Hg.): Flexicurity. Berlin: Edition Sigma, S. 275–294.

Bögenhold, Dieter, 1985: Die Selbständigen. Zur Soziologie dezentraler Produktion. Frankfurt am Main: Campus.

Bonß, Wolfgang, 1995: Vom Risiko. Unsicherheit und Ungewißheit in der Moderne. Hamburg: Hamburger Edition.

Bourdieu, Pierre, 1987: Die feinen Unterschiede. Kritik der gesellschaftlichen Urteilskraft. Frankfurt am Main: Suhrkamp.

Brixy, Udo, Jolanda Hessels, Christian Hundt, Rolf Sternberg und Heiko Stüber, 2009: Global Entrepreneurship Monitor (GEM). Länderbericht Deutschland 2008. Hannover: Institut für Wirtschafts- und Kulturgeographie, Universität Hannover. Nürnberg: Institut für Arbeitsmarkt- und Berufsforschung der Bundesagentur für Arbeit (IAB).

Brixy, Udo, Christian Hundt, Rolf Sternberg und Heiko Stüber, 2009: Deutschland – eine Gründungswüste? Unternehmensgründungen im internationalen Vergleich. IAB-Kurzbericht, 15/2009. Nürnberg: Institut für Arbeitsmarkt- und Berufsforschung.

Brüderl, Josef, Peter Preisendörfer und Rolf Ziegler, 2007 (1996): Der Erfolg neugegründeter Betriebe: Eine empirische Studie zu den Chancen und Risiken von Unternehmensgründungen. Berlin: Duncker & Humblot.

Bührmann, Andrea D., Ute Fischer und Gerda Jasper (Hg.), 2010: Migrantinnen gründen Unternehmen. Mering: Hampp-Verlag.

Bührmann, Andrea D., 2007: Das Bild vom Normalunternehmer. Deutungsmuster in der Existenzgründungsberatung. In: Wolfgang Ludwig-Mayerhofer, Christoph Berendt und Ariadne Sondermann (Hg.): Fallverstehen und Deutungsmacht. Akteure in der Sozialverwaltung und ihre Klienten. Opladen/Farmington Hills: Barbara Budrich, S. 119–142.

Bundesregierung, 2007: Agrarbericht 2007. Berlin: Selbstverlag.

Caliendo, Marco, Steffen Künn und Frank Wießner, 2008: Die Nachhaltigkeit von geförderten Existenzgründungen aus Arbeitslosigkeit: Eine Bilanz nach 5 Jahren. Bonn: IZA-Discussion Paper 880.

Caliendo, Marco, Steffen Künn und Frank Wießner, 2009: Erfolgsgeschichte mit zu frühem Ende. Ich-AG und Überbrückungsgeld. IAB-Kurzbericht, 3/2009. Nürnberg: Institut für Arbeitsmarkt- und Berufsforschung.

Castel, Robert und Klaus Dörre (Hg.), 2009: Prekarität, Abstieg, Ausgrenzung. Die soziale Frage am Beginn des 21. Jahrhunderts. Frankfurt a. M. und New York: Campus.

Corsten, Hans, 2002: Dimensionen der Unternehmensgründung. Erfolgsaspekte der Selbständigkeit. München: Schmidt Verlag.

DIHK, 2009: Schwieriges Gründungsklima – DIHK-Gründerreport 2009. Zahlen und Einschätzungen der IHK-Organisation zum Gründungsgeschehen in Deutschland. Berlin: Deutscher Industrie- und Handelskammertag.

Dörre, Klaus, Klaus Kraemer und Frederic Speidel, 2004: Prekäre Arbeit. Ursachen, soziale Auswirkungen und subjektive Verarbeitungsformen unsicherer Beschäftigungsverhältnisse, Das Argument, Nr. 256, S. 378–397.

Egbringhoff, Julia, 2008: Ständig selbst. Eine Untersuchung der alltäglichen Lebensführung von Ein-Personen-Selbständigen. Mering: Hampp-Verlag.

Ehrenreich, Barbara, 2001: Arbeit poor. Unterwegs in der Dienstleistungsgesellschaft. Ein Erfahrungsbericht. München: Kunstmann Verlag.

Fachinger, Uwe, 2002: Sparfähigkeit und Vorsorge gegenüber sozialen Risiken bei Selbständigen: Einige Informationen auf der Basis der Einkommens- und Verbrauchsstichprobe 1998. Bremen: ZeS-Arbeitspapier 1/02, Zentrum für Sozialpolitik Universität Bremen.

Frese, Michael, 1998: Erfolgreiche Unternehmensgründer: Psychologische Analyse und praktische Anleitung für Unternehmer in Ost- und Westdeutschland. Göttingen: Hogrefe.

Götze, Uwe, Klaus Henselmann und Barbara Mikus (Hg.), 2001: Risikomanagement. Heidelberg: Physica-Verlag.

Haak, Carroll und Günther Schmid, 2001: Arbeitsmärkte für Künstler und Publizisten - Modelle der künftigen Arbeitswelt, Leviathan, Jg. 29, S. 156–178.

Hartmann, Michael, 2004: Elitesoziologie. Eine Einführung. Frankfurt am Main: Campus.

Heyden, Maribel, 2002: Bestimmungsgründe von Existenzgründungen im Handwerk unter besonderer Berücksichtigung des sozioökonomischen Ansatzes. Göttingen: Unveröffentlichte Dissertation.

Kalleberg, Arne L., 2009: Precarious Work, Insecure Workers: Employment Relation in Transition, American Sociological Review, Jg. 74, S. 1–22.

Kohn, Karsten und Hannes Spengler, 2009: KfW-Gründungsmonitor 2009. Untersuchung zur Entwicklung von Gründungen im Voll- und Nebenerwerb. Frankfurt am Main: KfW Bankengruppe.

Kraemer, Klaus, 2008: Prekarität - was ist das? Arbeit, Jg. 17, S. 77–90.

Kronauer, Martin und Gudrun Linne (Hg.), 2005: Flexicurity. Berlin: Edition Sigma.

Kuwan, Helmut, Frauke Bilger, Dieter Gnahs und Sabine Seidel, 2006: Berichtssystem Weiterbildung IX. Integrierter Gesamtbericht zur Weiterbildungssituation in Deutschland. Bonn und Berlin: Bundesministerium für Bildung und Forschung (BMBF).

Manske, Alexandra, 2007: Prekarisierung auf hohem Niveau. Eine Feldstudie über Allein-Unternehmer in der IT-Branche. München und Mering: Hampp-Verlag.

Marrs, Kira, 2007: Zwischen Leidenschaft und Lohnarbeit. Berlin: Edition Sigma.

Mayer-Ahuja, Nicole und Harald Wolf, 2005: Entfesselte Arbeit – neue Bindungen. Grenzen der Entgrenzung in der Medien- und Kulturindustrie. Berlin: Edition Sigma.

May-Strobl, Eva, 2008: Gründungen aus der Arbeitslosigkeit. Evaluation der Gründungs- und Begleitzirkel. IfM-Materialien Nr. 179. Bonn: Institut für Mittelstandsforschung.

Merz, Joachim, 2006: Polarisierung der Einkommen von Selbständigen? Zur Dynamik der Einkommensverteilung und der hohen Einkommen von Selbständigen und abhängig Beschäftigten. München: Munich Personal RePEc Archive (MPRA) Paper.

Mikus, Barbara, 2001: Risiken und Risikomanagement - ein Überblick. In: Uwe Götze, Klaus Henselmann und Barbara Mikus (Hg.): Risikomanagement. Heidelberg: Physica-Verlag, S. 3–28.

Müller-Jentsch, Walter, 2005: Künstler und Künstlergruppen. Soziologische Ansichten einer prekären Profession, Berliner Journal für Soziologie, Jg. 15, S. 159–177.

Piorkowsky, Michael-Burkhard und Sabine Fleißig, 2008: Gendermonitor Existenzgründungen 2006. Existenzgründungen im Kontext der Arbeits- und Lebensverhältnisse in Deutschland. Eine Strukturanalyse von Mikrozensusergebnissen. Wiesbaden: Statistisches Bundesamt.

Pongratz, Hans J., 1991: Bäuerliche Tradition im sozialen Wandel, Kölner Zeitschrift für Soziologie und Sozialpsychologie, Jg. 43, S. 235–246.

Pongratz, Hans J., 2008: Eine Gesellschaft von Unternehmern. Expansion und Profanierung „schöpferischer Zerstörung" in kapitalistischen Ökonomien, Berliner Journal für Soziologie, Jg. 18, S. 457–475.

Pongratz, Hans J. und G. Günther Voß, 2003: Arbeitskraftunternehmer. Erwerbsorientierungen in entgrenzten Arbeitsformen. Berlin: Edition Sigma.

Protsch, Paula, 2006: Lebens- und Arbeitsqualität von Selbstständigen. Objektive Lebens- und Arbeitsbedingungen und subjektives Wohlbefinden einer heterogenen Erwerbsgruppe, WZB Discussion Paper, 2006-106:

Rogler, Silvia, 2001: Management von Beschaffungs- und Absatzrisiken. In: Uwe Götze, Klaus Henselmann und Barbara Mikus (Hg.): Risikomanagement. Heidelberg: Physica-Verlag, S. 211–240.

Rogler, Silvia, 2002: Risikomanagement im Industriebetrieb. Analyse von Beschaffungs-, Produktions- und Absatzrisiken. Wiesbaden: Deutscher Universitätsverlag.

Schallberger, Peter, 1996: Subsistenz und Markt. Bäuerliche Positionierungsleistungen unter veränderten Handlungsbedingungen. Bern: Institut für Soziologie, Schriftenreihe Kultursoziologie.

Schmid, Günther, 2002: Wege in eine neue Vollbeschäftigung. Übergangsarbeitsmärkte und aktivierende Arbeitsmarktpolitik. Frankfurt am Main: Campus.

Statistisches Bundesamt, 2008: Datenreport 2008. Ein Sozialbericht für die Bundesrepublik Deutschland. Bonn: Bundeszentrale für politische Bildung.

Statistisches Bundesamt, 2009: Statistisches Jahrbuch 2009. Für die Bundesrepublik Deutschland. Wiesbaden: Statistisches Bundesamt.

Vogl, Gerlinde, 2008: Selbstständige Medienschaffende in der Netzwerkgesellschaft. Boizenburg: Verlag Werner Hülsbusch.

Voss, G. Günther und Hans J. Pongratz, 1998: Der Arbeitskraftunternehmer. Eine neue Grundform der Ware Arbeitskraft? Kölner Zeitschrift für Soziologie und Sozialpsychologie, Jg. 50, S. 131–158.

Wasilewski, Rainer, Alexandra Schmucker, Steffen Kaimer, Birgit Lechner und Willi Oberlander, 2000: Berufseinstieg und Berufserfolg junger Rechtsanwältinnen und Rechtsanwälte. Nürnberg: Institut für Freie Berufe Nürnberg.

Westhead, Paul und Marc Cowling, 1998: Family Firm Research: The Need for a Methodological Rethink, Entrepreneurship: Theory and Practice, Jg. 23, S. 31–56.

Wießner, Frank, 2001: Arbeitslose werden Unternehmer. Beiträge zur Arbeitsmarkt- und Berufsforschung 241. Nürnberg: Bundesanstalt für Arbeit.

Wolke, Thomas, 2008: Risikomanagement. München: Oldenbourg.

Ziegelmeyer, Michael, 2009: Das Altersvorsorge-Verhalten von Selbständigen. Eine Analyse auf Basis der SAVE-Daten, mea - Mannheim Research Institute for the Economics of Aging, 187-2009, S. 1–39.

Mikro-Selbstständigkeit und Restrukturierung des Arbeitsmarktes – Theoretische und empirische Aspekte zur Entwicklung des Unternehmertums

Dieter Bögenhold und Uwe Fachinger

1 Einleitung

Vor noch nicht allzu langer Zeit galten in der Bundesrepublik Deutschland die Selbstständigen als eine privilegierte Berufsgruppierung, die sich vor allem mit Blick auf ihren sozialen Status und ihre Einkommenssituation überdurchschnittlich positiv von anderen Berufsgruppen unterschied. Zwischenzeitlich ist jedoch das Bewusstsein gestiegen, dass auch innerhalb der Selbstständigen enorme Differenzierungslinien zu beobachten sind und wir auch hier im Rahmen des gesellschaftlichen und wirtschaftlichen Wandels ‚Gewinner' und ‚Verlierer' finden können. Diese Spreizung mag es historisch gesehen schon immer gegeben haben[1], aber sie tritt für die Bundesrepublik Deutschland erst neuerlich stärker (wieder) in das akademische Bewusstsein. In sektoraler und horizontaler Hinsicht finden sich hier zunehmend variierende und differenzierte Formen an Sozial- und Berufsexistenzen, von denen die Solo-Selbstständigen mit ihren Mikrofirmen eine realiter wachsende Gruppierung darstellen.

Der Beitrag beleuchtet theoretisch und empirisch die Entwicklung beruflicher Selbstständigkeit in der zweiten Hälfte des 20. Jahrhunderts. Dabei wird die Betrachtung mit der Diskussion von Kontextfaktoren wie dem allgemeinen wirtschaftlichen Wandel und sich verändernden Wettbewerbsstrukturen, Veränderungen der Berufstätigkeit und Spezifika der Arbeitsmärkte sowie von kleinen und mittleren Unternehmen verknüpft. Weiterhin widmet sich der Beitrag der genaueren Untersuchung von Entwicklungsverläufen selbstständiger Erwerbsarbeit seit dem Anfang der 1990er Jahre bis 2006 in Deutschland auf Basis der Mikrozensen des Statistischen Bundesamtes. Dabei wird eine grundsätzliche Zunahme der Selbstständigen in diesem Zeitraum deutlich, wie sie sich gegenwärtig in vielen Ländern in demselben Muster findet (Arum/Müller 2004). Hinter dieser generellen Entwicklung verbergen sich allerdings gravierende strukturelle Änderungen. Der Anstieg der Selbstständigkeit wird überwiegend von der Zunahme von Mikro- bzw. Solo-Selbstständigkeit (Ein-Mann- bzw. Eine-Frau-Firmen) getragen. Der Artikel diskutiert daher mit dem Verweis auf empirische Befunde, wie diese Entwicklung sich weiter differenziert. Diese Ausdifferenzie-

---

[1] Erinnert sei hier z.B. an die Zeit der ‚goldenen Zwanziger'. Aufgrund der negativen Erfahrungen aus dieser Zeit insbesondere bezüglich ‚kleiner Selbstständiger' wurde 1938 z.B. für Handwerker/innen eine Pflichtversicherung in der Angestelltenversicherung eingeführt.

rung geht einher mit einer stärkeren Ausprägung von Prekarisierung und der Ungleichzeitigkeit von Lebenslagen auch bei ‚klassischen' Selbstständigengruppen. Sie kann als Sinnbild der Beschleunigung des strukturellen Wandels der Erwerbsarbeit bei einer gleichzeitigen Zunahme der individuellen Prekaritätsrisiken angesehen werden und liegt auf der Linie einer säkularen Verschiebung von Arbeitsmustern und Beschäftigungsstrukturen (Kalleberg 2009).

Eines der wichtigsten Ergebnisse der theoretischen und empirischen Befunde lautet, dass die neuen Gesichter des Unternehmertums vor allem auch im Kontext von sektoralen Entwicklungen in Richtung einer Dienstleistungsgesellschaft interpretiert werden müssen und dass darüber hinaus schwindende oder geringe Berufschancen in weiten Teilen des öffentlichen Sektors, aber auch der Privatwirtschaft, bei anhaltendem Druck des Arbeitsmarktes zu Formen von kleiner und teils marginaler Selbstständigkeit führen. Ein abschließender Blick auf die deutliche Erhöhung der Zahlen bei den Freien Berufen differenziert die empirische Betrachtung und exemplifiziert die zunächst eher grundsätzlich angeführten Interpretationen.

Berufliche Wege und entsprechende soziale Mobilität erscheinen heute ‚kurvenreicher' und komplexer. Der lange kolportierte lineare Zusammenhang von höherer Bildung, Berufstätigkeit und höherem Einkommen sowie Status, wie dies vor allem für die Freien Berufe nach wie vor generalisierend impliziert wird, ist immer weniger gegeben. So finden sich denn auch in der Kategorie der Selbstständigkeit vielfältige Formen an prekären Einkommens- und Lebensbedingungen, die ein Ausdruck der zunehmend gesellschaftlichen Destandardisierung und Risiken in globaler gewordenen Sozialräumen sind. Vielfältige neue Formen an sozialen ‚Grenzverkehren' lassen sich heute beobachten, die vor allem mit den insgesamt gestiegenen Dynamiken des sozioökonomischen Wandels einhergehen. Der Terminus des Arbeitskraftunternehmers (Pongratz/Voß 2003, 2004) weist in sich selber bereits auf die neu wahrgenommene Ambivalenz jener Entwicklungen hin, die per saldo für Kleinstunternehmer/innen zur Konsequenz haben, dass diese in erster Linie als unternehmerische Verwerter ihrer *eigenen* Arbeitskraft fungieren.

2   Entrepreneurship als Rezeptur

Unternehmensgründungen und Unternehmertum sind heute populäre Stichworte in der wirtschaftspolitischen Diskussion. Es werden damit verschiedene positive Lösungsansätze für Probleme des Arbeitsmarktes und für die Steigerung volkswirtschaftlicher Innovationen verbunden. Noch ‚moderner' ist freilich der englischsprachige Terminus Entrepreneurship geworden (Audretsch 2007). Dieses ethymologische Mixtum aus französischer und englischer Sprache hat sich als fester Bestandteil unserer Sprache etabliert. Das gilt nicht nur im deutschen Sprachraum, sondern auch in anderen Ländern wie etwa den skandinavischen, wo man das ‚eur' bereits durch das ‚ø' ersetzt hat. Dabei lässt sich aber nicht übersehen, dass es sowohl in der wirtschaftstheoretischen als auch in der wirtschaftspolitischen Diskussion Probleme mit einer konsensual geteilten Begriffsdefinition gibt. Es finden sich in der Dogmengeschichte der volkswirtschaftlichen Lehrmeinungen zahlreiche konkurrierende Begriffsinhalte hinsichtlich dessen, was mit Entrepreneurship inhaltlich gefasst wird (Bögenhold 2004).

Im eher anwendungsbezogenen Kontext der allgemeinen Wirtschaftspolitik erleben wir dasselbe Problem von beliebig assoziativen Verwendungen des Labels Entrepreneurship. ‚Förderung des Unternehmertums' lautet es auf nationaler und internationaler Ebene allerorten[2], wobei im Einzelfall ganz unterschiedliche Dimensionen angesprochen werden. So ist mal die ‚Förderung der beruflichen Selbstständigkeit' angesprochen, aber auch der Bereich und die Stärkung kleiner und mittlerer Unternehmen, die Förderung expansiv wachsender Firmen, der Bereich der ‚High-Technology' und viele weitere Dimensionen und Aspekte stehen wechselseitig im Vordergrund der Betrachtung. In einer Studie der OECD vor zehn Jahren finden wir diesen Sachverhalt beispielhaft ausgedrückt. Unter dem Titel „Fostering Entrepreneurship" wird eingeräumt: „Measuring the amount of entrepreneurship taking place in a country is difficult to do, in part because there is no consensus about what would be a reliable and practical set of indicators. Some emphasise the number of new firms starting up, while others consider turnover in the number of firms to be more important. Some would focus on small and medium sized enterprises (SMEs) where the owner(s) and manager(s) are the same. But others concentrate on the performance of fast-growing firms, whether new or well-established. And some associate entrepreneurship with the development of ‚high-tech' industries. None of these approaches is able to provide a complete picture of the state of entrepreneurship; each one takes only one aspect of it. Nonetheless, while many large and well-established firms can be very entrepreneurial, measures of small and especially new firm development are more often used as indicators of entrepreneurial activity" (OECD 1998: 11f.).

Es bleibt bis zum heutigen Tag eine wichtige wissenschaftliche Aufgabe und Herausforderung, stärker Kontur in das Kunterbunt an konkurrierenden Begriffsinhalten zu bringen (siehe hierzu auch Baumol 2008).

Kleine und mittlere Unternehmen stellen die überwältigende Majorität der Unternehmen in der Bundesrepublik Deutschland und in Europa dar (siehe Abbildung 1). Sie wurden im Laufe der letzten zwanzig Jahre immer mehr als Arbeitsplatzgaranten und Arbeitsplatzbeschaffer, aber auch als Leister von beruflicher Ausbildung und volkswirtschaftlichen Innovationen angesehen. Im Gegensatz zum aus den Medien und der Wirtschaftspolitik vermittelten Bild der Dominanz von internationalen Konzernen ist die Unternehmensstruktur in vielerlei Hinsicht differenzierter, und zwar mit Blick sowohl auf die tatsächlichen Unternehmensgrößen als auch auf die Inhalte der Unternehmenstätigkeiten. So ist der Sektor des Handwerks beträchtlich, hinzu kommt eine wachsende Zahl von freiberuflichen Existenzen und schließlich ist es der immer

---

[2] Als Beispiel sei das „Grünbuch. Unternehmergeist in Europa" genannt (Kommission der Europäischen Gemeinschaften 2003).

größer werdende Bereich des sogenannten Dienstleistungswesens, in dem bedeutende Teile volkswirtschaftlicher Aktivitäten stattfinden. Zwar gehören zum Dienstleistungsbereich auch Versicherungen und Banken, die in der Regel eher Großunternehmen sind, aber hier finden sich dann andererseits zugleich Änderungsschneidereien, Restaurants, Nachhilfeschulen oder Hotelpensionen. Schließlich sind auch die volkswirtschaftlichen Sektoren von Landwirtschaft, Handel und Transport überwiegend kleinbetrieblich strukturiert. Selbst der Bereich des herstellenden Gewerbes beinhaltet nicht nur Großunternehmen, sondern weist eine deutliche Mehrzahl von kleinen und mittleren Unternehmen aus.

Was so – scheinbar – selbstverständlich anmutet, war doch im politischen Alltagsdiskurs eher versteckt gehalten. Die politische und wissenschaftliche Diskussion über Probleme der Arbeitswelt und der Arbeitsbeziehungen war viele Jahre lang auf große und größte Unternehmen fixiert. Sie galten als die eigentlichen Motoren der wirtschaftlichen Entwicklung und des technischen Fortschritts und als Garanten von Wirtschaftswachstum, Prosperität und Beschäftigungssicherheit. Seit dem Beginn der 1990er Jahre hat sich das Bild langsam und nachhaltig gewandelt. Seitdem ist ein ständig wachsendes wirtschaftspolitisches Interesse an selbstständig Erwerbstätigen und kleinen und mittelgroßen Unternehmen entstanden und auch die Förderung der selbstständigen Erwerbsarbeit steht stärker im Mittelpunkt. In Zeiten, in denen das Thema einer hohen oder gar steigenden Arbeitslosigkeit ein immer dringlicheres Problem geworden war, wurden kleinere Wirtschaftseinheiten zunehmend zu wirtschafts- und arbeitsmarktpolitischen Hoffnungsträgern. Als Ausdruck dieser Vorstellungen wurden im Rahmen der Arbeitsmarktpolitik die gesetzlichen Rahmenbedingungen dereguliert und die Aufnahme selbstständiger Erwerbstätigkeit durch entsprechende Arbeitsmarktprogramme gefördert (siehe für einen ausführlichen Überblick u.a. Pfeiffer 2005).

Für sozialpolitische Fragen sind Klein- und Mittelbetriebe von mehrfacher Bedeutung:

Eine der Fragen mit Blick auf sozialpolitisch und arbeitsrechtlich relevante Aspekte liegt in dem Umstand begründet, dass der ‚unterste Rand' von KMUs, nämlich Kleinst- bzw. Mikrofirmen, in denen Ein-Mann- oder Eine-Frau-Unternehmer als individuelle berufliche Selbstständigkeiten ohne weitere abhängig Beschäftigte wirken, in den letzten Jahren deutlich größer geworden ist. Hier gibt es demzufolge kaum Interessenbedarf für betrieblich abhängige Beschäftigung, wohl aber kann kritisch diskutiert werden, welche Qualität mit Blick auf beispielsweise Einkommen, Arbeitsbedingungen, Unternehmensperspektiven oder alters- und gesundheitliche Versorgung für diese Mikrounternehmer/innen vorliegt[3]. Wenn wir unter dem Effekt der Zunahme ‚neuer Selbstständigkeit' eine signifikante Zunahme derartiger Mikro-Unternehmen

---

[3] Siehe u.a. Bazant 2009, Schulze Buschoff 2006 und 2007, sowie für eine Diskussion hinsichtlich der Alterssicherung, ausführlich Fachinger et al. 2004.

erleben, muss es zwangsläufig von Interesse sein zu fragen, welche gesamtgesellschaftlichen und arbeitsmarktpolitischen Entwicklungen damit einhergehen.

3 Neue Fragen in historischen Spiegelungen

In der heutigen wirtschafts- und sozialpolitischen Diskussion wird häufig übersehen, dass kleine Unternehmen und die mit ihnen verbundene selbstständige Erwerbsarbeit durchaus schon am Anfang des 20. Jahrhunderts wichtige Themen der Wirtschafts- und Sozialpolitik waren. Vor hundert Jahren galt das Hauptinteresse der entsprechenden Diskussionen den sozialpolitischen Problemen und den sozialen und wirtschaftlichen Folgen des wirtschaftlichen Konzentrationsprozesses und dessen ruinösen Konsequenzen für selbstständige Gewerbetreibende und Kleinunternehmen (vgl. Bögenhold 1996). Die damalige Zeit war die Zeit der Ausweitung des Arbeitsmarktes mit seiner Zunahme der lohn- und gehaltsabhängigen Erwerbsarbeit und der parallel sich vollziehenden Reduzierung selbstständiger Existenzen.

Historisch-vergleichende Perspektiven ermöglichen zu sehen, welche Entwicklungen eher kontinuierlich verlaufen und was dagegen als neu erscheinen muss. Ein Blick auf die kleinen Unternehmen am Anfang des 20. Jahrhunderts zeigt ein teilweise ähnliches, teilweise aber auch ganz anderes Bild im Vergleich zur heutigen Situation. In der Epoche der vorletzten Jahrhundertwende befand sich der industrielle Kapitalismus in der Phase seiner Expansion. Das damalige gesellschaftskritische Denken war von der Vorstellung beherrscht, dass mit dem Siegeszug des Kapitalismus nicht nur der Anteil der lohnabhängigen Beschäftigung fortschreite, sondern auch die kleinen Betriebe verschwinden würden. So gaben auch in der damals noch jungen Arbeiterbewegung eher die Pessimisten den Ton an. Das Erfurter Programm der Deutschen Sozialdemokratie von 1891 war beispielsweise ganz auf der gedanklichen Linie des Kommunistischen Manifests von Karl Marx und Friederich Engels von 1848 mit einem insgesamt düsteren Bild der für wahrscheinlich gehaltenen weiteren Entwicklung. In seinem Vorwort zum Erfurter Programm schrieb Karl Kautsky als einer der führenden Vertreter des reformistischen Flügels der Partei: „Die ökonomische Entwicklung der bürgerlichen Gesellschaft führt mit Naturnotwendigkeit zum Untergang des Kleinbetriebes". Solche Auffassungen waren in der damaligen Diskussion zentral. Sie beruhten auf der Grundannahme, dass größere Wirtschaftseinheiten in höherem Maße leistungs- und daher auch durchsetzungsfähig sind.

Betrachtet man die Veränderungen im Unternehmensbestand in der Zeit um die letzte Jahrhundertwende, so sprach damals vieles für die Richtigkeit dieser Annahme. Gerade im ausgehenden 19. Jahrhundert verlief der Trend zu immer größeren Unternehmen so, dass es tatsächlich aussah, als sei das Aussterben der Kleinunternehmen nur noch eine Frage der Zeit.

Auch das Handwerk war starken Umwälzungen ausgesetzt. Eine ganze Reihe von Gewerbezweigen verlor im Verlauf der Entwicklung ihre wirtschaftliche Grundlage oder stand kurz vor der Liquidation. Werfen wir einen Blick zurück, so können wir feststellen, dass viele Berufe und Gewerbe, deren Existenz damals zur Diskussion stand, heute schon längst nicht mehr existieren oder nur noch eine Randexistenz führen. So ging es damals beispielsweise um die Berufe Schuhmacher, Gerber, Buchbinder, Töpfer, Barbiere, Böttcher, Drechsler, Hutmacher, Tapezierer, Färber, Kürschner, Tüncher, Wagner, Bierbrauer, Buchdrucker, Glaser, Kupferschmiede, Mechaniker, Uhrmacher, Bürstenmacher, Kammmacher, Korbmacher, Kartonnager, Lithographen, Messerschmiede, Nagelschmiede, Porzellanmaler, Posamentierer, Schirmmacher, Seifensieder, Seiler, Steinhauer, Steinsetzer, Weber und Instrumentenmacher. Bei einigen dieser Berufe wird heute manch einer nicht einmal mehr wissen, was deren berufliche Tätigkeit war.

Es ging – zusammengefasst – darum, dass der Niedergang der Kleinunternehmen noch am Anfang des 20. Jahrhunderts in weiten Teilen der Diskussion als wahrscheinlich oder gar unabwendbar galt. Mit dem Wachstum der industriellen (Groß-)Organisationen wuchs auch die Beschäftigung in den Großbetrieben rasant an. Noch vor hundert Jahren sah es daher so aus, als gäbe es für den Siegeszug der Fabriken und ihrer Massenproduktion keine Schranken (Bögenhold 1996).

4   Kleinunternehmen in der Statistik

Es ist bekannt, dass die meisten kleinen und mittleren Unternehmen in der Hand von selbstständig Erwerbstätigen sind, und – vice versa – dass die meisten Selbstständigen Firmen haben, die in die Kategorie der kleinen und mittleren Unternehmen gehören. Allerdings ist es schwierig, das Eine (Selbstständigkeit) unmittelbar auf das Andere (Wirtschaftsunternehmen oder Betrieb) zu beziehen, um z.B. Aussagen über den Zusammenhang zwischen Selbstständigkeit und Unternehmens- oder Betriebsgrößen zu gewinnen. Denn als Berufsgruppe werden die Selbstständigen in der Erwerbstätigenstatistik geführt. Demgegenüber erscheinen die Wirtschaftsunternehmen in ganz anderen Statistiken, wie etwa in der Steuerstatistik, der Arbeitsstätten-Statistik oder in den verschiedenen Statistiken über einzelne Wirtschaftssektoren. Diese Statistiken sind je nach den damit verfolgten Zwecken sehr unterschiedlich aufgebaut, so dass viele Zusammenhänge auf der Ebene von Plausibilitätsvermutungen bleiben müssen. So wird gemutmaßt, dass sich die Zahl der KMUs erhöht, wenn sich die Zahl der Selbstständigen erhöht, und umgekehrt. Konkret lässt sich diesbezüglich aber kaum mehr sagen.

Als KMUs gelten Unternehmen, die – negativ definiert – ,nicht groß' sind. Dabei sind die Zuschreibungen ,klein', ,mittel' und ,groß' selbstverständlich ausgesprochen relativ. Über die Stellung am Markt und die ökonomische Stärke im Wettbewerb ist mit dieser Einteilung der Unternehmen und Betriebe nicht viel gesagt: So kann je nach Branche ,klein' vergleichsweise ,groß' sein und umgekehrt. Eine Arztpraxis mit 50 Beschäftigten dürfte zweifelsohne als relativ groß bezeichnet werden können, während ein Stahlwerk oder eine Automobilfabrikation mit 250 Beschäftigten als ausgesprochen klein anzusehen wäre. Hinzu kommt, dass Unternehmen eine ganz unterschiedliche Stellung im volkswirtschaftlichen Kreislauf einnehmen können und dass ihre Position auf dem jeweiligen Markt für Waren und Dienstleistungen wiederum stark variieren kann. So ist von einer Reihe von kleinen Unternehmen bekannt, dass sie als Zulieferbetriebe von nur einem oder von wenigen Großunternehmen abhängig sind. Doch gibt es auch Großunternehmen in der Form moderner Aktiengesellschaften, die als Zulieferer beispielsweise in der Automobil- oder Flugzeugindustrie tätig sind. Gleichzeitig finden sich unter den Kleinunternehmen Betriebe, die genauso selbstbewusst und konkurrenzerprobt wie mancher Großbetrieb ihre Stellung am Markt behaupten. Es gibt sogar Kleinunternehmen in der Form einer Aktiengesellschaft, obwohl das wegen der damit verbundenen administrativen Anforderungen realiter nur ein selten anzutreffender Organisationstyp ist.

Das Feld der Unternehmen verschiedener Größenklassen ist äußerst vielgestaltig. Alle erdenklichen Erscheinungsformen und Grade an Autonomie und Eigenständigkeit auf der einen und von Abhängigkeit auf der anderen Seite lassen sich finden. Auch die gelegentlich anzutreffende Gleichsetzung von kleineren Unternehmen mit dem Begriff der örtlich oder regional begrenzt tätigen ‚Lokalisten‘ und der größeren Unternehmen mit den weltweit handelnden ‚Globalisten‘ ist zu simpel. Tatsächlich gibt es auf beiden Seiten zahlreiche Ausnahmen. So lassen sich erfolgreiche Industriebetriebe auch im Bereich der spezialisierten Einzelfertigung finden und es gibt im verarbeitenden Gewerbe Kleinunternehmen, die ihre Kund/inn/en bzw. Märkte weltweit haben und dauerhaft erfolgreich bestehen können, ohne dass sie sich gezwungen fühlten, ständig und konsequent auf wirtschaftliches Wachstum zu setzen. Die Unterschiedlichkeit der Unternehmen gründet sich auf viele Faktoren, wie z.B. die Beschaffenheit ihrer Absatzmärkte einschließlich der Kundenstruktur, die Struktur ihrer Zuliefermärkte, die Anzahl der Konkurrent/inn/en und die Art und Qualität der eingesetzten Technologien. Von Bedeutung sind aber auch Fragen der Innovations- und Produktzyklen, der relevanten Arbeitsmärkte, der angewandten Produktionsverfahren, der jeweiligen Unternehmens-, Management- und Arbeitsorganisation und der betrieblichen Arbeitsbeziehungen.

Angesichts der Heterogenität der Unternehmen erscheint es schwierig, eine allgemeine Definition zu geben, was nun kleine und mittlere Unternehmen sind. Stattdessen finden wir zumeist eher pragmatische Herangehensweisen, die definitorische Abgrenzungslinien ziehen wollen, u.a. um existierenden Förderpraktiken klare Richtlinien geben zu können. Die Kommission der Europäischen Gemeinschaft hat ihre Kategorien mehrfach revidiert und verwendet nunmehr Kriterien der Beschäftigtenzahl, des Umsatzes oder der Bilanzsumme (siehe Tabelle 1).

Tabelle 1:   Definition von KMUs durch die Kommission der Europäischen Gemeinschaft

Unternehmens-kategorie	Zahl der Beschäftigten	Umsatz	Bilanzsumme
groß	mehr als 249	mehr als 50 Mio. Euro	mehr als 43 Mio. Euro
mittelgroß	weniger als 250	bis 50 Mio. Euro	bis 43 Mio. Euro
klein	weniger als 50	bis 10 Mio. Euro	bis 10 Mio. Euro
mikro	weniger als 10	bis 2 Mio. Euro	bis 2 Mio. Euro

Quelle: EU Kommission, DG Enterprise and Industry. The new SME definition.
         User guide and model declaration, Arbeitspapier, Brüssel 2006

Nehmen wir den Blick auf die Länder der Europäischen Union ein, zeigt sich, dass nicht einmal 1 % aller Unternehmen zu der Kategorie der Großunternehmen zählt (vgl. Tabelle 2). Dieser Befund gilt für alle Länder der Europäischen Union. Umgekehrt entfallen mehr als 90 % der Unternehmen auf das Kontingent der Kleinstunternehmen mit weniger als zehn Beschäftigten. Wenn wir Länder der EU miteinander vergleichen, dann zeigen sich zwischen ihnen deutliche Unterschiede bezüglich der jeweiligen Gewichtsverteilungen zwischen den einzelnen Segmenten der KMUs.

Tabelle 2:   Anteile der Unternehmensklassen sowie Arbeitsplätze je Unternehmenskategorie

Unternehmenskategorie	Unternehmensklassen an allen Unternehmen, in %	Arbeitsplätze an allen Arbeitsplätzen, in %
groß	0,2	32,0
mittelgroß	1,1	17,0
klein	7,3	21,0
mikro	91,5	30,0

Quelle: Eurostat, Structural Business Statistics (SBS), Aufschlüsselung der Hauptindikatoren nach Unternehmensgrößenklassen, im Nicht-Finanzsektor, 2003, EU-25

Da die Großunternehmen über Umsatz oder Beschäftigtenanteile definiert sind, haben sie auch ein vergleichsweise großes Beschäftigungspotenzial (vgl. Tabelle 2): Fast ein Drittel aller Arbeitsplätze in der Privatwirtschaft (außerhalb des öffentlichen Sektors) entfallen auf die Großunternehmen, während die KMUs die restlichen zwei Drittel des Beschäftigungsvolumens absorbieren. Differenziert man den Bereich der

KMUs weiter nach den Untergliederungen ‚kleinst', ‚klein' und ‚mittelgroß', so finden wir, dass alle diese Unternehmensgrößenbereiche beträchtliche Anteile an der Gesamtbeschäftigung haben. Die Kleinstunternehmen als diejenigen Unternehmen mit bis zu zehn Beschäftigten, wozu auch weite Teile des Handwerks zu zählen sind, sind zwar per definitionem relativ schwach mit Blick auf ihr Beschäftigungspotenzial, aber auf Grund der besonders großen Zahl der Unternehmen dieser Größenordnung ergibt sich der Umstand, dass fast 30 % aller Beschäftigten der gewerblichen Wirtschaft in Europa in Kleinstunternehmen tätig sind.

5 Kleinunternehmen und Mikro-Selbstständigkeit im Wechselspiel von wirtschaftlicher Dynamik und Beharrung

Betrachtet man nur die Verteilung der Unternehmen auf unterschiedliche Größenklassen, so verdeckt das teilweise die dynamischen Umschichtungen, die sich ‚hinter' den Daten vollziehen. Hier findet nämlich ein beträchtliches wirtschaftliches – und damit verbunden auch soziales – ‚Hin und Her' statt, das sich im ständigen Kommen und Gehen von neuen Firmen bzw. Firmengründungen und neuen selbstständigen Erwerbspersonen ausdrückt.

Unternehmensgründungen sind für eine Volkswirtschaft, die auf ständige technische Innovationen und Erneuerungen ihrer Strukturen angewiesen ist, von großer Bedeutung. Bleibt die Zahl der Unternehmen und die der selbstständigen Betriebsinhaber/innen konstant, kann das Unterschiedliches bedeuten: Entweder zeigt sich darin eine nur geringe Bewegung im Bestand der Organisationen, oder aber das genaue Gegenteil, nämlich erhebliche Austauschprozesse an Ab- und Zugängen, die sich in ihrer Wirkung ausgleichen. Tatsächlich ist in der deutschen Wirtschaft letzteres der Fall. Die Rate der Unternehmensabgänge hat sich im Laufe der letzten zwanzig Jahre stark erhöht, dasselbe gilt für die Rate der Zugänge.

Kleine und mittlere Unternehmen sind, insbesondere wenn sie jung sind, potenziell innovativ. Das gilt selbstverständlich nicht für jedes neue Kleinunternehmen, aber für deren Gesamtzahl ist bekannt, dass hieraus zahlreiche Innovationen der verschiedensten Arten resultieren (Acs/Audretsch 2005). Umgekehrt gibt es unter den Kleinbetrieben auch Unternehmenseinheiten, die als der Inbegriff von überholt und antiquiert gelten müssen. So ist die Kategorie der Kleinunternehmen in sich selber unter mehreren Gesichtspunkten in hohem Maße gespalten. Dennoch: Gerade mit Blick auf expansiv wachsende Firmen in neuen Märkten erweisen sich neu gegründete Firmen in Verbindung mit neuen Technologien häufig als relativ erfolgreich.

Es gibt verschiedene Umstände, die das Entstehen neuer Unternehmen – und das sind in der Regel dann zunächst kleine Unternehmen – begünstigen: An erster Stelle muss ein Umstand genannt werden, der in der Diskussion häufig zu kurz kommt, nämlich der allgemeine wirtschaftliche Strukturwandel. Der Trend zu den Dienstleistungen ist auch als Motor der Schaffung neuer KMUs und Unternehmensgründungen anzusehen. Während das Gefüge der Unternehmensgrößenstruktur in Deutschland in den letzten Jahrzehnten etwa konstant geblieben scheint, zeigt ein zweiter Blick, dass sich die Zahl der Unternehmen im verarbeitenden Gewerbe etwa halbiert hat, während sie sich im sogenannten Dienstleistungssektor deutlich mehr als verdoppelt hat. Der Trend zu Dienstleistungen schafft nicht nur neue Märkte, Berufe und Ausbildungsgänge, sondern auch neue Unternehmen, allen voran KMUs (Bögenhold/Fachinger 2008).

Aber dieser Wandel befördert gleichzeitig eine Expansion von Freien Berufen, und zwar im klassischen Bereich[4] ebenso wie im Bereich von weiteren freiberuflichen Dienstleistungen. Diese Entwicklungen sind differenziert zu beurteilen und verbergen eine Reihe von Einzeltendenzen (Bögenhold/Leicht 2000, Bögenhold/Fachinger 2007), die viele prekäre und problematische Berufsbiographien und Soziallagen beinhalten. Es ist zu fragen, inwieweit das Phänomene sind, die in erster Linie vor dem Hintergrund von hoher Arbeitslosigkeit entstanden, oder inwieweit darin auch andere Rationalitäten aufgehen, die dazu führen, dass dieses Phänomen eher von dauerhafterer Natur ist. Vor dem Hintergrund der relevanten sozialpolitischen Problemfelder bedarf es auch diesbezüglich weiteren Wissens.

6   Entwicklungslinien beruflicher Selbstständigkeit

Selbstständige gelten nach der zurzeit gültigen Definition des Statistischen Bundesamtes als „Personen, die einen Betrieb oder eine Arbeitsstätte gewerblicher oder landwirtschaftlicher Art wirtschaftlich und organisatorisch als Eigentümer/innen oder Pächter/innen leiten … sowie alle freiberuflich Tätigen, Hausgewerbe Treibenden und Zwischenmeister/innen" (Statistisches Bundesamt, 2008: 77). Hinter diesem definitorischen Hauptnenner verbirgt sich ein sehr breites Spektrum von je spezifischen beruflichen Situationen. Prinzipiell ist der Status quo von Selbstständigen durch eine hohe Heterogenität geprägt, die eine pauschalisierende Behandlung von vornherein verbietet und vor deren Hintergrund allgemeine Aussagen zu den Selbstständigen ohne Gehalt sind.

Abbildung 1 zeigt für die Jahre 1991 bis 2008 die Entwicklung im Volumen der selbstständigen Erwerbstätigkeit. Demnach stieg die Zahl der Selbstständigen in diesem Zeitraum um ca. 1,1 Mio. Erwerbspersonen auf etwa 4,1 Mio. an. Die Quote der Selbstständigen an der gesamten Erwerbstätigkeit stieg in dieser Zeit von 8 % auf knapp 11 % an, wobei der Anstieg in Ostdeutschland deutlich höher ausfiel als in Westdeutschland. Damit hat Ostdeutschland mittlerweile eine höhere Selbstständigenquote als Westdeutschland, während am Anfang der 1990er Jahre Ostdeutschland noch eine vergleichsweise niedrige Selbstständigenquote aufwies.

---

[4] Selbstständige Ärzt/inn/e/n, Steuerberater/innen, Rechtsanwält/inn/e/n etc., die häufig als ‚kleine' Arbeitgeber fungieren.

Abbildung 1: Veränderung der Selbstständigkeit in Deutschland, 1988 bis 2008, Anzahl in Mio.

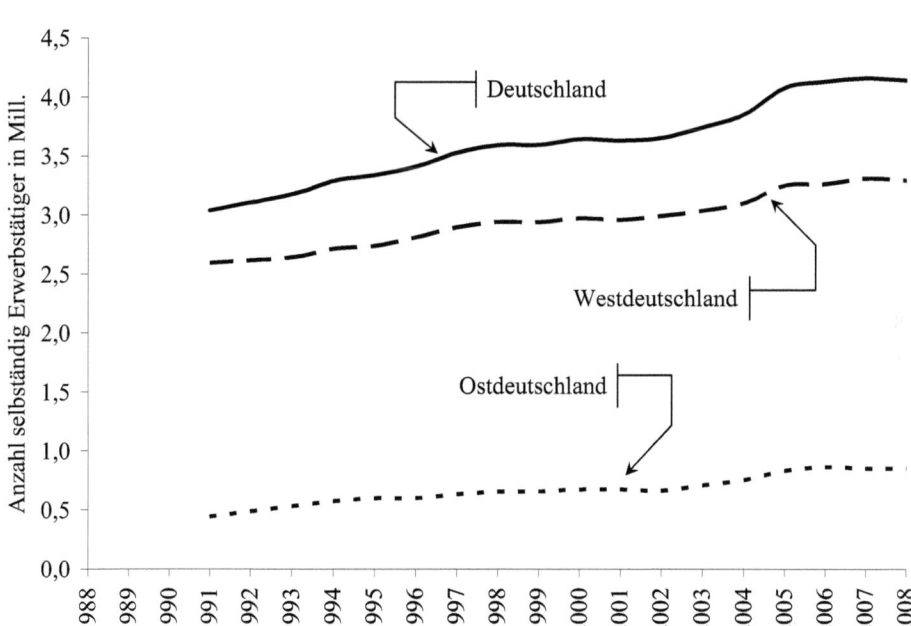

Quelle: Eigene Berechnungen und Darstellung auf Basis der Scientific Use Files der Mikrozensen des Statistischen Bundesamtes.

Der angesprochene Trend in Richtung Dienstleistungsökonomie ist hierbei sicherlich als ein Motor zu sehen, aber hinter dieser Begrifflichkeit verbergen sich wiederum diverse Einzeltendenzen. Schließlich erhöht sich mit der Diffusion neuer Kommunikations- und Informationstechniken das Spektrum neuer Produkte, aber auch neuer Unternehmen, und zwar vor allem auch vieler Kleinunternehmen in den Bereichen Software und EDV-Dienstleistungen. Internet und Telearbeit lassen neue Unternehmen in noch unbekanntem Ausmaß entstehen. Demographischer Wandel und zunehmende Individualisierung produzieren darüber hinaus auch völlig neue soziale Bedürfnisse und Bedarfslagen, die zur Grundlage von wirtschaftlich selbstständigen Existenzen und neuen Unternehmen werden. Soziale Dienste, Altersbetreuung, medizinische Versorgungsleistungen sowie Beratungsbedarfe in diversen Know-How-Feldern werden als potenzielle Märkte an Bedeutung gewinnen.

Ebenso ist eine hohe oder steigende Arbeitslosigkeit als ein Push-Faktor in Richtung beruflicher Selbstständigkeit anzusehen, weil Menschen, wenn sie keine abhängige Beschäftigung finden, zur Sicherung der materiellen Existenz und Erzielung von

Einkommen zwangsläufig beginnen, über eine Erwerbsalternative in Form einer beruflichen Selbstständigkeit nachzudenken. Insofern findet ein steigender Druck am Arbeitsmarkt eine Art Ventil in Richtung der beruflichen Selbstständigkeit (Bögenhold 1989).

In diesem Zusammenhang ist die Frage von großem Interesse, um welche Art von beruflicher Selbstständigkeit es sich handelt. Einen Hinweis auf die Größe der Wirtschaftsunternehmungen der Selbstständigen liefert die Differenzierung in der amtlichen Statistik. Sie weist aus, ob die Selbstständigen in ihren Firmen allein oder mit Hilfe weiterer Lohnarbeitskräfte tätig sind. Demnach arbeitet die Mehrheit der Selbstständigen als Solo-Selbstständige (Leicht 2000, Bögenhold/Leicht 2000) in sogenannten Ein-Mann- bzw. Eine-Frau-Firmen.

Abbildung 2: Veränderung von Selbstständigkeit und Solo-Selbstständigkeit in Deutschland, 1988 bis 2006, Anzahl in Mio.

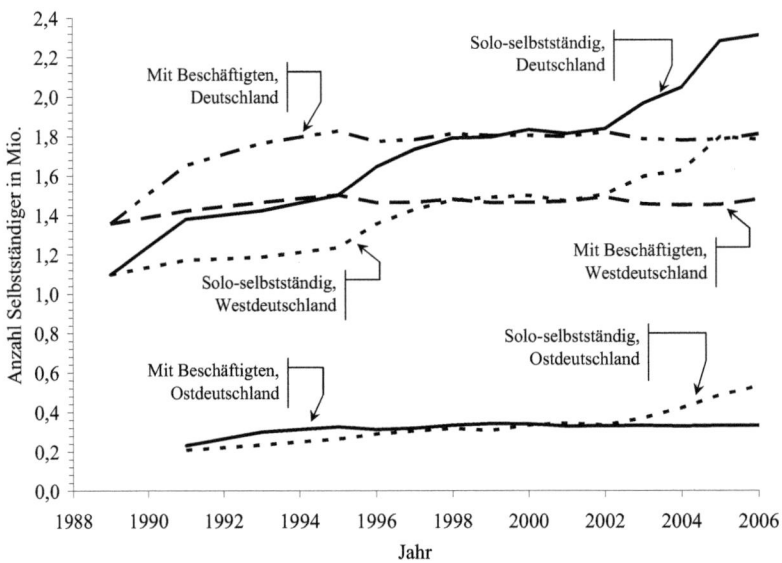

Quelle: Eigene Berechnungen und Darstellung auf Basis der Scientific Use Files der Mikrozensen des Statistischen Bundesamtes.

Diese Ein-Personen-Betriebe weisen vielschichtige Merkmale auf, wobei der Anteil der Mikro-Selbstständigen an der Gesamtzahl der Selbstständigen in Deutschland regional stark unterschiedlich ist (Bögenhold/Fachinger 2009). Neben den Verlierern des Arbeitsmarkts, deren Platz im Gefüge abhängiger Beschäftigung ungesichert ist, treten auch zunehmend hoch qualifizierte Personen auf, die angesichts der steigenden Bedeutung von Wissen neue und höchst autonome Formen unternehmerischer Aktivitäten entwickeln. In den letzten Jahrzehnten erleben wir auch bei der beruflichen

Selbstständigkeit einen Vormarsch von Frauen (Bögenhold/Fachinger 2005 und 2009).

Abbildung 2 verdeutlicht für den Betrachtungszeitraum, wie sich die allgemeine Zunahme der Selbstständigkeit in den beiden Beobachtungskategorien ‚Solo-selbstständig' und ‚Mit Beschäftigten' unterschiedlich abbildet. Seit etwa 1994 ist die Zahl der Selbstständigen, die abhängig Beschäftigte in ihren wirtschaftlichen Unternehmungen haben, konstant geblieben, während sich die Zahl der Solo-Selbstständigen seit Anfang der 1990er Jahre kontinuierlich erhöht und letztlich verdoppelt hat. Mit anderen Worten lässt sich folgern, dass die deutliche Zunahme in Anzahl bei der beruflichen Selbstständigkeit fast ausschließlich auf das Konto der Solo-Selbstständigkeit verbucht werden kann. Unter dem Gesichtspunkt einer Differenzierung nach Geschlecht kann dieser Befund weiterhin so spezifiziert werden, dass Solo-Selbstständigkeit unter weiblichen Selbstständigen noch wesentlich stärker verbreitet ist als bei männlichen Selbstständigen.

Ein weiterer Aspekt der Ausweitung beruflicher Selbstständigkeit ist der enorm starke Anstieg der (klassischen) Freien Berufe, wie der Tabelle 3 entnommen werden kann.

Tabelle 3: Veränderung der Anzahl der in Freien Berufen Tätigen von 1991 auf 2006 (in %)

Freie Berufe	1991 zu 2006
Bauingenieur/inn/e/n, Architekt/inn/en u.ä.	46,0
Wirtschaftsprüfer/innen, Steuerberater/innen	34,0
Rechtsvertreter/innen, Rechtsberater/innen	67,0
Ärzt/inn/e/n	60,6
Zahnärzt/inn/e/n	50,4
Tierärzt/inn/e/n	28,7
Apotheker/innen	15,7
Freie Berufe insgesamt	49,8
Selbstständig Erwerbstätige insgesamt	36,7

Quelle: Eigene Berechnungen und Darstellung auf Basis der Scientific Use Files der Mikrozensen des Statistischen Bundesamtes.

Während die Selbstständigen zwischen 1991 und 2006 um 36,7 % zunahmen, konnte die Untergruppierung der selbstständigen Freien Berufe in derselben Zeit um 49,8 % zulegen. Die Entwicklung bei den Freien Berufen spiegelt zweifelsohne den Dienstleistungstrend wider. Mit anderen Worten fungieren die Freien Berufe als Motor der

Expansion beruflicher Selbstständigkeit in Deutschland, wobei zu beachten ist, dass diese in sich selber auch ein wichtiger Akteur in diesem Prozess sind.

7 Armutsgefahr und Einkommensprivileg bei beruflicher Selbstständigkeit

Die Tatsache, dass die Zahl der Ein-Mann- und Ein-Frau-Firmen signifikant ansteigt, deutet darauf hin, dass hier unter Umständen auch eine größere Zahl von Wirtschaftsexistenzen involviert ist, die sich nicht unbedingt ‚aus Freiwilligkeit' in der Selbstständigkeit engagiert, sondern in Teilen gegebenenfalls prekaritätsnah in der Ermangelung von Alternativen diese Form von beruflicher Tätigkeit ausübt und bei denen darüber hinaus Probleme bezüglich der Absicherung der materiellen Folgen des Eintritts von sozialen Risiken wie Krankheit, Alter oder Arbeitslosigkeit gegeben sein dürften (Fachinger 2007 oder Fachinger 2002).

Eine differenzierte Erhebung der Einkommen von selbstständig Erwerbstätigen, die eine tiefere Gliederung der Selbstständigen zulassen würde, existiert nicht in Deutschland. Obwohl im Prinzip keine Informationen über die ‚objektive' Einkommenssituation von selbstständig Erwerbstätigen in ausreichender Detailliertheit vorliegen, können die Angaben im Mikrozensus aber dennoch einen Eindruck von der Einkommenslage privater Haushalte selbstständig Erwerbstätiger vermitteln. Allerdings ist der Mikrozensus keine Erhebung der materiellen Situation privater Haushalte – auch wenn auf die Daten für Einkommensanalysen in manchen Analysen zurückgegriffen wird. Im Mikrozensus wird lediglich die subjektive Einschätzung der materiellen Situation erhoben (Statistisches Bundesamt 2006). In der Abbildung 3 ist die Verteilung der monatlichen Haushaltsnettoeinkommen von Selbstständigen mit Beschäftigten und Solo-Selbstständigen angegeben[5].

Demnach zeigt die Einkommenssituation bei den Selbstständigenhaushalten eine bedeutende Spreizung. Die Einkommensskala reicht auf der einen Seite bis in überdurchschnittlich gute Einkommensbereiche, während sie am anderen Ende Zonen der untersten Einkommensbereiche abdeckt, für die – auf der Basis dieser Informationen – zweifelsohne die Adjektive prekär und einkommensarm gelten müssen. Dies betrifft insbesondere die Solo-Selbstständigen, von denen rd. 14 % ein monatliches Nettoeinkommen von bis zu 1.100 Euro angeben und weitere 24,5 % sich in der Einkommenskategorie von 1.100 Euro bis 2.000 Euro befinden. Demgegenüber erreichen knapp über 42 % der Haushalte von Selbstständigen mit Beschäftigten ein Haushaltsnettoeinkommen von über 4.000 Euro und von rd. 20 % ein Haushaltsnettoeinkommen von über 6.000 Euro monatlich.

---

[5] Prinzipiell müsste die Haushaltsgröße bei der Beurteilung der Einkommenssituation mit berücksichtigt werden (Faik 1995). Da im Mikrozensus aber intervallskalierte Daten vorliegen, wird auf eine Äquivalenzgewichtung verzichtet.

Abbildung 3: Einkommen von selbstständig Erwerbstätigen gemäß Selbsteinschätzung, Deutschland 2006

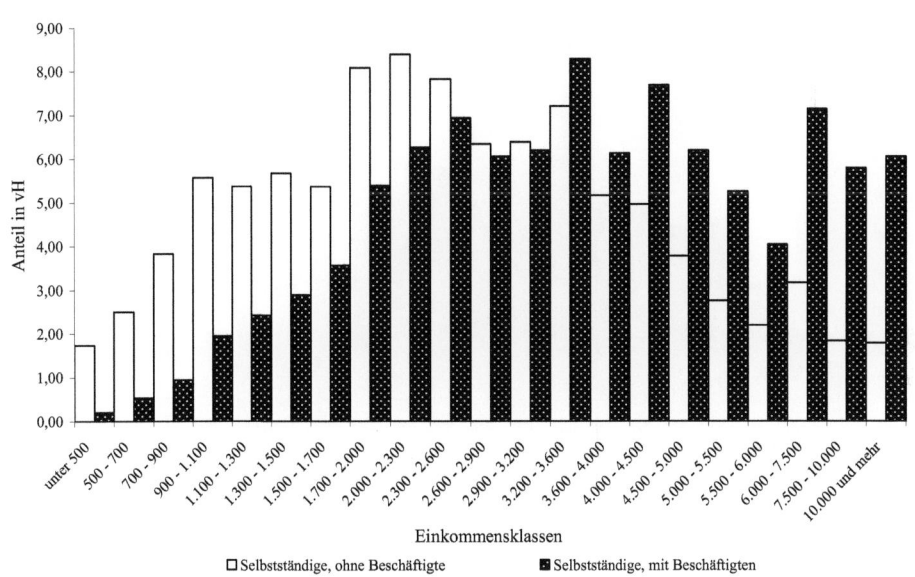

Quelle: Eigene Berechnungen und Darstellung auf Basis der Scientific Use Files der Mikrozensen des Statistischen Bundesamtes.

Zur besseren Beurteilung dieser Einkommensverteilung sei auf das durchschnittliche Haushaltsnettoeinkommen aller Haushalte verwiesen, das im Jahr 2006 bei 2.764 Euro lag (Statistisches Bundesamt 2008: 550). Setzt man in Analogie zum Armuts- und Reichtumsbericht der Bundesregierung 60 % des Durchschnittseinkommens als Armutsrisikoschwelle (Bundesregierung 2009: 40f.), so liegen nach der subjektiven Wahrnehmung der Höhe der Haushaltsnettoeinkommen rund 30 % der Solo-Selbstständigen und ca. 12,5 % der Selbstständigen mit Beschäftigten unterhalb dieser Grenze. Die in der Literatur konstatierte Ungleichheit bei den Einkommen der Selbstständigen (Merz/Zwick 2003, Merz 2006, für Großbritannien Parker 1999) wird von den vorliegenden Deskriptionen deutlich unterstützt.

Differenziert man die Gruppe der Solo-Selbstständigen weiter nach Geschlecht[6], so zeigt sich in Abbildung 4, dass keine allzu gravierenden Unterschiede bei Haushalten mit Frauen oder Männern als Haushaltsbezugsperson bestehen und die Einkommenssituation für jeweils annähernd 30 % mit einem Haushaltsnettoeinkommen von unter 1.700 Euro als prekär angesehen werden kann.

---

[6] Geschlechtsspezifische Angaben zu den Einkommen selbstständig Erwerbstätiger sind auch in Eilsberger/Zwick (2008) zu finden. Eine Analyse zur Entwicklung der Einkommensverteilung von Selbstständigen liefert Merz 2006.

Abbildung 4: Geschlechtsspezifische Einkommen von Solo-Selbstständigen gemäß
Selbsteinschätzung, Deutschland 2006

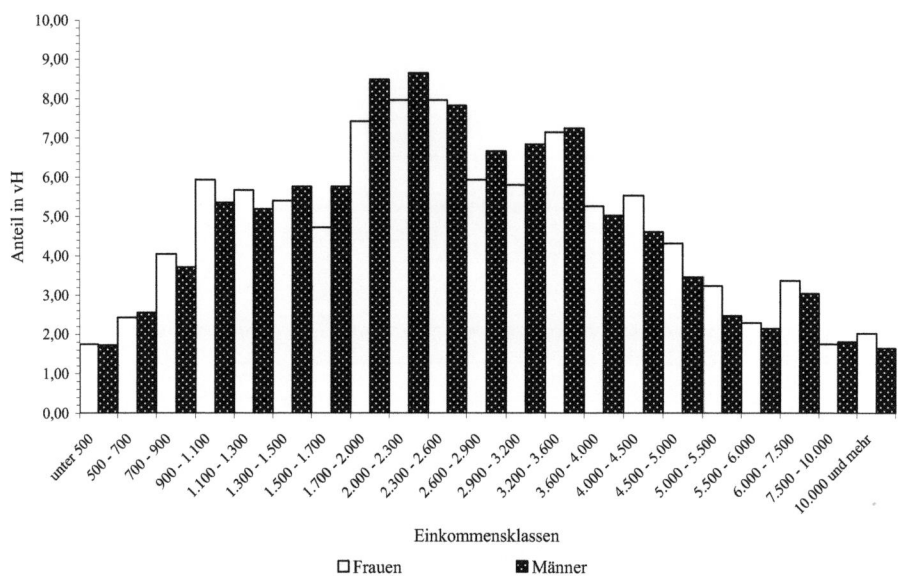

Quelle: Eigene Berechnungen und Darstellung auf Basis der Scientific Use Files der
Mikrozensen des Statistischen Bundesamtes.

Summa summarum lässt der empirische Blick auf die Thematik zahlreiche Befunde
zur neueren Entwicklung der beruflichen Selbstständigkeit erkennen. Aus der großen
Vielfalt der präsentierten Daten sollen hier einige wenige Ergebnisse knapp zusammengefasst werden:

1. In dem Zeitraum von 1991 bis 2006 lässt sich eine beständige Zunahme selbst-
    ständiger Erwerbsarbeit beobachten. Zuletzt war im Jahre 2006 etwa jede zehnte
    erwerbstätige Person im Bereich der beruflichen Selbstständigkeit angesiedelt.
2. Die berufliche Selbstständigkeit ist in sich selber eine bemerkenswert heterogene
    Berufskategorie. Unterscheidet man lediglich danach, ob die Selbstständigen sel-
    ber Arbeitgeber sind oder nicht, d.h. ob sie mit weiteren Beschäftigten in ihren
    Betrieben arbeiten oder ob sie als ‚Ein-Personen-Firmen' tätig sind, so zeigt sich,
    dass vor allem der Anteil der Selbstständigen ohne weitere Beschäftigte stark zu-
    genommen hat. Waren noch im Jahre 1991 54,5 % aller Selbstständigen solche,
    die weitere Beschäftigte in ihren Firmen hatten, so verringerte sich diese Zahl auf
    43,9 % im Jahre 2006.
3. Überproportional nahmen Selbstständige in der Kategorie der (klassischen) Frei-
    en Berufe zu. Dabei gibt es zwischen den einzelnen Freien Berufen durchaus Un-
    terschiede. Scase und Goffe (1980) hatten die Selbstständigen folgendermaßen

klassifiziert:

„(i) The self-employed, who work for themselves and formally employ no labour. However, they often depend upon unpaid services of family members, particularly their wives", (ii) Small employers who work alongside their workers but, in addition, undertake the administrative and managerial tasks if running their own business, (iii) Owner-controllers who do not work alongside their employees but, instead, are solely and singularly responsible for the administration and management of their business" und schließlich „(iv) Owner-directors who control enterprises with developed managerial hierarchies so that administrative tasks are subdivided and delegated to executive directors and other senior personnel" (Scase/Goffee 1980: 23f.).

Unseren Daten zufolge ist der Trend in Richtung steigender Selbstständigkeit in den letzten 15 Jahren vorrangig auf das Phänomen der Solo-Selbstständigkeit zurückzuführen.

4. Gemeinsam zeigen alle Datenquellen eine steigende Rate der selbstständigen Frauen. Dieser Trend überlagert sich mit dem allgemeinen Trend von zunehmender Tertiarisierung und Akademisierung. Andererseits deuten die Auswertungen der subjektiven Einkommensangaben an, dass eine selbstständige Erwerbstätigkeit nicht zwangsläufig zu einer besseren materiellen Situation im Vergleich zur abhängigen Beschäftigung führt.

5. Die Entwicklung der Freien Berufe macht weiterhin einen bedeutenden Teil am Aufschwung der Selbstständigkeit aus, stieg deren Volumen zwischen 1991 und 2006 doch deutlich überproportional an. Nahm die Zahl der Selbstständigen in diesem Zeitraum um knapp 37 % zu, so erhöhte sich die Zahl der Selbstständigen bei den Freien Berufen um fast 50 %. Sofern hier auch eine Zunahme im Bereich der sogenannten ‚kreativen Freischaffenden' eingeschlossen ist, könnte diese Entwicklung sogar als eine Art von ökonomischem Wachstumsimpuls angesehen werden (Piergiovanni et al. 2009).

6. Die Untersuchung weist ferner darauf hin, dass die Einkommenssituation der Selbstständigen in weiten Teilen nicht dem Bild des erfolgreichen Geschäftsmannes entspricht. Insbesondere bei einem nicht unerheblichen Teil der Solo-Selbstständigen liegen Indizien für eine prekäre materielle Situation vor. Nicht zu vergessen ist ferner allerdings, dass die Tatsache der Heterogenität von Lebenschancen und Einkommen bei dem Selbstständigen nicht zwangsläufig gleichgesetzt werden kann mit einer Heterogenität von subjektiver Zufriedenheit, welche zwar ebenso zu konstatieren ist, aber die beide in ihren Heterogenitätszonen nicht deckungsgleich sein müssen (Protsch 2006). Damit werden Fragen nach dem Verhältnis von „gefühlter Prekarität" und soziologischer Kategorisierung (Krämer 2008) aufgeworfen, die nicht nur auf Fragen von Exklusion und Inklusion, sondern auch auf „prekären Wohlstand" und Verwundbarkeit zielen (Vogel 2006).

8   Prekarisierung: Destandardisierung und zunehmende Fragilität von Arbeit

Mit der Zunahme von Solo-Selbstständigkeit als Trägerin der Zunahme beruflicher Selbstständigkeit geht nicht nur eine Festigung des kleinbetrieblichen Sektors einher, sondern die Entwicklung befördert nachhaltig eine Expansion von Mikrofirmen. Dabei ist es nicht hinreichend klar, ob dieser Trend nun für eine Wiederbelebung der Ökonomie und eines Erstarkens des Arbeitsmarktes steht oder ob er vielleicht selber als ein Indiz von Schwächen eines angespannten Arbeitsmarktes anzusehen ist. Die Schumpetersche Idee einer Koinzidenz des Auftretens neuer ,Unternehmergruppen' mit einer wachsenden Prosperität (Schumpeter 1964) ist zwar weitläufig in der Wirtschaftspolitik akzeptiert, doch wirft das signifikante Auftreten von Kleinstselbstständigkeiten diesbezüglich eine Reihe von kritischen Fragen auf. Es kann sicherlich nicht gesagt werden, dass nun alle Solo-Selbstständigen aus einer ,Ökonomie der Not' entstanden sind, denn deren Berufsverläufe, Motive und weiteren Entstehungsbedingungen sind letztlich unterschiedlich. Prinzipiell gibt es zwei völlig entgegen gesetzte Interpretationen des Phänomens der Solo-Selbstständigkeit.

In der negativen Variante wird das Phänomen der neu bzw. vermehrt auftretenden Kleinstunternehmen in der Gestalt von Solo-Selbstständigen als eine moderne Variante von Tagelöhnertum angesehen, wie dieses aus den Anfängen des 20. Jahrhunderts bekannt ist, wo Menschen auf einer täglichen Basis Arbeitskraft anbieten und verkaufen, ohne unter besondere Schutzmechanismen von Arbeits- oder Sozialrecht zu fallen (siehe hierzu beispielsweise Fachinger 2007). Theodor Geiger bezeichnete solche Wirtschaftsakteure in seiner Studie „Die soziale Schichtung des deutschen Volkes" (Geiger 1931) als „proletaroide Selbstständige".

In dieser Wahrnehmung ließe sich befürchten, dass – zumindest in einigen Wirtschaftsbereichen – dieselben Muster von Existenzen wieder aufleben, die auf einer Hand-in-den-Mund-Basis mehr schlecht als recht existieren und als marginalisierte Variante von Solo-Selbstständigkeit gelten müssen. In diesem Sinne könnte das Erstarken von Mikrofirmen und Kleinstselbstständigkeiten (Smeaton 2003, Bögenhold/Fachinger 2007) eher für Formen der Destandardisierung als Teil einer sogenannten Brasilianisierung (Beck 1998) mit unsicheren und prekären Arbeitsbedingungen und -lokalitäten angesehen werden (siehe zur prekären Arbeit u.a. Dörre et al. 2004).

Umgekehrt zeichnet die optimistische Variante ein gänzlich anderes Bild: Hier wird Solo-Selbstständigkeit nicht als Einbahnstraße gesehen, sondern als eine typische und experimentelle Phase bei neuen Selbstständigen, die neue Wege ausprobieren und ,richtige' Unternehmer/innen werden wollen. In diesem Sinne werden Kleinstunternehmer/innen und Solo-Selbstständige eher als *potenziell* erfolgreiche Gründende, die noch auf ihren Durchbruch warten, betrachtet. Schließlich sind Solo-Selbstständige, so wird hier hinzugefügt, in einer wachsenden Zahl von Staaten die Normalform beruflicher Selbstständigkeit.

Gegenwärtige Debatten über Unternehmensgründungen benutzen den Terminus Entrepreneurship oft nur als einen Appetithappen, mit dem wenig substantielle Tiefenschärfe im Hinblick auf ein wirtschafts- und sozialtheoretisches Verständnis gegeben ist. Im Hintergrund steht häufig eine Formel: Entrepreneurship wird mit einer Zunahme beruflicher Selbstständigkeit stimuliert und fungiert als Arbeitsplatzmultiplikator[7]. Dabei zeigt die empirische Behandlung des Themas, dass die Zusammenhänge erheblich komplizierter sind, als schlichte Gleichungen suggerieren (Neumark et al. 2008). Images von einem ‚good capitalism' versus einem ‚bad capitalism' (Baumol et al. 2007) müssen mit Blick auf das Thema Entrepreneurship sorgfältig analysiert werden, um nicht vorschnellen Täuschungen zu verfallen. Wenn in diesem Sinne häufig mit steigenden Selbstständigenzahlen ein ‚Aufbruch zu neuen Ufern' ausgegeben wird, entpuppt sich das gelegentlich eher als Kehrseite neuer Arbeitsmarktentwicklungen und als ein Spiegel entsprechender Veränderungen der Berufsstrukturen. Diese Veränderungen sind unmittelbar mit strukturellen Änderungen von Wirtschaft und Gesellschaft im Sinne einer Tertiarisierung verbunden. Das Thema der Mikro-Firmen in Verbindung mit Solo-Selbstständigkeit ist kompliziert, weil genau der Bereich zwischen den beiden Interpretationspolen von größtem Interesse ist, dieser aber empirisch nur eher schwach ausgeleuchtet erscheint.

Es ist nicht leicht, genau festzulegen, welches dieser Szenarien letztlich näher an der Realität ist. Man könnte vermuten, dass die Wahrheit – wie es häufig der Fall ist – sich zwischen den beiden extremen Positionen einpendelt. Es gibt einen Mangel an systematischen empirischen Untersuchungen zu dieser Frage, die sich auf die Aufarbeitung von Karriereverläufen über längere Zeiträume konzentrieren. Deren Ergebnisse könnten zu realistischeren Einschätzungen beitragen. Die Schnelllebigkeit der Gesellschaft und die säkulare Bewegung hin zu einer wachsenden Wissensbasiertheit von Wirtschaft und Gesellschaft machen auch vor der Arbeitsteilung von Berufen und ihren Inhalten in Verbindung mit der Komposition der Unternehmens-, Sozial- und Wirtschaftsstruktur und des Arbeitsmarktes nicht halt. So ließ sich zeigen, dass der Tertiarisierungstrend nicht nur das Porträt von Berufen, Berufstätigkeiten und Arbeitsinhalten nachhaltig veränderte, sondern auch die morphologische Unternehmensstruktur, weil sich die Zahl der Unternehmen im verarbeitenden Gewerbe zwischen den frühen 1960er und späten 1980er Jahren mehr als halbiert hat, während die der Unternehmen im Dienstleistungsbereich sich deutlich mehr als verdoppelt hat (Bögenhold 1996).

Solche Verweise sollen beobachtbare Heterogenisierungstendenzen, die sich in Begrifflichkeiten von Prekarität und beruflichen und lebensperspektivisch gestiegenen Unsicherheiten ausdrücken, keineswegs bagatellisieren, sondern in einen breiteren Interpretationsrahmen stellen, demnach das gesamte System von industriellen Beziehungen und Beschäftigungsarrangements im Wandel begriffen ist und Gegenstand soziologischer Diskurse wird (Kalleberg 2009). In der Soziologie wird in den letzten

---

[7] Zu den Mechanismen von Gründungen und Arbeitsplatzeffekten vgl. Fritsch 2007.

Jahrzehnten viel über die Pluralisierung von Lebensstilen und von ihren korrespondierenden Lebensentwürfen gesprochen. Vielleicht weist der Umstand, dass eine wachsende Zahl von Kleinstunternehmen im Dienstleistungsbereich anzutreffen ist, auch
in Richtung dieser Pluralisierungstendenzen. Der Bedeutungsverlust von standardisierten Globalentwürfen verbindlicher und universeller Berufskarrieren führt zur Pluralisierung von Berufsidentitäten und -schicksalen, die auch mit Blick auf die Mikro-
Selbstständigkeit ein Erklärungspotenzial haben können.

Literaturverzeichnis

Acs, Zoltan J. und David B. Audretsch, 2005: Entrepreneurship, Innovation and Change. Boston:
    Now Publishers.
Arum, Richard und Walter Müller (Hg.), 2004: The Return of Self-Employment. Princeton: Prin-
    ceton University Press.
Audretsch, David B., 2007: The Entrepreneurial Society. Oxford: Oxford University Press.
Baumol, William J., 2008: Entrepreneurs, Inventors, and the Growth of the Economy. New
    York: The Conference Board.
Baumol, William J., Robert E. Litan und Carl J. Schramm, 2007: Good Capitalism, Bad Capitalism
    and the Economics of Growth and Prosperity. New Haven, CT: Yale University Press.
Bazant, Ursula, 2009: Selbstständigkeit im konservativen Wohlfahrtssystem. Wiesbaden: VS
    Verlag.
Beck, Ulrich, 1998: Was ist Globalisierung? Frankfurt am Main: Suhrkamp.
Bögenhold, Dieter, 1996: Das Dienstleistungsjahrhundert. Stuttgart: Enke.
Bögenhold, Dieter, 2004: Entrepreneurship: Multiple Meanings and Consequences, International
    Journal of Entrepreneurship and Innovation Management, Jg. 4, S. 3–10.
Bögenhold, Dieter und Uwe Fachinger, 2005: Selbstständigkeit – vielfältig und wachsend. In: Leib-
    niz-Institut für Länderkunde (Hg.): Nationalatlas Bundesrepublik Deutschland – Arbeit
    und Lebensstandard. München: Spektrum Akademischer Verlag Elsevier, S. 40–41.
Bögenhold, Dieter und Uwe Fachinger, 2007: Do Service Sector Trends Stimulate Entrepreneurship?
    International Journal of Services, Economics and Management, Jg. 1, S. 117–134.
Bögenhold, Dieter und Uwe Fachinger, 2007: Micro-firms and the Margins of Entrepreneurship:
    The Restructuring of the Labour Market, International Journal of Entrepreneurship and
    Innovation, Jg. 8, S. 281–293.
Bögenhold, Dieter und Uwe Fachinger, 2009: Entrepreneurship, Innovation and Spatial Disparities:
    Divisions and Changes of Self-employment and Firms. Vechta: Zentrum Altern und Ge-
    sellschaft.
Bögenhold, Dieter und René Leicht, 2000: "Neue Selbständigkeit" und Entrepreneurship: Moderne
    Vokabeln und damit verbundene Hoffnungen und Irrtümer, WSI Mitteilungen, Jg. 53, S.
    779–787.
Bundesregierung, 2009: Unterrichtung durch die Bundesregierung. Lebenslagen in Deutschland.
    Dritter Armuts- und Reichtumsbericht. Berlin: Bundestags-Drucksache.
Dörre, Klaus, Klaus Kraemer und Frederic Speidel, 2004: Prekäre Arbeit. Ursachen, soziale Auswir-
    kungen und subjektive Verarbeitungsformen unsicherer Beschäftigungsverhältnisse, Das
    Argument, Nr. 256, S. 378–397.

Eilsberger, Patricia und Markus Zwick, 2008: Geschlechterspezifische Einkommensunterschiede bei Selbstständigen im Vergleich zu abhängig Beschäftigten. Ein empirischer Vergleich auf der Grundlage steuerstatistischer Mikrodaten. Wiesbaden: FDZ-Arbeitspapier, Statistische Ämter des Bundes und der Länder.

Fachinger, Uwe, 2002: Die Selbständigen: Armutspotential der Zukunft? In: Stefan Sell (Hg.): Armut als Herausforderung. Bestandsaufnahme und Perspektiven der Armutsforschung und Armutsberichterstattung. Berlin: Duncker & Humblot, S. 87–130.

Fachinger, Uwe, 2007: Tagelöhner sind keine Beitragszahler. Neue Erwerbsformen und soziale Sicherung. In: Sozialverband VdK Bayern (Hg.): Die demographische Täuschung: Bevölkerungswandel als Vorwand für eine Politik der Verarmung. München: Eigenverlag, S. 65–92.

Fachinger, Uwe, Angelika Oelschläger und Winfried Schmähl, 2004: Die Alterssicherung von Selbständigen. Bestandsaufnahme und Reformoptionen. Münster, Hamburg, London, New York: Lit-Verlag.

Faik, Jürgen, 1995: Äquivalenzskalen. Theoretische Erörterung, empirische Ermittlung und verteilungsbezogene Anwendung für die Bundesrepublik Deutschland. Berlin: Duncker & Humblot.

Geiger, Theodor, 1931: Die Soziale Schichtung des deutschen Volkes. Stuttgart: Enke.

Kalleberg, Arne L., 2009: Precarious Work, Insecure Workers: Employment Relation in Transition, American Sociological Review, Jg. 74, S. 1–22.

Kommission der Europäischen Gemeinschaften, 2003: Grünbuch. Unternehmergeist in Europa. Brüssel.

Kraemer, Klaus, 2008: Prekarität - was ist das? Arbeit, Jg. 17, S. 77–90.

Leicht, René, 2000: Die „neuen Selbständigen" arbeiten alleine. Wachstum und Struktur der Soloselbständigen in Deutschland, Internationales Gewerbearchiv, Jg. 48, S. 75–90.

Merz, Joachim, 2006: Polarisierung der Einkommen von Selbständigen? Zur Dynamik der Einkommensverteilung und der hohen Einkommen von Selbständigen und abhängig Beschäftigten. München: Munich Personal RePEc Archive (MPRA) Paper.

Merz, Joachim und Markus Zwick, 2003: Hohe Einkommen. Eine Verteilungsanalyse für Freie Berufe, Unternehmer und abhängig Beschäftigte. München: Munich Personal RePEc Archive (MPRA) Paper.

Neumark, David, Brandon Wall und Junfu Zhang, 2008: So Small Businesses Create More Jobs? New Evidence From the National Establishment Time Series. Bonn: NBER Working Paper 13818.

Parker, Simon C., 1999: The Inequality of Employment and Self-Employment Incomes: A Decomposition Analyses for the U.K, Review of Income and Wealth, Jg. 45, S. 263–274.

Pfeiffer, Friedhelm, 2005: Existenzgründungen: Ein Weg zur Beschäftigungsförderung? Zeitschrift für ArbeitsmarktForschung (ZAF) - Journal for Labour Market Research, Jg. 38, S. 325–340.

Piergiovanni, Roberta, Martin Carree und Enrico Santarelli, 2009: Creative Industries, New Business Formation, and Regional Economic Growth, Jena Economic Research Papers, 20.

Pongratz, Hans J. und G. Günther Voß, 2003: Arbeitskraftunternehmer. Erwerbsorientierungen in entgrenzten Arbeitsformen. Berlin: Edition Sigma.

Pongratz, Hans J. und G. Günther Voß (Hg.), 2004: Typisch Arbeitskraftunternehmer? Befunde der empirischen Arbeitsforschung. Berlin: Edition Sigma.

Protsch, Paula, 2006: Lebens- und Arbeitsqualität von Selbstständigen. Objektive Lebens- und Arbeitsbedingungen und subjektives Wohlbefinden einer heterogenen Erwerbsgruppe. Berlin: WZB Discussion Paper, SP | 2006-106.

Schulze Buschoff, Karin, 2006: Die soziale Sicherung von selbstständig Erwerbstätigen in Deutschland. Berlin: WZB Discussion Paper, SP | 2006-107.

Schulze Buschoff, Karin (unter Mitarbeit von Claudia Schmid), 2007: Neue Selbstständige im europäischen Vergleich. Struktur, Dynamik und soziale Sicherheit. Europa und Globalisierung. Düsseldorf: Edition Hans-Böckler-Stiftung.

Schumpeter, Joseph A., 1964: Theorie der wirtschaftlichen Entwicklung. Eine Untersuchung über Unternehmensgewinn, Kapital, Kredit, Zins und den Konjunkturzyklus. Berlin: Duncker & Humblot.

Statistisches Bundesamt, 2006: Mikrozensus. Bevölkerung und Erwerbstätigkeit. Stand und Entwicklung der Erwerbstätigkeit. Wiesbaden: Statistisches Bundesamt.

Statistisches Bundesamt, 2008: Statistisches Jahrbuch 2008 für die Bundesrepublik Deutschland. Wiesbaden: Statistisches Bundesamt.

Vogel, Berthold, 2006: Soziale Verwundbarkeit und prekärer Wohlstand. Für ein verändertes Vokabular sozialer Ungleichheit. In: Heinz Bude und Andreas Willisch (Hg.): Das Problem der Exklusion. Ausgegrenzte, Entbehrliche, Überflüssige. Hamburg: Hamburger Edition, S. 342–355.

Der Gender Income Gap bei den Selbstständigen – Empirische Befunde[1]

Claudia Gather, Tanja Schmidt und Susan Ulbricht

1 Einführung

In den letzten 40 Jahren gab es viele deutsche wie internationale Studien zur Ungleichheit der Geschlechter auf dem Arbeitsmarkt. Wir wissen sehr viel über die schlechteren Positionen und die Benachteiligungen von Frauen im Berufsleben, wie die Einkommensungleichheit (Gender Wage Gap), die horizontale wie vertikale Segregation des Arbeitsmarktes, den ‚sticky floor‘, die ‚Glasdecke‘ und so weiter. Viele theoretische Ansätze wurden entwickelt, um diese Ungleichheiten zu erklären (z.B. Frauenberufe als hausarbeitsnah, statistische Diskriminierung, ‚the disembodied worker‘, ‚gender bias in the job evaluation system‘, ‚gender at work‘ usw., als Überblick siehe z.B.: Teubner 2004, aktuell: Aulenbacher/Wetterer 2009).

Im Vergleich zu männlichen Selbstständigen[2] gibt es in allen europäischen Ländern deutlich weniger weibliche Selbstständige. Frauen führen die kleineren Unternehmen mit geringeren Umsätzen. Im Gegensatz zur Situation der abhängig Beschäftigten auf dem Erwerbsarbeitsmarkt wissen wir jedoch viel weniger über Geschlechterdifferenzen in der Selbstständigkeit und verfügen kaum über soziologische Ansätze, um diese zu erklären.

Die feministische Arbeitsmarktforschung hat sich in den letzten 50 Jahren intensiv mit der abhängigen Erwerbstätigkeit von Frauen befasst, Selbstständige kamen dagegen seltener in das Blickfeld. Im Verhältnis zu den abhängig Erwerbstätigen stellen die selbstständigen Frauen in Deutschland eine sehr kleine Gruppe dar, die deswegen seltener in den Forschungsfokus geriet und gerät. In der Frauenbewegung, die Ende der 1960er Jahre aus der linken Studentenbewegung entstanden ist, gibt es – kaum ausgesprochen – möglicherweise ein latentes Ressentiment gegenüber Selbstständigen insgesamt. Selbstständige wurden vermutlich lange Jahre als ‚Besserverdienende‘ betrachtet und eher mit der ‚Kapitalseite‘ assoziiert, die für die negativen Aspekte von Arbeitsverhältnissen verantwortlich gemacht wird. Dabei geriet aus dem Blick, dass

[1] Ganz herzlich bedanken möchten wir uns bei der Herausgeberin und dem Herausgeber des Bandes, Andrea Bührmann und Hans Pongratz, für ihre hilfreichen Überarbeitungsvorschläge.
[2] Zur unterschiedlichen Konnotation der Begriffe „Selbstständige“ und „Unternehmer“ siehe auch Lauxen-Ulbrich/Fehrenbach (2003: 17). Demnach wird der Begriff des Unternehmers häufig im Schumpeterschen Sinne mit dem rastlos schaffenden, auf Wachstum ausgerichteten Entrepreneur verbunden, während Selbstständige ein sehr viel breiteres Spektrum abdecken und auch freiberuflich Tätige beinhalten. Wir beziehen uns im Folgenden auf diesen breiten Begriff der Selbstständigkeit.

der überwiegende Teil der (weiblichen) Selbstständigen ohne Beschäftigte arbeitet und auch die Einkommenssituation in der Selbstständigkeit prekär sein kann. Ein Drittel der selbstständigen Frauen hatte auch schon in den 1980er Jahren ein sehr niedriges Einkommen (Assig et al. 1985). Prekäre Selbstständigkeit bei Männern gerät in jüngster Zeit häufiger in den Fokus von Untersuchungen, da dieses Phänomen hauptsächlich im Zusammenhang mit der Flexibilisierung und Deregulierung der Erwerbsarbeit steht (z.B. Voß/Pongratz 1998).

Wir wollen uns in diesem Beitrag mit dem Einkommen dieser Gruppe beschäftigen und das Einkommen der selbstständigen Frauen mit dem der selbstständigen Männer vergleichen. Ist die Einkommenslücke der Geschlechter in der Selbstständigkeit größer oder kleiner als in der abhängigen Beschäftigung? Ist die Einkommenssituation von selbstständigen Frauen besser oder schlechter als die der abhängig beschäftigten Frauen?

Zu Beginn möchten wir einige empirische Befunde aus zwei Forschungsprojekten präsentieren. Dabei handelt es sich um Sekundärauswertungen aus dem Jahr 2008, basierend auf dem Mikrozensus[3] und der Einkommenssteuerstatistik für Berlin (siehe Gather et al. 2008), sowie um Ergebnisse einer aktuellen Auswertung des Soziooekonomischen Panels des DIW (kurz SOEP)[4] für ganz Deutschland. Unterstützt wurden beide Studien vom Europäischen Sozialfonds und der Senatsverwaltung für Wirtschaft in Berlin. In beiden Projekten finden wir viele Anhaltspunkte dafür, dass die Unterschiede zwischen den Geschlechtern in der Selbstständigkeit erheblich und größer sind als bei den abhängig Beschäftigten. Das ist umso erstaunlicher, als gemeinhin angenommen wird, dass die Barrieren und Benachteiligungen, mit denen es Frauen in Betrieben zu tun haben, in der Selbstständigkeit entfallen, da keine Vorgesetzten das Vorwärtskommen behindern und keine ‚Glasdecke' existiert. Wie ist aber

---

[3] Der Mikrozensus ist die umfassendste Erhebung zur Situation der Wohnbevölkerung in Deutschland. Er wird jährlich mit einem Prozent aller Haushalte durchgeführt. In Berlin beträgt die Zahl der im Mikrozensus erfassten Personen knapp 28.000. Diese Zahl umfasst alle in den befragten Haushalten lebenden Personen über 15 Jahren. Aus den Daten des Mikrozensus können die Daten für die gesamte Berliner Bevölkerung hochgerechnet werden. Die Angaben im Mikrozensus beruhen auf der Selbsteinschätzung der Befragten, im Gegensatz z.B. zur Einkommenssteuerstatistik, die sich auf die Steuererklärung der Einwohner bezieht und Einkommen aus selbstständiger Tätigkeit entsprechend der gesetzlichen Vorgaben beinhaltet. Die Frage, ob jemand abhängig oder selbstständig erwerbstätig ist, wird im Mikrozensus mit den Angaben zur Stellung im Beruf abgedeckt. Zu den Selbstständigen gehören laut Mikrozensus „tätige Eigentümer und Miteigentümer in Einzelunternehmen und Personengesellschaften, selbstständige Landwirte (auch Pächter), selbstständige Handwerker, selbstständige Handelsvertreter, freiberuflich und andere selbstständig tätige Personen (Amt für Statistik Berlin-Brandenburg 2007: 6). Neben verschiedenen Formen abhängiger Beschäftigung wird unterschieden zwischen ‚selbstständig ohne Beschäftigte' und ‚selbstständig mit Beschäftigten'. Weitere Differenzierungen von Selbstständigkeit sind mit Hilfe der Mikrozensusdaten leider nicht möglich.

[4] Das Sozio-oekonomische Panel (SOEP) ist eine repräsentative Wiederholungsbefragung. Seit 1984 werden im Auftrag des DIW Berlin jedes Jahr in Deutschland über 20.000 Personen aus rund 11.000 Haushalten befragt. Die Daten geben Auskunft zu Fragen über Einkommen, Erwerbstätigkeit, Bildung oder Gesundheit. Jedes Jahr werden die gleichen Personen befragt (siehe auch: www.diw.de/soep).

der Gender Gap bei den Selbstständigen zu erklären? Im Vergleich zu den umfangreichen theoretischen Ansätzen zur Geschlechterungleichheit auf dem Arbeitsmarkt stehen wir hier erst am Anfang.

Dieser Beitrag ist folgendermaßen gegliedert. Zunächst zeigen wir die Anzahl der
Selbstständigen und präsentieren dann das Einkommen und den Einkommensunterschied zwischen den Geschlechtern. Wie lässt sich die erhebliche Einkommenslücke
zwischen den Geschlechtern erklären? Hierzu wenden wir uns Erklärungen für den
Einkommensunterschied zu. Eine der gängigsten ökonomischen Erklärungen ist der
Humankapitalansatz. Wir diskutieren, ob dieser Ansatz die Einkommenslücke ausreichend erklären kann. Anschließend zeigen wir, welchen Einfluss Kinder im Haushalt
auf das Einkommen haben. Danach werden wir uns mit dem Argument befassen, dass
selbstständige Frauen weniger verdienen, weil sie in den typischen ‚Frauenbranchen'
tätig sind. Abschließend folgt eine Diskussion der vorgestellten Ergebnisse.

2   Zahl der Selbstständigen

Die Selbstständigenquote lag bei den Frauen im gesamten Bundesgebiet 2008 bei
7,4 %, die der Männer bei 13,7 % (Statistisches Bundesamt 2009a, eigene Berechnungen)[5]. Bei den selbstständigen Frauen in Deutschland überwiegen die Solo-Selbstständigen. 4,9 % aller erwerbstätigen Frauen sind im Jahr 2008 selbstständig ohne Beschäftigte, gegenüber nur 2,5 % aller erwerbstätigen Frauen, die selbstständige Arbeitgeberinnen sind. Bei den Männern sind 7 % der Erwerbstätigen allein selbstständig
und 6,7 % haben Beschäftigte[6]. Bei den Männern sind also fast die Hälfte aller Selbstständigen Arbeitgeber. Durch den Anstieg der absoluten Zahl der selbstständigen
Frauen von 880.000 in 1995 auf 1.285.000 in 2008 hat sich insbesondere die Anzahl
der solo-selbstständigen Frauen in diesem Zeitraum fast verdoppelt (von 488.000 im
Jahr 1995 auf 846.000 im Jahr 2008), während die Zahl der selbstständigen Frauen mit
Beschäftigten im selben Zeitraum moderater gestiegen ist (von 392.000 auf 439.000).
Damit beschäftigen 34 % der selbstständigen Frauen weitere Personen in ihren Betrieben, im Gegensatz zu 49 % der männlichen Selbstständigen. Auch die Zahl der solo-
selbstständigen Männer nahm in diesem Zeitraum zu, allerdings weniger stark (von
1.027.000 im Jahr 1995 auf 1.460.000 im Jahr 2008), während die Zahl der männlichen
Selbstständigen mit Beschäftigten sogar leicht abnahm (Statistisches Bundesamt

---

5   Auch in Berlin sind mehr Männer selbstständig erwerbstätig als Frauen (19,1 % gegenüber 11,2 %, Mikrozensus 2007). Allerdings fällt diese Selbstständigenquote in Berlin deutlich höher aus als im Bundes-
durchschnitt.
6   Dieses Verhältnis findet sich auch auf EU-Ebene: Im Jahr 2005 sind 8,6 % aller erwerbstätigen Frauen
selbstständig, verglichen mit 16 % der erwerbstätigen Männer (Franco 2007: 1f.). Ähnlich deutlich wie in
Deutschland ist der Unterschied bei Selbstständigen mit Beschäftigten: Im EU-Durchschnitt hatten nur
2,5 % der erwerbstätigen Frauen Beschäftigte gegenüber 6,4 % der erwerbstätigen Männer (Franco 2007:
2).

2009a, eigene Berechnungen). Damit sind die solo-selbstständigen Frauen die Beschäftigtengruppe mit dem stärksten relativen Anstieg (siehe auch Gather et al. 2008: 9). Dieser Anstieg fiel teilweise (Anfang der 2000er Jahre) in eine Zeit steigender Arbeitslosigkeit, er dürfte daher zu einem Teil als Strategie zur Vermeidung von Arbeitslosigkeit zu interpretieren sein. Dies zeigt auch die starke Inanspruchnahme der ‚Ich-AG' von 2003 bis 2006 (siehe unten). Insgesamt sehen wir, dass selbstständig erwerbstätige Frauen in besonders starkem Maße allein arbeiten und damit auch kleinere Existenzen haben. Es ist zu vermuten, dass der Trend zur Zunahme der Solo-Selbstständigkeit zu ungunsten der durchschnittlichen Einkommenssituation selbstständiger Frauen ausfällt[7].

3   Einkommen der selbstständigen Frauen im Vergleich zu Männern

Im Gegensatz zum Erwerbseinkommen bei abhängiger Erwerbsarbeit ist das Einkommen aus selbstständiger Tätigkeit eine eher problematische Größe. Bei Selbstständigen regeln keine Arbeitsverträge eine regelmäßige Einkommenshöhe. Selbstständige können sich nach eigenem Ermessen ein Einkommen aus den Gewinneinkünften auszahlen oder dem laufenden Geschäft entnehmen. Dieses kann regelmäßig die gleiche Höhe haben oder je nach betrieblichen Kennzahlen variieren. Manche Selbstständige betrachten Gewinne als ihr Einkommen, während andere Gewinne investieren oder Rücklagen bilden und sich nur Teile davon als Einkommen auszahlen (vgl. Frech 2000, für USA Devine 1994: 30). Damit ist das Einkommen Selbstständiger eine variablere und weniger zuverlässige Größe als das Einkommen abhängig Erwerbstätiger. Dennoch beziehen wir uns in dieser Untersuchung hier in Ermangelung anderer Kennzahlen auf die verfügbaren Einkommensdaten.

Da es keine einheitliche Datenbasis für Selbstständige in Deutschland gibt, beziehen wir hier alle uns zugänglichen Datenquellen ein. Tabelle 1 und 2 zeigen Ergebnisse, die auf dem Mikrozensus für Berlin beruhen, sind also nur regional begrenzt zu verstehen[8]. Alle weiteren Tabellen beruhen auf Auswertungen des SOEP und lassen Aussagen über Gesamtdeutschland zu.

Tabelle 1 zeigt, dass solo-selbstständige Frauen in Berlin sowohl 1996 als auch 2005 von allen Beschäftigtengruppen am häufigsten im Einkommensbereich unter 500 Euro netto anzutreffen sind. 1996 liegen 51 % aller solo-selbstständigen Frauen unter 900 Euro, 2005 sind es immer noch 36 %. Bei der kleinen Gruppe der weibli-

---

[7] Ein Teil der Solo-Selbstständigen wird wie die atypischen Beschäftigten sogar zur Gruppe der potenziellen Niedriglohnbezieher gerechnet (siehe z.B. Betzelt 2006). So beziffert das Statistische Bundesamt anhand von Mikrozensusdaten aus dem Jahr 2008 das Armutsrisiko auf Haushaltsebene von Solo-Selbstständigen mit 10,3 % (Statistisches Bundesamt 2009: 25).

[8] Berlin ist deswegen besonders interessant, weil es hier eine hohe Frauenerwerbsbeteiligung gibt und, wie in den meisten anderen Großstädten auch, eine relativ hohe Selbstständigenquote von ca. 11 % der erwerbstätigen Frauen hat (Gather et al. 2008: 10).

chen Selbstständigen mit Beschäftigten in Berlin sind dagegen im oberen Einkommensbereich leichte Verbesserungen erkennbar. Das zeigt, dass die Gruppe der Selbstständigen sehr heterogen ist.

Tabelle 1:   *Nettoeinkommen selbstständiger Frauen und Männer in Berlin 1996 und 2005 mit und ohne Beschäftigte*

Euro	Jahr 1996 2005	Abhängig beschäftigt		Selbstständig erwerbstätig (allein)		Selbstständig erwerbstätig (mit Beschäftigten)	
		Frauen N=6610 N=5073	Männer N=6233 N=4892	Frauen N=545 N=482	Männer N=299 N=785	Frauen N=588 N=155	Männer N=176 N=370
Unter 500	1996	13,6 %	6,7 %	22,7 %	10,6 %	9,7 %	3,9 %
	2005	8,7 %	6,6 %	10,6 %	5,9 %	3,9 %	2,2 %
500 bis unter 900	1996	23,7 %	12,1 %	28,1 %	19,8 %	11,9 %	6,4 %
	2005	20,4 %	14,5 %	25,5 %	19,6 %	9,0 %	5,7 %
900 bis unter 1500	1996	46,4 %	45,1 %	28,1 %	37,6 %	31,3 %	25,6 %
	2005	40,0 %	32,9 %	36,1 %	34,3 %	32,3 %	20,3 %
1500 bis unter 2000	1996	10,9 %	18,8 %	7,4 %	11,2 %	16,5 %	15,0 %
	2005	17,4 %	19,6 %	12,2 %	15,3 %	11,6 %	16,5 %
Über 2000	1996	5,3 %	17,3 %	13,7 %	20,7 %	30,7 %	49,2 %
	2005	13,5 %	26,3 %	15,6 %	25,0 %	43,2 %	55,4 %

Quelle: Gather et al. 2008: 17, Datenbasis: Mikrozensus

Auf der Basis einer Sekundäranalyse der Einkommenssteuerstatistik für Berlin zeigte sich[9], dass fast zwei Drittel der selbstständigen Frauen ein monatliches Einkommen von unter 1.250 Euro brutto bezogen haben. Damit dürften sie unterhalb des für eine Person existenzsichernden Einkommens liegen, da Selbstständige zu den steuerlichen Abgaben auch ihre Krankenversicherung und Altersvorsorge selbst bestreiten. Dies bedeutet, dass eine erhebliche Anzahl der selbstständigen Frauen von ihrem Einkommen kaum leben kann, geschweige denn in der Lage ist, Angehörige davon zu unterhalten. Auch in der Berliner Einkommenssteuerstatistik zeigt sich die große Streuung der Gewinneinkommen. Das durchschnittliche Gewinneinkommen liegt nur bei 20.000 Euro im Jahr, das Medianeinkommen – also das Einkommen, über dem und unter dem 50 % der selbstständigen Frauen liegen – beträgt nur 11.200 Euro. Die

---

[9] Das Bezugsjahr 2001 war im Jahr 2008 der aktuellste auswertbare Datensatz.

10 % der Frauen mit den höchsten Gewinneinkommen verdienen dagegen 54.000 Euro und mehr (90 %-Perzentil).

Dagegen sind die Arbeitseinkommen der Berliner Frauen aus abhängiger Beschäftigung im Durchschnitt etwas höher, aber dafür nicht so stark konzentriert: Die steuerpflichtigen Arbeitseinkommen (einschließlich Beamtenbezüge, ohne Versorgungsbezüge) liegen im Durchschnitt im Jahr 2001 bei 23.300 Euro. Das 90 %-Perzentil beträgt 42.000 Euro. Die Mini-Jobs fehlen in diesen Zahlen allerdings, denn sie sind nicht steuerpflichtig. Ebenso fehlt eine schwer einzuschätzende Zahl von zumeist jüngeren, ledigen und in der Regel nicht so gut verdienenden Arbeitnehmerinnen, die ‚normal' mit Lohnsteuerkarte arbeiten, aber keine Steuererklärung abgeben. Insoweit dürften die durchschnittlichen Arbeitseinkommen der Frauen in der Einkommensteuererstatistik leicht überhöht ausfallen (Gather et al. 2008: 40f.). Beim Partnereinkommen zeigt sich für alle Altersgruppen ein bemerkenswerter U-förmiger Verlauf über die Einkommensquintile (Gather et al. 2008: 36). Verheiratete Selbstständige sind überwiegend entweder mit reichen oder mit armen Männern verheiratet. Dies hat wohl auch damit zu tun, dass die Selbstständigeneinkommen deutlich stärker streuen als die Arbeitnehmereinkommen. Bei Frauen mit gut verdienenden Männern mögen zudem auch Teilzeit- und Nebenerwerbs-Selbstständigkeit eine Rolle spielen.

Im Folgenden betrachten wir aus Gründen der besseren Vergleichbarkeit Selbstständige mit einer Arbeitszeit von über 35 Stunden pro Woche. Durchschnittlich sind Frauen in Deutschland weniger Stunden pro Woche erwerbstätig als Männer. Dies trifft auch auf Selbstständige zu, allerdings arbeiten hier beide Geschlechter mehr Stunden pro Woche als abhängig Beschäftigte: Arbeiteten Männer vor der ersten Selbstständigkeit durchschnittlich 43 Std./Woche, erhöht sich dies mit der Selbstständigkeit auf 48 Std./Woche. Bei Frauen steigt die durchschnittliche wöchentliche Arbeitszeit von 29 auf 31 Std./Woche (SOEP 1985 bis 2007, hochgerechnet)[10].

In den Berliner Daten (Mikrozensus und Einkommensteuerstatistik) sehen wir eine hohe Lohnspreizung bei den selbstständigen Frauen sowie eine große Differenz zu den selbstständigen Männern. Durchschnittlich ist die Einkommenssituation für abhängig erwerbstätige Frauen sogar besser als für selbstständige Frauen. Wir wollen nun anhand von Daten des SOEP für Deutschland insgesamt prüfen, wie sich die Einkommenspositionen der Selbstständigen im Zeitverlauf entwickelt haben. Zeigen sich auch hier die schlechteren Einkommenspositionen von Frauen im Vergleich zu Männern, die wir bei den Berliner Daten gesehen haben?

Dieser Vergleich soll auch zeigen, aus welchen Einkommenspositionen heraus sich Menschen selbstständig machen, und ob mit der Selbstständigkeit ein Einkommensgewinn einhergeht. Möglicherweise machen sich Frauen selbstständig, um der

---

[10] In den Mikrozensusdaten für Berlin zeigte sich darüber hinaus auch ein deutlicher Arbeitszeitunterschied für Selbstständige mit und ohne Beschäftigte. Durchschnittliche Arbeitszeiten für Frauen in Berlin 2006 sind: abhängig Erwerbstätige 33 Std./Woche, Solo-Selbstständige 35 Std./Woche, Selbstständige mit Beschäftigten 47 Std./Woche. Männer: abhängig Erwerbstätige 37 Std./Woche, Solo-Selbstständige 43 Std./Woche, Selbstständige mit Beschäftigten 51 Std./Woche (Gather et al. 2008: 16).

‚Glasdecke' in der abhängigen Beschäftigung zu entkommen, die einen beruflichen Aufstieg verhindert, und erwarten ein höheres Einkommen in der Selbstständigkeit. Wir wissen aus einem qualitativen Forschungsprojekt (Ulbricht/Gather 2009), dass ein relevanter Anlass für Frauen, über eine Selbstständigkeit überhaupt nachzudenken, Friktionen im Arbeitsleben sind, wie etwa drohende Arbeitslosigkeit, Unzufriedenheit mit den Arbeitsinhalten oder Diskriminierung durch Vorgesetzte.

Bevor wir die Einkommensverteilung in der Selbstständigkeit betrachten, wird zunächst dargestellt, wie sich die Einkommensverteilung vor und während der Selbstständigkeit von Männern und Frauen im Vergleich verändert. Dazu haben wir alle zwischen 1985 und 2007 jemals selbstständigen Personen, deren Beginn der Selbstständigkeit in diesem Zeitraum liegt, betrachtet. Untersucht wird also nun die Einkommenssituation vor der ersten Selbstständigkeit[11] und anschließend während der ersten Selbstständigkeit für zwei Zeitabschnitte.

Tabelle 2: *Verteilung der Selbstständigen in die Einkommensquartile[12] vor der ersten Selbstständigkeit in den Jahren 1996 bis 2001 nach Geschlecht (vereinbarte Arbeitszeit über 35 Std./Woche)*

	Männer N = 205	Frauen N = 96
Unteres Quartil bis 600,00 Euro	(15,2 %)	49,0 %
Zweites Quartil 600,01 – 1.687,30 Euro	17,0 %	24,4 %
Drittes Quartil 1.687,31 – 2.607,60 Euro	35,1 %	-
Oberes Quartil 2.607,61 – 1.2782,30 Euro	32,7 %	-
Total	100 %	100 %

Quelle: SOEP: 1985 bis 2007, hochgerechnet, keine Angaben: n < 15, Angaben in Klammern: n < 30

---

[11] 23,8 % der Selbstständigen weisen eine zweite Phase beruflicher Selbstständigkeit und 6,1 % sogar eine dritte Phase im Wechsel mit anderen Erwerbs- oder Nichterwerbsphasen auf. Wir berücksichtigen nur die jeweils erste Selbstständigkeit einer Person.

[12] Die Einkommensquartile wurden so gebildet, dass alle Personen anhand ihres imputierten Bruttomonatseinkommens der Größe nach sortiert und danach in vier gleiche Teile zerlegt wurden. Das Einkommen basiert dabei auf dem (nicht inflationsbereinigten) durchschnittlichen Einkommen zwischen 1985 und 2007 aus selbstständiger Tätigkeit mit einer tatsächlichen Arbeitszeit über 35 Std./Woche. Fehlende Arbeitszeiten wurden mithilfe der Median-Arbeitszeit imputiert.

Bereits vor der ersten Selbstständigkeit in den Jahren 1996 bis 2001 sehen wir eine große Einkommensungleichheit zwischen den Geschlechtern. Frauen sind zu 73 % in den beiden unteren Quartilen anzutreffen, während bei Männern vor der ersten Selbstständigkeit das unterste Einkommensquartil so gering besetzt ist, dass man darüber keine verlässliche Aussage machen kann, während 67 % mit ihrem Einkommen in den beiden oberen Quartilen liegen. Die nun folgende Tabelle betrachtet den Zeitraum von 2002 bis 2007.

Tabelle 3:   Verteilung der Selbstständigen in die Einkommensquartile vor der ersten Selbstständigkeit in den Jahren 2002 bis 2007 nach Geschlecht (vereinbarte Arbeitszeit über 35 Std./Woche.)

	Männer N = 279	Frauen N = 110
Unteres Quartil bis 600,00 Euro	21,1 %	50,8 %
Zweites Quartil 600,01 – 1.687,30 Euro	24,0 %	-
Drittes Quartil 1.687,31 – 2.607,60 Euro	22,2 %	(16,4 %)
Oberes Quartil 2.607,61 – 1.2782,30 Euro	32,7 %	-
Total	100 %	100 %

Quelle: SOEP 1985 bis 2007, hochgerechnet, keine Angaben: n < 15, Angaben in Klammern: n < 30

Tabelle 3 im Vergleich mit Tabelle 2 zeigt, dass Gründer und Gründerinnen zunehmend aus unteren Einkommensgruppen kommen (obwohl die Einkommen nicht inflationsbereinigt wurden). Während zwischen 1996 und 2001 noch 32,2 % der männlichen Gründer vor der Gründung ein Einkommen aus den unteren beiden Quartilen bezogen, waren es zwischen 2002 und 2007 bereits 45,1 %.

Möglicherweise zeigt sich hier ein Effekt der angestiegenen Arbeitslosigkeit zwischen den beiden Zeiträumen, der zu einer Zunahme von Gründungen zur Vermeidung von Arbeitslosigkeit führte. So haben Gründungen aus der Arbeitslosigkeit mit dem Instrument ‚Überbrückungsgeld' von 93.000 im Jahr 2000 auf 171.000 im Jahr 2004 kontinuierlich zugenommen (BMAS 2006: 188). Auch die Zahl der neu gegründeten ‚Ich-AGs' war hoch, sie lag 2004 bei 171.000 (BMAS 2006: 188).

Tabelle 4: *Verteilung der Selbstständigen in die Einkommensquartile <u>vor</u> der ersten Selbstständigkeit in den Jahren 1996 bis 2001 nach Geschlecht (tatsächliche Arbeitszeit über 35 Std./Woche.)*

	Männer N = 304	Frauen N = 155
Unteres Quartil bis 1.113,85 Euro	23,4 %	52,4 %
Zweites Quartil 1.113,86 – 2.045,00 Euro	22,2 %	21,6 %
Drittes Quartil 2.045,01 – 3.195,56 Euro	24,2 %	(21,9 %)
Oberes Quartil 3.195,57 – 35.790,28 Euro	30,2 %	-
Total	100 %	100 %

Quelle: SOEP 1985 bis 2007, hochgerechnet, keine Angaben: n < 15, Angaben in Klammern: n < 30

Verglichen mit der Einkommenssituation vor der Selbstständigkeit für die gleichen Jahre (1996 bis 2001, Tabelle 2) gibt es einen absoluten Anstieg der Bruttoeinkommen für beide Geschlechter: Insgesamt liegen die Einkommen in den Quartilen höher. Abhängig Beschäftigte liegen mit ihren Einkommensangaben zum Beispiel im zweiten Quartil bei 600 bis 1.687 Euro, während Selbstständige in diesem Quartil ein Bruttoeinkommen von 1.113 bis 2.045 Euro angeben. Es gibt jedoch für die Frauen keinen relativen Einkommenszuwachs. In beiden Fällen vor (Tabelle 2) und in der Selbstständigkeit (Tabelle 4) sind die beiden untersten Quartile mit circa 73 % besetzt. Die Zahl aus dem dritten Quartil lässt sich leider nicht vergleichen, da aufgrund zu geringer Fallzahlen für die Zeit vor der Selbstständigkeit keine Angaben vorliegen. Auch bei den Männern zeigt sich im selben Zeitraum eine relativ gleiche Besetzung der Einkommensquartile vor und in der Selbstständigkeit.

Im Gegensatz zum Zeitraum von 1996 bis 2001 sehen wir hier für die Männer in Bezug auf die Einkommenssituation in der ersten Selbstständigkeit eine leichte Verbesserung, zumindest für die untersten drei Einkommensquartile[13]. Dies ist für die Frauen weniger deutlich. Hier befinden sich immer noch gut 73 % in den beiden untersten Quartilen, auch wenn das erste Quartil etwas geringer besetzt ist.

---

[13] Da die Daten nicht inflationsbereinigt wurden, könnte dieser Anstieg auch auf Inflation zurückzuführen sein.

*Tabelle 5:   Verteilung der Selbstständigen in die Einkommensquartile vor der ersten
               Selbstständigkeit in den Jahren 1996 bis 2001 nach Geschlecht (tatsächliche
               Arbeitszeit über 35 Std./Woche.)*

	Männer N = 359	Frauen N = 152
Unteres Quartil bis 1.113,85 Euro	15,4 %	40,8 %
Zweites Quartil 1.113,86 – 2.045,00 Euro	22,4 %	33,3 %
Drittes Quartil 2.045,01 – 3.195,56 Euro	31,9 %	18,6 %
Oberes Quartil 3.195,57 – 35.790,28 Euro	30,3 %	-
Total	100 %	100 %

Quelle: SOEP 1985 bis 2007, hochgerechnet, keine Angaben: n < 15, Angaben in
        Klammern: n < 30

Tabellen 4 und 5 zeigen insgesamt deutlich, dass weibliche Selbstständige selbst bei vergleichbarer Arbeitszeit sehr viel häufiger in unteren und sehr viel seltener in oberen Einkommenspositionen anzutreffen sind als männliche Selbstständige – und so gut wie gar nicht in der Obersten. Frauen und Männer scheinen leichte Einkommensverbesserungen im Zeitverlauf erfahren zu haben, dies könnte hier allerdings auch teilweise ein Inflationseffekt sein.

Bislang haben wir nur vollzeit-erwerbstätige Personen (Arbeitszeit mehr als 35 Std./Woche) betrachtet. Differenziert man nach dem Erwerbsstatus vor der Selbstständigkeit, zeigt sich folgendes Bild (Tabelle 6): Man sieht bei den Frauen, dass bei allen das durchschnittliche Einkommen eher gering ist, es liegt bei 551 bis maximal 881 Euro für Teilzeitselbstständige und 1.260 bis 1.481 Euro für vollzeit-selbstständige Frauen, egal, was sie vorher gemacht haben. Dagegen sind die Unterschiede bei den Männern gravierender. Vollzeit-Erwerbstätige, die vor der Selbstständigkeit erwerbstätig waren, liegen mit durchschnittlich 3.378 Euro weit vor anderen Männergruppen. Auch hier wird wieder deutlich, dass die Einkommensunterschiede zwischen weiblichen und männlichen Selbstständigen erheblich sind. Selbst Frauen, die vor der Selbstständigkeit Vollzeit erwerbstätig waren und auch in der Selbstständigkeit Vollzeit arbeiten, erreichen nicht einmal die Hälfte des Einkommens männlicher Selbstständiger.

Tabelle 6: *Einkommen während der ersten Selbstständigkeit (mittleres Jahr) in Abhängigkeit vom*
           Erwerbsstatus vor der ersten Selbstständigkeit (Bruttomonatseinkommen in Euro)

Erwerbsstatus vor der Selbstständigkeit	Männer (Teilzeit) N = 186	Frauen (Teilzeit) N = 377	Männer (Vollzeit) N = 717	Frauen (Vollzeit) N = 363
In Ausbildung	875,61	551,06	1.688,65	1.260,33
Nicht Erwerbstätig	1.364,84	715,64	2.850,02	1.427,51
Erwerbstätig	1.885,48	881,04	3.378,71	1.481,33
Signifikanzniveau	**	**	**	n.s.

Quelle SOEP; Durchschnitt über alle Jahre 1985 bis 2007: auf dem 95 %-Niveau
       signifikant

Anhand von SOEP-Daten lässt sich nun insgesamt für ganz Deutschland ein durchschnittlicher Einkommensunterschied nach Geschlecht für Erwerbstätige wie Selbstständige berechnen. Um diesen Vergleich der Männer mit den Fraueneinkommen in
der Selbstständigkeit vornehmen zu können, haben wir auf Basis des Sozio-
oekonomischen Panels (SOEP) den Gender Income Gap für Selbstständige (für 2007)
berechnet. Grundlage war hier das monatliche Bruttoeinkommen von Vollzeit arbeitenden Selbstständigen (mehr als 35 Std./Woche). Der Gender Income Gap beträgt
für Selbstständige 34,7 % und ist damit außerordentlich hoch[14]. Der Gender Wage
Gap für abhängig Beschäftigte beträgt auf derselben Berechnungsgrundlage 22,6 %.
Diese 22,6 % Gender Wage Gap zeigen eine hohe Übereinstimmung mit den Ergebnissen des Statistischen Bundesamtes für die Jahre 2006 und 2007; dort wird der Ver-
dienstabstand zwischen Männern und Frauen mit 23 % angegeben (Destatis 2008).
Ganz ähnliche Befunde zeigen Studien aus den USA und aus Kanada. So ermittelte
eine US-amerikanische Studie auf der Basis des wöchentlichen Median-Einkommens
einen Wert von 33 % für Selbstständige in den USA Anfang der 1990er Jahre (Devine
1994: 30). Auch in dieser Studie liegt das durchschnittliche Einkommen der selbstständigen Frauen unter dem der abhängig Beschäftigten (ebd.: 31). Auch aus Kanada

---

[14] Die Gesamtverteilung des SOEP enthält 22 % Ostdeutsche und 78 % Westdeutsche. In den für die
Berechnung des Gender Income Gap herangezogenen Fällen sind – davon abweichend – nur 15 % der
Männer, aber 30 % der Frauen ostdeutsch (d.h. leben zum Zeitpunkt der Befragung in Ostdeutschland).
Diese Verzerrung ist wahrscheinlich auf den höheren Anteil vollzeiterwerbstätiger Frauen in den neuen
Bundesländern zurückzuführen, da wir für den Gap nur Selbstständige mit einer Arbeitszeit von über
35 Std./Woche einbezogen haben. Ein hier nicht näher zu quantifizierender Teil des hohen Gender Income Gap für Selbstständige beruht daher möglicherweise darauf, dass westdeutsche Männer (mit dem
höchsten Medianeinkommen aller Selbstständigen) und ostdeutsche Frauen (mit dem niedrigsten Medianeinkommen) überproportional stark vertreten sind.

liegen fast identische Ergebnisse vor: Hier wurde ein Einkommensunterschied nach Geschlecht bei den Selbstständigen von 32 % errechnet für Selbstständige, die mehr als 30 Stunden pro Woche erwerbstätig sind, für abhängig Beschäftigte beträgt der Einkommensunterschied nur 21 % (Leung 2006: 765)[15].

Wie ist es zum Anstieg des Gender Income Gaps zwischen 1996 und 2007 gekommen? Liegt dies an Veränderungen innerhalb der Gruppe der selbstständigen Frauen? 1995 waren 4,9 % der erwerbstätigen Frauen selbstständig (im Vergleich zu 9,8 % der Männer, Jungbauer-Gans 1999: 372). Zwischen 1995 und 2007 ist die Zahl der selbstständigen Frauen deutlich angestiegen, auf circa 7 % der erwerbstätigen Frauen (Männer 13,7 %, siehe oben). Dieser Anstieg ist im Wesentlichen auf einen Anstieg bei den Solo-Selbstständigen mit kleinen Betrieben und damit auch geringem Einkommen zurückzuführen (Gather et al. 2008) sowie auf einen Anstieg der in Teilzeit selbstständigen Frauen, wie Strohmeyer und Tonoyan (2007) zeigen.

Die Höhe des Einkommens in der Selbstständigkeit wird häufig als subjektiver und auch objektiver Erfolgsindikator gewertet. Einige Studien gehen jedoch davon aus, dass für Männer das Motiv, durch die Selbstständigkeit einen Einkommenszuwachs zu erzielen, wichtiger ist als für Frauen (z.B. Georgellis/Wall 2005). Apitzsch und Kontos (2007) zeigen für Frauen aus unterprivilegierten Erwerbssituationen, dass sie sich selbstständig machen, um Autonomie und Kontrolle zu gewinnen. Diese selbstständigen Frauen streben teilweise kein Wachstum für ihre Unternehmen an, da dies den Zugewinn an Autonomie schmälern würde: „Business expansion is connected with an increase of risks and need of control and is thought to limit the degree of autonomy gained" (Kontos 2007: 66). Das heißt, die Einkommenshöhe kann nur bedingt als subjektiver Erfolgsindikator gewertet werden. Wir haben daher als Erfolgsfaktor die Dauer der Selbstständigkeit in die Auswertung einbezogen. Die Annahme ist, dass ‚erfolgreiche' Gründungen länger überleben.

---

[15] Im Gegensatz dazu stehen ältere Befunde aus Deutschland von Jungbauer-Gans (1999), die anhand von Mikrozensusdaten für das Jahr 1995 einen deutlich schmaleren Einkommensunterschied für Selbstständige findet. Diesen beziffert sie mit 13 % für Selbstständige und mit 22 % für abhängig Beschäftigte (ebd.: 371f.). Nach unseren Berechnungen auf Basis der SOEP-Daten liegt der Einkommensunterschied für das Jahr 1996 mit 32,2 % deutlich über dem von Jungbauer-Gans. Die Berechnungen von Jungbauer-Gans basieren auf Angaben des gruppierten monatlichen Nettolohnes aus dem Mikrozensus, die auf ‚Stundenlöhne' umgerechnet wurden (Jungbauer-Gans 1999: 369), während unsere Befunde auf dem SOEP basieren und auf Bruttomonatseinkommen für Personen mit mehr als 35 Stunden wöchentlicher Arbeitszeit bezogen sind. In der Berechnung von Jungbauer-Gans sind Selbstständige mit Teilzeitarbeit eingeschlossen, und es wurden Fälle mit ‚unplausiblen' Stundenlöhnen von unter 5 DM und über 200 DM ausgeschlossen (ebd.: 370). Wobei zu berücksichtigen ist, dass Jungbauer-Gans (1999) in ihrer multivariaten Analyse mit dem Mikrozensus die „Wahrscheinlichkeit überhaupt selbstständig zu sein" kontrollierte (Heckman-Korrektur) und damit teilweise für eine andere Grundgesamtheit argumentiert, als das mit der vorliegenden SOEP-Analyse getan werden kann.

Tabelle 7:   Dauer der ersten Selbstständigkeit nach Geschlecht

Dauer der ersten Selbstständigkeit in Jahren	Männer N = 1243	Frauen N = 1042	Total N = 2285
Bis zu 1 Jahr	44,4 %	53,2 %	48,5 %
1 bis 2 Jahre	17,8 %	17,0 %	17,5 %
2 bis 3 Jahre	8,5 %	9,8 %	9,1 %
4 bis 6 Jahre	17,3 %	11,1 %	14,3 %
7 bis10 Jahre	6,5 %	5,4 %	6,0 %
11 bis 24 Jahre	5,5 %	3,5 %	4,6 %
Total	100 %	100 %	100 %

Quelle: SOEP: 1985 bis 2007, hochgerechnet

Wir sehen, dass in vielen Fällen bei beiden Geschlechtern die Selbstständigkeit kaum ein Jahr dauert. Dies ist noch häufiger bei Frauen als bei Männern der Fall. Mehr als die Hälfte der Frauen sind in der ersten Selbstständigkeit nur maximal ein Jahr lang tätig. Die nahe liegende Frage, ob dieser kurze Verbleib in der Selbstständigkeit eine Auswirkung eines zunehmend flexibilisierten Arbeitsmarktes sein könnte, können wir hier leider nicht prüfen. Dafür müsste man die Veränderungen in der Dauer über die Zeit untersuchen. Nach der Selbstständigkeit gehen die Personen ganz überwiegend in den Status zurück, aus dem sie vorher gekommen sind, zum Beispiel in die Erwerbstätigkeit oder Arbeitslosigkeit (siehe hierzu Kay und Kranzusch in diesem Band).

Ob und wie lange Menschen vor der Selbstständigkeit Erfahrungen mit Arbeitslosigkeit gemacht haben, ergibt entsprechend unserer Berechnungen keinen signifikanten Unterschied für die Dauer der ersten Selbstständigkeit, weder bei Männern noch bei Frauen. Dies betrifft auch regionale Unterschiede zwischen Ost- und Westdeutschland, auch hier sehen wir keinen Unterschied in Bezug auf die Dauer der ersten Selbstständigkeit, weder bei Männern noch bei Frauen.

Für Deutschland gilt wie für alle Länder in der EU: Unternehmen von Frauen starten kleiner in Bezug auf das Startkapital und die Anzahl der Beschäftigten (Lauxen-Ulbrich/Leicht 2005 und 2002, Fehrenbach 2004, Kay et. al 2003). Wie wir hier zeigen konnten, haben selbstständige Frauen ein geringeres Einkommen als selbstständige Männer. Dieses Einkommen liegt, das konnten wir für Berlin darlegen, im Durchschnitt noch unter dem der abhängig beschäftigten Frauen. Der Gender Income Gap für das Jahr 2007 ist bei den Selbstständigen mit 34,7 %, selbst wenn diese Zahl noch kleine Unwägbarkeiten enthält (siehe Fußnote 13), sehr viel höher als bei den abhängig Beschäftigten. Auch der Verbleib in der Selbstständigkeit ist bei den Frauen durchschnittlich kürzer als bei selbstständigen Männern.

Wie lassen sich die geschlechtsspezifischen Unterschiede, wie lässt sich insbesondere der große Einkommensunterschied erklären?

4   Erklärungen für den Einkommensunterschied

Jungbauer-Gans ging davon aus, dass es in der Selbstständigkeit keine Barrieren und Benachteiligungen für Frauen gäbe (Jungbauer-Gans 1999), sie dort ihres ,eigenen Glückes Schmied' seien und frei von den geschlechtsspezifischen Aufstiegshemmnissen des Arbeitsmarktes wären. Aufgrund des großen Einkommensunterschieds bei den Selbstständigen sind hier jedoch unseres Erachtens Zweifel angebracht. Wir möchten uns deswegen zunächst in der gebotenen Kürze mit einigen der besonders gängigen und häufig bemühten Erklärungen zum Einkommensunterschied zwischen selbstständigen Frauen und Männern befassen und ihre Erklärungskraft betrachten. An erster und prominenter Stelle ist der Humankapitalansatz zu nennen. Insbesondere Ökonom/inn/en erklären Einkommensunterschiede gerne mit Unterschieden im Humankapital. Anschließend betrachten wir Kinder im Haushalt als Grund für Einkommensunterschiede sowie das Argument, die Branchen, die Frauen wählen, wären für den Einkommensunterschied verantwortlich.

4.1   Humankapital

Humankapital, Bildung, Branchenerfahrung und Managementerfahrung werden häufig als wichtige Bedingungen betrachtet, um ein Unternehmen erfolgreich zu gründen und zu führen (z.B. Brüderl et al. 2007: 85f.; Jungbauer-Gans/Preisendörfer 1992, Döbler 1998). Unterschiede zwischen den Geschlechtern ergeben sich dann durch unterschiedliche Bildung, Branchen- und Managementerfahrung (Jungbauer-Gans 1999). In der Studie von Jungbauer-Gans und Preisendörfer (1992) hatten Gründerinnen 1,3 Jahre weniger im Bildungssystem verbracht als Gründer, und sie hatten durchschnittlich 2 Jahre weniger Berufserfahrung (ebd. 1992: 64); diese Unterschiede seien weitgehend analog zu den Unterschieden in der abhängigen Beschäftigung (1992: 65). Die Autoren haben nicht berechnet, wie hoch die Erklärungskraft des Humankapitals für den Gender Gap ist, weil sie davon ausgehen, dass in der Selbstständigkeit die Hürden für die Frauen auf dem Arbeitsmarkt entfallen (Jungbauer-Gans 1999: 385). Anfang der 1990er Jahre, als die Münchner Gründer-Studie durchgeführt wurde, existierte noch ein Bildungsvorsprung der Männer. Frauen haben diesbezüglich jedoch aufgeholt. Selbstständige Frauen verfügen mittlerweile über höhere Bildungsabschlüsse als Männer, und es gibt unter ihnen mehr Akademikerinnen als bei den männlichen Selbstständigen (Strohmeyer 2004). In Berlin haben mehr als 50 % der weiblichen, aber nur knapp 40 % der männlichen Selbstständigen einen Hochschulabschluss (Gather et al. 2008: 2). Insgesamt haben Frauen in den letzten zehn Jahren auch in Bezug auf ihre Beteiligung im Erwerbsleben aufgeholt. Die aktive Familienphase beziehungsweise Unterbrechungen wegen Familienzeiten sind für westdeutsche Frauen seit den 1980er Jahren kürzer geworden. Die Teilzeitarbeit von Müttern hat deutlich zugenommen (Cornelißen 2005: 228). In Ostdeutschland ließ sich Anfang der 1990er Jahre kein Unterschied in der Dauer der Berufserfahrung bei Betriebsgründerinnen und -gründern feststellen: Entsprechend der Studie von Dickwach und Jungbauer-Gans (1995) haben ostdeutsche Gründerinnen mit durchschnittlich 16,9 Jahren sogar eine etwas längere Berufserfahrung vor der Selbstständigkeit als ostdeutsche Männer mit durchschnittlich 16 Jahren (ebd.: 81). Dieser Rückgang der Unterschiede in der Bildung und der vorherigen Berufserfahrung hat insgesamt jedoch offensichtlich nicht dazu beigetragen können, den Gender Income Gap bei den Selbstständigen zu verringern.

Unsere Berechnungen (siehe Tabelle 8) zeigen einen deutlichen Zusammenhang zwischen Bildungsabschluss und mittlerem Einkommen in der Selbstständigkeit nur für Männer. Bei den Frauen gibt es keine signifikanten Unterschiede zwischen den Bildungsgruppen im Einkommen. Vergleicht man Männer und Frauen innerhalb der gleichen Bildungsgruppe, sind unverändert sehr hohe Einkommensunterschiede zuungunsten der Frauen erkennbar. Durchschnittlich verdienen selbstständige Frauen mit Hochschulabschluss sogar weniger als selbstständige Männer ohne jeglichen Ausbildungsabschluss (siehe Tabelle 8).

Tabelle 8:   *Mittleres Einkommen nach Bildungsabschlüssen und Geschlecht, in Euro*

	Männer N = 726	Frauen N = 372
(Noch) Ohne Abschluss	2.101,83	1.679,04
Berufliche Ausbildung	2.856,10	1.229,50
Hochschulabschluss	4.224,81	1.881,24
Durchschnitt	3.044,11	1.490,96

Quelle: SOEP 1985 bis 2007, hochgerechnet

Entsprechend zeigt auch Betzelt (2006) in einer Untersuchung über Solo-Selbstständige in Kulturberufen, dass hier hohe Qualifikation mit niedrigem Einkommen in der Selbstständigkeit einhergeht. Einige Autoren gehen allerdings davon aus, dass die Bildung für den Erfolg einer Existenzgründung weniger entscheidend ist als die Berufserfahrung in der Branche, in der gegründet wird (Brüderl et al. 2007: 47). Relevant ist der Bildungsgrad nach Strohmeyer (2004) jedoch für die Gründungsneigung bei Frauen. So machen sich Akademikerinnen häufiger selbstständig als Frauen mit anderen Bildungsabschlüssen. Da Frauen öfter die Branche wechseln, wenn sie sich selbstständig machen (Leicht et al. 2004), gibt es mehr selbstständige Frauen ohne oder mit nur geringer einschlägiger Berufserfahrung. Möglicherweise besteht hierin ein Erklärungsansatz für einen Teil des vorhandenen Income Gaps.

4.2 Kinder im Haushalt

Die ungleiche Arbeitsteilung in Familien und die daraus folgende stärkere zeitliche Beanspruchung durch Haushalts- und Familienarbeit wird, wie in der abhängigen Beschäftigung auch, für das geringere Einkommen von selbstständigen Frauen verantwortlich gemacht. Um Vergleichbarkeit mit den vorherigen Ergebnissen herstellen zu können, haben wir den Gender Income Gap für Selbstständige nur für Personen mit einer wöchentlichen Arbeitszeit von über 35 Stunden pro Woche berechnet. Zudem arbeiten selbstständige Frauen zwar durchschnittlich weniger Stunden als Männer, jedoch mehr als abhängig erwerbstätige Frauen (siehe oben). Mit der Arbeitszeit kann der für Selbstständige höhere Gender Income Gap also nicht gänzlich erklärt werden.

Ein häufig genanntes Argument, vor allem in der US-amerikanischen Literatur, besagt, dass Frauen die Selbstständigkeit wählen, weil diese größere Flexibilität biete und damit besser mit einer Mutterschaft vereinbar sei (Gurley-Calvez et al. 2009, Carr 1996, für England: Bell/Valle 2003). Allerdings zeigen sich für Berlin keine relevanten Unterschiede zwischen Selbstständigen und abhängig beschäftigten Frauen in Bezug auf die Anzahl und das Alter der Kinder. Auffällig sind hier lediglich die selbstständigen Männer mit Beschäftigten, diese haben am häufigsten Kinder (Gather et al. 2008: 19). Hier ist ein eher traditionelles Geschlechterarrangement mit männlichem Familienernährer zu vermuten.

In Deutschland sind dem SOEP (1985 bis 2007) zufolge Männer mit Kindern im Haushalt signifikant länger selbstständig (3,6 Jahre) als Männer ohne Kinder unter 16 Jahren im Haushalt (3 Jahre). Bei Frauen besteht kein signifikanter Unterschied in der Dauer der ersten Selbstständigkeit, ob mit oder ohne Kinder unter 16 Jahren. Männer mit Kindern im Haushalt befinden sich zusätzlich zur längeren Dauer der ersten Selbstständigkeit auch seltener im untersten Einkommensquartil (16,6 % vs. 12,2 %) und häufiger im obersten Einkommensquartil (37 % vs. 27 %) als Männer ohne Kinder.

Hier könnte das Modell der männlichen Versorgerehe eine Rolle spielen (Pfau-Effinger 2005). Die Ergebnisse zeigen wahrscheinlich einen Mischeffekt zweier sehr verschiedener Modelle der Vereinbarkeit von Erwerbsarbeit und Familie. Strohmeyer und Tonoyan (2007) haben mit Daten der European Labor Force Study von 2005 gezeigt, dass die Entscheidung für Teilzeit-Selbstständigkeit im Gegensatz zu Vollzeit-Selbstständigkeit für westdeutsche Frauen sehr stark vom Vorhandensein von Kindern im Haushalt abhängt, für Ostdeutschland ist dieser Effekt hingegen sehr gering (ebd.: 128). Westdeutsche teilzeit-selbstständige Frauen arbeiten außerdem durchschnittlich deutlich weniger Wochenstunden als Teilzeit-Selbstständige im Osten Deutschlands.

Wie unterscheiden sich nun die Einkommen von selbstständigen Frauen mit und ohne Kinder? Wir präsentieren zunächst die Einkommen für Frauen mit einer Arbeitszeit von über 35 Stunden pro Woche.

Tabelle 9:   Anteil der weiblichen Selbstständigen in den Einkommensquartilen, Arbeitszeit über 35 Std./Woche, 2002 bis 2007, keine Kinder/Kinder im Haushalt zum Gründungszeitpunkt

	Keine Kinder unter 16 J. N = 87	Kinder unter 16 J. N = 65
Unteres Quartil bis 1.113,85 Euro	36,9 %	(40,8 %)
Zweites Quartil 1.113,86 - 2.045,00 Euro	(36,0 %)	(27,8 %)
Drittes Quartil 2.045,01 - 3.195,56 Euro	(19,6 %)	--
Oberes Quartil 3.195,57 - 35.790,28 Euro	--	--

Frauen mit Kindern befinden sich eher in den unteren Einkommensquartilen, selbst wenn sie mehr als 35 Stunden pro Woche arbeiten. Gilt das auch für teilzeit-selbstständige Frauen mit und ohne Kinder?

Tabelle 10:   Anteil der weiblichen Selbstständigen in den Einkommensquartilen, Arbeitszeit unter 35 Std./Woche, 2002 bis 2007, keine Kinder/Kinder im Haushalt zum Gründungszeitpunkt

	Keine Kinder unter 16 J. N = 109	Kinder unter 16 J. N = 102
Unteres Quartil bis 309,94 Euro	26,8 %	30,7 %
Zweites Quartil 309,95 - 550,00 Euro	(13,3 %)	49,0 %
Drittes Quartil 550, 01 – 1.199,80 Euro	47,3 %	(12,9 %)
Viertes Quartil 1.199,81 - 15.718 Euro	--	--

Quelle: SOEP 1985 bis 2007, hochgerechnet, keine Angaben: n < 15, Angaben in Klammern: n < 30 (Tabelle 9 und 10)

Frauen, in deren Haushalt zum Gründungszeitpunkt Kinder unter 16 Jahren lebten, befinden sich während der Selbstständigkeit ganz überwiegend in den unteren beiden Einkommensquartilen[16]. Teilzeit-arbeitende selbstständige Frauen mit Kindern befinden sich in einer erkennbar schlechteren Einkommensposition gegenüber teilzeitarbeitenden selbstständigen Frauen ohne Kinder. Bei Vollzeit-Selbstständigkeit ist der negative Effekt von Kindern im Haushalt geringer. Tabelle 11 zeigt jedoch auch, dass sich die relative Einkommensposition von selbstständigen Müttern auch bei einer Arbeitszeit von über 35 Stunden pro Woche im Vergleich zu Männern nur leicht verbessert, denn männliche Gründer mit Kindern finden sich überwiegend in den oberen Einkommensquartilen. Während Kinder im Haushalt die Einkommensposition männlicher Selbstständiger deutlich verbessern, wirken sie sich auf weibliche Selbstständige negativ aus, vor allem bei Teilzeit-Selbstständigen. Insgesamt scheint das Vorhandensein von Kindern im Haushalt den Einkommensunterschied zwischen den Geschlechtern aber nicht zu erklären, denn auch Frauen ohne Kinder bleiben deutlich unter den Einkommenspositionen von Männern (mit und ohne Kinder).

4.3   Segregation des Arbeitsmarktes, Branchen

Der Arbeitsmarkt in Deutschland ist weithin segregiert. Frauen sind in wenigen ‚Frauenbranchen' ausgebildet und beschäftigt, mit geringerer Entlohnung und geringeren Karrierechancen. Diese horizontale wie vertikale Segregation des Arbeitsmarktes wird als eine wichtige Behinderung für die Selbstständigkeit von Frauen beschrieben und als Grund dafür, dass weniger Frauen als Männer selbstständig sind (Strohmeyer/Tonoyan 2005b, Leicht et al. 2007: 18). Viele Frauenberufe (wie Krankenschwester, Bürokauffrau, Arzthelferin und Lehrerin) beinhalten wenig Potenzial, um sich selbstständig zu machen. Strohmeyer zeigt zudem sehr anschaulich, dass auch die Studienfachwahl einen Einfluss auf die Gründungswahrscheinlichkeit hat: Das Studium von Medizin oder Kunst und Medien macht auch für Frauen eine Selbstständigkeit sehr viel wahrscheinlicher als beispielsweise das Studium von Erziehung und Pädagogik (Strohmeyer 2004: 127).

Frauen sind im Wesentlichen im Dienstleistungssektor selbstständig. Dieser macht z.B. bei selbstständigen Frauen in Berlin über 90 % aus, bei Männern dagegen 75 % (Gather et al. 2008: 19). Das potenzielle Einkommen in den Branchen, die Frauen besonders bevorzugen,[17] sei kleiner und diese beinhalten geringere Innovations-

---

[16] Besonders von Armut betroffen sind nach einer Untersuchung des Statistischen Bundesamtes zu Niedrigeinkommensbeziehern die solo-selbstständigen Alleinerziehenden, ihr Armutsrisiko liegt bei 29,3 % (Statistisches Bundesamt 2009b: 26).

[17] Auch laut Lauxen-Ulbrich und Leicht gründen Frauen sehr viel häufiger im Dienstleistungssektor als Männer (87 % gegenüber 63 % der Männer in Deutschland). Am häufigsten gründen Frauen im Bereich der „Sonstigen Persönlichen Dienstleistungen (21 %) und im Handel (18 %), gefolgt von Dienstleistungen für Unternehmen (16 %) und dem Gesundheitswesen (12 %) sowie dem Gastgewerbe (9 %) (Lauxen-Ulbrich/Leicht 2005: 46).

und damit Wachstumsmöglichkeiten. Selbstständige Frauen setzen seltener Produkt- und Prozessinnovationen um als selbstständige Männer, wie Strohmeyer und Tonoyan (2005a) zeigen. Sie fassen das folgendermaßen zusammen: „...the lower employment growth in women-owned businesses was mainly due to women's lower commitment to product and process innovations, a phenomenon that is referred to ... as the ‚female-male-innovation gap' (ebd.: 259).

Andererseits: mehr Frauen als Männer wechseln ihren Arbeitsbereich, wenn sie sich selbstständig machen (Leicht et al. 2004). Die berufliche Segregation ist in der Selbstständigkeit weniger stark ausgeprägt als bei den abhängig Beschäftigten, wie Leicht und Lauxen-Ulbrich (2006: 110) zeigen. Sie erklären dies mit der Tatsache, dass Frauenberufe weniger Chancen beinhalten, ein Unternehmen zu gründen. Nur 35 % der weiblichen Selbstständigen arbeiten in einem traditionell weiblichen Beruf, verglichen mit 73 % der weiblichen abhängig Beschäftigten (ebd.)

Tabelle 11: Durchschnittliche Dauer (in Jahren)[18] und Durchschnittseinkommen (in Euro) der ersten Selbstständigkeit nach Branchen und Geschlecht

Branche	Mittlere Dauer		Durchschnittseinkommen	
	Männer N = 978	Frauen N = 766	Männer N = 758	Frauen N = 351
Land- und Forstwirt., Fischerei	3,4	2,6	2.355,4	-
Produktion	3,5	3,0	3.117,9	1.698,0
Bau und Energieversorgung	4,0	(2,7)	3.034,8	-
Handel	3,0	3,0	2.464,0	1.500,9
Hotels und Gaststätten	2,9	2,7	2.300,0	1.346,9
Verkehr und Telekommunikation	2,9	(3,4)	4.348,0	-
Finanzwesen	2,9	3,1	4.053,3	(3.098,4)
Bildung/Forschung	3,7	2,4	3.983,3	-
Gesundheitswesen	5,8	4,0	4.326,3	2.197,9
Sonstige Dienstleistungen	2,4	2,7	(2.218,5)	1.081,4
Total	3,4	2,9	3.227,4	1.577,2

Quelle: SOEP 1985 bis 2007, hochgerechnet, keine Angaben: n < 15, Angaben in Klammern: n < 30

---

[18] In die Analyse sind alle ersten Selbstständigkeiten zwischen 1985 und 2007 eingegangen, deren Beginn in dem betrachteten Zeitraum liegt (also ohne linkszensierte Fälle). Darin enthalten sind auch Fälle, deren Ende jedoch im Beobachtungszeitraum noch nicht eingetreten ist (also rechtszensiert). Damit wird die durchschnittliche Dauer über alle Fälle eher unterschätzt.

Um das Branchenargument zu prüfen, haben wir die Dauer der Selbstständigkeit nach Branchen ausgewertet. Wenn der Erfolg im Wesentlichen von der Branche abhängig wäre, dürfte man in den einzelnen Branchen keine geschlechtsspezifischen Unterschiede sehen. Zu erkennen sind bei Frauen und Männern deutliche Brancheneffekte, das heißt, einige Branchen weisen eine höhere Verweildauer in der Selbstständigkeit auf als andere. Für beide Geschlechter ist dies zum Beispiel das Gesundheitswesen, während Selbstständige in den sonstigen Dienstleistungen eher kürzer wirtschaftlich überleben[19]. Gleiche beziehungsweise sehr ähnliche Verweildauern finden sich im Handel, im Hotel- und Gaststättengewerbe sowie im Finanzwesen. Starke Geschlechtsunterschiede finden wir in der Produktion, im Bereich Bildung und Forschung sowie, trotz der insgesamt längeren Dauer, auch im Gesundheitswesen.

Ein ähnliches Bild zeigt sich bei der Betrachtung der durchschnittlichen Einkommen männlicher und weiblicher Selbstständiger in den verschiedenen Branchen:

Tabelle 12: Durchschnittseinkommen nach Branchen in der ersten Selbstständigkeit in Euro
(Arbeitszeit über 35 Std./Woche)

Branche	Männer N = 758	Frauen N = 351
Land- und Forstwirtschaft, Fischerei	2.355,4	-
Produktion	3.117,9	1.698,0
Bau und Energieversorgung	3.034,8	-
Handel	2.464,0	1.500,9
Hotels und Gaststätten	2.300,0	1.346,9
Verkehr und Telekommunikation	4.348,0	-
Finanzwesen	4.053,3	(3.098,4)
Bildung/Forschung	3.983,3	-
Gesundheitswesen	4.326,3	2.197,9
Sonstige Dienstleistungen	(2.218,5)	1.081,4
Total	3.227,4	1.577,2

Quelle: SOEP 1985 bis 2007, hochgerechnet keine Angaben: n < 15, Angaben in
        Klammern: n < 30

---

[19] Der genaue Zusammenhang zwischen Branche und Verweildauer wäre noch zu untersuchen. Er könnte in die Richtung gehen, dass z.B. größere Investitionen wie eine Praxisübernahme und Einrichtung mit einer längeren Dauer der Selbstständigkeit einhergehen. Es könnte auch sein, dass bestimmte Branchen höhere Gewinnmargen aufweisen bzw. unterschiedlich von wirtschaftlichen Schwankungen berührt werden.

Frauen verdienen demnach beispielsweise im Gesundheitswesen deutlich mehr als selbstständige Frauen im Durchschnitt. Jedoch verdienen Männer in derselben Branche noch mehr. Dies trifft auf alle Branchen zu: Ein Brancheneffekt wird nur deutlich im Vergleich zum Durchschnittseinkommen innerhalb des gleichen Geschlechtes. Egal, ob es sich um eine Branche mit höherem oder geringerem Einkommen handelt, Männer verdienen mehr als Frauen. Auch im Handel und Hotel- und Gaststättengewerbe, wo wir bezüglich der Dauer der Selbstständigkeit noch ähnliche Erfolge bei Männern und Frauen feststellen konnten, verdienen Männer jeweils deutlich mehr als Frauen.

Das heißt, wie Leicht und Lauxen-Ulbrich (2006: 18) selbst einräumen, das Argument, der Gender Gap in der Selbstständigkeit sei auf die Segregation zurückzuführen, verliert an Erklärungskraft. Warum ist der Unterschied beim Einkommen bei den selbstständigen Frauen, selbst wenn sie in denselben Branchen wie Männer tätig sind, größer als bei den abhängig Beschäftigten? Aufschlussreich wäre an dieser Stelle eine weitere, feinere Analyse auf Berufsebene. So wäre zu prüfen, wie und ob in den einzelnen Branchen die Berufe unterschiedlich besetzt sind. Zum Beispiel wäre zu prüfen, ob die Unterschiede im Gesundheitswesen mit dem Fach korrelieren, zum Beispiel Kinderarzt/Kinderärztin versus Orthopäde/Orthopädin oder Krankengymnast/in.

5   Diskussion

Das Einkommen erwies sich in dieser Untersuchung als ein wichtiger Indikator für Geschlechterungleichheit in der Selbstständigkeit, wobei im Blick zu behalten ist, dass die Einkommensvariable in der Selbstständigkeit ein etwas weniger zuverlässiger Indikator ist als bei den abhängig Beschäftigten.

Die Gruppe der selbstständigen Frauen ist insgesamt sehr heterogen: Nur 34 % der selbstständigen Frauen haben Beschäftigte. In dieser Gruppe der Arbeitgeberinnen gibt es einen Teil, der relativ gute Einkommenspositionen (über 2.000 Euro netto) hat. Das zeigten die Berechnungen anhand des Mikrozensus für Berlin (siehe Tabelle 1). Auf Bundesebene (anhand der SOEP-Auswertung für alle Selbstständigen) ist jedoch bei den Frauen das oberste Quartil (über 3.579 Euro brutto) so gering besetzt, dass keine Angaben dazu vorliegen, während gut 30 % der selbstständigen Männer in diese Einkommensgruppe fallen. Die selbstständigen Frauen finden wir überwiegend in den untersten Einkommensquartilen: Gut 40 % der selbstständigen Frauen sind 2002 bis 2007 im untersten Einkommensquartil mit einem Bruttoeinkommen unter 1.278 Euro (siehe Tabelle 5) zu finden. Von diesem Einkommen müssen Selbstständige ihre Krankenversicherung und Altersvorsorge selbst bestreiten. Eine große Zahl an selbstständigen Frauen erwirtschaftet damit ein Einkommen, das unterhalb eines für eine Person existenzsichernden Einkommens liegt[20]. Damit können ca. 40 % der selbstständigen Frauen kaum von ihrem Einkommen leben, geschweige denn Angehörige davon unterhalten. Für diesen Teil der selbstständigen Frauen ist die Einkommenssituation damit eher als prekär und vielleicht sogar mit dem Begriff Selbstausbeutung zu beschreiben.

Wir konnten zeigen, dass der Gender Income Gap bei Selbstständigen mit 34,7 % noch deutlich höher ausfällt als bei abhängig Beschäftigten. Zur Erklärung dieses Unterschiedes haben wir den Bildungsabschluss, das Vorhandensein von Kindern im Haushalt und die Branchenwahl in Bezug auf das Einkommen von selbstständigen Frauen betrachtet. Es wurde deutlich, dass weder die Branche noch der Bildungsabschluss die stark unterschiedlichen Einkommen von weiblichen und männlichen Selbstständigen erklären können. Der große Einkommensunterschied zwischen den Geschlechtern bleibt auch innerhalb der gleichen Branchen und bei Selbstständigen mit gleichen Bildungsabschlüssen bestehen. Bei Frauen hat der Bildungsabschluss keinen signifikanten Effekt auf das mittlere Einkommen. So schlägt sich beispielsweise akademische Bildung für selbstständige Frauen nicht in einem Einkommensvorsprung im Verhältnis zu anderen Abschlüssen nieder. Keine Aussagen treffen konnten wir leider über die einschlägige Berufserfahrung vor der Selbstständigkeit, die von Experten als wichtig für den Erfolg eingeschätzt wird.

Unterscheidet man die Selbstständigen nach dem Vorhandensein von Kindern im Haushalt, so wird deutlich, dass selbstständige Frauen mit Kindern ein etwas geringeres Einkommen erzielen als selbstständige Frauen ohne Kinder, männliche Selbstständige mit Kindern dagegen deutlich besser verdienen als männliche Selbstständige ohne Kinder. Eine nach wie vor bestehende ungleiche Aufgabenverteilung in Haushalten könnte einen Teil des Einkommensunterschieds erklären. Allerdings erreichen auch Frauen ohne Kinder nicht die Einkommenshöhe der männlichen Selbstständigen.

Obwohl es bei der Dauer der Selbstständigkeit zwischen den Geschlechtern nicht so gravierende Unterschiede gibt wie beim Einkommen, weist die Selbstständigkeit von Frauen durchschnittlich eine geringere Dauer auf als die von Männern. Dieser kürzere Verbleib in der Selbstständigkeit deutet auf Unsicherheit und Instabilität in der Erwerbssituation hin. Ob solche Wechsel zwischen den verschiedenen Erwerbsformen: Selbstständigkeit, abhängige (evtl. befristete oder prekäre) Beschäftigung und Erwerbslosigkeit in den letzten Jahren im Zuge von Flexibilisierungstendenzen auf dem Arbeitsmarkt zugenommen haben, wäre eine noch zu untersuchende interessante Forschungsfrage. Es bleibt zu klären, warum der Gender Income Gap in der Selbstständigkeit so viel größer ausfällt als bei den abhängig Beschäftigten. Sicherlich hängt die geringere Zahl der weiblichen Selbstständigen insgesamt mit den größeren Schwierigkeiten zusammen, sich aus einem ‚Frauenberuf' heraus selbstständig zu machen (Strohmeyer/Tonoyan 2005b).

---

[20] Zum Vergleich: Bei einem Stundenlohn von brutto 7,50 Euro ergibt sich bei Vollzeitarbeit ein monatliches Einkommen von brutto 1.267,50 Euro.

Entsprechend der Analysen zum Gender Pay Gap im Arbeitsmarkt (z.B. Busch/Holst 2008 und Hinz/Gartner 2005) brauchen wir auch für den Bereich der Selbstständigkeit Analysen, die berechnen, wie hoch die singuläre Erklärungskraft der verschiedenen Einflussfaktoren (Humankapital, Frauenberufe, Innovationsdifferenz, etc.) bei gleichzeitiger Betrachtung für den Einkommensunterschied ist und wie hoch der ‚unerklärte Rest' bleibt. Für Vollzeitarbeitskräfte konnten Busch und Holst (2008) anhand von SOEP-Daten zeigen, dass ein Drittel des Einkommensunterschieds auf strukturelle Faktoren wie Humankapital und die Anzahl von Kindern zurückzuführen ist. Der ‚unerklärte Rest' wird typischerweise mit Diskriminierung und Benachteilung aufgrund des Geschlechts erklärt. Gleiches gilt für abhängig beschäftigte Führungskräfte (vgl. Führungskräfte-Monitor, BMFSFJ 2009). Wir haben hier zunächst nur bivariat versucht zu zeigen, dass auch der Gender Income Gap für Selbstständige nicht ausreichend durch Humankapital, Kinder im Haushalt und berufliche Segregation erklärt werden kann. Auch hier wird es in einer multivariaten Betrachtung einen unerklärten Rest' geben. Offen ist jedoch, in welcher Höhe sich dieser bewegt. Kann dieser unerklärte Rest auch bei den selbstständig Erwerbstätigen auf Diskriminierung zurückgeführt werden? Es ist nicht anzunehmen, dass die Umwelt von Selbstständigen diskriminierungsfrei ist.

Viele feministische Theorien erklären uns Differenzen und Benachteilungen von Frauen auf dem Erwerbsarbeitsmarkt und in den Betrieben, z.B. die Unterbewertung von Frauenarbeitsplätzen (Steinberg 1992), Benachteilung in Betrieben und Institutionen, z.B. bei Einstellung, Beförderungen etc. (z.B. Acker 1992, Krüger 1995, Wetterer 2002). Wie für den Erwerbsarbeitsmarkt brauchen wir auch für den Bereich der Selbstständigkeit feministisch-soziologische Ansätze, die uns helfen können, die Einkommenslücke besser zu verstehen. Diskrimierende Faktoren liegen hier möglicherweise weniger im Betrieb selbst als vielmehr in den das Unternehmen umgebenden Stakeholdern und auch in strukturellen Bedingungen (wie z.B. Förderprogrammen).

Interessant in diesem Zusammenhang wäre z.B. zu untersuchen, warum es in der Startphase von Unternehmen zu unterschiedlicher Ausstattung mit Startkapital bei Gründerinnen und Gründern kommt. Gründerinnen beginnen durchschnittlich mit sehr viel weniger Kapital als Gründer und bevorzugen andere Finanzierungsquellen als Männer. (Reger et al. 2008). Von den meisten Förderprogrammen profitieren sie strukturell weniger stark (Piorkowsky 2002). Im Gegensatz dazu wurde die sogenannte „Ich-AG" von Frauen überproportional (BMAS 2006) in Anspruch genommen. Kleinere Kreditsummen werden von Frauen häufiger nachgefragt (Senator für Wirtschaft Berlin 2008). Über die Ursachen dieser Unterschiede ist wenig bekannt. Einerseits wird Frauen eine geringere finanzielle Risikobereitschaft unterstellt (Caliendo et al. 2009), andererseits konnte in einer englischen Untersuchung gezeigt werden, dass Banken bei der Kreditgewährung nach Geschlecht diskriminieren (Carter et al. 2007). Demnach kann der Erfolg von Selbstständigkeit bereits von Beginn an geschlechtsspezifisch ungleich vorgezeichnet sein.

Literaturverzeichnis

Apitzsch, Ursula und Maria Kontos, 2007: Self Employment Activities of Women and Minorities. Wiesbaden: VS Verlag.

Aulenbacher, Brigitte und Angelika Wetterer, 2009: Arbeit. Perspektiven und Diagnosen der Geschlechterforschung. Münster: Westfälisches Dampfboot.

Bell, Alice und Ivana La Valle, 2003: Combining Self-employment and Family Life. Bristol: Policy Press.

Betzelt, Sigrid, 2006: Flexible Wissensarbeit: AlleindienstleisterInnen zwischen Privileg und Prekarität. Bremen: ZeS-Arbeitspapier 3/06, Zentrum für Sozialpolitik Universität Bremen.

BMFSFJ, 2009: Führungskräfte-Monitor 2001-2006, bearbeitet von Elke Holst und Anne Busch. Baden-Baden: Nomos.

Brüderl, Josef, Peter Preisendörfer und Rolf Ziegler, 2007: Der Erfolg neugegründeter Betriebe: Eine empirische Studie zu den Chancen und Risiken von Unternehmensgründungen. Berlin: Duncker & Humblot.

Bundesministerium für Arbeit und Soziales, 2006: Die Wirksamkeit moderner Dienstleistungen am Arbeitsmarkt. Bericht der Bundesregierung 2005 zur Wirkung der Umsetzung der Vorschläge der Kommission Moderne Dienstleistungen am Arbeitsmarkt. Berlin: Bundestags-Drucksache.

Busch, Anne und Elke Holst, 2008: Verdienstdifferenzen zwischen Frauen und Männern nur teilweise durch Strukturmerkmale zu erklären, Wochenbericht des DIW Berlin, 75/15, S. 184–190.

Carr, Deborah, 1996: Two Paths to Self-Employment, Work and Occupations, Jg. 23, S. 26–53.

Cornelißen, Waltraut, 2005: Gender-Datenreport. Kommentierter Datenreport zur Gleichstellung von Frauen und Männern in der Bundesrepublik Deutschland. München: DJI.

Destatis, 2008: Verdienstunterschied zwischen Männern und Frauen im Westen höher als im Osten. Pressemitteilung Nr. 427 vom 14.11.2008. http://www.destatis.de/jetspeed/potal/cms/Sites/destatis/Internet/DE/Presse/pm/2008/11/PD08__427__621,templateId=renderPrint.psml (10.03.2010).

Devine, J. Theresa, 1994: Characteristics of Self-employed Women in the United States, Monthly Labor Review, Jg. 116, S. 20–34.

Dickwach, Frigga und Monika Jungbauer-Gans, 1995: Betriebsgründungen in Ostdeutschland, Soziale Welt, Jg. 46, S. 70–91.

Döbler, Thomas, 1998: Frauen als Unternehmerinnen. Wiesbaden: Gabler.

Döbler, Thomas, 2000: Theoretische Überlegungen zur Analyse von Geschlechtsspezifika von Unternehmerinnen und Unternehmern. In: Irene Bandhauer-Schöffmann und Regine Bendl (Hg.): Unternehmerinnen. Frankfurt a.M. u.a.: Peter Lang, S. 296–332.

Fehrenbach, Silke, 2004: Charakteristika der von Frauen und Männern geführten Betriebe in Deutschland. In: René Leicht und Friederike Welter (Hg.): Gründerinnen und selbstständige Frauen. Karlsruhe: v. Loeper, S. 170–192.

Franco, Ana, 2007: Geschlechtsspezifische Unterschiede bei der unternehmerischen Tätigkeit, Eurostat: Statistik kurzgefasst, 3/2007.

Frech, Monika, 2000: Zur ökonomischen und motivationalen Lage selbständig tätiger Frauen in Österreich. In: Irene Bandhauer-Schöffmann und Regine Bendl (Hg.): Unternehmerinnen. Frankfurt a.M. u.a.: Peter Lang, S. 335–369.

Gather, Claudia, Eva Schulze, Tanja Schmidt und Eva Wascher, 2008: Selbstständige Frauen in Berlin - Erste Ergebnisse aus verschiedenen Datenquellen im Vergleich. Studie gefördert von der Senatsverwaltung für Wirtschaft, Technologie und Frauen und vom Europäischen Sozialfond. Berlin: Discussion Paper 03, 06/2008 des Harriet Taylor Mill-Instituts.

Georgellis, Yannis und Howard J. Hall, 1998: Gender Differences in Self-Employment, International Review of Applied Economics, Jg. 19, S. 321–342.

Gurley-Calvez, Tami, Katherine Harper und Amelia Biehl, 2009: Self-Employed Women and Time Use. www.sba.gov/advo/research/rs341tot.pdf (10.03.2010).

Hinz, Thomas und Hermann Gartner, 2005: Lohnunterschiede zwischen Frauen und Männern in Branchen, Berufen und Betrieben, IAB Discussion Papers, 4. Nürnberg: Institut für Arbeitsmarkt- und Berufsforschung.

Holst, Elke und Anne Busch, 2009: Der „Gender Gap" in Führungspositionen in der Privatwirtschaft in Deutschland. Berlin: DIW SOEP Papers 169, S. 107–120.

Jungbauer-Gans, Monika, 1999: Der Lohnunterschied zwischen Frauen und Männern in selbständiger und abhängiger Beschäftigung, Kölner Zeitschrift für Soziologie und Sozialpsychologie, Jg. 51, S. 372–390.

Jungbauer-Gans, Monika und Peter Preisendörfer, 1992: Frauen in der beruflichen Selbständigkeit, Zeitschrift für Soziologie, Jg. 21, S. 61–77.

Jungbauer-Gans, Monika und Peter Preisendörfer, 2003: Frauen in der beruflichen Selbständigkeit. Eine erfolgversprechende Alternative zur abhängigen Beschäftigung? Wiederabdruck des Artikels aus der Zeitschrift für Soziologie 1992. Journal of Sociology and Anthropology, Jg. 5, S. 417–442.

Kay, Rosemarie, Brigitte Günterberg, Michael Holz und Hans-Jürgen Wolter, 2003: Unternehmerinnen in Deutschland. Berlin: Bundesministerium für Wirtschaft und Arbeit. BMWA - Dokumentation Nr. 522.

Lauxen-Ulbrich, Maria und René Leicht, 2002: Branchenorientierung und Tätigkeitsprofil selbständiger Frauen. Mannheim: Institut für Mittelstandsforschung. Download-Paper Nr. 2.

Lauxen-Ulbrich, Maria und René Leicht, 2005: Wie Frauen gründen und was sie unternehmen. Nationaler Report Deutschland. Teilprojekt: Statistiken über Gründerinnen und selbständige Frauen. Mannheim: Institut für Mittelstandsforschung (IfM).

Leicht, René und Maria Lauxen-Ulbrich, 2006: Entwicklung und Determinanten von Frauenselbständigkeit in Deutschland: Zum Einfluss von Beruf und Familie. In: Andrea D. Bührmann, Katrin Hansen, Martina Schmeink und Aira Schöttelndreier (Hg.): Das Unternehmerinnenbild in Deutschland. Münster: Lit-Verlag, S. 101–121.

Leicht, René, Maria Lauxen-Ulbrich und Robert Strohmeyer, 2004: Selbständige Frauen in Deutschland: Umfang, Entwicklung und Profil. In: KfW Bankengruppe (Hg.): Chefinnensache. Heidelberg: Physica, S. 1–32.

Leicht, René, Robert Strohmeyer und Vartuhi Tonoyan, 2006: Neue Erwerbs- und Arbeitsformen: Selbständige Frauen zwischen Beruf und Familie, Professionalität und Marginalität – ein internationaler Vergleich. http://www.institut-fuer-mittelstandsfor schung.de/kos/WNetz ?art=Project.show&id=57 (14.12.2009).

Lorber, Judith, 1994: Paradoxes of Gender. Yale: University Press.

Pfau-Effinger, Birgit, 2001: Wandel wohlfahrtsstaatlicher Geschlechterpolitiken im soziokulturellen Kontext. In: Bettina Heintz (Hg.): Geschlechtersoziologie. Opladen: Sonderheft 41 der Kölner Zeitschrift für Soziologie und Sozialpsychologie, S. 487–511.

Statistisches Bundesamt, 2009a: Erwerbstätige.https://www-gensis.destatis.de/genesis/online/
    online;jsessionid=08F1187F5B0AFD4B4F4B231AE56748C6.tcggen2 (24.09.2009).

Statistisches Bundesamt, 2009b: Niedrigeinkommen und Erwerbstätigkeit. Wiesbaden: Statis-
    tisches Bundesamt.

Strohmeyer, Robert und Vartuhi Tonoyan, 2005a: Bridging the Gender Gap in Employment
    Growth, The International Journal of Entrepreneurship and Innovation, Jg. 6, S. 259–273.

Strohmeyer, Robert, 2004b: Berufliche Ausbildung und Gründungsaktivitäten im Geschlechter-
    vergleich. In: René Leicht und Friederike Welter (Hg.): Gründerinnen und selbstständige
    Frauen. Karlsruhe: v. Loeper, S. 97–118.

Strohmeyer, Robert und Vartuhi Tonoyan, 2005b: Gender Gap in Potential Entrepreneurship: On
    the Role of Occupational Segregation and Job Characteristics: Paper presented at the 2005
    G-Forum: 9. Interdisziplinäre Jahreskonferenz zur Gründungsforschung. University of
    Jena, November 10–11.

Strohmeyer, Robert und Vartuhi Tonoyan, 2007: Working Part-Time or Full-Time? In: Michael
    Dowling und Jürgen Schmude (Hg.): Empirical Entrepreneurship in Europe. Cheltenham:
    Edward Elgar, S. 112–134.

Teubner, Ulrike, 2004: Beruf: Vom Frauenberuf zur Geschlechterkonstruktion. Im Berufssys-
    tem. In: Ruth Becker und Beate Kortendiek (Hg.): Handbuch Frauen- und Geschlechter-
    forschung, Theorie, Methoden, Empirie. Wiesbaden: VS Verlag, S. 429–436.

Tonoyan, Vartuhi und Robert Strohmeyer, 2006: Employment growth and firm innovativeness. In:
    Ann-Kristin Achleitner, Heinz Klandt, Lambert T. Koch und Kai-Ingo Voigt (Hg.): Jahr-
    buch Entrepreneurship 2005/06. Berlin, Heidelberg: Springer-Verlag Berlin Heidelberg, S.
    1–30.

Ulbricht, Susan und Claudia Gather, 2009: Female Self-Employment as a Means of Avoiding or
    Circumventing the Glass Ceiling? Vortrag auf der 9th conference of the ESA (European
    Sociological Association), 2-5.9.2009 in Lissabon.

Voss, G. Günther und Hans J. Pongratz, 1998: Der Arbeitskraftunternehmer. Eine neue Grund-
    form der Ware Arbeitskraft? Kölner Zeitschrift für Soziologie und Sozialpsychologie, Jg.
    50, S. 131–158.

Prekarisierung auf Dauer?
Die Überlebenskultur bäuerlicher Familienbetriebe

Heide Inhetveen und Mathilde Schmitt

> *„Weil die Landwirtschaft vor allem*
> *durch das Wetter Produktionsrisiken*
> *ausgesetzt ist und Spezialisierung und*
> *Marktliberalisierung weiter zunehmen,*
> *kommt dem Risikomanagement eine*
> *immer größere Bedeutung zu."* [1]

1 Bäuerliche Familienbetriebe – „eine Klasse von Überlebenden"

Während noch in den 1970er Jahren in den landwirtschaftlichen Kreisen Deutschlands allgemein Aufbruchstimmung herrschte, vermittelte der sich stetig beschleunigende Agrarstrukturwandel und der agrarpolitische Diskurs des ‚Wachsens oder Weichens' auf den bäuerlichen Höfen einerseits Hoffnung auf Wachstum und Konsolidierung, andererseits Unsicherheiten und Zukunftsängste. Mit der Wiedervereinigung 1989 und einem sprunghaften Anstieg der durchschnittlichen Betriebsgröße in der BRD, der Umweltkonferenz von Rio 1992 mit neuen Auflagen zum Umweltschutz und den Vereinbarungen zur Liberalisierung des Welthandels im Rahmen der GATT-Verhandlungen 1994 kamen weitere gravierende Herausforderungen hinzu. Die Öffnung auch der deutschen Landwirtschaft hin zum Weltmarkt wurde von Politik und Agrarökonomie gemeinsam propagiert und forciert. Trotz zahlreicher Programme zur Unterstützung der Landwirtschaft und der ländlichen Räume[2] befürchteten vor allem die klein- und mittelbäuerlichen Betriebe, dieser Weltmarktorientierung zum Opfer zu fallen. Die in Brüssel auf dem Weg zur Liberalisierung des EU-Milchmarktes beschlossene schrittweise Erhöhung der Milchquote mit dem Ziel ihrer völligen Abschaffung bewog insbesondere Milcherzeuger/innen und ihren Interessenverband zu zahlreichen Protestaktionen und düsteren Prognosen. Dies sei der Anfang vom Ende

---

[1] Neumarkter Nachrichten vom 17. Februar 2010

[2] EU-Programme zur Förderung der Entwicklung ländlicher Räume (LEADER I, II, + und LEADER in ELER) in Ziel 1- und 5b-, später Ziel 2-Gebieten, und das bayerische Kulturlandschaftsprogramm (KULAP) zur Honorierung von Leistungen für Umwelt und Natur sollten endogene Potenziale in der Landwirtschaft stärken. Die Beratung durch Fachstellen wurde intensiviert. Die Agrarpolitik empfahl eine Abkehr von der Produktionsorientierung hin zur ‚Ländlichen Entwicklung' mit einer Betonung und Aufwertung der Multifunktionalität der Landwirtschaft. Im ersten Jahrzehnt des 21. Jahrhunderts wurde die sogenannte Agrarwende hin zur Ökologisierung der Landwirtschaft propagiert.

der (klein)bäuerlichen Landwirtschaft. Große Unternehmen würden durch die Produktion nachwachsender Rohstoffe weiter wachsen, die Ernährung der Bevölkerung über den Weltmarkt sichergestellt, die Nahrungsmittel produzierenden bäuerlichen Familienbetriebe nun ganz verschwinden, mit erheblichen Folgen für ländlich-bäuerliche Regionen.

Solche Unkenrufe sind nicht ganz neu. Die bäuerliche Landwirtschaft wird bereits seit 150 Jahren totgesagt: „Engels und die meisten Marxisten des frühen zwanzigsten Jahrhunderts haben das Verschwinden des Bauern angesichts der größeren Rentabilität einer kapitalistischen Landwirtschaft vorausgesehen. Die kapitalistische Produktionsweise, hieß es, wird die kleinbäuerliche Produktion abschaffen, ‚wie eine Dampfmaschine eine Schubkarre zermalmt‘" (Berger 1982: 288). Im Jahr 1967 erneuerte der renommierte französische Agrarsoziologe Henri Mendras in seinem Werk „La fin des Paysans"[3] die düstere Prognose, die sich allerdings in seinem utopischen Roman von 1979 (deutsch 1980) zu einer erstaunlich weitsichtigen Vision für das Jahr 2007 wandelt.

(Fast) eine Gegenposition zu Mendras bezog noch Anfang der 1980er Jahre John Berger, Autor, Essayist und Kenner der französischen Berglandwirtschaft, mit seiner These von den Bauern als „eine(r) Klasse Überlebender", „Überlebende" in dem Sinne, dass sie bei ihrer Arbeit blieben, im Unterschied zu denen, die aufgaben, auswanderten oder ‚auf die Gant‘ gingen, d.h. verelendeten[4]. Bis dato jedenfalls habe die bäuerliche Landwirtschaft überlebt und mit ihrer „zähe(n) Fähigkeit ... zum Überleben Administratoren und Theoretiker in Verwirrung gebracht" (Berger 1982: 268).

„Überleben" ist für John Berger die Essenz des bäuerlichen Denkens und Handelns, ob im Hochsavoyer Bergland oder in Bolivien. „Bäuerliches Leben ist ein Leben, das völlig aufs Überleben ausgerichtet ist. Vielleicht ist dies das einzige typische Merkmal, das Bauern überall gemeinsam haben" (Berger 1982: 267). Die Ausrichtung auf das Überleben betrifft die Akteurinnen und Akteure und ihre bäuerliche Lebensform, gewissermaßen „das bäuerliche Prinzip". Die Zukunft stellt sich aus der Perspektive einer „Überlebenskultur" als „Pfad durch künftige Hinterhalte" und als „Folge wiederholter Überlebensakte" dar (ebd.: 280). Davon unterscheidet Berger kategorisch eine „Fortschrittskultur", die – dem Leitbild des Expandierens und Wachsens folgend – von immer besseren, schöneren und sichereren Lebensverhältnissen ausgehe. Eine Klasse von Überlebenden könne sich den Glauben an einen Punkt garantierter Absicherung oder Wohlhabenheit gar nicht leisten. Ihre „einzige – aber große – Zukunftshoffnung geht auf das Überleben" (ebd.: 278).

---

[3] Eine 2. Auflage und eine englische Ausgabe „The Vanishing Peasant" erschienen im Jahr 1970. Die theoretisch wie empirisch richtungsweisenden Arbeiten von Henri Mendras harren bis heute der Entdeckung, vor allem in der deutschen Land- und Agrarsoziologie.

[4] Das Substantiv „gant" ist romanischen Sprachursprungs und bedeutet Versteigerung, Verpfändung, Bankrott, vgl. Grimm Bd. 4, 1878, Sp. 1282ff. In unseren Untersuchungsgebieten in Bayern ist der Ausdruck noch heute gebräuchlich.

Mit der Kategorie des Überlebens erfasst John Berger zweierlei: Zum einen das Faktum, dass es noch heute viele Menschen gibt, die die bäuerliche Lebensform praktizieren, zum anderen die Aussage, dass die Bäuerlichkeit eine Lebensform ist, die eher um das Auskommen als um das Einkommen kreist. „Überlebenskultur" beinhaltet, dass die Bauern und Bäuerinnen immer wieder aufs Neue von einer Existenzgefährdung, einem Abrutschen in Armut und prekäre Lebensverhältnisse, also einer Prekarisierung bedroht sind. Im Vergleich mit anderen Wirtschaftsbereichen kommen in den bäuerlichen Betrieben zu den Auswirkungen der flexibilisierten und dynamisierten Ökonomie im Zuge der Neoliberalisierung der Wirtschaft[5] weitere Prekarisierungsmomente hinzu. Sie beruhen auf Strukturbedingungen der Landwirtschaft, spezifischen Eigenheiten und Abhängigkeiten, die – in wechselnden Kombinationen und Erscheinungsformen – bäuerliches Leben und Wirtschaften schon immer charakterisierten. Es sind dies:

- die Notwendigkeit, mit einer unberechenbaren Natur (‚living nature') zu kooperieren, die die Akteure und Akteurinnen immer wieder mit Unwägbarkeiten und Gefährdungsmomenten konfrontiert: von der Bedrohung durch Unwetter und Klimawandel, Pflanzenkrankheiten und Tierseuchen bis hin zu den chronifizierten Leiden des Bewegungsapparates der Landwirte und Landwirtinnen;
- die familienbetriebliche Organisation, d.h. die enge Verknüpfung von betrieblichen und familiären Rollen, die einerseits zu Synergien in Handlungsabläufen, andererseits aber auch zu Spannungsfeldern und Zerreißproben führt (ungeklärte Hofnachfolge; potenzielle Altersarmut usw.);
- die wachsende Abhängigkeit von agrar-, wirtschafts-, umwelt-, sozialpolitischen Entscheidungen des Staates und der EU, woraus wiederum beschränkte Ertragschancen resultieren können;
- eine zunehmende Einbindung in eine kapitalistische und globalisierte Ökonomie, eine enge Verstrickung in undurchsichtige Marktmechanismen und Bürokratien, die die bäuerlichen Ressourcen erheblich entwerten können;
- ein mittlerweile riesiger Kapitaleinsatz für hochwertige Produktionsmittel (komplexe Maschinen und Automaten, spezialisierte Computer, teure Kontingente usw.).

Die Qualität des bäuerlichen Überlebens hängt davon ab, wie es den Akteuren jeweils gelingt, sich mit den strukturellen Rahmenbedingungen zu arrangieren oder sie zu gestalten. Bäuerliche Familien haben in den letzten Jahrzehnten durchaus unterschiedliche „Pfade durch Hinterhalte" gewählt (vgl. Inhetveen/Schmitt 2001a; Inhetveen/Schmitt 2001b; Schmitt 2007). Einige von ihnen sind hautnah mit dem Absin-

---

[5] Unter Neoliberalisierung verstehen wir die schrittweise Ersetzung des sozialpartnerschaftlich geprägten Wohlfahrtsstaates durch eine staatliche Struktur, die in allen Dimensionen an einer freien Marktwirtschaft und am internationalen Wettbewerb orientiert ist. Die Umstrukturierung erfolgt vor allem über die Mechanismen einer Privatisierung öffentlicher Güter, einer Privatisierung sozialer Risiken durch Sozialabbau, einer Deregulierung des Arbeitsmarkts und einer Umverteilungspolitik von unten nach oben.

ken in prekäre Verhältnisse konfrontiert gewesen, andere leiden unter einer „gefühlten Prekarisierung" (Kraemer 2008: 9), unter dem anhaltenden Druck und den sich ständig verändernden Rahmenbedingungen. Angesichts des systemischen Charakters der bäuerlichen Arbeits- und Lebensbedingungen und ihrer strukturimmanenten Abhängigkeiten und Prekarisierungsdrohungen möchten wir von einer *multiplen Prekarität der bäuerlichen Landwirtschaft* sprechen.

2   „The Vanishing Peasant" oder „The New Peasantries"?

Benachteiligt, ungeschützt und „allen Gewalten zum Trotz sich erhaltend" – nach John Berger ist es genau dieser seit Jahrhunderten andauernde und in jeder Generation erneuerte Überlebenskampf der Bauern und Bäuerinnen, der spezifische Überlebensstrategien gefordert und befördert hat. Dazu gehören:

- als eine ‚Ökonomie innerhalb einer Ökonomie' die Subsistenzwirtschaft, nämlich die Möglichkeit, sich selbst zu ernähren; der Bauernstand war zwar über freiwillige oder erzwungene Abgaben in das gesellschaftliche System integriert, stand aber stets auch an dessen Rand mit dem Vorteil relativer Autonomie;
- eine dieser Positionierung entsprechende häretische bis subversive Distanz zur jeweils herrschenden Klassenkultur;
- ein Überleben ohne große Aussicht auf Rentabilität;
- eine ausgeprägte Arbeitsmoral: „Es gibt kaum eine Konstante in ihrem Leben, außer der konstanten Notwendigkeit zu arbeiten" (Berger 1982: 284);
- Wachsamkeit und Beobachtungsgabe: „Kaum irgend etwas in der Umgebung des Bauern ändert sich, von den Wolken bis hin zu den Schwanzfedern eines Hahns, ohne dass er es vermerkt und im Hinblick auf die Zukunft interpretiert. Seine aktive Beobachtung hat niemals ein Ende, und auf diese Weise nimmt er beständig Veränderungen wahr und sinnt über sie nach" (ebd.: 283);
- Improvisationstalent angesichts einer sich ständig verändernden Welt – bei gleichzeitiger Treue zur Tradition: „Arbeitsroutine ist für einen Bauern etwas ganz anderes als die Routine städtischer Arbeit. Jedesmal wenn der Bauer dieselbe Aufgabe verrichtet, gibt es Elemente, die sich verändert haben. Der Bauer improvisiert beständig. Seine Treue zur Tradition ist niemals mehr als eine Annäherung" (ebd.: 285);
- die Fähigkeit zum antizipatorischen Handeln – bei vielen Arbeiten in der Landwirtschaft geht es um die Stützung bzw. das Eingreifen in organische Prozesse und damit um zukunftsorientierte Handlungen;

- ein Denken und Fühlen, das am rückwärts gewandten Ideal einer gerechten Welt einerseits[6] und am Überleben des Hofes, der Familie und der Kinder in der Zukunft andererseits orientiert ist.

Obwohl John Berger in vielen seiner Werke – insbesondere in der Trilogie „In ihrer Arbeit" (Berger 1982: 5) – das Hohelied der Überlebenskultur von Bauern und Bäuerinnen sang, machte ihn der Strukturwandel der Landwirtschaft und der Druck auf die Bauern durch das „Vordringen des Marktes bis in die letzten Winkel der Erdkugel" (ebd.: 289) sehr nachdenklich. Er stellte am Ende seines Essays die Prognose, dass bald eine Klasse von Überlebenden nicht mehr überleben werde: „In Westeuropa wird es, wenn sich die Pläne, wie von den Wirtschaftsplanern vorgesehen, durchsetzen lassen, in fünfundzwanzig Jahren keine Bauern mehr geben" (ebd.: 268). ‚Modernisierung' sei nur der euphemistische Ausdruck für die ‚Eliminierung' der bäuerlichen Landwirtschaft. Da aber der zunehmende Druck auf die bäuerliche Existenzform unmenschlich und unaushaltbar geworden sei, könne „niemand vernünftigerweise der Bewahrung und Erhaltung der traditionellen bäuerlichen Lebensweise das Wort reden" (ebd.: 290). Im Sinne einer gerechten Welt müsse das Verschwinden der Bauern sogar gut geheißen werden, obgleich die bäuerliche Überlebenserfahrung dem künftigen Verlauf der Weltgeschichte wohl besser angepasst sei als der moderne Fortschrittsglaube.

Doch 25 Jahre später, im Jahr 2008, erschien das Buch „The New Peasantries" des niederländischen Agrarsoziologen Jan Douwe van der Ploeg. Wie John Berger stellt auch er in seiner Apologie der bäuerlichen Lebensform und des „bäuerlichen Prinzips" („peasant principle") die spezifische Prekarität der Lebens-, Arbeits- und Wirtschaftsverhältnisse bäuerlicher Landwirtschaft dar. Er ist jedoch aufgrund zahlreicher Beispiele und Forschungsergebnisse nicht nur vom künftigen Überleben des „bäuerlichen Prinzips" überzeugt, sondern vertritt darüber hinaus die These von dessen (weltweiter) Zunahme in Form einer „*Repeasantization*" (van der Ploeg 2008: 53 und 151f.).

Jan Douwe van der Ploeg geht über John Berger hinaus, wenn er als den essenziellen Zug des bäuerlichen Handelns den Kampf um Autonomie hervorhebt, der innerhalb eines gesellschaftlichen Kontextes von Abhängigkeiten, Marginalisierung und Deprivation („peasant condition", ebd.: 23f.) stattfindet. Die Leitlinie bäuerlichen Handelns sieht van der Ploeg darin, eine selbstbestimmte Ressourcengrundlage zu schaffen und derart weiter zu entwickeln, dass eine Kooperation mit den natürlichen und sozialen Gegebenheiten gelingen und mit dem Marktgeschehen Schritt gehalten werden kann. Gleichzeitig werden damit Entwicklungen möglich, die wiederum die Ressourcengrundlagen erweitern, die Formen der Ko-Produktion mit der Natur verbessern und so die Abhängigkeiten relativieren und die Handlungsautonomie stärken. Das erfolgreiche Zusammenspielen der einzelnen Elemente und Prozesse kann nach

---

[6] In den aktuellen Auseinandersetzungen auf dem Milchmarkt zeigt sich dies erneut an der Forderung nach einem ‚gerechten Preis'.

van der Ploeg (2008: 23ff.) durch ein Engagement der Bauern in außerlandwirtschaftlichen Bereichen (Pluriaktivität) und durch Kooperationen mannigfaltiger Art reguliert und choreographiert werden (ebd.: 32f.).

Des Weiteren arbeitet van der Ploeg unter der Bezeichnung „peasant mode of production" die vielgestaltigen bäuerlichen Umgangsformen mit den sozioökonomischen Rahmenbedingungen heraus. Bäuerliches Wirtschaften habe zum Ziel, eine möglichst große Wertschöpfung über die eigene Ressourcenbasis zu erreichen. Dadurch unterscheide sich bäuerliches Wirtschaften sowohl vom unternehmerischen Handeln („entrepreneurial mode of farming"), das an der Aneignung eigener *und* fremder Ressourcen interessiert sei, als auch von der kapitalistischen Produktionsweise („large-scale or capitalist farming"), die auf der Aneignung von Mehrwert basiere, sowie von dem heute dominanten imperialen Ordnungsmodus („Empire ... a mode of ordering", ebd.: 3f., 43ff.), der auf der Absorption und Vernichtung gesellschaftlicher Wertschöpfung beruhe[7]. Wachstum der Ressourcen werde in der bäuerlichen Kultur durch Tradition, Erbrecht, moralische Ökonomie und eine ausgeprägte Zurückhaltung gegenüber neuen Abhängigkeiten in Schranken gehalten. Es erfolge eher langsam und stetig, sich an den jeweiligen Bedingungen orientierend. Die Warenförmigkeit der Arbeitsgegenstände und Arbeitsmittel sei weniger ausgeprägt als in einer unternehmerischen oder kapitalistischen Produktionsweise, da sie in größerem Umfang selbst hergestellt oder aufbereitet werden. Sowohl Quantität und Qualität der Arbeit als auch soziale Ressourcen spielten noch immer eine zentrale Rolle.

Insgesamt betont van der Ploeg die strukturelle Distanz der bäuerlichen Produktionsweise zum Markt (ebd.: 49ff.). Strategisch wie institutionell werde diese Distanzierung von den Bauern aufrechterhalten und reproduziert. Daher sei es ignorant oder böswillig, dass eine „'awkward' science" Bauern zu Unternehmern machen wolle, und unverantwortlich, wenn die Politik die institutionellen Arrangements, mit denen Bauern ihre Autonomie sichern (wollen), im Namen einer freien Marktwirtschaft auflösten (ebd.: 18f., 52f.). Dies gelte insbesondere für die Länder des Südens, aber auch für Europa.

So interessant und hoffnungsvoll van der Ploegs Überlegungen und Befunde zu einer Re-Peasantization, einem weltweiten Überleben, ja, Erstarken des bäuerlichen Prinzips allen Prekarisierungen zum Trotz sind, so werden doch zwei Schieflagen seiner Argumentation deutlich:

- Erstens eine durchgängig androzentrische Sichtweise: Frauen (und Kinder) tauchen allenfalls als Opfer patriarchalen Überlebenswillens auf (vgl. van der Ploeg 2008: 274). Die produktiven wie reproduktiven Tätigkeiten der Frauen in der Landwirtschaft, ihre potenziellen Schlüsselfunktionen bei der Überlebenssicherung und Weiterentwicklung der bäuerlichen Betriebe, werden auf den 356 Seiten nicht einmal am Rande erwähnt. Auch die Subsistenzdebatte, die auf die Analogien in der Vergesellschaftung von Bauern und Frauen verweist (Bennholdt-

---

[7] Diese Differenzierung erinnert an John Bergers Unterscheidung Überlebens- vs. Fortschrittskultur.

Thomsen et al. 1983), und die Ergebnisse der Ruralen Genderforschung werden beharrlich ignoriert[8].

- Zweitens eine eher plakative als praktikable Unterscheidung zwischen bäuerlicher und unternehmerischer Landwirtschaft: Obwohl er selbst kritisiert, dass in wissenschaftlichen Konzepten beide Formen „are thought to be completely opposite" (Ploeg 2008: 19), was zu vielen Missverständnissen und Fehleinschätzungen der bäuerlichen Wirtschaftsweise geführt habe, rekurriert er zumeist auf deren strikte Unterscheidung. So bezieht er sich zur Erklärung der jüngsten Agrarentwicklungen in Norditalien maßgeblich auf sein idealtypisches Konzept der „multiple contrasts between peasant and entrepreneurial farming" (ebd.: 113). Dabei spricht er den Bauern und Bäuerinnen ökonomisches Verhalten, jedoch keine „entrepreneurship"-Orientierung zu. Worin genau der Unterschied besteht, wird nicht deutlich. Vor allem aber ignoriert van der Ploeg die Möglichkeit, dass sich die bäuerlichen Akteurinnen und Akteure selbst in ihren Orientierungen und Strategien im Widerstreit zweier Handlungsmodi, dem bäuerlichen und dem unternehmerischen, befinden könnten. Gehen wir aber von einer solchen Möglichkeit zwiespältiger Handlungsalternativen aus, ergibt sich daraus die interessante Fragestellung, wie Bauern und Bäuerinnen in ihrer Alltags- und Biographiegestaltung damit umgehen und ob bzw. wie sie angesichts drohender Prekarisierung bäuerliche und unternehmerische Handlungsoptionen in innovativer Weise ausbalancieren und verknüpfen können.

3   Eine Bäuerinnen-Longitudinalstudie 1977 - 2007

Die skizzierten Lücken bzw. Schieflagen in der genannten Literatur können wir mit Ergebnissen aus unseren Forschungsarbeiten zu Bäuerinnen füllen bzw. korrigieren. Zwar gab es zur Zeit der Basisstudie 1977 den soziologischen Neologismus ‚Prekariat' oder ‚Prekarisierung' noch nicht, aber schon damals interessierte uns sehr, wie „Frauen in der kleinbäuerlichen Landwirtschaft" (Inhetveen/Blasche 1983) mit den Herausforderungen des Strukturwandels umgingen, wie sie mit ihren traditionsorientierten Handlungs- und Denkweisen die geforderte Modernisierung der Höfe bewältigten, wie sie ihre Position innerhalb des familienbetrieblichen Geschehens gestalteten bzw. bewerteten, welche Wünsche und Visionen sie für die Zukunft hatten. Die Basisstudie zusammen mit den beiden Nachfolgestudien 1997 und 2007 erlauben uns heute, Aussagen über den Zeitraum der letzten 30 Jahre für eine aus agrarpolitischer Perspektive marginale und vom Exodus bedrohte Gruppe kleinerer bayerischer Höfe in Mittelgebirgslage zu machen und dabei die Bäuerinnen besonders in den Blick zu nehmen. Da wir über einen großen Fundus an quantitativen wie qualitativen Daten verfügen, kön-

---

[8] Van der Ploegs androzentrische Sichtweise zeigt sich darüber hinaus an eingestreuten Zitaten, wenn er z.B. zur Institution des Hofdenkens sich lediglich auf die Männer bezieht: „fathers work for their sons" (van der Ploeg 2008: 51).

nen wir auch der Frage nachgehen, ob und wie die landbewirtschaftenden Familien bäuerliche Überlebenskonzepte mit einem unternehmerischen Denken und Handeln verknüpfen.

Die empirische Datenbasis umfasst landwirtschaftliche Betriebe in 63 Dörfern Süddeutschlands[9]. 1977 wurden 134 Frauen mit einem teilstandardisierten Frageleitfaden zu ihrer Lebens- und Arbeitssituation und ihrem Umgang mit der Modernisierung der Landwirtschaft interviewt. In der ersten Follow-up-Studie 1997 konnten wir noch 128 der 134 Frauen erreichen – sechs Bäuerinnen waren in der Zwischenzeit verstorben – und mit einem teilstandardisierten Fragebogen zu ihrem Selbstverständnis und Handlungsmustern angesichts des sich seit den 1980er Jahren enorm beschleunigten Strukturwandels befragen. Mit 26 Frauen des Grundsamples führten wir biographische Interviews zu den betrieblichen, familiären und psychosozialen Veränderungen der vergangenen 20 Jahre durch. Zahlreiche Gespräche mit landwirtschaftlichen und kommunalen Funktionsträger/innen ergänzten das Bild des sozioökonomischen und politischen Handlungsrahmens der Frauen. 2007 wurden die Untersuchungsbetriebe erneut besucht und eine zweite Aktualisierung der Daten zu Betrieb und Leben der Bäuerinnen mit einem teilstandardisierten Fragebogen durchgeführt[10]. Waren die Frauen inzwischen gestorben (25), wurde Kontakt mit anderen Familienmitgliedern aufgenommen.

3.1   *Wie haben bäuerliche Betriebe den Strukturwandel und Generationenwechsel bewältigt?*

Im Jahr 2007 waren 124 von 134 Höfen (92,5 %) an die nächste Generation übergeben bzw. verpachtet – ein interessantes Datum, weil es auf die familienstrukturellen Veränderungen hinweist, die im Untersuchungszeitraum zusätzlich zu den agrarstrukturellen Herausforderungen zu gestalten waren. Auf drei Viertel der Höfe (101) wurde nach wie vor in einer mehr oder weniger umfangreichen Art und Weise Landwirtschaft betrieben. Es fanden sich vielfältige Formen vom expandierenden landwirtschaftlichen Milchvieh- und Ackerbaubetrieb über Landwirtschaftsbetriebe mit neuen Schwerpunkten bis hin zu Freizeit- oder Kleinstlandwirtschaften. 33 Höfe, das sind

---

[9] Mit Hilfe der zuständigen Ämter für Landwirtschaft, dem Bayerischen Bauernverband und den dörflichen Standesvertreterinnen, den sogenannten Ortsbäuerinnen, wurden in zwei kleinbäuerlich strukturierten Gebieten Frankens, die sich vor allem durch die Entfernung von Ballungsräumen unterschieden, Bäuerinnen nach dem Quotenverfahren ausgewählt: die betriebliche Situation (Haupt- und Nebenerwerb), Alter (zwischen 18 und 66 Jahren) und Phase im Familienzyklus waren die Kriterien für die Zusammenstellung des Samples, vgl. die ausführlichen methodischen Erörterungen in Inhetveen/Blasche 1983: 14-19; zur Auswertung der Basisstudie vgl. ausführlich ebd.: 256-259.
[10] Die bei den Besuchen der Betriebe 1997 und 2007 erhobenen Daten wurden in eine Datenbank aufgenommen und deskriptiv-statistisch analysiert; 19 Experten/innengespräche wurden nach thematischen Schwerpunkten ausgewertet. 1997 wurde ein Sample von 26 biographischen Interviews nach Prinzipien des minimalen und maximalen Kontrastes zusammengestellt (Glaser/Strauss 1967) und in Anlehnung an Schütze (1983) und Rosenthal (1995) geführt und ausgewertet.

25 %, wurden nicht mehr bewirtschaftet[11]. Dieses Ergebnis ist angesichts der Zahlen der Agrarstatistik für diesen Zeitraum (57 % Betriebsaufgaben für Westdeutschland (eigene Berechnungen nach Bundesministerium für Ernährung, Landwirtschaft und Forsten bzw. Verbraucherschutz 1978 bis 2008), 52 % für Bayern (eigene Berechnungen nach Bayerische Staatsregierung 1978 bis 2008)) höchst überraschend und bestätigt auf den ersten Blick John Bergers Kategorie einer „bäuerlichen Überlebenskultur" wie auch van der Ploegs Überzeugung von der Zukunft des „peasant principle".

Die Differenz zu den bundesweiten Daten erklärt sich u.a. mit dem zweiten markanten Ergebnis unserer Untersuchung, das zugleich den Blick für eine zentrale Überlebensstrategie bäuerlicher Betriebe schärft: Der Anteil der Nebenerwerbsbetriebe war zwischen 1977 und 2007 von 42 % auf 78 % im Sample angewachsen, hatte sich also fast verdoppelt[12]. Der Übergang in den Nebenerwerb erfolgte zumeist im Generationenwechsel. Somit belässt er den Altenteiler/innen ihre traditionelle bäuerliche Sinngebung und Betätigung und bietet der nächsten Generation, die häufig noch bäuerlich sozialisiert ist, eine Kontinuität des „bäuerlichen Prinzips" (z.B. selbstbestimmtes Arbeiten), und gleichzeitig eine doppelte oder dreifache Absicherung durch verschiedene Standbeine im Erwerbsleben. Wenn auch hier unsere Zahlen erheblich über den gesamtdeutschen bzw. bayerischen Anteilen von 55 % (Statistisches Bundesamt 2009: 8) bzw. 54 % (Bayerische Staatsregierung 2008: 32) Nebenerwerbsbetrieben liegen, so weist dies zum einen auf unsere Samplestruktur hin: Wir haben die Daten in Landkreisen erhoben, die heute bayern- und bundesweit Höchstwerte an Nebenerwerbsbetrieben aufweisen. Zum anderen wird mit unserem Datenmaterial deutlich, dass die nebenerwerbliche (Rest)Bewirtschaftung der entscheidende Rettungsanker gerade auf kleinen Höfen ist, die ihre Bäuerlichkeit nicht ganz aufgeben wollen.

Das dritte markante Ergebnis betrifft die Milchviehhaltung: Sie ist auf den meisten Betrieben – häufig mit dem Übergang in den Nebenerwerb – nach und nach aufgegeben worden. Die Zahl der Betriebe mit Milchkühen fiel zwischen 1977 und 2007 von 108 auf 17, also auf weniger als ein Sechstel. Die Entwertung der bäuerlichen Milchproduktion und schließlich der „Abschied von den Kühen" war für viele der Befragten sehr schwer zu ertragen (Inhetveen 2000). Der Umgang „mit lebendiger Natur", ein wesentlicher Aspekt der Bäuerlichkeit, schien endgültig verloren. Die Gespräche mit den Frauen zeigten aber auch, dass damit eine große Arbeitsbelastung wegfiel und Verbundenheit mit der Landwirtschaft in anderen Formen entwickelt werden konnte.

---

[11] Auf diesen Anwesen waren keine Wirtschaftsgebäude, keinerlei Kleintierhaltung und auch keine Maschinen mehr zu sehen. Aus Erzählungen der Bäuerinnen oder anderer Familienmitglieder ließen sich keinerlei Ambitionen für landwirtschaftliche Tätigkeiten ableiten. Nur sehr vereinzelt wirkte das Gehöft verlassen oder heruntergekommen.

[12] Bei diesen Zahlen ist zu berücksichtigen, dass die Agrarstatistiker/innen seit den 1990er Jahren die Definitionen sowohl des ‚landwirtschaftlichen Betriebes' wie auch des Neben- bzw. Haupterwerbbetriebs mehrmals veränderten. Dies relativiert den inzwischen erfolgten Anstieg der Zahl der Nebenerwerbsbetriebe in Deutschland und erschwert den Vergleich mit dem agrarstatistischen Zahlenmaterial früherer Jahre.

Damit sind wir beim vierten, für den Überlebenskontext wichtigen Ergebnis: Nach wie vor ist die sogenannte Pluriaktivität durch die Aufnahme landwirtschaftsnaher Aktivitäten eine wichtige Überlebensstrategie in der kleinbäuerlichen Landwirtschaft. Dabei ist das vor allem von den Frauen auf den Höfen erzielte Zusatzeinkommen monetär wie psychosozial bemerkenswert[13].

1977 vermieteten beispielsweise 17 Frauen Zimmer an Urlaubsgäste und auf 102 Höfen wurden Milch, Kartoffeln, Obst, Honig und selbstgebackenes Brot direkt ab Hof verkauft. 1997 waren sogar 90 der 105 noch bewirtschafteten Höfe (86 %) im Agrartourismus und/oder in der Direktvermarktung tätig. 2007 ist der Anteil dieser pluriaktiven Höfe in unserem Sample auf knapp Zweidrittel der 101 Betriebe (63 %) zurückgegangen. Der Rückgang betraf vor allem die Direktvermarktung seitens kleinerer Nebenerwerbsbetriebe. Andererseits hielten aber auch drei Familien an ihrem Angebot ,Ferien auf dem Bauernhof' als Einkommensalternative fest, nachdem sie die landwirtschaftlichen Aktivitäten eingestellt hatten.

Das fünfte hier zu nennende Ergebnis könnte eine bemerkenswerte neue Überlebensstrategie bäuerlicher Betriebe signalisieren: Von den 124 bereits übergebenen bzw. verpachteten Betrieben sind ,nur' 83 (= 67 %) von Söhnen übernommen worden und immerhin 41 (= 33 %) von Töchtern. Bedenken wir, dass laut Agrarstatistik über 90 % der Betriebe männliche Eigentümer haben, wirken diese Zahlen überraschend. Sollte die traditionelle patrilineare Erbfolge angesichts der Existenzprobleme kleiner Höfe gebrochen werden? Gewisse Zweifel sind angebracht: Zum einen hatten 27 von 41 Familien, in denen der Hof matrilinear vererbt wurde, gar keine Alternative, da es keine Söhne gab. Lediglich in 14 Fällen (= 11 % der übergebenen/verpachteten Höfe) wurde bei der Wahlmöglichkeit zwischen Söhnen und Töchtern zu Gunsten einer Tochter als Hofnachfolgerin entschieden. In einigen Fällen wollte der designierte Hoferbe den Betrieb nicht übernehmen, und die Schwester sprang in die Lücke[14]. Außerdem fanden sogar in den 35 Fällen (= 26 %), in denen die befragten Bäuerinnen selbst den Hof von ihren Eltern übernommen hatten[15], viele es für angebracht, dass ein Sohn als Hofnachfolger sozialisiert wurde. In den Gesprächen konnten wir nicht den Eindruck gewinnen, dass sich an der Selbstverständlichkeit der männlichen Hofnachfolge viel geändert hatte. Sie scheint weiterhin ein essenzieller Bestandteil traditioneller Bäuerlichkeit zu sein, wie dies auch für andere europäische Länder stets bestätigt wurde (Shortall 1999; Silvasti 2003; Brandth 2002; Rossier 2008).

Bewegung scheint in das starre System wiederum in Nebenerwerbsbetrieben zu kommen, wie Tabelle 1 zeigt: Während die Haupterwerbsbetriebe nur zu 18 % matrilinear vererbt wurden, sind Nebenerwerbsbetriebe immerhin zu 27 % in weiblichem

---

13 Wie wichtig diese Zusatzeinkommen sind, zeigt eine Studie der Agrarsozialen Gesellschaft, Göttingen zur Monetarisierung des Beitrags von Frauen durch Zusatzeinkommen (Fahning 2001).

14 Das Ergebnis dieser Differenzierung macht deutlich, wie wichtig es wäre, dass auch die offizielle Statistik die Zahlen aufgeschlüsselt wiedergibt.

15 Diese hohe Zahl an Betriebseigentümerinnen ist die Folge dessen, dass in der Generation der befragten Bäuerinnen viele Brüder, die als Hofnachfolger vorgesehen waren, im Zweiten Weltkrieg getötet wurden.

Eigentum. Allerdings trennen sich möglicherweise Frauen auch eher von der Bewirtschaftung eines ererbten landwirtschaftlichen Betriebes: 49 % der Betriebsaufgaben entfallen auf die matrilineare, 39 % auf die patrilineare Vererbungslinie.

Tabelle 1: Vererbungslinie nach Erwerbsform 2007

Erwerbsform	Gesamt		matrilinear		patrilinear		noch unklar	
	Betriebe	%	Betriebe	%	Betriebe	%	Betriebe	%
Betriebsaufgaben	33	100	16	49	13	39	4	12
Haupterwerbsbetriebe	22	100	4	18	17	77	1	5
Nebenerwerbsbetriebe	79	100	21	27	53	67	5	6
Insgesamt	134	100	41	31	83	62	10	7

Quelle: Eigene Erhebungen

Auch wenn die hier präsentierten Zahlen einige Hinweise auf die Formen bäuerlichen Überlebens in der Gegenwart geben können, verbleiben sie in der Vogelflug-Perspektive. Sie werfen Fragen und Vermutungen auf, die eher anhand von qualitativen Daten zu klären sind. Insbesondere der komplexe Aspekt ‚agency', das Handlungs- und Gestaltungsvermögen, mit dem Bäuerinnen an die Herausforderungen ihres Alltags und der Betriebsentwicklung herangehen, ist nur durch Intensivinterviews und einer Analyse der Geschichten über gelungene und gescheiterte Unternehmungen nachvollziehbar. Die Auswertung solcher Erzählungen erschließt uns das Selbstverständnis und die Handlungsmuster der Bäuerinnen als Ergebnis ihrer lebenslangen Erfahrungen und Wahrnehmungen. Dadurch werden Überlebenspotenziale der familienbetrieblichen Grundstruktur – auch in äußerst prekären Lebenslagen – deutlich.

Dies möchten wir im Folgenden an zwei Fallbeispielen darlegen. Die erste Fallgeschichte wurde aus dem Sample der intensiv interviewten Frauen ausgewählt, um Überlebensstrategien angesichts von ‚Abwärtsspiralen' in der Hofentwicklung exemplarisch vorzustellen. Die zweite Fallgeschichte steht zum einen für die Wellenbewegung zwischen Hoffnung und Enttäuschung der Betriebe in den letzten drei Jahrzehnten agrarischer Zeitgeschichte. Zum anderen lassen sich hier die Überlebenspotenziale, die sich mit dem Begriff der „Feminisierung der Landwirtschaft" verbinden, besonders deutlich erkennen. In den Fallgeschichten spiegeln sich Entwicklungen, die wir analog aus den quantitativen Daten herauskristallisieren konnten: die Herausforderungen und das Auf und Ab der Milchkontingentierung; die vergeblichen Ansätze zu einer Konsolidierung als Haupterwerbsbetrieb, mehr oder weniger erwünschte weibliche Hofnachfolge, Pluriaktivität als Strategie des Überlebens, dann aber auch eines ‚guten Lebens'.

3.2   Fallgeschichte 1: CHRISTA F.

1977: eine ‚Vollblut-Bäuerin'

Die 28jährige Christa F. lebt mit ihrem 13 Jahre älteren Mann und den Schwiegereltern, einem zehnjährigen Sohn und einer vierjährigen Tochter auf einem 17 Hektar großen Hof mit Zuerwerb – der Mann handelt nebenher mit Futtermitteln. Die Bäuerin arbeitet im Haus, im Stall (11 Milchkühe), ersetzt ihren Mann während dessen Abwesenheit vor allem im stark diversifizierten Feldbau und bietet darüber hinaus ‚Ferien auf dem Bauernhof' an. Ihr Schwiegervater versorgt die 60 Mastschweine, die Schwiegermutter die 14 Mastkälber, die Kinder, den Haushalt und – mit Leidenschaft – den großen Garten. Eigentlich wollten sie sich auf Schweinehaltung spezialisieren, doch sie folgten der – wie sie jetzt meinen: falschen – Beratung durch das Landwirtschaftsamt und bauten einen neuen Kuhstall.

Anders als sie selbst, die dem elterlichen Wunsch entsprechend nicht Krankenschwester wurde, sondern ‚nur' die landwirtschaftliche Winterschule besuchte,[16] sollen die Kinder eine nicht-landwirtschaftliche Berufsausbildung machen, weil der Hof zukünftig keine sichere Existenz bieten wird. In irgendeiner Form soll jedoch der Sohn den Hof einmal weiterführen.

Die Familie pflegt auf dem Hof einerseits eine traditionelle Bäuerlichkeit. Vielseitig sind die Produktionszweige, das Einkommen setzt sich aus mehreren Quellen zusammen. Es werden eine intensive Subsistenzwirtschaft betrieben und keine Chemikalien im Garten angewendet. Die Ferienwohnung ist im bäuerlichen Stil eingerichtet. Eng ist der Kontakt zur Herkunftsfamilie der Bäuerin (ihre Schwester wohnt gegenüber auf dem elterlichen Hof), dicht ihr Beziehungsnetz innerhalb und außerhalb des Dorfes. Andererseits wird der landwirtschaftliche Betrieb nach modernen Gesichtspunkten geführt: durchrationalisierte Arbeitsabläufe, Stallneubau entsprechend der amtlichen Beratung, Anschaffung neuer Maschinen, Einsatz von Mineraldünger und Pflanzenschutzmitteln, wo es nötig erscheint. Über ihre genossenschaftlichen und berufsständischen Mitgliedschaften – die Bäuerin ist u.a. stellvertretende Kreisbäuerin – vermitteln sich ihr frühzeitig die neuesten Entwicklungen. Dass es mit dem Betrieb aufwärts geht, erfüllt sie mit Zuversicht und Freude.

1997: „Mir ham an ganz großen Wandel erlebt."

Der Haushalt besteht nur noch aus zwei Personen, der 48jährigen Bäuerin und ihrem Ehemann (inzwischen 61 Jahre). Der Sohn hat mit 17 (1984), die Tochter mit 16 Jah-

---

16 Landwirtschaftliche Winterschulen entstanden im 19. Jahrhundert. In ein bis zwei Winterhalbjahren (November bis März) vermittelten sie landwirtschaftliche Fachkenntnisse. Hauptschulabschluss und Praxiserfahrung waren Voraussetzung für die Zulassung. Junge Männer wurden im Schwerpunkt Landwirtschaft, junge Frauen in der ländlichen Hauswirtschaft ausgebildet. Heute sind Landwirtschaftliche Berufs- oder Fachschulen an ihre Stelle getreten. In unseren Interviews spielte der Besuch der Winterschule für bildungshungrige Bauernmädchen oft eine wichtige Rolle.

ren (1989) den Hof verlassen; der Sohn kehrte 1987 mit seiner damaligen Freundin wieder zurück. 1992 erlitt der Ehemann einen schweren Herzinfarkt und ist seitdem eingeschränkt arbeitsfähig. 1993 starb der Schwiegervater, 1994 trennte sich der Sohn von seiner Partnerin und zog aus – ein schwerer Schlag für die Eltern. Vier Wochen später starb auch die Schwiegermutter. Das Haus war binnen kurzer Zeit leer geworden. Der Familienbetrieb schrumpfte auf das Arbeitspaar und wurde offiziell Nebenerwerb. Um Rente beziehen zu können, wurde der landwirtschaftliche Betrieb pro forma an den Sohn verpachtet, der hauptberuflich Abteilungsleiter in einer Landmaschinenfirma ist und gut verdient. Er hilft zumeist am Wochenende, die Hauptverantwortung für die Landwirtschaft liegt bei der Bäuerin und ihrem Mann.

Der Betrieb war zwischen 1977 und 1997 erfolgreich aufgebaut und umstrukturiert worden. „*Muss ich echt sagen, in unnerm Betrieb, mir konnten immer, ... es is immer immer aufwärts gangen*". Hof- und Landhandel wurden ausgeweitet, die Betriebsfläche durch Zupacht mehr als verdoppelt (40 Hektar). Die Milchkühe wurden Ende der 1980er Jahre aufgegeben, das Kontingent verkauft, eine Mutterkuhhaltung mit 19 Kühen und Nachzucht aufgebaut. Der Plan, doch noch groß in die Schweineproduktion einzusteigen, scheiterte am Einspruch der Nachbarn. Im neuen, kleiner ausgelegten Schweinestall halten sie 1997 um die 100 Mastschweine. Sie produzieren Markenfleisch, teilweise zur Direktvermarktung.

Die Bäuerin unterstützt ihre Schwester bei der Pflege der kranken Eltern. Für die eigene Altersversorgung hat das Ehepaar Ackerland in Ostdeutschland erworben.

Mit größter Wandlungsbereitschaft und trotz aller Brüche hat das Ehepaar einen modernen existenzfähigen Betrieb aufgebaut. Noch immer ist es die Verknüpfung von Rechenhaftigkeit und Rationalität in der Betriebsführung mit einer ausgeprägten Subsistenzwirtschaft, die sie die veränderte Situation gut bewältigen lässt – bis auf einen wunden Punkt: die ungeklärte Hofnachfolge und das leere Haus, die zu erwartende Alterseinsamkeit.

Immer wieder greift die Bäuerin im Interview das Thema Hof und Kinder auf. Viel denkt sie darüber nach, ob ihre Erziehungsvorstellungen die richtigen waren. Einerseits hoffte sie insgeheim auf den Sohn als Hoferben, andererseits unterstützte sie die Bildungs- und Aufstiegsorientierung ihrer beiden „*schlauen*" Kinder und erleichterte damit – so vermutet sie – deren Wegstreben. Gerne würden sie dem Sohn, der jetzt mit einer Studentin liiert ist, den Betrieb übergeben (statt verpachten), aber er möchte es nicht. In dieser Unsicherheit kommt ihr auch die Möglichkeit in den Sinn, den Hof der Tochter zu vererben, die inzwischen Großhandelskauffrau und BWL-Studentin ist und bald heiraten wird. „*Vielleicht liegt's aa amal der Tochter no besser, den Hof da zu unterhalten und a bissl a Seele zu geben, ne*". Oder eine dritte Option: die Kinder teilen sich den Hof, „*das kann man alles noch nicht wissen, ne*".

Die Bäuerin muss in den entscheidenden Zukunftsfragen, zu denen auch die Entwicklung des Gesundheitszustandes ihres Ehemannes gehört, ihr Nicht-Wissen aushalten, und immer darauf gefasst sein, dass sich im nächsten Moment alles verändern kann.

2007: „Es gibt nichts Vollkommenes"

In der Tat, zehn Jahre später stellt sich die Situation erneut gewandelt dar. Der Hof ist nun pro forma an die Tochter verpachtet, die inzwischen verheiratet ist und zwei Kinder hat. Sie wird das Anwesen übernehmen, aber nicht dort wohnen.

Der Sohn lebt nun mit einer Arbeitsstelle im Baltikum geografisch weit entfernt vom Hof. Er hatte geheiratet, ist mittlerweile geschieden. Sein Sohn lebt bei der Mutter. Die Bäuerin, inzwischen 58 Jahre alt, bewirtschaftet zusammen mit dem 71jährigen Ehemann 30 Hektar und hält etwa 200 Mastschweine und 19 Mutterkühe plus Nachzucht. Auch die Markenfleischvermarktung läuft wie bisher. Der Landbesitz in Ostdeutschland wurde ausgeweitet.

Die Eltern der Bäuerin sind nach langer Pflege beide innerhalb einer Woche 2005 gestorben. Ihr eigener Gesundheitszustand wie auch der ihres Mannes ist relativ stabil. Sie wirkt zufriedener als vor zehn Jahren. Glücklich aber, so ihr Resümee, sei sie nicht.

3.3   Fallgeschichte 2: MARTHA B.

1977: „Ich bin für den Hof bestimmt, meine Schwester ist zum Autofahren geboren."

Martha B. ist 30 Jahre alt und lebt mit ihrem Mann, fünf Kindern im Alter von zwei bis elf Jahren und ihrer rüstigen Mutter auf einem Hof mit 17 Hektar landwirtschaftlicher Nutzfläche und elf Hektar Wald in Mittelgebirgslage. Die Eltern wollten, dass sie – wie schon ihre Mutter – Bäuerin und Hoferbin wird. Sie war einverstanden, ihre Schwester strebte ohnehin *„nach draußen"*. Nach der Berufsschule arbeitete sie voll auf dem Hof mit und ersetzte den früh verstorbenen Vater. Mit 18 heiratete sie. Ihr Mann stammte auch aus der Landwirtschaft.

Zum Zeitpunkt des Interviews 1977 wird auf den Äckern mehr oder weniger *„alles"* angebaut. Neben zwei Mastschweinen und Kleinvieh werden zwölf Milchkühe gehalten. Sie sind die Leidenschaft des Bauern. Die große Hoffnung des Ehepaars, über eine Ausweitung der Milchproduktion zum Haupterwerbsbetrieb zu werden, scheint sich bald zu erfüllen. Eine hofbasierte Einkommensquelle ist die Direktvermarktung von Milch, Obst und Schnaps. Eine außerlandwirtschaftliche Einkommensquelle bildet die Tätigkeit des Mannes beim Maschinenring. Die Hausarbeit sieht die Bäuerin als ihren Beruf an; die Subsistenzwirtschaft ist ausgeprägt, Gartenarbeit, Handarbeiten und Basteln liebt sie. Sie möchte das Wohnhaus renovieren, um für die heranwachsenden Kinder genügend Raum zu haben. Diese werden schon im Kindesalter zur Mitarbeit angehalten, sollen aber auch eine *„ordentliche"* Berufsausbildung erhalten. Schon seit zehn Jahren vertritt Martha B. als Ortsbäuerin die Interessen der Landfrauen vor Ort.

1997: „Mer baut auf, mer baut weiter."

Nach 20 Jahren ist der Traum vom Haupterwerb trotz einer Betriebsflächenerweiterung auf 40 Hektar ausgeträumt. Die Milchkontingentierung bezeichnet Martha B. als

„die größte Enttäuschung in meinem Leben". Für den geplanten Stallneubau hatte das Landwirtschaftsamt ein größeres Milchkontingent gefordert, das nach langer Überlegung und im Hinblick auf eine Existenzsicherung für den Hofnachfolger und seine Familie für 180.000 DM dazugekauft wurde. Angesichts der EU-verordneten Kontingentkürzungen und des Verfalls des Milchpreises wurde auf den Stallneubau verzichtet und der alte Stall renoviert. 20 Milchkühe – an mehr war nicht zu denken. Der älteste Sohn, für die Hofnachfolge als Agrartechniker ausgebildet, stellte sich auf eine Nebenerwerbszukunft ein: Er erwarb eine Zusatzqualifikation und fand eine Stelle beim Bauernverband. 1997 ist er verheiratet und hat drei kleine Kinder. Der Haushalt besteht aus zehn Personen, sieben Erwachsenen und drei Kindern.

Martha B.s Strategie einer Doppelqualifikation für ihre Kinder erweist sich als überaus erfolgreich. Ihre Töchter arbeiten im Pflege- bzw. Dienstleistungsbereich, ein weiterer Sohn als Handwerker, der jüngste hat kürzlich die Abiturprüfung erfolgreich abgelegt. Alle sind aber auch bereit, bei Bedarf zuhause auf dem Hof mitzuhelfen.

Die Bäuerin und ihre junge Schwiegertochter, die eine ländlich-hauswirtschaftliche Fachakademieausbildung hat, haben komplementär zur Stagnation im Milchviehbereich angefangen, die Weiterverarbeitung eigener Produkte und die Direktvermarktung auszubauen. Neben Milch und Obst bieten sie 1997 vor allem Produkte aus den Frauenarbeitsbereichen an: Schnäpse und Liköre in edlen Flaschen, Basteleien. Sie träumen vom Verkauf auf Märkten und in einem eigenen Hofladen (an Stelle der Verkaufsregale im Flur des Wohnhauses), von einer neuen Brennerei mit Probierstube, einer Ausweitung des Obstbaus. Seit 1982 bietet eine bei der Renovierung des Wohnhauses eingerichtete Ferienwohnung ein hofbasiertes Zusatzeinkommen.

Die Bäuerin ist noch immer – nun seit 30 Jahren – Ortsbäuerin[17], arbeitet im Kreisvorstand und in anderen Verbänden mit. Ihr Problem ist nach wie vor ihr knappes Zeitbudget. Nur durch Flexibilität, Mitschwingen mit den jeweiligen Gegebenheiten kann sie ihr großes Arbeitspensum schaffen: *„Wie's kommt, so wird's gemacht"*. Und alles mit großer Lust und Liebe. Sie und ihre Schwiegertochter entwickeln in ihrem Produktsortiment eine Kreativität, die ihnen im Dorf – wie sie vermutet – den Ruf der Verrücktheit beschert. Stolz und trotzig resümiert sie: Die Landwirtschaft sei allgemein *„runter, runter"* gegangen, aber *„mer baut auf, mer baut weiter"*. Eine Frage nach einschneidenden persönlichen Veränderungen verneint sie entschieden.

Doch zwei Jahre später stirbt ihr Mann mit 57 Jahren plötzlich und völlig unerwartet. Die Familie steht unter Schock, eine Tochter kommt vorübergehend auf den Hof zurück und schläft bei der Mutter. Vier Wochen nach dem Tod ihres Mannes blickt die Bäuerin wieder in die Zukunft und resümiert: *„Da ändert sich noch viel, was halt in unsern Köpfen vorschwebt, was sich halt am Hof noch alles verändern muss, ... also ich denk, da wird sich eh immer irgendwas verändern ... das muss mer einfach so auf sich zukommen lassen aah"*.

---

[17] Vgl. Anm. 9.

2007: ‚Das Power-Frauen-Team'

Das Anwesen ist kreativ und stilsicher modernisiert, Fotovoltaik glänzt auf den Dächern. Ein Nebengebäude ist restauriert und beherbergt eine neue Brennerei, eine professionelle Großküche, eine große Gaststube und einen Hofladen mit hofeigenen und regionalen Produkten, alles vom Feinsten. Die Altbäuerin – der Hof ist inzwischen an den ältesten Sohn übergeben – kocht während unseres Interviews mit einer Nachbarin in der Großküche. Ihre Zeit ist knapp wie immer. Die Milchviehhaltung ist aufgegeben, auf dem Grünland weiden Rinder, der Vertragsanbau von nachwachsenden Rohstoffen läuft weiter, auf zwei Hektar werden Obst und Beeren angebaut, weiterverarbeitet und vermarktet. Der Betrieb partizipiert an vielen EU-Förderprogrammen.

Zum Arbeitsteam gehören mittlerweile nicht nur der Hofnachfolger, die Bäuerin und ihre Schwiegertochter, sondern auch eine Tochter, die für Buchführung und Büroarbeiten verantwortlich ist, sowie eine weitere Schwiegertochter. Auch die anderen Kinder helfen nach wie vor bei Bedarf mit. Es ist ein frauendominierter Familienbetrieb geworden, auch wenn er formal ein männliches Oberhaupt hat.

Die Bäuerin hat die Talfahrten, die der Hof und die Familie erlebten, gut gemeistert. Sie weiß nicht nur ihre persönlichen Stärken, sondern alle Ressourcen ihrer Umgebung wie Räumlichkeiten, familiäre, verwandtschaftliche, dörfliche, regionale Netze, in der Familie vorhandene Qualifikationen mit beinahe traumwandlerischer Sicherheit zu bündeln, um dem Hof eine Zukunft zu geben. *„Wenn mer alle Steckerla zamtut, dann hat mer a Bündel".* Sie vertraut auf eine Balance zwischen ihren Visionen und Plänen einerseits und einem ruhigen Abwarten, was auf sie zukommt, andererseits. *„Mit Optimismus und Gottes Hilfe"*, so sagt sie, sei sie durchs Leben gekommen, und resümiert: *„Mir ist's im Leben noch nie so gut gangen wie jetzt".*

4   ‚Wachsen oder Weichen'? Wandeln!
Vom bäuerlichen Umgang mit Unsicherheiten

Die Geschichten der beiden Frauen dokumentieren exemplarisch, wie sich bäuerliche Betriebe unter dem Verdikt ‚Wachsen oder Weichen' in den letzten drei Jahrzehnten bewegt haben. Sie zeigen, in welchen Formen, mit welchen Anstrengungen und mit welchen Kosten sich die Familien innerhalb der von außen vorgegebenen rigoros veränderten Strukturen immer wieder Bewegungsräume geschaffen haben, die ihnen Handlungsfreiheiten gewährten.

Die betriebliche Ausgangslage und die Familiensituation waren in den beiden Fallbeispielen relativ ähnlich. Beide hatten vielerlei „Pfade durch Hinterhalte" zu bewältigen. Angesichts sich ständig wandelnder gesellschaftlicher, betrieblicher und familiärer Rahmenbedingungen wählten sie Entwicklungspfade, die letztlich beide Betriebe ‚über die Runden' brachten. Ihre Strategien weisen Gemeinsamkeiten auf, die je nach der Gesamtkonstellation zu unterschiedlichen Ergebnissen führten. Diese Gemeinsamkeiten setzen sich zu einem Bild des „bäuerlichen Prinzips" zusammen, von dem wir einzelne Facetten im Folgenden genauer darstellen.

Streben nach Autonomie

Die beiden Biographien zeigen, dass auch in den Jahrzehnten des Strukturwandels der Wunsch nach Autonomie und Selbstbestimmung – bei van der Ploeg Essenz des bäuerlichen Prinzips – richtungsweisende Handlungsmaxime der Bäuerinnen und Bauern gewesen ist. „*Sein eigener Herr*" zu sein und zu bleiben, war Ausgangspunkt und Ziel aller Veränderungen. Staatliche Beratung wurde in Anspruch genommen, aber gering geschätzt. Die Aufnahme einer abhängigen Beschäftigung war vor allem Mittel zum Zweck, die Selbstständigkeit in der Landwirtschaft zu bewahren. Die Inanspruchnahme öffentlicher Gelder zur Aufrechterhaltung des Familienunternehmens stand dazu in einem gewissen Widerspruch. Ähnlich wie die Fallbeispiele partizipierten viele der untersuchten Familien an EU-, nationalen oder regionalen Programmen. Nur vereinzelt verzichteten die befragten landbewirtschaftenden Familien bewusst auf Subventionen, um sich ihre Handlungsmöglichkeiten nicht beschneiden zu lassen und bürokratische Zwänge zu umgehen. Eine weitere Grenze des Autonomiestrebens zeigt sich darin, dass nicht die Autonomie des Individuums (vor allem nicht des weiblichen), sondern die Autonomie von Familie und Betrieb erwünscht ist. In jedem Falle wurde versucht, diesen Traum von Freiheit und Eigenständigkeit auch durch prekäre Zeiten hindurch zu bewahren.

Stabilisierung der Ressourcenbasis durch Diversifizierung, Pluriaktivität und Nebenerwerbsorientierung

Autonomie ist handlungsbestimmendes Ziel auch in jedem anderen Unternehmen. Das bäuerliche Prinzip und unternehmerische Leitbilder konvergieren hier. In der bäuerlichen Landwirtschaft ist eine selbstbestimmte Ressourcengrundlage die Basis der Autonomie. Sie zu schaffen, zu stabilisieren und zu erweitern – davon sind die bäuerlichen Überlebensstrategien der letzten 30 Jahre geprägt. Im Unterschied zur unternehmerischen Strategie einer Spezialisierung wird in der bäuerlichen Landwirtschaft auf Diversifizierung und Pluriaktivität gesetzt.

Wie in den beiden Beispielen haben viele Betriebe auch in den Jahren, in denen von der staatlichen Beratung eine Spezialisierung empfohlen wurde, zu den vorhandenen Standbeinen weitere hinzugenommen (vgl. Tab. 1). Insbesondere Agrartourismus und Direktvermarktung sind zu nennen. Auch wenn Spezialisierungen erwogen wurden (bei Christa F. Schweineproduktion; bei Martha B. Milchviehhaltung), war das Vertrauen in eine diversifizierte Produktions- und Einkommenssituation letztlich größer. Die Vielzahl von landwirtschaftlichen, landwirtschaftsnahen, hofbasierten und außerlandwirtschaftlichen Tätigkeiten und deren Kombinationsmöglichkeiten führen zu einem derartig vielfältigen Erscheinungsbild bäuerlicher Betriebe, dass eine Agrarstatistik davor letztlich kapitulieren muss (wie die eingangs erwähnten Umdefinitionen zeigen, vgl. Anmerkung 12).

Nicht nur durch die Hinzunahme einzelner Produktionszweige suchten die bäuerlichen Betriebe ihre Ressourcengrundlage zu stabilisieren, sondern auch durch Veränderungen der Erwerbsform. Den Traum, vom Neben- in den Haupterwerb zu wechseln, konnten sich die wenigsten erfüllen. Den umgekehrten Weg gingen die meisten, wobei nochmals betont sei, dass diese Umstrukturierung durchgeführt wurde, um Bauer und Bäuerin ‚auf der eigenen Scholle' zu bleiben.

Die Variabilität und Pluralisierung der Betriebszweige und -formen fordert und fördert auf der Handlungsebene ein spezifisches Arbeitsvermögen: Bauern und Bäuerinnen mussten sich flexibel auf neue Situationen einstellen, Kreativität und Improvisation waren als Handlungspotenziale gefragt, wenn neue Ressourcen erschlossen werden sollten. Ohne die Bereitschaft und Fähigkeit, viele Tätigkeiten parallel auszuführen, zu synchronisieren und im Reißverschluss-System miteinander zu verknüpfen, ist die pluriaktive bäuerliche Landwirtschaft nicht zu denken. Genau dieses Arbeitsvermögen ist – zusammen mit einer hohen Arbeitsmoral – Essenz des bäuerlichen Prinzips und Garant fürs Überleben – unter welchen Bedingungen auch immer.

Dabei erweisen sich die Frauen auf den Höfen häufig als offener und experimentierfreudiger als die Männer. Dies wird insbesondere im Fallbeispiel Martha B. deutlich, aber auch durch Untersuchungen in anderen Ländern bestätigt (z.B. Johnsen (2003) für Neuseeland, Boenink (2004) für Österreich, Gormann (2006) für Irland). Frauen spielen eine Schlüsselrolle bei der Diversifizierung und somit bei der Überlebenssicherung der bäuerlichen Betriebe[18].

Distanz zum Markt und Reziprozität

Das Vertrauen in die ‚unsichtbare Hand' von Marktmechanismen ist in bäuerlichen Kreisen nur gering ausgeprägt. In den Jahren des Strukturwandels hat sich die Skepsis noch deutlich verstärkt. Viele Höfe agieren wie im zweiten Fallbeispiel parallel zur (supra)nationalen Vermarktung bevorzugt auf lokalen Märkten. Sie entwickeln, wie van der Ploeg (2008: 271) formuliert, „local solutions to global problems". Sie pflegen Reziprozität und informell-ökonomische Beziehungen, praktizieren Direktvermarktung und/oder bieten Dienstleistungen an. Dabei beleben sie – anachronistisch in einer industriell-kapitalistischen Landwirtschaft mit gesteigerten Erwartungen an unternehmerische Initiative (siehe Pongratz 2008) – eine kunden- und gebrauchswertorientierte Produktion. Häufig ergeben sich daraus – wie im Falle von Martha B. – soziale Konstellationen, die wiederum neue Möglichkeiten des Überlebens bzw. der Entwicklung bereithalten können. Auch verwandtschaftliche und dörfliche Netze waren in unserem Untersuchungssample in erstaunlichem Umfang noch vorhanden. Sie bildeten

---

[18] Agrarpolitische Slogans wie: „Die Landfrauen sind der Motor der ländlichen Entwicklung" tragen diesem Phänomen Rechnung.

Rückhalt und Stabilität gerade in schwierigen Zeiten: „Wenn man alle Steckerla zamtut, dann hat mer a Bündel"[19].

Die große Bedeutung familienwirtschaftlichen Denkens und Handelns für das „Weitergehen" des Betriebes kommt in unseren beiden Fallbeispielen sowohl als tragende Ressource bei Martha B., wie als unsichere Ressource bei Christa F. zum Ausdruck. Während es im ersten Fall gelungen ist, familienbetriebliche Belange in Einklang mit individuellen Wünschen der Nachfolgegeneration zu bringen (und somit die Vorteile der engen Verflechtung von Betrieb und Familie zu nutzen), ist die familienbetriebliche Orientierung bei Christa F.s Kindern relativiert. Zwar wird die ‚Untreue' des Sohnes durch die ‚Treue' der Tochter zum Hof ausgeglichen, doch bleibt ungewiss, ob das landwirtschaftliche Unternehmen weitergeführt werden wird, wenn Christa F. und ihr Ehemann dies einmal nicht mehr leisten können.

Bäuerliches Prinzip inklusive unternehmerischem Kalkül

Auch andere Studien (z.B. Hildenbrand et al. 1992, Gasson/Errington 1993, Goldberg 2003, Bell et al. 2004) belegen, dass der Strukturwandel die vormoderne Verknüpfung von Familie und Betrieb nicht aufgelöst hat. Mit ihr verknüpfen sich noch immer wichtige Überlebenspotenziale und -hoffnungen. Es ist nicht absehbar, dass „die bäuerliche Familie aufhört, als Erzeuger- und Verbrauchereinheit zu existieren" (Berger 2004: 230). Vielmehr nimmt sie unter den heutigen agrarstrukturellen Bedingungen durchaus lebbare, vielfältige Mischformen an: die flexible Integration weiterer Familienmitglieder, sobald neue ‚farm based activities' wirtschaftlichen Erfolg bringen (Fallbeispiel Martha B.), die teilweise Nutzung landwirtschaftlicher Gebäude durch Familienmitglieder mit außerlandwirtschaftlichen Berufen, die Hinzunahme außerlandwirtschaftlicher Berufe bei einheiratenden Schwiegertöchtern und deren Anspruch auf andauernde Berufstätigkeit bei gleichzeitiger Bewirtschaftung des Hofes.

Dabei kommt es nicht darauf an, ein System (die „peasant condition") zu verlassen und ganz im anderen (der „entrepreneurial condition") aufzugehen, wie van der Ploeg meint. Die scharfe Polarisierung zwischen dem bäuerlichen und dem unternehmerischen Prinzip, die er vornimmt, manchmal auch wieder etwas relativiert, können wir durch unsere Ergebnisse nicht stützen. Im Denken und Handeln der befragten Bäuerinnen finden sich beide Prinzipien wieder – unterschiedlich akzentuiert und kombiniert. Je nachdem, wie es die Situation erfordert, tritt die bäuerliche oder die unternehmerische Seite deutlicher zutage. Dabei werden in der Generation der befragten Frauen damals wie heute unternehmerische Strategien entwickelt, um als Bauern und Bäuerinnen zu überleben und den Hof zu erhalten. Es wird – wie wir früher formulierten – modernisiert, mit traditionellen Mitteln und (in der subjektiven Sicht) zum

---

[19] Die fränkische Redensart, übersetzt: „Wenn man alle Stöckchen zusammenfügt, hat man ein Bündel", bezieht sich vermutlich auf die (weibliche) Praxis des Holzbündel-Herstellens aus Reisig und betont die Stabilität und den Nutzen, der aus dem Zusammenfügen unscheinbarer und nutzloser Einzelteile entstehen kann. Sie stellt sozusagen die Dialektvariante des „Gemeinsam sind wir stark" dar.

Erhalt von Traditionen. Doch dabei geschieht Wandel, ein langsamer, aber stetiger Wandel (Inhetveen/Blasche 1983: 232). Durch das „Zulassen von Widersprüchen" (Hildenbrand 2005: 140) zwischen familienbetrieblichen und individuellen Interessen und dem Entwickeln von Strategien, die sowohl den Belangen des Betriebes als auch der Familie und der Individuen gerecht zu werden versuchten, konnten in den letzten Jahrzehnten die Weiterbewirtschaftung auch kleinerer bäuerlicher Familienbetriebe garantiert, prekäre Situationen gemeistert und die angestrebte Autonomie bäuerlicher Familien gefördert werden. Mit diesen Balancierkünsten trägt die bäuerliche Wirtschaft zu der sowohl von Marx als auch Schumpeter stark unterschätzten „Integrations- und Erneuerungsfähigkeit kapitalistischer Gesellschaften" und zu der „anhaltenden Vitalität und Kreativität des kapitalistischen Systems" bei, die Hans Pongratz konstatiert (2008: 466 bzw. 472).

Wandel der Geschlechterrollen

Unser quantitatives Datenmaterial deutete es bereits an: Der Strukturwandel der Landwirtschaft tangiert die herkömmliche Geschlechterordnung. Frauen haben sich in der bäuerlichen Landwirtschaft als Überlebensstrateginnen profiliert und sind damit auch deutlicher in die politische und gesellschaftliche Öffentlichkeit getreten. Insbesondere an neuen und den gesellschaftlichen Entwicklungen angepassten Formen der Pluriaktivität im Bereich der Direktvermarktung oder des Agrartourismus haben die Bäuerinnen einen entscheidenden Anteil. Es sind – wie vor allem im zweiten Fallbeispiel deutlich wird – oft traditionell weibliche Bereiche der Hauswirtschaft, die als neue Betriebszweige in bäuerlichen Familienbetrieben kommerzialisiert, kommodifiziert und damit aufgewertet werden. Sie stellen eine Form der „Retro-Innovation" (van der Ploeg 2008: 265) oder der „Feminisierung der Landwirtschaft" (Inhetveen/Schmitt 2004) dar. Während Carolyn E. Sachs noch 1983 die Frauen in der bäuerlichen Landwirtschaft als „invisible farmers" bezeichnete, deren Beiträge zum Überleben bäuerlicher Familien und Betriebe weder finanziell noch ideell genügend wertgeschätzt seien, sind sie inzwischen deutlich sichtbarer geworden.

In wesentlichen Punkten vom üblichen, eher städtisch bürgerlich geprägten Emanzipationsverständnis abweichend, scheint diese ungewöhnliche Form der Emanzipation auch feministische Forscherinnen zu irritieren: „The issues of farm women's strained relationship to gender equality and feminism has continued to puzzle feminist researchers" (Brandth 2002: 186). Mit den Worten einer Bäuerin möchten wir diese Form der Emanzipation als „Zwei-Drittel-Emanzipation" bezeichnen und ihre Besonderheit aus dem strukturellen Moment ihrer ausgeprägten Familien- und Betriebsbezogenheit ableiten (Inhetveen/Schmitt 2001b).

Das partielle Umwandeln traditioneller Geschlechterbilder kann auch als Mittel zur Bewältigung prekärer Umstände dienen: Im ersten Fallbeispiel möchte das Ehepaar wie selbstverständlich die traditionelle, geschlechterungerechte männliche Hofnachfolge realisieren; die Verweigerung des Sohnes zwingt jedoch dazu, eine weibliche Nachfolge zu erwägen. Die Tochter wählt eine moderne Lösung, ohne der Tradition (dem Erhalt des Hofes) untreu zu werden. Hildenbrand (2005: 143) spricht von einer „Traditionserhaltung durch Traditionsbruch".

Im zweiten Fallbeispiel unterstützen wirtschaftliche und persönliche Entwicklungen eine weibliche Selbstständigkeit, die wiederum traditionelle Werte (Überleben des Hofes, Verpflichtung der Kinder zur gelegentlichen Mitarbeit usw.) mit modernen Perspektiven (Freiheit für die Kinder bei der Berufsentscheidung und in der individuellen Lebensgestaltung) verknüpft. Dabei wurde auch der in jüngeren Untersuchungen festgestellte "continual process of negotiation between women and men within the family farm" (Shortall 2006: 24), der von einem gewachsenen Selbstbewusstsein der Frauen zeugt, sehr deutlich.

Auch hinsichtlich des Nebenerwerbs zeichnen sich über die letzten drei Jahrzehnte hinweg Veränderungen der Geschlechterrollen ab. Während bei Betriebsumstellungen die Frauen zunächst ihre Männer auf dem Feld oder im Stall ersetzten – in den 1970er Jahren wurde dieses Phänomen als „Feminisierung der Landwirtschaft" bezeichnet –, hat sich seitdem die Frauenerwerbstätigkeit auch auf dem Land verbreitet. In den bäuerlichen Betrieben wird es inzwischen selbstverständlicher, dass Frauen außerlandwirtschaftlich erwerbstätig sind und die Männer die Arbeiten auf dem Hof verrichten – eine Art Maskulinisierung der Landwirtschaft ist die Folge. Diese Entwicklungen unterstreichen die Notwendigkeit einer „gender role flexibility", wie sie Ruth Rossier (2008) als Voraussetzung einer erfolgreichen Weiterführung bäuerlicher Betriebe in der Schweiz sowie Monica Gorman für Irland (2006) identifizierten.

Während eine außerlandwirtschaftliche Berufsausbildung für die meisten der von uns befragten Bäuerinnen nicht (mehr) denkbar war, steht sie für die Kinder, Söhne wie Töchter, außer Frage[20]. Noch immer ist das Ideal der Mütter die Doppelqualifikation sowohl für die Landwirtschaft wie für einen *„ordentlichen"* Beruf – als Vorsorge für alle Eventualitäten, die die Zukunft den bäuerlichen Familien noch bringen könnte.

Beharrungs- und Wandlungsvermögen

Die Überlebenskraft bäuerlicher Familienbetriebe speist sich aus einer auf den ersten Blick ambivalent erscheinenden Doppelquelle: Zum einen aus der hohen, weil ansozialisierten Identifikation mit dem Hof (vgl. Inhetveen/Blasche 1983), aus der wiederum ein ausgeprägtes Beharrungsvermögen resultiert. Schon die Erzählungen der Eltern und Großeltern haben vermittelt, dass der Hof in den großen Not- und Krisenzeiten immer den besten Rückhalt gab. Da es letztlich auch der eigenen Erfahrung entspricht, halten Bäuerinnen und Bauern mit *„langem Atem"* an ihrer bäuerlichen Lebensform fest. Zum anderen haben sie innerhalb ihrer bäuerlichen Existenzweise in den letzten Jahrzehnten ein außerordentliches Wandlungsvermögen gezeigt[21]. Das Durchhaltevermögen einerseits, die Wandlungsbereitschaft andererseits verknüpfen

---

[20] Patricia O'Haras (1994) Ergebnisse aus Irland bestätigend, sind auch unseren Beobachtungen zufolge insbesondere die Bäuerinnen Trägerinnen einer hohen Bildungsaspiration.
[21] Auf das Wandlungsvermögen bäuerlicher Betriebe hat Hans Pongratz 1990 hingewiesen.

sich im bäuerlichen Denken etwa dort, wo es um den Fortschritt geht. Einem rasanten Fortschritt wird eher Skepsis entgegengebracht. Die Dinge auf sich zukommen lassen und ihnen zu entsprechen versuchen, ohne die eigenen Prinzipien aufzugeben, ist eine häufig anzutreffende Umgangsweise mit den Veränderungen: *„Wie's kommt, so wird's gemacht".* Dies macht die Resilienz bäuerlichen Handelns aus. Ein langsames und umsichtiges Vor(an)gehen, das bei jedem Schritt auch die Kontrolle der Tragfähigkeit ermöglicht, ist eine weitere Strategie der Überlebenskultur: *„mer baut auf, mer baut weiter".*

Beharrungswunsch und Wandlungsbereitschaft haben aber auch ihren Preis: Überarbeitung, Krankheit, Zeitmangel, Trauer über Gescheitertes, Sorgen um die ungewisse Zukunft. Als hilfreich erwähnen die Bäuerinnen in diesen äußerst prekären Lebenslagen neben dem Rückhalt in der Familie und beim Partner die kollektive Betroffenheit, den Trost der Natur, und gelegentlich neu entdeckte und im Alter realisierbare Freizeitvergnügen.

Zufriedenheit und Gottvertrauen

Wir haben in allen drei Untersuchungspanels immer wieder eine uns erstaunende Gelassenheit im Umgang mit den Ereignissen, den Fehlschlägen und Einbrüchen wahrgenommen. Sowohl in ihren Wunschlisten wie in den Bilanzierungen ihrer Befindlichkeit in den letzten Jahrzehnten wählten die Bäuerinnen am häufigsten die Kategorie „Zufriedenheit", zumeist mit relativierenden Zusätzen wie „eigentlich" oder „schon". *„Ich bin eigentlich mit dem schon zufrieden".* „Zufriedenheit" wurde als „Interpretationsstereotyp" in Landjugendstudien (Boehnisch et al. 1991) identifiziert. Sie ist auch ein Konzept der Selbstvergewisserung und Selbstbilanzierung von Bäuerinnen. „Zufriedenheit" meint einerseits, dass sich Lebens- und Berufswünsche erfüllt haben: *„Ich bin zufrieden.' (...) ich hätt gar nix anders tu wolln".* Andererseits drückt sie auch Stolz aus, sich in den Wechselfällen des Lebens behauptet zu haben.

Gelassenheit und Zufriedenheit gehen bei vielen Bäuerinnen Hand in Hand mit *„Gottvertrauen".* In den abgelegenen Tälern der Fränkischen Alb und angesichts der räumlichen Nähe der evangelischen und katholischen Konfession ist Frömmigkeit und Kirchentreue noch heute ausgeprägt. Mehr implizit als explizit trat bei den Hofbesuchen wie in den Äußerungen der Bäuerinnen eine traditionelle Frömmigkeit der Frauen zutage. Regelmäßig wird gebetet, von protestantischen Bäuerinnen werden Tageslosungen gelesen, Bibelkreise besucht, bei kirchlichen Lebenspassagen wie Kommunion oder Konfirmation werden wechselseitige Geschenkrituale gepflegt. Kirchgang ist eine Selbstverständlichkeit, wenn es die Gesundheit erlaubt. Die Frauen definieren das Leben und seine Herausforderungen als „gottgegeben" und damit als unhintergehbar. *„Der Herrgott hat uns des in die Wiege gelegt und so nehmen wir es an ... (Belastungen) nach hinten schmeißen und weitermachen. Sonst macht mer sich kaputt".* Leider sind wir dem „Gottvertrauen" als Ressource für die Lebensbalance nicht von Anfang an systematisch nachgegangen. Es hat sich – vermutlich auch mit zunehmendem Alter der Bäuerinnen und wachsender Wahrnehmungsbereitschaft der Forscherinnen – bei den

Hofbesuchen und in den Äußerungen der Frauen immer deutlicher gezeigt. Dies lässt vermuten, dass Glauben und Frömmigkeit in unseren Untersuchungsgebieten noch immer ein wichtiges Potenzial zum Ausbalancieren von persönlichen, familiären und betrieblichen Unsicherheiten, zum Überleben von Krisen und sogar zum ‚guten Leben' darstellt, vergleichbar der Liebe zur Landwirtschaft, zur Natur oder zum Garten.

5 Beständigkeit durch Wandlungsfähigkeit

Unsere Langzeitstudie zeigt, welche Strategien und Potenziale bäuerliche Betriebe entwickelt haben, um über die Runden zu kommen. Im Rekurs auf John Berger können wir sagen, dass sich viele Familien erfolgreich neue „Pfade durch Hinterhalte" erschlossen haben. Über Berger und van der Ploeg hinaus konnten wir die neue Bedeutung der Bäuerinnen für das Überleben von landwirtschaftlichen Betrieben und ihre neue gesellschaftliche Sichtbarkeit herausarbeiten. Bemerkenswert ist insgesamt, dass das bäuerliche Überleben nicht einfach durch die Bewahrung der traditionellen bäuerlichen Lebensweise erreicht wurde. Vielmehr waren es einerseits die vielfachen Verknüpfungen bäuerlicher Prinzipien mit modernen unternehmerischen Konzepten und andererseits der Mut, normative Grenzen des bäuerlichen Prinzips zu überschreiten, mit denen bäuerliche Familien Krisen und Verunsicherungen überlebten. Viele haben es damit geschafft, jenem unmenschlichen Prekarisierungsdruck auszuweichen, der John Berger veranlasste, das Verschwinden der Bauern „im Sinne einer gerechten Welt" letztendlich gut zu heißen. Die Mehrzahl unserer Interviewpartnerinnen geht so weit, sich „zufrieden" zu nennen.

Auch die These van der Ploegs vom Kampf der Bauern um Autonomie und ihren Visionen einer selbstbestimmten Ressourcenbasis bestätigte sich in unseren Interviews mit Bäuerinnen. Sein Begriff der „new peasantries", der mehr oder weniger auf die Zunahme der bäuerlichen Bevölkerung weltweit bezogen ist, hat sich als zu eng erwiesen. Die neue Bäuerlichkeit ist neu auch im qualitativ-inhaltlichen Sinne, denn das „peasant principle" hat sich verändert. Die dem bäuerlichen Prinzip inhärente Flexibilität hat seinen Trägerinnen und Trägern ermöglicht, dass (post)moderne Orientierungen und Verhaltensweisen angeeignet werden, ohne dass die Bäuerlichkeit gänzlich verschwindet.

Henri Mendras, der schon in den 1960er Jahren das Ende der Bauern prognostizierte, hat – wie erwähnt – eine „Ländliche Utopie" geschrieben, die in Frankreich im Jahr 2007 angesiedelt ist. Sie zeigt erstaunliche Parallelen zu den Lebens- und Arbeitsverhältnissen, die wir bei unserem letzten Panel im Jahr 2007 auf den Höfen vorfanden: bäuerlich-städtische Mischformen von Leben und Arbeit, die Ausübung mehrerer Tätigkeiten und Berufe, eine Diversifizierung des Einkommens, keine Rentabilität im Sinne der Agrarökonomie, eine ausgeprägte Subsistenzwirtschaft, kombiniert mit Direktvermarktung qualitativ hochwertiger Nahrungsmittel an die lokale und die städtische Bevölkerung, Modernisierung ungenutzter bäuerlicher Gebäude, Einrichtung von Ferienwohnungen und Pferdeställen, die Bedeutung von praktischem Erfahrungswissen und darauf aufbauender Bildung, die Etablierung der Frauen als eigenständige und selbstbestimmte Akteurinnen im gesellschaftlichen Leben, eine hohe Wertschätzung der Familie und Aufwertung des dritten Lebensalters, wiederbelebte fromme Rituale, – alles in allem eine utopische, bunte und selbstbestimmte Lebensform, in der die Gegensätze von Stadt und Land, Tradition und Moderne aufgehoben sind. Auch wenn die handelnden Personen immer wieder betonen, dass die herkömmlichen Kategorien zum Verständnis dieser Gesellschaftsform nicht mehr greifen, ist die hohe Wertschätzung des Autors für die bäuerlichen Elemente dieses ‚guten Lebens' in PUR (Pays de l'Utopie rustique) unübersehbar.

Bei allen Unterschieden zwischen den Lebensverhältnissen in der Realität und in der Mendrasschen Utopie des Jahres 2007 überraschen die Parallelen im Hinblick auf das Überleben des bäuerlichen Prinzips. Vielleicht behält John Berger doch noch Recht, dass die Beständigkeit bäuerlicher Erfahrung und Weltsicht in dem Moment, in dem sie von Prekarisierung oder gar Auslöschung bedroht ist, „eine beispiellose und unerwartete Wichtigkeit" (Berger 1982: 290) gewinnt – und zwar nicht nur für den Fortbestand einer bäuerlichen Landwirtschaft, sondern auch als Überlebenskultur und Vorbild für den Umgang mit Prekarität in anderen gesellschaftlichen Kontexten.

Literaturverzeichnis

Bayerisches Staatsministerium für Landwirtschaft und Forsten (Hg.), 1978 bis 2008: Bayerischer Agrarbericht. Aichach: Mayer & Söhne.

Bell, Michael, 2004: Farming for us all. Practical Agriculture & the Cultivation of Sustainability. University Park, PA.: The Pennsylvania State University Press.

Berger, John, 1982: SauErde. Geschichten vom Lande. München und Wien: Carl Hanser Verlag.

Böhnisch, Lothar, Heide Funk, Joseph Huber und Gertrud Stein (Hg.), 1991: Ländliche Lebenswelten. Fallstudien zur Landjugend. München: Deutsches Jugendinstitut.

Boenink, Rianne, 2004: The Role of Austrian Farm Women in On-Farm-Activities. Facts and Feature Nr. 26 der Bundesanstalt für Bergbauernfragen, Wien.

Brandth, Berit, 2002: Gender Identity in European Family Farming: a Literature Review, Sociologia Ruralis, Jg. 42, S. 181–200.

Fahning, Ines, 2001: Frauen sind ein Gewinn! Beitrag der Frauen am Landwirtschaftlichen Gesamteinkommen. Hannover: Niedersächsisches Ministerium für Ernährung, Landwirtschaft und Forsten. Neuauflage 2009: http://cdl.niedersachsen.de/blob/images/C56018478_L20.pdf

Gasson, Ruth und Andrew Errington, 1993: The Farm Family Business. Wallingford: CABI.

Glaser, Barney G. und Anselm L. Strauss, 1967: The Discovery of Grounded Theory. Strategies for Qualitative Research. New York: Aldine de Gruyter.

Gorman, Monica, 2006: Gender Relations and Livelihood Strategies. In: Bettina B. Bock und Sally Shortall (Hg.): Rural Gender Relations. Issues and Case Studies. Wallingford: CABI, S. 27–46.

Grimm, Jacob und Wilhelm Grimm, 1878: Deutsches Wörterbuch. Leipzig: Hirzel.

Hildenbrand, Bruno, 2005: Familienbetriebe als "Familien eigener Art". In: Fritz B. Simon (Hg.): Die Familie des Familienunternehmens. Heidelberg: Carl Auer Verlag, S. 116–144.

Hildenbrand, Bruno, Karl Friedrich Bohler, Walther Jahn und Reinhold Schmitt, 1992: Bauernfamilien im Modernisierungsprozess. Frankfurt a. M. und New York: Campus-Verlag.

Inhetveen, Heide, 2000: „Ich bin jeden Tag in den Stall und hab geweint." Der Abschied von den Kühen – Trauerprozesse in der Landwirtschaft, Kirche im ländlichen Raum, Jg. 51, S. 174–179.

Inhetveen, Heide und Margret Blasche, 1983: Frauen in der kleinbäuerlichen Landwirtschaft. Opladen: Westdeutscher Verlag.

Inhetveen, Heide und Mathilde Schmitt, 2001a: Vom Mythos des kontinuierlichen Abbaus bäuerlicher Familienbetriebe. Ergebnisse einer Bäuerinnenstudie. In: Agrarbündnis (Hg.): Der kritische Agrarbericht 2001, Rheda-Wiedenbrück: ABL Verlag, S. 250–256.

Inhetveen, Heide und Mathilde Schmitt, 2001b: "Two-thirds emancipated." Persistence and Change in Action Patterns of Farm Women on German Small Holdings. In: Agricultural Research Institute (Hg.): The New Challenge of Women's Role in Rural Europe. Nicosia, Cyprus: Proceedings of an International Conference, S. 301–307.

Inhetveen, Heide und Mathilde Schmitt, 2004: Feminization Trends in Agriculture: Theoretical Remarks and Empirical Findings from Germany. In: Henry Buller und Keith Hoggart (Hg.): Women in the European countryside. Aldershot, Hants, Burlington, VT: Ashgate, S. 83–102.

Johnson, Sarah, 2003: Contingency Revealed: New Zealand Farmer`s Experiences of Agricultural Restructuring, Sociologia Ruralis, Jg. 43, S. 128–153.

Kraemer, Klaus, 2008: Prekarität - was ist das? Arbeit, Jg. 17, S. 77–90.

Marsden, Terry und Jonathan Murdoch, 2006: Between the Local and the Global. Confronting Complexity in the Contemporary Agri-food Sector. Amsterdam: Elsevier.

Mendras, Henri, 1980: Eine Reise ins Reich der ländlichen Utopie. Freiburg im Breisgau: Wolf Mersch.

Mendras, Henri, 1967: La fin des paysans. Paris: Armand Colin.

O'Hara, Patricia, 1994: Out of the Shadows. Women on Family Farms and their Contribution to Agriculture and Rural Development. In: Margreet van der Burg und Marina Endeveld (Hg.): Women on Family Farms. Gender Research, EC Policies and New Perspectives. Wageningen Agricultural University: Circle for Rural European Studies, S. 49–66.

Pongratz, Hans J., 1990: Cultural Tradition and Rural Change, Sociologia Ruralis, Jg. 30, S. 5–17.

Pongratz, Hans J., 2008: Eine Gesellschaft von Unternehmern. Expansion und Profanierung „schöpferischer Zerstörung" in kapitalistischen Ökonomien, Berliner Journal für Soziologie, Jg. 18, S. 457–475.

Rosenthal, Gabriele, 1995: Erlebte und erzählte Lebensgeschichte. Gestalt und Struktur biographischer Selbstbeschreibungen. Frankfurt a.M. u.a.: Campus.

Rossier, Ruth, 2004: Role Models and Farm Development Options: A Comparison of Seven Swiss Farm Families. In: Artur Cristóvao (Hg.): European Farming and Society in Search of a New Social Contract – Learning to Manage Change: (Pre)Proceedings of the 6. European IFSA Symposium, Vila Real (Portugal), S. 699–710.

Sachs, Carolyn E., 1983: The Invisible Farmers: Women in Agricultural Production. Totowa NJ: Rowman & Allanheld.

Schmitt, Mathilde, 2007: „Es wird eng!" – Landwirt/innen zwischen Aufbruch, Anpassung und Resignation. Kommentar aus agrar-soziologischer Perspektive. In: Peter H. Feindt und

Joachim Lange (Hg.): Agrarpolitik im 21. Jahrhundert. Wahrnehmungen, Konflikte, Verständigungsbedarf. Rehburg-Loccum: Loccumer Protokolle, S. 181–190.

Schütze, Fritz, 1983: Biographieforschung und narratives Interview, Neue Praxis, Jg. 13, S. 283–293.

Shortall, Sally, 1999: Gender and Power – Women and Farming. London: Macmillan Press.

Shortall, Sally, 2006: Gender and Farming: an Overview. In: Bettina B. Bock und Sally Shortall (Hg.): Rural Gender Relations. Issues and Case Studies. Wallingford: CABI, S. 19–26.

Silvasti, Tina, 2003: Bending Borders of Gendered Labour Division on Farms: The Case of Finland, Sociologia Ruralis, Jg. 43, S. 154–169.

Strauss, Anselm L, 1994: Grundlagen qualitativer Sozialforschung. München: Wilhelm Fink Verlag.

van der Ploeg, Jan Douwe, 2008: The New Peasantries. Struggles for Autonomy and Sustainability in an Era of Empire and Globalization. London und Sterlin: Earthscan.

van der Ploeg, Jan Douwe, Ann Long und Jo Banks, 2002: Rural Development Processes in Europe: The State of the Art. Introduction. In: Jan Douwe van der Ploeg, Ann Long und Jo Banks (Hg.): Living Countrysides. Doetinchem: Elsevier bedrijfsinformatie, S. 7–17.

Freischaffende Künstlerinnen und Künstler – Modernisierungsavantgarde für prekäres Unternehmertum?

Caroline Dangel-Vornbäumen

1 Einführung

Das Bild des klassischen Unternehmers – männlich, Alleinernährer der Familie, international agierend mit einem technologieorientierten Großunternehmen – war lange Zeit das in der Öffentlichkeit und in der Wissenschaft vorherrschende, empirisch jedoch keineswegs repräsentative Bild. In den 1980er Jahren sind die Selbstständigenzahlen in Deutschland und in Europa stark gestiegen. Unter den Gründungen spielt der, eben beschriebene, klassische Unternehmer eine immer geringere Rolle. Dies belegen Untersuchungen zu Existenzgründungen und erwerbswirtschaftlicher Selbstständigkeit in Deutschland. Stattdessen scheinen unter den Gründungen und dauerhaft bestehenden Unternehmungen prekäre Arbeitsverhältnisse an Bedeutung gewonnen zu haben. Außerdem sind die Selbstständigen zunehmend weiblich, führen ihre Tätigkeit in Teilzeit und ohne Beschäftigte aus (Meager 1993: 27; Sternberg 2000: 15).

Das Forschungsfeld des prekären Unternehmertums ist vergleichsweise neu, erfährt aber angesichts des fortschreitenden Strukturwandels des Arbeitsmarktes hin zu neuen Formen der Selbstständigkeit bzw. insgesamt zu neuen, flexiblen, dafür aber stärker mit Risiko behafteten und unsicheren Arbeitsverhältnissen wachsende Aufmerksamkeit. An der Professur für Haushalts- und Konsumökonomik der Universität Bonn wurde ein Modell erarbeitet, mit dem Existenzgründungen und erwerbswirtschaftliche Selbstständigkeiten unter dem Gesichtspunkt der Prekarität sehr gut erforscht werden können[1].

Anhand der Ergebnisse aus den Untersuchungen, die im Rahmen des Forschungsprogrammes 'Haushalts-Unternehmens-Komplexe' angefertigt wurden, soll in diesem Beitrag versucht werden, den Umfang und die Entwicklungslinien prekären Unternehmertums und die soziale Lage solcher Unternehmer in Deutschland und in ausgewählten Ländern in Europa unter Berücksichtigung genderspezifischer Aspekte quantitativ zu erfassen (Kapitel 3). Außerdem wird die Berufsgruppe der selbstständi-

---

[1] Seit den 1990er Jahren sind regelmäßig in einem Team an der Professur für Haushalts- und Konsumökonomik und in Zusammenarbeit mit dem Statistischen Bundesamt Sonderauswertungen des Mikrozensus durchgeführt worden (Hansch/Piorkowsky 1997 und 1999; Piorkowsky 2002a; Hansch 2005; Piorkowsky 2005b; Hansch 2005; Statistisches Bundesamt 2003, 2004, 2005, 2006, 2008). Im Jahr 2006 entstand eine Sonderauswertung mit Daten der EU-Arbeitskräfteerhebung (Dangel et al. 2006; Dangel 2007). Die Autorin dieses Beitrags hat außerdem im Jahr 2005 eine Studie über selbstständige Künstlerinnen und Künstler angefertigt (Dangel/Piorkowsky 2006; Dangel 2007b; Dangel 2008).

gen Künstlerinnen und Künstler in Deutschland, welche in der Literatur als Vorreiter avantgardistischen Unternehmertums beschrieben wird, näher betrachtet (Kapitel 4). Abschließend soll die Frage beantwortet werden, inwiefern die Kultur- und Kreativbranche eine Vorreiterrolle mit Blick auf prekäres Unternehmertum beanspruchen kann (Kapitel 5) und welche Konsequenzen sich für einen weiteren Forschungsbedarf und für Handlungsempfehlungen für die Politik ergeben (Kapitel 6). Im Folgenden (Kapitel 2) wird der Begriff Prekarität für diesen Beitrag eingegrenzt und das Forschungsprogramm ‚Haushalts-Unternehmens-Komplexe' dargestellt.

2   Konzeptionelle Grundlegung

2.1   Begriffseingrenzung Prekarität

Der Begriff Prekarität wird seit einiger Zeit in der wissenschaftlichen Literatur sehr inflationär für die Beschreibung unsicherer Beschäftigungsverhältnisse verwendet. Dies gilt insbesondere auch für die Beschreibung der Arbeitsverhältnisse erwerbswirtschaftlich selbstständiger Künstlerinnen und Künstler. Häufig wird sogar diese Berufsgruppe in Abgrenzung zu den übrigen Erwerbstätigen als das Prekariat schlechthin beschrieben (König/Silbermann 1964: 86f.; Kräuter 2002: 7; Sozialkulturprojekte e.V. 2002: 66; Thurn 1985: 27). Eine grundlegende begrifflich-konzeptionelle Beschreibung blieb bisher allerdings aus. Meist erfolgt die Beschreibung prekärer Arbeitsverhältnisse unter Heranziehung ökonomischer Kriterien, wie das erwirtschaftete Einkommen aus der beruflichen Selbstständigkeit.

Gegenstand der in diesem Beitrag herangezogenen eigenen Untersuchungen war nicht primär die Erforschung prekärer Unternehmensformen. Daher verzichten die Untersuchungen in ihrer Anlage auf diese Terminologie.

In diesem Beitrag wird sich der Begriff Prekarität an den Untersuchungsdimensionen, die Kraemer in einer Abhandlung zusammengefasst hat, orientieren (Kraemer 2008: 77f.). Dabei wird auf einen Prekaritätsbegriff abgestellt, der nicht nur die Ebene der Erwerbsarbeit, sondern auch die Ebene der Lebenslage einbezieht. Im Einzelnen werden die Untersuchungsdimensionen Erwerbsstelle (hier die aktuelle selbstständige Erwerbsarbeit), Erwerbsverlauf und Lebenslage einbezogen, um Rückschlüsse auf prekäre Unternehmensformen von Selbstständigen in Deutschland und in ausgewählten Ländern Europas sowie der Berufsgruppe der selbstständigen Künstlerinnen und Künstler zu ziehen.

2.2   Das Forschungsprogramm der ‚Haushalts-Unternehmens-Komplexe'

Beim Forschungsprogramm ‚Haushalts-Unternehmens-Komplexe' geht es um die theoretische und empirische Analyse von Gründungs- und Entwicklungsprozessen von Unternehmen im Haushalts- und Familienkontext. Die Forschungshypothese ist, dass ‚Haushalts-Unternehmens-Komplexe' emergente sozioökonomische Systeme eigener Art sind, die durch ganz normale Gründungsprozesse von Unternehmen im Zuge der Vorbereitung, Aufnahme und Gestaltung einer selbstständigen Erwerbstätigkeit und der daraus resultierenden Mischung von Funktionen und Strukturen von Haushalten und zugehörigen Unternehmen entstehen. Sie sind als hybride Systeme zu charakterisieren, die weder Haushalte im Sinne von konsumorientierten Ausgabenwirtschaften noch Unternehmen im Sinne von – vom Haushalt – abgesonderten Erwerbsbetrieben darstellen.

Dabei weisen ‚Haushalts-Unternehmens-Komplexe' typischerweise folgende Merkmale auf (Hansch/Piorkowsky 1997):

- Die Beschaffung von Geld, teils auch von Sachmitteln für den Haushalt erfolgt zumindest teilweise durch selbstständige, unternehmerische Tätigkeit. Die eigene Unternehmung muss nicht die Haupteinkommensquelle sein.
- Die Betriebsgröße der eigenen Unternehmung ist, gemessen an der Zahl der Beschäftigten, gering. Neben dem tätigen Inhaber bzw. der Inhaberin kommen nur mithelfende bzw. mitarbeitende Familien- bzw. Haushaltsangehörige und/oder einige wenige sonstige Beschäftigte in Betracht. Als Kriterium kann gelten, dass die Zahl der Fremdarbeitskräfte nicht größer ist als die der tätigen Haushalts- bzw. Familienmitglieder.
- Die Leitungsbefugnis in der eigenen Unternehmung liegt beim tätigen Inhaber bzw. der Inhaberin oder einem Mitglied des Haushalts bzw. der Familie.
- Wenn es sich bei dem eigenen Unternehmen um eine Personen- bzw. Kapitalgesellschaft handelt, halten zumindest ganz überwiegend Haushalts- bzw. Familienmitglieder die Gesellschaftsanteile.

Abbildung 1: Funktions- und Strukturmischung im Haushalts-Unternehmens-Komplex

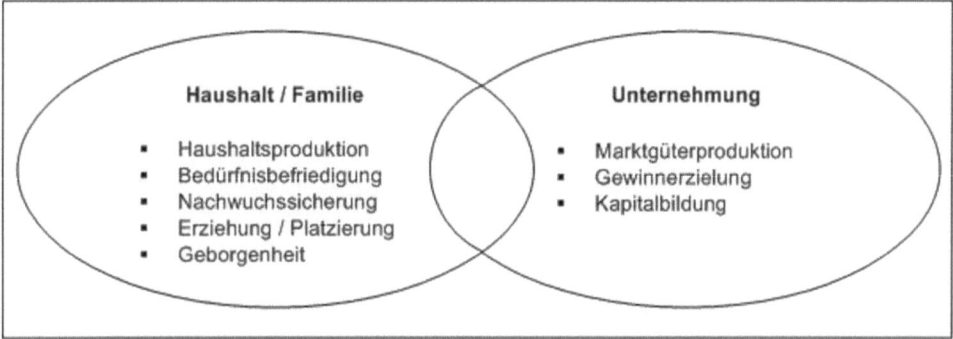

Quelle: Eigene Darstellung

Die aus der Kleinheit der eigenen Unternehmung resultierende Verflechtung der Personen, Ziele und Mittel des Haushalts und des zugehörigen Unternehmens legen die

Bezeichnung ‚Haushalts-Unternehmens-Komplex' nahe. Aus der Mischung der Strukturen und Funktionen von Privathaushalt bzw. Familie und Unternehmung ergibt sich ein hybrider Charakter dieser qualitativ neuen, emergenten sozioökonomischen Institution, weil unterschiedliche Aufgaben und Handlungslogiken in Einklang gebracht werden müssen (vgl. Abbildung 1). Die Mischung von Funktionen und Strukturen von Haushalt und eigenem Unternehmen ist mit spezifischen Chancen und Risiken verbunden: Einerseits wird die Anpassungsfähigkeit an externe Größen erhöht, andererseits nimmt die interne Störanfälligkeit aufgrund der Ziel- und Mittelkonkurrenz, z.B. zwischen Konsum und Investition sowie zwischen Haushaltsarbeit, Erwerbsarbeit und Freizeit, zu (Piorkowsky 2002a).

Da die Entstehung von ‚Haushalts-Unternehmens-Komplexen' nicht an eine vollzeitliche Selbstständigkeit gebunden ist, sondern bereits mit der Ausübung von Zu- und Nebenerwerbsselbstständigkeiten beginnt, ist die Analyse, insbesondere mit Blick auf den selbstständigen Zuerwerb, genderspezifisch interessant. Analysen mit dem Mikrozensus zeigen, dass bei vorsichtiger Schätzung rund die Hälfte der Selbstständigen mit ihren Haushalten ‚Haushalts-Unternehmens-Komplexe' bilden (Hansch/Piorkowsky 1999; Hansch 2005). Für die Gründungsforschung und die Gründungsförderung ergeben sich daraus neue Perspektiven (vgl. dazu Piorkowsky/Holland 2001; Piorkowsky 2002b; Piorkowsky 2004; Piorkowsky 2005; Dangel/Piorkowsky 2006).

Abbildung 2: Selbstständigkeit nach dem Umfang und dem Stellenwert der Tätigkeit

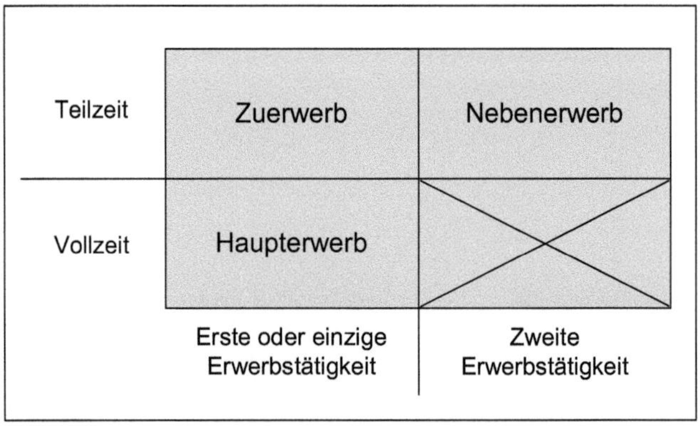

Quelle: Eigene Darstellung

Der *haushaltsökonomische Ansatz* zur Analyse der erwerbswirtschaftlichen Selbstständigkeit und des Gründungsgeschehens geht auf der obersten Gliederungsebene von der Unterscheidung von *drei* Gruppen von Selbstständigen aus: erstens im *Haupterwerb* (erste oder einzige Selbstständigkeit in Vollzeit), zweitens im *Zuerwerb* (erste oder einzige Selbstständigkeit in Teilzeit neben einer nicht auf Erwerb gerichteten Hauptaktivität, z.B. Haushaltsführung) und drittens im *Nebenerwerb* (zweite Erwerbstätigkeit als Selbstständige oder Selbstständiger in Teilzeit) (vgl. Abbildung 2).

Die Unterscheidung von drei Gruppen durch Zerlegung der Komponente der Teilzeitselbstständigen nach dem Stellenwert der Tätigkeit (erste oder zweite Erwerbstätigkeit) und den korrespondierenden sozioökonomischen Konstellationen, z.B. Haushaltsführung und selbstständiger Zuerwerb gegenüber abhängiger Beschäftigung im Haupterwerb und selbstständiger Nebenerwerb, führt zu differenzierten Informationen über das Gründungsgeschehen und die Selbstständigkeit. Werden dagegen die zwei Gruppen der Teilzeitselbstständigen zusammengefasst, werden mögliche Unterschiede verwischt und falsche Schlüsse gezogen. Gerade im Hinblick auf prekäre Arbeitsverhältnisse kann die Unterscheidung in die Hauptgruppen der Selbstständigkeit wichtige Informationen liefern.

Hinsichtlich der Zahl der Selbstständigen insgesamt ist hier noch auf das Faktum der *Mehrfachselbstständigkeit* hinzuweisen. Personen können sowohl in erster Erwerbstätigkeit (im Haupt- oder Zuerwerb) als auch in zweiter Erwerbstätigkeit (im Nebenerwerb) selbstständig tätig sein. Im Zeitraum von 1996 bis 2003 waren durchschnittlich rund 15 % der *Nebenerwerbsselbstständigen* in Deutschland auch in erster Erwerbstätigkeit (im Haupt- oder Zuerwerb) selbstständig tätig, also rund 60.000 bis 65.000 Personen. Die Zahlen der drei Gruppen können folglich nicht zu einer Gesamtzahl der Selbstständigen addiert werden, weil genau genommen ‚Selbstständigkeitsfälle‘ von Personen erhoben werden und nicht zu entscheiden ist, ob die hier angesprochenen Nebenerwerbsselbstständigkeits-Fälle von denen im Haupt- oder im Zuerwerb abzuziehen wären (Dangel et al. 2006: 13).

Ausgehend von Mückenberg (1985) versteht Dörre das Normalarbeitsverhältnis als eine „Vollzeittätigkeit, die außerhalb des eigenen Haushalts ohne zeitliche Befristung für einen Arbeitgeber in einer halbwegs gleichmäßig auf die Werktage verteilten Arbeitszeit geleistet wird" (Dörre et al. 2004: 379). ‚Haushalts-Unternehmens-Komplexe‘ sind fern ab davon. Mit Blick auf prekäres Unternehmertum muss davon ausgegangen werden, dass ein Großteil der ‚Haushalts-Unternehmens-Komplexe‘ sich in prekären Verhältnissen abspielt, je nach Zugrundelegung und Gewichtung der einzelnen Kriterien von prekärem Unternehmertum. Dabei wird die Selbstständigkeit im Haupterwerb weniger stark als die Selbstständigkeit in Teilzeit (Zu- und Nebenerwerb) betroffen sein.

3   Erwerbswirtschaftliche Selbstständige in Deutschland und im Vergleich zu ausgewählten Ländern in Europa

In diesem Kapitel werden Ergebnisse aus Untersuchungen, die im Rahmen des Forschungsprogrammes ‚Haushalts-Unternehmens-Komplexe‘ für die Gesamtheit der Selbstständigen durchgeführt worden sind, dargestellt.

Zum einen wird auf Ergebnisse des Gendermonitors Existenzgründung 2006 zurückgegriffen (Statistisches Bundesamt 2008). Der Bericht ist Teil einer Reihe von Sonderauswertungen über Existenzgründungsprozesse und erwerbswirtschaftliche Selbstständigkeit in Deutschland mit Daten des Mikrozensus (Statistisches Bundesamt 2003, 2004, 2005, 2006, 2008; Hansch 2005). Die erste umfassende Strukturanalyse dieser Art wurde im Jahr 2003 an der Professur für Haushalts- und Konsumökonomik (an der Universität Bonn) durchgeführt. Sie zeigt Existenzgründungen im Kontext der Arbeits- und Lebensverhältnisse über den Zeitraum von 1985 bis 2001 auf. Es folgten Aktualisierungen für die Jahre 2002/2003, 2004 und 2005. Der Gendermonitor Existenzgründung 2006 zeigt anknüpfend an die erste Untersuchung aus dem Jahr 2003 ausgewählte Entwicklungslinien des Gründungsgeschehens und der erwerbswirtschaftlichen Selbstständigkeit für den Beobachtungszeitraum der Jahre 1996 bis 2006 auf. Die Sonderauswertungen stellen eine quantitative Beschreibung der Arbeits- und Lebensverhältnisse von Selbstständigen, werdenden Selbstständigen und Gründerpersonen sowie von Personen, die ihre Selbstständigkeit beendet haben, dar. Als 1 %-Repräsentativstatistik bietet der Mikrozensus für die Gründungsforschung umfassende, belastbare Erkenntnisse. Es lassen sich ‚Haushalts-Unternehmens-Komplexe' sowie Teilzeitselbstständigkeit abbilden und somit wichtige Erkenntnisse über prekäre Unternehmensformen ermitteln.

Zum anderen werden Ergebnisse aus dem Forschungsprojekt ‚Genderaspekte in der Existenzgründung und Selbstständigkeit in Deutschland im Vergleich mit ausgewählten Ländern in Europa' aus dem Jahr 2006 präsentiert (Dangel et al. 2006). Ein erstes Ziel der Untersuchung war der länder- und genderspezifische Vergleich von Mustern der Selbstständigkeit im Haupt-, Zu- und Nebenerwerb, insbesondere der Anteile von Frauen und Männern und der Entwicklungen in den zurückliegenden Jahren. Ein Ausgangspunkt war die Erkenntnis, dass in Deutschland der selbstständige Haupt- und Nebenerwerb männlich dominiert sind, während der selbstständige Zuerwerb eine Frauendomäne darstellt, weil hier Haushalts- und Familienarbeit mit Erwerbsarbeit vergleichsweise gut kombiniert werden können. Die Frage war, ob es sich hierbei um ein spezifisch deutsches Phänomen handelt. Zur Klärung dieser Frage wurden Daten der EU-Arbeitskräfteerhebung für ausgewählte Länder in Europa vergleichend analysiert. In den Vergleich einbezogen wurden Dänemark, Deutschland, Finnland, Frankreich, Griechenland, Irland, Island, Italien, die Niederlande, Norwegen, Österreich, Portugal, Schweden, die Schweiz, Spanien und das Vereinigte Königreich. Für diese Länder stand eine ausreichende Datenbasis zur Verfügung.

Im Folgenden werden zunächst in Kapitel 3.1 Zahlen zur Entwicklung und zu den Strukturen der beruflichen Selbstständigkeit in Deutschland aus dem Gendermonitor Existenzgründung 2006 präsentiert (Statistisches Bundesamt 2008). Im Anschluss daran werden in Kapitel 3.2 zentrale Ergebnisse aus der Auswertung mit den Daten der EU-Arbeitskräfthebung dargestellt. Kapitel 3.3 gibt einen Überblick über die erwerbswirtschaftliche Selbstständigkeit in der Kultur- und Kreativwirtschaftsbranche.

3.1 Entwicklung der beruflichen Selbstständigkeit in Deutschland

Der Schwerpunkt bei der Darstellung der Zahlen für Deutschland liegt im Folgenden bei der Entwicklung der Selbstständigenzahlen im Haupt-, Zu- und Nebenerwerb absolut und anteilsmäßig für den Zeitraum von 1996 bis 2006. Neben einer Gesamtbetrachtung werden auch genderspezifische Unterschiede herausgearbeitet (vgl. Statistisches Bundesamt 2008). Im Zeitraum von 1996 bis 2005 ist die Zahl der Selbstständigen insgesamt und in den drei Hauptgruppen gestiegen (vgl. Abbildung 3).

Abbildung 3: Selbstständige im Haupt-, Zu- und Nebenerwerb

Selbstständige im Haupt-, Zu- und Nebenerwerb in Deutschland

□ Haupterwerb   ▨ Zuerwerb   ▪ Nebenerwerb

Tausend

	1996	1997	1998	1999	2000	2001	2002	2003	2004	2005	2006
Nebenerwerb	385	395	406	405	399	406	392	435	413	516	543
Zuerwerb	396	427	442	441	455	448	470	501	536	631	777
Haupterwerb	3 009	3 094	3 147	3 144	3 182	3 174	3 176	3 236	3 303	3 452	3 360

Ergebnisse des Mikrozensus - Bevölkerung in Privathaushalten mit Haushaltsbezugsperson am Ort der Hauptwohnung: Selbstständige in der ersten und zweiten Erwerbstätigkeit einschließlich Mehrfachselbstständigkeit

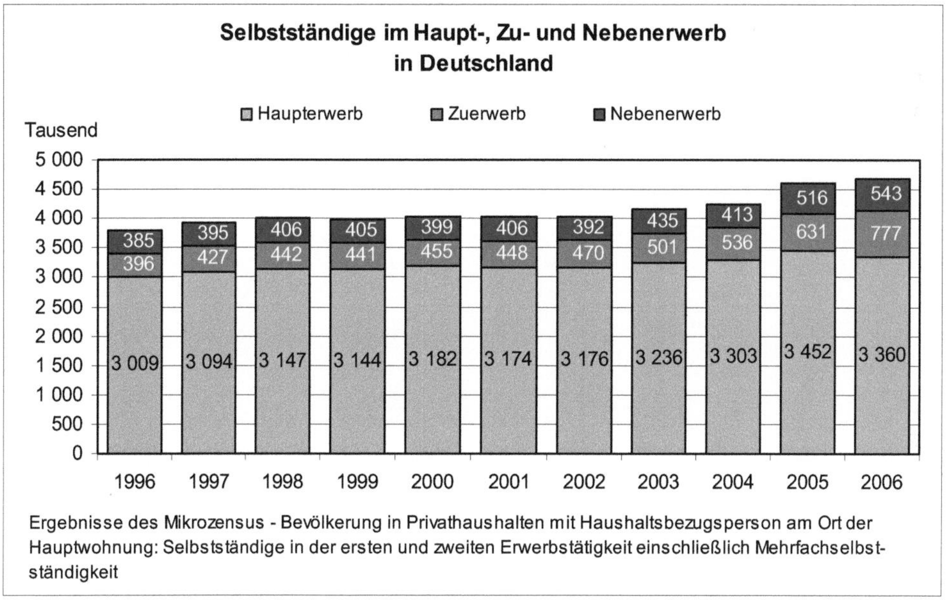

Quelle: Statistisches Bundesamt 2008: 5

Im Haupterwerb stieg die Zahl der Selbstständigen von 3,0 Mio. auf 3,5 Mio., im Zuerwerb von 396.000 auf 631.000. Im Nebenerwerb ist ein Anstieg der Selbstständigen von 385.000 auf 516.000 zu verzeichnen. In 2006 lässt sich erstmals seit 1996 ein Rückgang der Zahl der Selbstständigen in einer der Hauptgruppen, und zwar bei den Selbstständigen im Haupterwerb, feststellen. Die Zahl der Haupterwerbsselbstständigen sank gegenüber dem Vorjahr um 2,7 % auf 3,4 Mio. Dagegen stieg die Zahl der Selbstständigen im Zuerwerb und im Nebenerwerb weiterhin von 631.000 auf 770.000 bzw. von 516.000 auf 543.000 an[2].

---

[2] Es ist darauf hinzuweisen, dass ab dem Jahr 2005 für den Mikrozensus eine neue Rechtsgrundlage gilt, die zu methodischen und inhaltlichen Neuerungen geführt hat. Es ist daher möglich, dass die Mikrozen-

In 2006 lag die Zahl der Selbstständigen insgesamt bei rund 4,7 Mio.[3] Die Zahl der Selbstständigen in der ersten oder einzigen Erwerbstätigkeit, die herkömmlich als die maßgebliche Selbstständigenzahl betrachtet wird, betrug in 2006 4,1 Mio.; sie beinhaltet den Zuerwerb, nicht aber den Nebenerwerb. Die drei Hauptgruppen weisen im Beobachtungszeitraum eine sehr unterschiedliche Entwicklung auf. So ist die Zahl der Selbstständigen im Haupterwerb zwischen 1996 und 2005 um 14,7 % gestiegen und dann erstmals in 2006 auf 3,4 Mio. gefallen. Dagegen lässt sich im Betrachtungszeitraum von 1996 bis 2006 sowohl im Zuerwerb als auch im Nebenerwerb ein starkes Wachstum zeigen: Die Wachstumsrate der Zahl der Selbstständigen betrug im Zuerwerb 96,2 % und im Nebenerwerb 41,0 %. Insgesamt stieg die Zahl der Teilzeitselbstständigen (Zu- und Nebenerwerb) von 781.000 auf 1,3 Mio. um 69,0 %.

Abbildung 4: Verteilung der Selbstständigen nach Haupt-, Zu- und Nebenerwerb

Verteilung der Selbstständigen nach Haupt-, Zu- und Nebenerwerb in Deutschland

%	☐ Haupterwerb	◧ Zuerwerb	■ Nebenerwerb

Jahr	Haupterwerb	Zuerwerb	Nebenerwerb
1996	79,4	10,4	10,2
2002	78,7	11,6	9,7
2003	77,6	12,0	10,4
2004	77,7	12,6	9,7
2005	75,1	13,7	11,2
2006	71,8	16,6	11,6

Ergebnisse des Mikrozensus - Bevölkerung in Privathaushalten mit Haushaltsbezugsperson am Ort der Hauptwohnung: Selbstständige in der ersten und zweiten Erwerbstätigkeit einschließlich Mehrfachselbstständigkeit

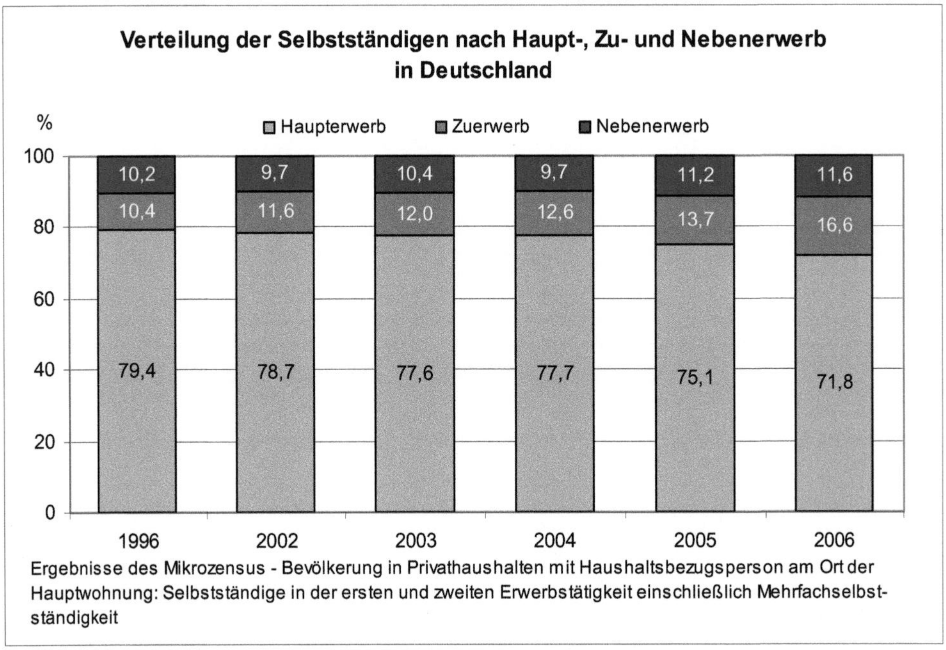

Quelle: Statistisches Bundesamt 2008: 8

---

susergebnisse ab 2005 gegenüber den Vorjahren nicht nur durch reale Prozesse, sondern auch durch die Umstellung von einer festen zu einer gleitenden Berichtswoche, durch die Veränderungen des Leitfragensystems und Editierung der Fragetexte zur Erfassung der Erwerbsbeteiligung sowie durch das neue Hochrechnungsverfahren begründet sind.

[3] Diese Zahl setzt sich aus den Selbstständigenfällen der ersten und zweiten Erwerbstätigkeit zusammen und beinhaltet daher Mehrfachzählungen.

Bei der Betrachtung der Anteile der drei Hauptgruppen an den Selbstständigen von 1996 bis 2006 zeigen sich folgende Verschiebungen: im Haupterwerb von 79,4 % auf 71,8 %, im Zuerwerb von 10,4 % auf 16,6 % und im Nebenerwerb von 10,2 % auf 11,6 % (vgl. Abbildung 4). Bei undifferenzierter Betrachtung der Teilzeitselbstständigkeit kann eine Zunahme des Anteils der Teilzeitselbstständigen an allen Selbstständigen von 20,6 % 1996 auf 28,2 % 2006 festgestellt werden. Für die Herausarbeitung genderspezifischer Unterschiede ist allerdings eine differenzierte Betrachtung der Teilzeitselbstständigkeit nach Zu- und Nebenerwerb wichtig.

Auch mit Blick auf die Wirtschaftsbereiche, in denen die Selbstständigen tätig sind, setzt sich der bereits seit langem anhaltende Trend des wirtschaftlichen Strukturwandels fort. Die Zunahme der Selbstständigen zeigt sich hauptsächlich im Bereich der ‚Sonstigen Dienstleistungen'. Im Jahr 2006 übten in Deutschland 47,8 % (1,977 Mio.) der Selbstständigen in der ersten Erwerbstätigkeit und 59,3 % (322.000) der Selbstständigen in der zweiten Erwerbstätigkeit ihre Tätigkeit in diesem Bereich aus.

Abbildung 5: Selbstständige Männer und Frauen im Haupt-, Zu- und Nebenerwerb in Deutschland

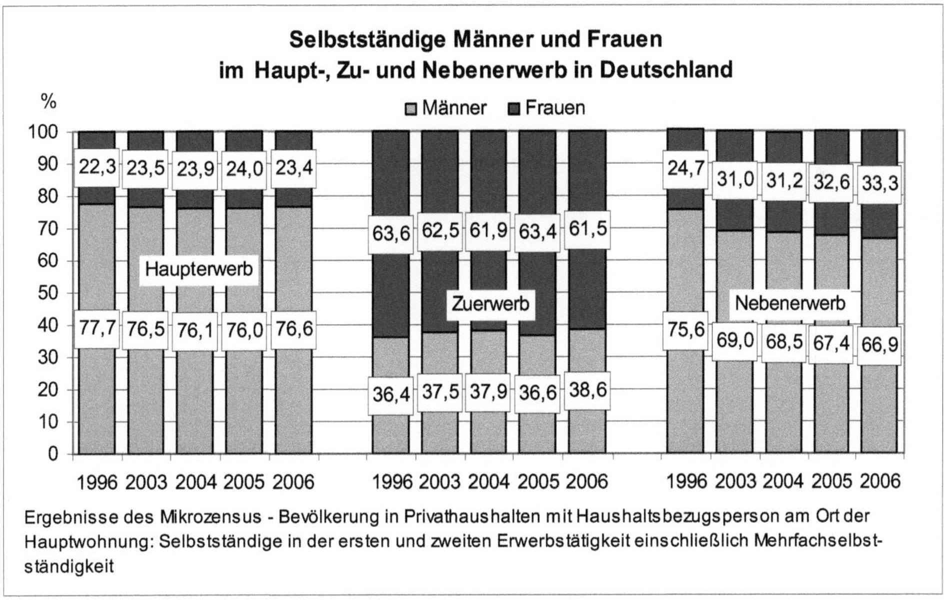

Quelle: Statistisches Bundesamt 2008: 9

Der Anteil der Frauen an den Selbstständigen hat im Zeitraum von 1996 bis 2005 insgesamt zugenommen. Dabei ist die Entwicklung in den drei Hauptgruppen unterschiedlich verlaufen (vgl. Abbildung 5). In 2006 ist der Anteil der selbstständigen Frauen lediglich im Nebenerwerb weiter auf 33,3 % gestiegen. Im Haupterwerb und im Zuerwerb ist erstmals seit 1996 eine Abnahme festzustellen. Im Haupterwerb waren es 23,4 % Frauen und 76,6 % Männer, die erwerbswirtschaftlich selbstständig tätig waren, und im Zuerwerb, der ‚Domäne weiblicher Erwerbsselbstständigkeit', waren es 61,5 % Frauen und 38,6 % Männer. Die erste Sonderauswertung der Mikrozensen für die Jahre 1985 bis 2001 hatte als eines der bemerkenswertesten Ergebnisse gezeigt, dass Teilzeitselbstständigkeit, insbesondere im Zuerwerb, an Bedeutung gewinnt und dass Frauen überproportional an dieser Entwicklung beteiligt sind. Dieser Trend hat sich weiter fortgesetzt.

3.2 Berufliche Selbstständigkeit in Deutschland im Vergleich mit ausgewählten Ländern in Europa

Im Folgenden werden Ergebnisse aus dem Forschungsprojekt ‚Genderaspekte in der Existenzgründung und Selbstständigkeit in Deutschland im Vergleich mit ausgewählten Ländern in Europa' dargestellt (vgl. Dangel et al. 2006). Erstmals wurde neben der Darstellung der drei Hauptgruppen der Selbstständigkeit Haupt-, Zu- und Nebenerwerb eine Gesamtselbstständigenquote generiert (vgl. Dangel 2007a).

Abbildung 6: Erweiterte und herkömmliche Selbstständigenquoten in ausgewählten Ländern in Europa 2004 (%)

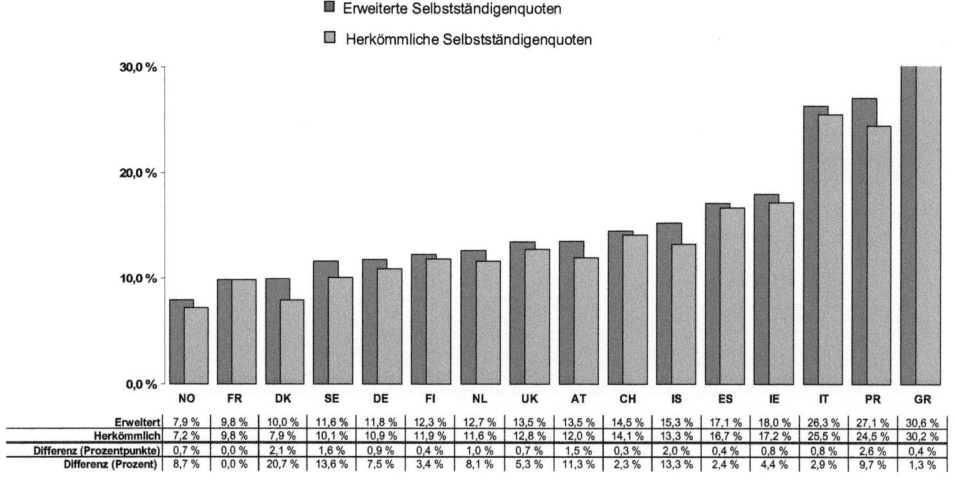

	NO	FR	DK	SE	DE	FI	NL	UK	AT	CH	IS	ES	IE	IT	PR	GR
Erweitert	7,9 %	9,8 %	10,0 %	11,6 %	11,8 %	12,3 %	12,7 %	13,5 %	13,5 %	14,5 %	15,3 %	17,1 %	18,0 %	26,3 %	27,1 %	30,6 %
Herkömmlich	7,2 %	9,8 %	7,9 %	10,1 %	10,9 %	11,9 %	11,6 %	12,8 %	12,0 %	14,1 %	13,3 %	16,7 %	17,2 %	25,5 %	24,5 %	30,2 %
Differenz (Prozentpunkte)	0,7 %	0,0 %	2,1 %	1,6 %	0,9 %	0,4 %	1,0 %	0,7 %	1,5 %	0,3 %	2,0 %	0,4 %	0,8 %	0,8 %	2,6 %	0,4 %
Differenz (Prozent)	8,7 %	0,0 %	20,7 %	13,6 %	7,5 %	3,4 %	8,1 %	5,3 %	11,3 %	2,3 %	13,3 %	2,4 %	4,4 %	2,9 %	9,7 %	1,3 %

Quelle: EU-Arbeitskräfteerhebung; eigene Berechnungen; eigene Darstellung

Im Gegensatz zu der sonst in der Literatur herangezogenen (im Folgenden ‚herkömmlich' genannten) Selbstständigenquote (vgl. z.B. Meager 1993; Story 1994; OECD 1996 Leicht/Philipp 1999; Schulze Buschoff 2004) berücksichtigt diese nicht nur die Selbstständigen bzw. Erwerbstätigen in der ersten, sondern auch die in der zweiten

Erwerbstätigkeit. Sie wird im Folgenden ‚erweiterte Selbstständigenquote' genannt. Durch die Ausweitung dieser Quote um die Selbstständigen in der zweiten Erwerbstätigkeit wird der Umfang der Selbstständigkeit genauer abgebildet.

Die erweiterte Selbstständigenquote fällt durchwegs höher aus als die herkömmliche (vgl. Abb. 6)[4]. In Ländern mit gut ausgebauten sozialen Sicherungssystemen ist der Anteil der Selbstständigen vergleichsweise gering, während in Ländern mit vergleichsweise schlecht ausgebauten sozialen Systemen hohe Selbstständigenquoten vorzufinden sind. Mit Selbstständigenquoten von 7,9 % (Norwegen) bis 12,3 % (Finnland) bilden die skandinavischen Länder neben Frankreich und Deutschland das untere Ende bei den Selbstständigenquoten. Mit einem Selbstständigenanteil von 30,6 % lässt Griechenland die anderen untersuchten EU-Länder weit hinter sich zurück. Aber auch weitere Mittelmeerländer sowie Polen und Island liegen mit ihrem Selbstständigenanteil am oberen Ende. Die *strukturellen Muster* der Selbstständigkeitsfälle sind in der Darstellung der Anteile der drei Gruppen besonders deutlich zu erkennen (vgl. Abb. 7).

Abbildung 7: Selbstständigkeitsfälle in ausgewählten Ländern 2004 (%)

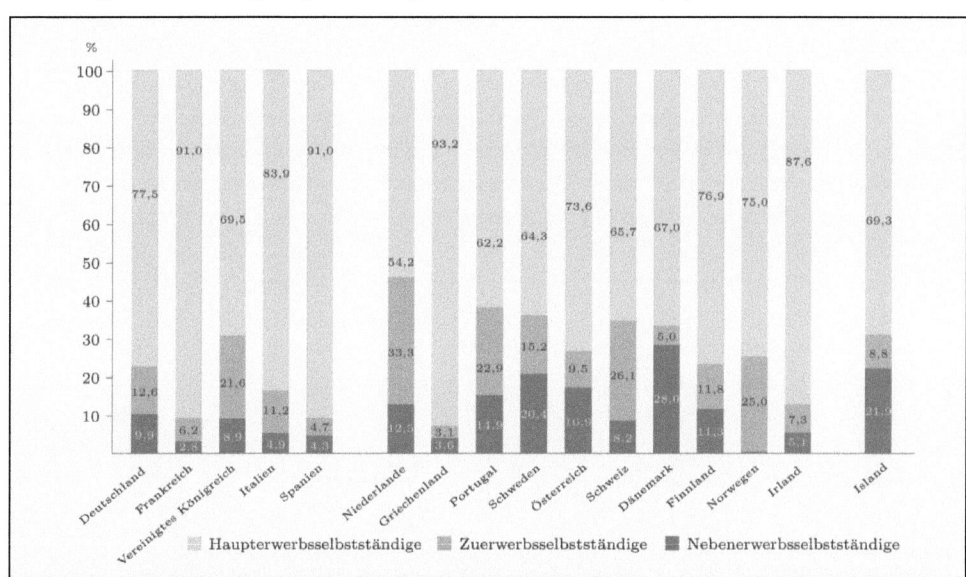

Quelle: EU-Arbeitskräfteerhebung; eigene Darstellung

Die Anteile der Selbstständigen an den Selbstständigkeitsfällen 2004 reichen im Haupterwerb von 54,2 % in den Niederlanden bis 93,2 % in Griechenland (vgl. Abb.

---

[4] Es ist darauf hinzuweisen, dass bei diesen Berechnungen Doppelzählungen zustande kommen, da die Erwerbspersonen sowohl in der ersten als auch in der zweiten Erwerbstätigkeit selbstständig sein können. Bei der Ausweisung der Selbstständigenzahlen insgesamt ist daher zutreffender, zukünftig von Selbstständigen*fällen* zu sprechen.

6). Beim Zuerwerb liegen die Anteile zwischen 3,1 % in Griechenland und 33,2 % in den Niederlanden; und beim Nebenerwerb liegen die Anteile zwischen 2,8 % in Frankreich und 28,0 % in Dänemark (ohne Berücksichtigung von Norwegen wegen unklarer Daten für den Nebenerwerb 2004).

Der Haupterwerb dominiert demnach aktuell in allen betrachteten Ländern mit Anteilen von über 50 %. Besonders hohe Anteile im Haupterwerb (über 80 %) haben Frankreich, Italien, Spanien, Griechenland und Irland. Hohe Anteile im Zuerwerb (über 10 %) haben Deutschland, das Vereinigte Königreich, Italien, die Niederlande, Portugal, Schweden, die Schweiz, Finnland und Norwegen. Hohe Anteile im Nebenerwerb (über 10 %) haben die Niederlande, Portugal, Schweden, Österreich, Dänemark, Finnland und Island. Große Ähnlichkeit in der Struktur der Anteile 2004 weisen – bei nicht genderspezifischer Betrachtung – Deutschland und Finnland auf. Im Haupterwerb liegen die Anteile bei 77,5 % bzw. 76,9 %, im Zuerwerb bei 12,6 % bzw. 11,8 % und im Nebenerwerb bei 9,9 % bzw. 11,3 % (vgl. Abbildung 6). Hinsichtlich des Zuerwerbs nehmen die Niederlande eine herausragende Position ein. Hier finden sich aktuell mit 33,3 % die höchsten Zahlen im selbstständigen Zuerwerb (vgl. Abb. 6).

Was genderspezifische Betrachtungen in den drei Gruppen der Selbstständigkeit anbetrifft, zeigt sich ein sehr differenziertes Bild. Tendenziell besteht – von den Zahlen für Deutschland aus betrachtet – im durchgehend männlich dominierten Haupterwerb ein Nord-Süd-Gefälle mit niedrigeren Frauenanteilen im Norden und höheren Frauenanteilen im Süden. Die Ergebnisse zum Zuerwerb sind besonders interessant. Wie in Deutschland ist in den meisten Ländern der Zuerwerb eine Frauendomäne. Einen Frauenanteil von unter fünfzig Prozent haben lediglich die skandinavischen Länder, die für ihre hohen Frauenerwerbsquoten und familienfreundlichen Sozialsysteme bekannt sind. Dagegen findet sich in Frankreich trotz des umfangreichen Angebotes an Kindereinrichtungen ein vergleichsweise hoher Anteil von Frauen im selbstständigen Zuerwerb; er übertrifft sogar den entsprechenden Anteil in Deutschland. Ein monokausaler Zusammenhang zwischen dem Angebot an Kinderbetreuung und der Zuerwerbsselbstständigkeit von Frauen scheint also nicht vorzuliegen. Im Nebenerwerb zeigt sich genderspezifisch ein vergleichsweise uneinheitliches Bild.

Hinsichtlich der *Entwicklung* der Selbstständigkeit im *Haupt-, Zu- und Nebenerwerb* von Frauen und Männern insgesamt zeigt sich, dass in fast allen Ländern unterschiedliche Verläufe die Regel sind. Ein kontinuierlich steigender Verlauf in allen drei Gruppen ist nur für Irland zu verzeichnen. Ein U-förmiger Verlauf in allen drei Gruppen zeigt sich nur für das Vereinigte Königreich, ein kontinuierlich fallender Verlauf nur für Frankreich und ein durchgängig umgekehrt-U-förmiger Verlauf für keines der ausgewählten Länder.

Im Vergleich der ausgewählten Länder in Europa ist – zunächst für Frauen und Männer zusammen – die *Dominanz der Selbstständigen ohne Beschäftigte* zu erkennen, die allerdings bei differenzierter Betrachtung *gruppenspezifisch* sehr unterschiedlich ausfällt.

Im *Haupterwerb* liegt der Anteil der Selbstständigen *mit* Beschäftigten aktuell lediglich in der Schweiz und in Deutschland geringfügig über 50 %. Der *Zu- und Nebenerwerb* ist – teilzeitbedingt – besonders ‚beschäftigungsarm'. Dies gilt für den Zuerwerb noch ausgeprägter als für den Nebenerwerb. Deutschland nimmt hinsichtlich des Anteiles der Selbstständigen mit Beschäftigten und ohne Beschäftigte im Zu- und Nebenerwerb – anders als im Haupterwerb – eine mittlere Position ein.

Selbstständige ohne Beschäftigte arbeiten allerdings nicht immer ‚solo', sondern in unterschiedlichem Ausmaß mit ‚Mithelfenden Familienangehörigen', die als Erwerbstätige, aber nicht als Beschäftigte gezählt werden. Die Familienmithilfe kann aber nicht auf der Individualebene, sondern nur aggregiert nachgewiesen werden. Um einen Eindruck von der länderspezifischen Bedeutung der *Familienmithilfe* zu vermitteln, sind die Zahlen der Mithelfenden Familienangehörigen auf die der Erwerbstätigen bezogen worden. Die Ergebnisse weisen in den südlichen Ländern eine deutlich größere Bedeutung als in den nördlichen Ländern auf, was zum einen sicherlich kulturell bedingt ist, zum anderen aber u.U. auch auf eher prekäre Unternehmensformen rückschließen lässt. Es ist davon auszugehen, dass Selbstständige ohne Beschäftigte in strukturschwachen Regionen vermehrt von Mithelfenden Familienangehörigen unterstützt werden[5].

3.3   Selbstständige Künstlerinnen und Künstler in Deutschland

Schätzungen, die auf der Volkswirtschaftlichen Gesamtrechnung basieren, stufen die Wertschöpfung in der Kultur- und Kreativwirtschaft im Jahr 2006 bei 61 Mrd. Euro ein, das sind 2,6 % des BIP. Damit zieht die Kultur- und Kreativwirtschaft mit klassischen Wirtschaftszweigen wie der Automobilindustrie (71 Mrd. im Jahr 2006) beinah gleich (Söndermann et al. 2009: XII). Der Kultur- und Kreativwirtschaftsbereich lässt sich in die drei Sektoren ‚Öffentlicher und intermediärer Kulturbetrieb' (Non-Profit-Bereich), ‚Künstler- und Kulturberufe' (Non-Profit- und Profit-Bereich) und ‚Privatwirtschaftlicher Kulturbetrieb' gliedern (ebd.: 20).

Die erwerbswirtschaftlich Selbstständigen, wie auch die freien Mitarbeiter und zahlreichen unstetig Beschäftigten in allen drei Sektoren, sind einem insgesamt sehr hohem Marktrisiko mit starken Marktschwankungen ausgesetzt (ebd.: 29).

---

[5] Ausführliche Darstellungen zur Verteilung der drei Hauptgruppen und zu den Anteilen bei den Mithelfenden Angehörigen siehe Dangel et al. 2006.

Tabelle 1: Abgrenzung des Kultursektors nach Teilsektoren

Teilsektoren	Öffentlicher u. intermediärer Kulturbetrieb (Non-Profit-Bereich)	Kunst- und Kulturberufe	Privatwirtschaftlicher Kulturbetrieb
1. Musik	z.B. Opernhaus, Orchester, Musikschule (non-profit), Chor	z.B. Komponist, Musiker, Musiklehrer, Toningenieur, Musikensemble	z.B. Instrumentenherstellung, Musikverlag, Tonträgerproduktion, Musikfachgeschäft, Musical, kommerzielle Musikschule
2. Literatur	Literaturhaus, Bücherei	Schriftsteller, Autor, Journalist, Wortproduzent	Buchverlag, Zwischenbuchhandel, Buchhandel, Presseverlag, Pressehandel, Pressearchiv, Online-Publikation
3. Bildende Kunst	Kunstmuseum, Kunstausstellung	Bildender Künstler, Restaurator, Kunstlehrer	Galerie, Kunsthandel, Museumsshop, kommerzielle Kunstausstellung
4. Darstellende Kunst	Theater, Theaterpädagogik, Kulturhaus	Darstellender Künstler, Artist, Tänzer, Kabarettist	Kommerzielles Theater, Musical, Varietétheater, Comedy, Kabarett, Boulevardtheater
5. Film/Video	Filmarchiv, Filmmuseum	Drehbuchautor, Filmsschauspieler, Filmproduzent	Film-/TV-Produktionsfirma, Kino, Filmverleih/Vertrieb, digitale Filmproduktion
6. Design	Designausstellung, Museum für angewandte Kunst	Designer, Gestalter	Büro für Industriedesign, Produktdesign, Modedesign, Grafikdesign
7. Architektur	Architekturmuseum	Architekt, Landschaftsplaner	Büro für Hochbauarchitektur, Innenarchitektur, Landschaftsarchitektur/-gestaltung
8. Kulturelles Erbe	Denkmalschutz- und pflege, Museum	Museums-, Denkmalpflegeberufe	Museumsshop, kommerzielle Kunstausstellung, sonstiger Kulturgüterhandel
9. Rundfunk	Radio-, TV-Unternehmen (öffentlich-rechtlich)	Moderator, Sprecher, Produzent	Kommerzielles Radio, Fernsehen, Online und digitaler Rundfunk
10. Werbung	-	Werbetexter, Werbevermittler	Büro für Werbegestaltung, -vermittlung, -verbreitung, Online-Werbung

Quelle: Nach Söndermann 2009: 20

Im Jahr 2008 erzielten rund 238.000 Kulturbetriebe und selbstständige Künstlerinnen und Künstler einen Umsatz von 132 Mio. Euro und boten rund 763.400 sozialversicherungspflichtig Beschäftigten einen Voll- oder einen Teilzeitarbeitsplatz. Rund eine Million Erwerbstätige arbeiteten im Jahr 2008 in der Kultur- und Kreativwirtschaft (ebd.: XIV). Damit hat die Kultur- und Kreativwirtschaft am Gesamtbestand der Erwerbstätigen einen Anteil von 3,3 % (ebd.: 52). Der Markt der Kreativbranche ist insgesamt geprägt durch Idealismus, Innovation, Flexibilität seiner Teilnehmer – und ist zunehmend weiblich (Pritzkow/Schambach 2009: 7).

Im Zeitraum von 1978 bis 1995 hat sich die Zahl der Erwerbstätigen in der Branche etwa verdoppelt (Gottschall/Schnell 2000: 805). Nach Erhebungen des Mikrozensus ist von 1995 bis 2003 ein Zuwachs der Erwerbstätigen in Kultur- und Medienberufen um 31 % zu verzeichnen (vgl. Söndermann 2004: 28). Dabei ist das dynamische Wachstum besonders auf die künstlerisch-technischen Berufe, auf die Dolmetscher, auf die Publizisten und auf die Geisteswissenschaftler zurückzuführen. Das Wachstum in den klassischen Kulturberufen (darunter: Musiker/innen, Musiklehrer/innen, Darstellende Künstler/innen oder Bildende Künstler/innen der Freien Kunst) ist etwas moderater und liegt unter dem durchschnittlichen Zuwachs im Kultur- und Medienbereich. Die insgesamt hohe Wachstumsdynamik ist insbesondere auf die Selbstständigen zurückzuführen.

Die bemerkenswerte Wirtschaftsleistung der Kultur- und Kreativwirtschaft darf nicht darüber hinwegtäuschen, dass es sich bei den Selbstständigen – und hier v.a. mit Blick auf bestimmte Teilbereiche der Branche – um prekäre Arbeitsverhältnisse besonderer Ausprägung handelt. Im Vergleich zu abhängig Beschäftigten haben die Selbstständigen ein geringeres Einkommensniveau, wobei gleichzeitig eine starke Spreizung zwischen Spitzen- und Niedrigeinkommen zu verzeichnen ist (Haak/Schmid 1999: 21f.). V.a. das erste Glied in der kulturellen Wertschöpfungskette, der freischaffende Künstler und die freischaffende Künstlerin der klassischen Sparten Musik, Bildende Kunst, Darstellende Kunst und Wort, sind besonders hohen Prekaritätsrisiken ausgesetzt (Söndermann et al. 2009: 28f.).

In den meisten Fällen arbeiten die Selbstständigen ohne Beschäftigte (Gottschall/Betzelt 2005). In der Teilbranche der künstlerischen Gruppen ist der Typus Kleinstunternehmen mit einem Anteil von ca. 60 % mit am höchsten (Söndermann et al. 2009: 65). Der/die sog. Alleinselbstständige hat neben der eigentlichen Produktion der Ware bzw. der Dienstleistung ein vielfältiges Aufgabenspektrum zu bewältigen. So kommen Management- und betriebswirtschaftliche Aufgaben sowie Aquisetätigkeiten hinzu (Pritzkow/Schambach 2009: 7). Nach Berechnungen von Söndermann liegt der Anteil der Selbstständigen an allen Erwerbstätigen in der gesamten Kultur- und Kreativwirtschaft bei rund 28 %. Gemessen an der gesamten Kultur- und Kreativwirtschaftsbranche erwirtschaften die Kleinstunternehmen 27 % des Umsatzes (Söndermann et al. 2009: 67). Die Kultur- und Kreativwirtschaftsbranche ist geprägt von einem überdurchschnittlich hohen weiblichen Anteil an Erwerbspersonen. In fast allen Teilbereichen sind die Frauen in der Überzahl (eine Ausnahme bildet z.B. die

Sofware/Games-Industrie). Der Anteil der Frauen unter den Selbstständigen liegt zwischen 40 % und 44 % und damit um ein Vielfaches höher als der Frauenanteil an den Selbstständigen insgesamt (Söndermann et al. 2009: XIV).

Rückblickend auf die letzten dreißig Jahre hat die Kultur- und Kreativbranche einen tiefgreifenden Strukturwandel vollzogen, hin zu zunehmend prekären Arbeitsverhältnissen. In der Literatur wird häufig beschrieben, dass diese Entwicklung einem Trend auf dem Arbeitsmarkt vorausgeeilt ist. Die vielfältigen Erwerbsformen, der überproportional angestiegene Selbstständigenanteil, Teilzeitarbeit sowie kurz- und mittelfristige Beschäftigungsverhältnisse gelten als wegweisend für die Flexibilisierung des Arbeitsmarktes (Haak 1999; Gottschall/Betzelt 2005; Haak 2008: 78).

Die berufliche Selbstständigkeit ist seit jeher in bestimmten Berufsgruppen im Kultur- und Medienbereich die übliche Erwerbsform. So war die Selbstständigkeit im Bereich Musik bisher v.a. bei Komponisten, Jazz-, Rock- und Popmusikern der Regelfall (vgl. Zimmermann/Schulz 2002: 17ff.). Für Bildende Künstler, v.a. im Bereich der sog. Freien Kunst (im Gegensatz zur angewandteten Kunst, wie Design), gibt es ebenfalls kaum Tätigkeitsbereiche in abhängiger Beschäftigung (Deutscher Kulturrat e.V. 2004). Auch Schriftsteller sind in der Regel nicht abhängig beschäftigt. In den übrigen Kultur- und Medienberufen ist verstärkt seit den 1990er Jahren ein Trend vom abhängigen Beschäftigungsverhältnis hin zu selbstständigen Erwerbsformen und Mischformen abhängiger und selbstständiger Erwerbsformen zu verzeichnen (vgl. Gottschall 1999: 235; Schulze Buschoff 2004).

Die stetige Zunahme von Selbstständigkeiten in allen Kunst- und Medienbereichen und die mittlerweile entstandene Heterogenität der Erwerbsformen wird im Zusammenhang mit tiefgreifenden Veränderungen innerhalb des Kultursektors gesehen (Zimmermann/Schulz 2002: 121f.; Gottschall/Schnell 2000: 806f.). Besonders seit den 1990er Jahren wurden im Bereich des öffentlich finanzierten Kulturbetriebes stetig Abbaumaßnahmen aufgrund leerer Staatskassen vollzogen. Die Branche war von einem starken Rationalisierungsdruck geprägt, auch, um angesichts einer wachsenden privatwirtschaftlichen Konkurrenz wettbewerbsfähig zu bleiben. Diese Entwicklung führte dazu, dass Beschäftigungen im Sinne des Normalarbeitsverhältnisses (vgl. Mückenberg 1985) stetig ab- und selbstständige Erwerbsformen im Gegenzug zunahmen. Ehemals abhängig Beschäftigte in von der öffentlichen Hand getragenen Kultureinrichtungen sind heute entweder als Selbstständige erwerbstätig (EK-Kultur 2004: 11/14; Gottschall 2000: 807) oder haben anderweitig in der Privatwirtschaft nach Erwerbsmöglichkeiten gesucht. Und auch der privatwirtschaftlich organisierte Kulturbetrieb ist seit den 1990er Jahren von Rationaliserungsmaßnahmen wie Outsourcing geprägt. Beispielhaft ist hier das Buchverlagswesen zu nennen (Zimmermann/Schulz 2002: 123).

Gleichzeitig hat die Kultur- und Kreativwirtschaft einen kaum vergleichbaren Boom erfahren, der dem privatwirtschaftlichen Kulturbetrieb zuzuordnen ist. Neben der großen Zahl an beruflich Selbstständigen haben sich auch ‚semi-abhängige' Beschäftigungsformen durchgesetzt. Die Grenzverschiebungen zwischen abhängiger und selbstständiger Arbeit sind soziologisch schwer zu erfassen. Sie entsprechen weder dem Typus des Normal-Arbeitsverhältnisses, noch dem Typus der klassischen selbstständigen Erwerbstätigkeit (vgl. Gottschall 1999: 235). In den letzten Jahren ist zunehmend der Druck auf die Politik gewachsen, diesen unsteten Arbeitsverhältnissen gerecht zu werden. Vor dem Hintergrund der beschriebenen strukturellen Veränderungen auf dem Arbeitsmarkt für Kunst- und Kulturschaffende liegt die Vermutung nahe, dass „ein Teil des Anstiegs der Selbstständigkeit in Kulturberufen als *second best choice*, eher als zweite beste Wahl zu verstehen ist, als Reaktion von Berufsanfängern oder Wiedereinsteigern auf sonst drohender Arbeitslosigkeit" (vgl. Gottschall 2000: 807).

4 Selbstständige Künstlerinnen und Künstler – Unternehmer ihrer eigenen Lebenslage

Die Analyse von Dangel über selbstständige Künstlerinnen und Künstler aus dem Jahr 2006 liefert sparten- und genderspezifische Erkenntnisse zu (1) Gründungsprozessen, (2) der aktuellen Situation der Selbstständigkeit, (3) Perspektiven für die Zukunft und (4) zu persönlichen und haushaltsbezogenen Einkommenskombinationen. Als Befragungseinheiten für die schriftliche Erhebung wurden selbstständige Künstlerinnen und Künstler der Fachgruppen Musik, Literatur, Bildende Kunst und Darstellende Kunst in der Vereinten Dienstleistungsgewerkschaft ver.di herangezogen. In die Analyse gingen insgesamt 417 Fragebögen ein.

Bei ver.di sind 5.745 *selbstständige* Künstlerinnen und Künstler einschließlich des Fachbereiches Literatur organisiert. Die Stichprobe wurde als geschichtete Zufallsauswahl gewonnen (Stand 2004). Im ersten Schritt wurden aus der Grundgesamtheit der Selbstständigen im Bereich Kunst und Kultur, die in der Mitgliederkartei von ver.di erfasst sind, zufallsgesteuert vier disproportionale Teilstichproben in den vier Fachgruppen der Selbstständigen gezogen. Diese Bruttostichprobe war mit einem Umfang von rund 3.000 Erhebungseinheiten geplant. Im zweiten Schritt wurden die Personen in der Bruttostichprobe mit dem Fragebogen und einem Begleitbrief angeschrieben[6].

Weitere Erkenntnisse über die wirtschaftliche und soziale Lage von selbstständigen Künstlerinnen und Künstlern geben u.a. die Untersuchungen von Haak (2008), Söndermann (Söndermann 2004; Söndermann et al. 2009), von Pritzkow und Scham-

---

[6] Die Stichprobe kann nicht statistische Repräsentativität für alle selbstständigen Künstlerinnen und Künstler sowie Publizistinnen und Publizisten einschließlich Literarische Übersetzerinnen und Übersetzer beanspruchen, weil nur Mitglieder von ver.di befragt wurden und keine Informationen über die Grundgesamtheit vorliegen, die eine entsprechende Prüfung ermöglichen würde. Die Unterstützung durch ver.di bot die Möglichkeit, Befragte in den vier Sparten und allen Bundesländern zu erreichen und mit einer hohen Rücklaufquote rechnen zu können.

bach (2009) sowie der Endbericht der Enquete-Kommission ,Kultur in Deutschland' (Deutscher Bundestag 2008).

Die formalen Ausbildungsabschlüsse der Künstlerinnen und Künstler sind insgesamt überdurchschnittlich hoch. Einen Hochschul- bzw. Fachhochschulabschluss haben rund 65 % in den Fachgruppen Bildende Kunst und Darstellende Kunst und gut 80 % in den Fachgruppen Musik und Literatur (Dangel/Piorkowsky 2006). Ein ähnliches Bild zeigen auch andere Untersuchungen (Kräuter 2002; Haak 2008; Pritzkow/Schambach 2009). Berufliche Ausbildungen wurden alternativ oder ergänzend vor allem in den Fachgruppen Bildende Kunst und Darstellende Kunst (51 % bzw. 39 %), aber auch in den Fachgruppen Musik und Literatur (20 % bzw. 19 %) abgeschlossen (Dangel/Piorkowsky 2006). Dies kommt den Künstlerinnen und Künstlern dann zugute, wenn es um die Erwerbskombination geht. Besonders häufig ist auch eine zusätzliche pädagogische Ausbildung, die mit der ausübenden Kunst als Erwerb kombiniert wird (Dangel/Piorkowsky: 2006; Haak 2008: 88).

5   Stellenwert und Umfang der Selbstständigkeit nach objektiven Kriterien

Für die vorliegende eigene Untersuchung war es geboten, den Haupt-, Zu- und Nebenerwerb um ökonomische Kriterien zu erweitern. Haupt-, Zu- und Nebenerwerb wurde danach wie folgt definiert:

- Haupterwerb ist die Einnahmequelle mit dem höchsten persönlichen Erwerbseinkommen. Es kann sich um die einzige oder um eine von mehreren Erwerbstätigkeiten handeln.
- Zuerwerb ist das einzige Erwerbseinkommen einer Person, die nicht hauptsächlich berufstätig ist, wie Haushaltsführende, Studierende oder Rentner. Zuerwerb liegt vor, wenn die einzige Erwerbstätigkeit im Durchschnitt nicht mehr als 20 Stunden pro Woche beträgt.
- Nebenerwerb ist eine Einkommensquelle neben einem beruflichen Haupterwerb.

Nach erwerbsstatistischer Einordnung in Haupt-, Zu- und Nebenerwerb ergibt sich folgendes Bild: Von den Befragten sind insgesamt zwei Drittel im Haupterwerb, 15 % im Zuerwerb und 19 % im Nebenerwerb selbstständig. Die Haupterwerbsselbstständigkeit überwiegt bei den Musikerinnen und Musikern am deutlichsten (71 %). Die Zuerwerbsselbstständigkeit ist bei den Darstellenden Künstlerinnen und Künstlern am häufigsten zu finden (20 %). Die Nebenerwerbsselbstständigkeit ist bei den Schriftstellerinnen und Schriftstellern am stärksten ausgeprägt (21 %) (vgl. Tabelle 2) (Dangel 2007b: 138).

Tabelle 2:   Befragte nach dem Stellenwert und dem Umfang der Selbstständigkeit

Fachgruppe	Haupterwerb		Zuerwerb		Nebenerwerb	
	Zahl	%	Zahl	%	Zahl	%
Musik	70	70,7	14	14,1	15	15,2
Literatur	92	65,2	20	14,2	29	20,6
Bildende Kunst	79	65,3	18	14,9	24	19,8
Darstellende Kunst	36	64,3	11	19,6	9	16,1
Insgesamt	277	66,4	63	15,1	77	18,5

Quelle: Eigene Erhebung

Weitere Erwerbstätigkeiten üben rund 41 % zur Zeit der Erhebung aus. In der Fachgruppe Musik finden wir bei über einem Drittel der Befragten weitere Erwerbstätigkeiten, in der Fachgruppe Bildende Kunst bei 39 %, in der Fachgruppe Literatur bei 45 % und bei knapp der Hälfte in der Fachgruppe Darstellende Kunst (Dangel 2007b: 138).

Die oberste Priorität in der Wichtigkeitsskala der Selbstständigen im Bereich Kunst und Kultur hat die schöpferische Freiheit. Bei den Bildenden Künstlerinnen und Künstlern ist dies am stärksten ausgeprägt (Dangel/Piorkowsky 2006: 74). An zweiter Stelle steht in der Fachgruppe Literatur die freie Zeiteinteilung und in den anderen Fachgruppen der Wunsch, von der Kunst leben zu können. Die geringste Priorität hat in allen vier Fachgruppen die ‚Persönliche Anerkennung'.

Hinsichtlich der Erfüllung der Prioritäten zeigt sich bei allen Fachgruppen, dass dem Wunsch nach schöpferischer Freiheit ein sehr hoher Grad an Erfüllung zugesprochen wird. In der Fachgruppe Literatur trifft dies auch auf die freie Zeiteinteilung zu. Die größte Diskrepanz zwischen Wunsch und Wirklichkeit zeigt sich bei allen vier Fachgruppen hinsichtlich der Hoffnung, von der Kunst leben zu können. Am stärksten kommt dies in der Fachgruppe Literatur zum Ausdruck. Diese Diskrepanz hinsichtlich des Einkommenswunsches und der Einkommenswirklichkeit gilt für Frauen etwas ausgeprägter als für Männer in den Fachgruppen Musik und Literatur. Ansonsten zeigen sich keine erheblichen genderspezifischen Unterschiede.

Die hier zusammengefassten Ergebnisse decken sich mit der Analyse der Erwartungen vor der Selbstständigkeit einerseits, die ebenfalls klar eine dominante dreifache Hoffnung zum Ausdruck bringen, nämlich (1) künstlerische Selbstverwirklichung, (2) finanzielles Einkommen und (3) persönliche Anerkennung, und der wahrgenommenen Realisierung andererseits: Die künstlerische Selbstständigkeit ist demnach zufriedenstellend im ideellen Bereich und nicht zufriedenstellend im materiellen Bereich. Allerdings ist vielen Befragten auch künstlerische Nachhaltigkeit wichtig, und auch diesbezüglich zeigen sich viele Befragte desillusioniert (Dangel/Piorkowsky 2006: 74).

Die Ausübung des Berufes als freier Künstler, als freie Künstlerin verlangt gerade in Kombination mit weiteren Erwerbstätigkeiten, die ein ausreichendes Auskommen sichern, ein hohes Maß an Belastbarkeit. So müssen nicht selten eine hohe Auftragsdichte bei der künstlerischen Berufsausübung mit dem sog. Brotberuf übereingebracht werden. Häufig führt dies zu Wochenarbeitszeiten von weit über 40 Stunden in der Woche. Gleichzeitig müssen Phasen nicht schöpferischer Tätigkeit und wirtschaftlicher Durststrecken überwunden werden. Im Vergleich zu den übrigen Selbstständigen unterscheiden sich die Arbeitszeitvolumina deutlich. Während weniger als 18 % der übrigen Selbstständigen mehr als 40 Stunden pro Woche arbeiten, sind es je nach Sparte bei den freischaffenden Künstlerinnen und Künstlern zwischen rund 30 % und 40 %. Aber auch niedrige Wochenarbeitszeiten sind im Vergleich zu den übrigen Selbstständigen bei den selbstständigen Künstlerinnen und Künstlern häufiger vorzufinden (Dangel/Piorkowsky: 2006; Haak 2008: 109).

Subjektive Bedeutung der künstlerischen Selbstständigkeit

Ältere Analysen über selbstständige Künstlerinnen und Künstler, wie die von König und Silbermann (1964) sowie Thurn (1985), kommen übereinstimmend zu dem Ergebnis, dass die Befragten unabhängig von objektiven Kriterien, wie Einkommen und Zeiteinsatz, ihre selbstständige künstlerische Tätigkeit als Hauptberuf betrachten. Diese Einschätzung kommt auch in der Erhebung von Dangel zum Ausdruck. Aus den Ergebnissen dieser Untersuchung ist zu schließen, dass in der Mehrheit der Fälle die Tätigkeit als selbstständige/r Künstler/in als Hauptberuf empfunden wird. Dies zeigen insbesondere die Gründungsmotive und Prioritäten der selbstständigen künstlerischen Tätigkeit (Dangel/Piorkowsky 2006: 77). Weitere Erwerbstätigkeiten dienen in den meisten Fällen der Erzielung eines ausreichenden Einkommens, das allein mit der Tätigkeit als selbstständige/r Künstler/in nicht erreicht werden könnte. Auch die von Kräuter (2002: 147) angedeutete „Erfolgsformel" der Selbstständigkeit im Bereich Kunst und Kultur (die ‚Summe' von finanziellem Erfolg, Selbstverwirklichung und Überlebensdauer des Unternehmens) kommt in den Ergebnissen der Untersuchung von Dangel zum Ausdruck.

Ein gewichtiges Kriterium hinsichtlich prekärer Unternehmensformen bei selbstständigen Künstlerinnen und Künstlern ist das erwirtschaftete Einkommen. Die Ermittlung der Einkommenssituation mit belastbaren Daten erweist sich dabei als überaus schwierig. Der Mikrozensus kommt lediglich für die Ermittlung des gesamten persönlichen Nettoeinkommens und des Haushaltsnettoeinkommens infrage. Wie hoch der Anteil aus freischaffender Tätigkeit als Künstlerin bzw. Künstler ist, ist daher nicht darstellbar. Aus verschiedenen Gründen sind die Zahlen der Einkommenssteuerstatistik sowie der Umsatzsteuerstatistik nicht repräsentativ. Die Künstlersozialkasse (KSK) weist aktuell ein Durchschnittseinkommen ihrer Versicherten aus, das je nach Sparte zwischen 11.000 und 16.000 Euro im Jahr liegt. Hier handelt es sich allerdings um einen von den Versicherten im Vorfeld des Geschäftsjahres abzugebenden Schätzwert des voraussichtlich zu erzielenden Einkommens, der nicht belastbar ist.

Als gesichert kann dennoch gelten, dass in den klassischen Kunst- und Kulturberufen die Selbstständigen überdurchschnittlich geringe Einkommen erzielen, die in keinem Verhältnis zu dem im Durchschnitt hohen Bildungsniveau stehen (Dangel/Piorkowsky 2006). Nach Selbsteinschätzung der Befragten können nur wenige der selbstständigen Künstlerinnen und Künstler von ihren Einkünften aus Kunst bzw. Publizistik ihren Lebensunterhalt bestreiten oder gar eine Familie versorgen. Über die Hälfte der in der eigenen Untersuchung befragten Musikerinnen und Musiker (56 %), ein Drittel (34 %) der befragten Schriftstellerinnen und Schriftsteller, etwas mehr als ein Viertel der bildenden Künstlerinnen und Künstler (27 %) sowie weniger als die Hälfte der Darstellenden Künstlerinnen und Künstler (45 %) gibt an, von ihrer Kunst nicht bzw. eher nicht leben zu können. Insgesamt können die Künstlerinnen weniger häufig als die Künstler von ihrer selbstständigen künstlerischen Tätigkeit leben.

Gründungsprozess

Übergänge in die Selbstständigkeit werden ganz überwiegend nach dem Studium oder aus einer abhängigen Beschäftigung vollzogen. Hinsichtlich der Tätigkeiten vor der Selbstständigkeit zeigen sich deutliche Unterschiede zwischen den Fachgruppen: Aus einer Erwerbstätigkeit heraus selbstständig wurden zwei Drittel der Darstellenden Künstlerinnen und Künstler sowie der Schriftstellerinnen und Schriftsteller bzw. Literarischen Übersetzerinnen und Übersetzer. Von den Bildenden Künstlerinnen und Künstlern war etwa die Hälfte bereits vor der Selbstständigkeit erwerbstätig, bei den Musikerinnen und Musikern war es etwa ein Drittel. Rund 35 % (Musik und Literatur) bzw. 50 % (Bildende Kunst und Darstellende Kunst) übten ihre früheren Tätigkeiten noch eine Zeit lang neben der Selbstständigkeit aus. Im Bereich Literatur war dies auch noch zum Befragungszeitpunkt in erheblichem Umfang der Fall (22 %).

Die Betrachtung der Gründungsmotive lenkt den Blick auf die subjektive Einschätzung des Stellenwertes der künstlerischen Selbstständigkeit – neben den objektiven erwerbsstatistischen Kategorien. Insgesamt zeigt sich in allen vier Fachgruppen, dass drei eng verbundene Motive den Hauptantrieb für die Selbstständigkeit im Bereich Kunst und Kultur darstellen: (1) die Verwirklichung einer künstlerischen Idee, die (2) nur in selbstständiger Tätigkeit und (3) in künstlerischer Unabhängigkeit möglich ist.

In der Fachgruppe Bildende Kunst spielt die Ausübung in selbstständiger Tätigkeit eine besonders große Rolle, weil es nur wenige Tätigkeitsfelder für Bildende Künstler und Künstlerinnen in abhängiger Beschäftigung gibt. In allen vier Fachgruppen zeigt sich außerdem, dass ein erstes Engagement oder ein erster Auftrag sowie die Ermutigung aus dem persönlichen Umfeld eine starke motivierende Wirkung für den Entschluss zur Selbstständigkeit haben. Dies dürfte insbesondere für Zugänge zur künstlerischen Selbstständigkeit im Zu- und Nebenerwerb oder für Übergänge in den Haupterwerb ausschlaggebend sein.

Trotz Widrigkeiten und teilweise verbreiteter Desillusion über die Tätigkeit als freischaffender Künstler, freischaffende Künstlerin will die ganz überwiegende Mehrheit der Befragten weiterhin selbstständig sein, und rund die Hälfte will die Selbstständigkeit noch ausbauen (Dangel/Piorkwosky 2006: 75).

Zum Haushaltseinkommen tragen außer dem Einkommen der Befragten auch die Einkommen der Partnerinnen und Partner bei, die ganz überwiegend erwerbstätig sind. Bei den Künstlerinnen sind die Partner etwas häufiger erwerbstätig als umgekehrt (vgl. Tabelle 3) Es ist davon auszugehen, dass hier die genderspezifischen Unterschiede bei den Selbstständigen insgesamt weniger stark ausgeprägt sind.

Tabelle 3: Erwerbstätigkeit der Partner/innen

Partner/in zur Zeit erwerbstätig	Frauen		Männer		Zusammen	
	Zahl	%	Zahl	%	Zahl	%
Nein	20	15,0	32	24,2	52	19,6
Ja	113	85,0	100	75,8	213	80,4
Insgesamt	133	100,0	132	100,0	265	100,0

Quelle: Eigene Erhebung

Der Anteil der von Dangel befragten Künstlerinnen und Künstler, die Eltern sind, ist je nach Sparte sehr unterschiedlich ausgeprägt. Am niedrigsten ist der Anteil der Eltern bei den Darstellenden Künstlerinnen und Künstlern mit 42 %, besonders hoch bei den Schriftstellerinnen und Schriftstellern mit einem Elternanteil von rund zwei Drittel. Was genderspezifische Unterschiede anbetrifft, haben besonders in der Bildenden Kunst die Frauen weniger häufig Kinder als die Männer (Dangel/Piorkowsky 2006: 56). Dies könnte zum einen Ergebnis der Herausforderungen und Unsicherheiten des Berufes und zum anderen Ausdruck des generell geänderten generativen Verhaltens der jüngeren gut ausgebildeten Bevölkerungsgruppen, in denen Frauen vielfach bei der Entscheidung Kind(er) oder Beruf dem Beruf den Vorrang geben, sein (Hummel 2005: 13). Der Beruf der Künstlerin – wie auch des Künstlers – geht mit einem Lebenslauf einher, der von wechselnden Phasen der ideellen und materiellen Anerkennung einerseits und Phasen der Nichtbeachtung und des wirtschaftlichen Abstieges andererseits geprägt ist. Diese Unstetigkeit steht im Widerspruch zu der familiären Verantwortung, wenn kein Partner oder keine Partnerin da ist, der/die diese Schwankungen durch ein sicheres Einkommen oder flexible Zeiteinteilung abfedern kann. In den Phasen der schöpferischen Tätigkeit bzw. der Erledigung eines Arbeitsauftrages muss sich alles andere unterordnen lassen (Petzinger 1992: 198). Grundsätzlich stellen sich den Künstlerinnen bei der Vereinbarkeit von Beruf und Familie die gleichen Probleme wie bei allen Erwerbstätigen auch, möglicherweise unterscheiden sie sich aber in ihren Bewältigungsstrategien (vgl. Dangel 2008).

Zusammenhänge zwischen Arbeit und Leben bei selbstständigen Künstler/inne/n und Publizist/inn/en traf in den letzten Jahren verstärkt auf Forschungsinteresse. Kultur- und Medienberufe wurden als Trendsetter neuer Formen von Arbeit und Leben vermutet (vgl. Gottschall/Betzelt 2005; Gottschall/Voß 2005). Es wurden Interdependenzen aufgezeigt, wie sie den ‚Haushalts-Unternehmens-Komplexen' zugrunde liegen und wie sie in der eigenen Primärerhebung gezeigt werden konnten (Dangel/Piorkowsky 2006).

Die Konturen zwischen „betrieblicher und häuslicher Arbeit" verschwimmen, weil Künstler/innen und Publizist/inn/en häufig zu Hause arbeiten bzw. die Arbeits- und Lebensstätten in unmittelbarer Umgebung, im selben Haus oder fußläufig erreichbar sind (Dangel/Piorkowsky 2006). Aufgrund der unregelmäßigen Arbeitszeiten herrscht eine positive Einstellung zur Kombination von Wohnung und Arbeitsplatz vor (Thurn 1985: 47). Selbstständige Künstler/innen und Publizist/inn/en nutzen ihre Arbeitsmittel (Computer, räumliche Ausstattung, PKW etc.) beruflich und privat. Auch Haushalts- und Unternehmensfinanzen werden nur insoweit getrennt, wie es das Steuerrecht und das Sozialrecht erfordern (Dangel/Piorkowksy 2006). Arbeits- und Lebensmotivationen überlagern sich: „Arbeit kann als aufgewertete Lebenssphäre, Privatheit verstärkt als beruflich zu nutzender Bereich begriffen werden" (Gottschall/Schnell 2000: 806). Zum Selbstverständnis der Befragten gehört die einheitliche Betrachtung der Arbeit- und Lebenswelt (Thurn 1985: 47).

Interdependenzen finden sich aber nicht nur bei der Mittelverwendung, sondern auch bei den Personen. Die Unterstützung durch die Familie beim Erhalt der Existenz spielt eine herausragende Rolle (Dangel/Piorkowsky 2006). Verschiedene Analysen haben die große Bedeutung der Unterstützung von Künstlerinnen und Künstlern durch das mikrosoziale Umfeld aus Partnerschaft und Eltern sowie Freundes- und Bekanntenkreis hervorgehoben. Dies zeigen auch die Ergebnisse der eigenen Erhebung. Die Unterstützung erstreckt sich nicht nur auf die Gründungsphase, sondern ist – angesichts der persönlichen Einkommensverhältnisse – häufig über weite Strecken der Entwicklung der Selbstständigkeit geboten, und sie reicht über finanzielle Zuwendungen hinaus. Vor allem mit Rat und Tat wird Unterstützung gewünscht und auch gewährt.

6 Künstlerinnen und Künstler als Modernisierungsavantgarde für prekäres Unternehmertum?

Die sog. neuen Selbstständigen charakterisieren sich dadurch, dass sie alleine arbeiten oder nur wenige Beschäftigte haben, ein hohes Maß an Flexibilität am Arbeitsmarkt aufweisen, zunehmend weiblich sind und in Teilzeit arbeiten. Dies gilt für die Entwicklung in Deutschland genauso wie für die Länder im europäischen Ausland (Statistisches Bundesamt 2008; Dangel et al. 2006). Bis heute hat in Deutschland der Anteil der Teilzeitselbstständigen (Zu- und Nebenerwerb) wie auch die Zahl der teilzeitselbstständigen Frauen seit den 1990er Jahren stark zugenommen.

Die Auswertung der Befragung von Dangel sowie der Vergleich dieser Ergebnisse mit Erkenntnissen aus anderen Analysen legen die Vermutung nahe, dass sich Existenzgründungen und Entwicklungsverläufe selbstständiger Erwerbstätigkeit im Bereich Kunst und Kultur in einer Art und Weise vollziehen, die dem Trend des wirtschaftlichen und gesellschaftlichen Strukturwandels vorausgeeilt ist bzw. voranschreitet. Herkömmliche, aus Analysen des Gesamtbestandes der Selbstständigen gewonnene Muster von Gründungs- und Entwicklungsprozessen von Unternehmen in Form kleinbetrieblicher Selbstständigkeit und in enger Verzahnung mit Haushalt und Familie, finden sich im Bereich Kunst und Kultur deutlich weniger ausgeprägt. Dies gilt vor allem für den Umfang und die Bedeutung der selbstständigen Tätigkeit als berufliche Hauptsache, unabhängig von erwerbsstatistischen Zuordnungen zum Haupt-, Zu- und Nebenerwerb. Es trifft auch für die hohen formalen Bildungsabschlüsse zu, für die vergleichsweise geringen genderspezifischen Differenzierungen, für die persönlichen und partnerschaftlichen Einkommenskombinationen im Haushaltszusammenhang und für die enge Verzahnung von ‚Arbeit und Leben'. Dies gilt im Besonderen für die Medienschaffenden in der Kultur- und Kreativbranche.

Allerdings ist bei Aussagen dieser Art auch stets auf die Vergleichbarkeit zu achten. Die Erhebung von Dangel bezieht sich auf Freischaffende der klassischen Kunst- und Kulturberufe (siehe Tabelle 1). Diese stellen damit nur einen Teilbereich der gesamten Kreativwirtschaft dar. Dieser hat zumindest in seiner wirtschaftlichen Bedeutung zugunsten neuer Märkte im privatwirtschaftlichen Sektor an Bedeutung verloren. Es ist davon auszugehen, dass im privatwirtschaftlichen Kultur- und Medienbetrieb prekäre Unternehmensformen weniger häufig anzutreffen sind bzw. zumindest die zu erzielenden Einkommen höher sind.

Was die Einkommenskombinationen anbetrifft, finden sich im Vergleich zu den befragten Künstlerinnen und Künstlern Ähnlichkeiten im Agrarsektor; dort hat sich die Neben- und Zuerwerbslandwirtschaft bereits seit vielen Jahren zur dominierenden Bewirtschaftungsform entwickelt. Gleichwohl dürften die neuen Formen und Verhältnisse von Teilzeit- und Vollzeitselbstständigkeit und vergleichsweise genderhomogenen Strukturen erwerbswirtschaftlicher Selbstständigkeit in den Freien Berufen besonders ausgeprägt sein. Der Analyse dieses Bereiches, insbesondere der Selbstständigkeit von Künstlerinnen und Künstlern, und den sich dort entwickelnden Einkommenskombinationen und Haushalts-Unternehmens-Verknüpfungen kommt demnach eine modellhafte, paradigmatische Funktion zu, wenn es darum geht, die individuellen Lebensverhältnisse und die Beziehungen zu den sozialen Systemen, insbesondere auch zu den Systemen der sozialen Sicherung, zu verstehen und zu gestalten. Selbstständige Künstlerinnen und Künstler wirken im Vergleich zu den Selbstständigen insgesamt nicht nur durch ihre Kunst, sondern auch in ihrer Rolle als Unternehmerinnen und Unternehmer als Modernisierungsavantgarde.

7 Weiterer Forschungsbedarf und Handlungsempfehlungen

Anhand der Kultur- und Kreativbranche lassen sich zukünftige strukturelle Entwicklungen für die gesamte Wirtschaft ablesen. Insbesondere um die richtigen Schlüsse für die soziale Sicherung der sog. neuen Selbstständigen, einer Hochrisikogruppe unter den Erwerbstätigen mit Blick auf prekäre Arbeits- und Lebensverhältnisse, zu ziehen, bedarf es dringend weiterer Forschungen.

Dabei wurden die Möglichkeiten der Analysen mit dem Mikrozensus und der EU-Arbeitskräfteerhebung bisher noch nicht ausgeschöpft. Wichtige Untersuchungsmerkmale zur Beschreibung der Arbeits- und Lebensverhältnisse von Gründerinnen und Gründern sowie Selbstständigen, wie z.B. die Darstellung der Einkommensverhältnisse auf personenbezogener wie auch auf Haushaltsebene, könnten Gegenstand weiterer Studien sein. Dabei sollte nicht nur auf Querschnittsdaten, sondern auch auf Längsschnittdaten, anhand derer erwerbsbiographische Erkenntnisse gewonnen werden können, zurückgegriffen werden. Es ist zu prüfen, ob Längsschnittanalysen mit Daten des Mikrozensus (Längsschnitt über vier Jahre) zu validen Ergebnissen führen. Erwerbsbiographische Untersuchungen anhand von Panels aus der nichtamtlichen Statistik könnten ebenfalls wichtige Erkenntnisse zum Thema prekäres Unternehmertum in Deutschland und in Europa hervorbringen. Zu wenig im Blick empirischer Untersuchungen waren bisher auch die Übergänge zwischen den drei Gruppen der Selbstständigkeit, etwa der Übergang vom Zu- oder Nebenerwerb in den Haupterwerb oder umgekehrt. Sie könnten Chancen wie auch Risiken unternehmerischer Tätigkeit aufdecken.

Mit Blick auf die Erforschung prekärer Arbeits- und Lebensverhältnisse in der gesamten Erwerbsbevölkerung sollte die Fluktuation zwischen den Erwerbsformen abhängiger Beschäftigung, erwerbswirtschaftlicher Selbstständigkeit und Erwerbslosigkeit verstärkt Berücksichtigung finden. Ein Wechsel in kurzer Zeitabfolge scheint zunehmend an Bedeutung zu gewinnen. Beispielhaft lässt sich dies bei einer Untergruppe der Kunst- und Kulturschaffenden, den Film- und Fernsehschaffenden, aufzeigen. Hier ist v.a. eine hohe Fluktuation zwischen abhängiger Beschäftigung und Erwerbslosigkeit zu verzeichnen. Film- und Fernsehschauspieler sind weisungsgebunden und während der Dreharbeiten fest angestellt. Folgt nach der Beendigung des Engagements unmittelbar kein weiteres, so kann die anschließende Phase der Erwerbslosigkeit für viele Betroffene schwerwiegende Folgen haben. Wechselnde Phasen von Erwerbsarbeit und Arbeitslosigkeit erschweren die Einhaltung der Rahmenfristregelungen für den Bezug von Arbeitslosengeld I. Dies ist unter den Film- und Fernsehschaffenden kein Einzelfall und betrifft auch die vergleichsweise Erfolgreichen unter ihnen. Eine wichtige Reform wurde in diesem Zusammenhang mit der Verabschiedung des „Anwartschaftszeit-Änderungsgesetz" durch den Bundestag kurz vor Ende der 16. Legislaturperiode vorgenommen. Mussten bisher innerhalb von zwei Jahren (Rahmenfrist) zwölf Monate Beitragseinzahlung erreicht werden, reichen mit der Gesetzesänderung nun sechs Monate für einen Anspruchserwerb aus.

Für die erwerbswirtschaftlich selbstständigen Künstlerinnen und Künstler in Deutschland gibt es seit der Einführung der KSK im Jahr 1983 sozialen Schutz in der Renten-, Kranken- und Pflegeversicherung (vgl. Schulze Buschoff in diesem Band). Dabei zahlen sie, wie Arbeitnehmer/innen, die Hälfte der Beiträge, die andere Hälfte speist sich aus den Beiträgen der Verwerter und aus Bundeszuschüssen. Die KSK hat in den letzten Jahren einen enormen Mitgliederanstieg zu verzeichnen. Waren es im Jahr 1991 noch rund 48.000 Versicherte, wuchs ihre Zahl bis heute auf 162.000 an. Dies zeigt die gestiegene Nachfrage nach sozialer Absicherung der Selbstständigen in der Kultur- und Kreativwirtschaft und lässt angesichts der Entwicklungen unter den Selbstständigen vermuten, dass der Druck, soziale Sicherungssysteme zu entwickeln, stetig zunehmen wird. In der Politik werden daher seit einiger Zeit Überlegungen bezüglich der Einführung einer Erwerbstätigenversicherung angestellt. Gerade ein längerer Ausfall bei Krankheit und unzureichende Möglichkeiten, Rücklagen für das Alter zu schaffen, sind Probleme, die nicht nur die selbstständigen Künstlerinnen und Künstler betreffen, sondern auch die sog. neuen Selbstständigen.

Literaturverzeichnis

Dangel, Caroline, 2007a: Selbstständige Frauen in Europa und das Vereinbarkeitsdilemma. In: Andrea D. Bührmann, Katrin Hansen, Martina Schmeink und Aira Schöttelndreier (Hg.): Entrepreneurial Diversity. Hamburg: Lit-Verlag, S. 33–56.

Dangel, Caroline, 2007b: Existenzgründung und Existenzsicherung selbstständiger Künstlerinnen und Künstler. In: Joachim Merz (Hg.): Fortschritte in der Mittelstandsforschung. Hamburg: Lit-Verlag, S. 131–144.

Dangel, Caroline, 2008: Artpreneurs – Selbstständige Künstlerinnen und Künstler als Produzenten ihrer eigenen Lebenslage. In: Institut für Kulturpolitik der Kulturpolitischen Gesellschaft (Hg.): Jahrbuch für Kulturpolitik 2008. Thema: Kulturwirtschaft und kreative Stadt. Essen: Klartext-Verlag, S. 337–355.

Dangel, Caroline, Sabine Fleißig, Michael-Burkhard Piorkowsky und Thomas Stamm, 2006: Genderaspekte in der Existenzgründung und Selbstständigkeit in Deutschland im Vergleich mit ausgewählten Ländern in Europa. Bonn. http://www.bmfsfj.de/RedaktionBMFSFJ/ Abteilung4/Pdf-Anlagen/studie-genderaspekte-selbststaendigkeit,property=pdf,bereich=, rwb=true.pdf (09.03.2010).

Dangel, Caroline und Michael-Burkhard Piorkowsky, 2006: Selbstständige Künstlerinnen und Künstler – zwischen brotloser Kunst und freiem Unternehmertum? Berlin: Deutscher Kulturrat, Vereinte Dienstleistungsgewerkschaft ver.di und Rheinische Friedrich-Wilhelms-Universität.

Deutscher Bundestag (16. Wahlperiode), 2007: Schlussbericht der Enquete-Kommission „Kultur in Deutschland". Berlin: Bundestags-Drucksache.

Dörre, Klaus, Klaus Kraemer und Frederic Speidel, 2004: Prekäre Arbeit. Ursachen, soziale Auswirkungen und subjektive Verarbeitungsformen unsicherer Beschäftigungsverhältnisse, Das Argument, Nr. 256, S. 378–397.

Gottschall, Karin und Sigrid Betzelt, 2005: Zur Regulation neuer Arbeits- und Lebensformen. Eine erwerbssoziologische Analyse am Beispiel von Alleindienstleistern in Kulturberufen. In:

Karin Gottschall und G. Günther Voß (Hg.): Entgrenzung von Arbeit und Leben. Zum Wandel der Beziehung von Erwerbstätigkeit und Privatsphäre im Alltag. Arbeit und Leben im Umbruch. München und Mering: Hampp-Verlag, S. 203–229.

Gottschall, Karin und Christiane Schnell, 2000: „Alleindienstleister" in Kulturberufen zwischen neuer Selbständigkeit und alten Abhängigkeiten, WSI Mitteilungen, Jg. 53, S. 804–810.

Haak, Carroll, 2008: Wirtschaftliche und soziale Risiken auf den Arbeitsmärkten von Künstlern. Wiesbaden: VS Verlag.

Haak, Carroll und Günther Schmid, 1999: Arbeitsmärkte für Künstler und Publizisten – Modelle einer zukünftigen Arbeitswelt? Berlin: WZB Discussion Paper, P99-506.

Hansch, Esther, 2003: Existenzgründungen im Kontext der Arbeits- und Lebensverhältnisse in Deutschland. Eine Strukturanalyse von Mikrozensusergebnissen. Projektbericht und Tabellenband. Bonn: Statistisches Bundesamt.

Hansch, Esther, 2004: Existenzgründungen im Kontext der Arbeits- und Lebensverhältnisse in Deutschland. Eine Strukturanalyse von Mikrozensusergebnissen. Aktualisierung der Sonderauswertung der Mikrozensen 1985 bis 2001 für die Jahre 2002 und 2003". Bericht und Tabellenanhang. Bonn: Statistisches Bundesamt.

Hansch, Esther, 2005: Haushalts-Unternehmens-Komplexe. Kleinbetriebliche Verbundsysteme von Haushalten und Unternehmen. Eine Analyse auf Basis der Ergebnisse des Mikrozensus. Bonn: Dissertation.

Hansch, Esther und Michael-Burkhard Piorkowsky, 1997: Haushalts-Unternehmens-Komplexe: Untersuchungsgegenstand, Forschungsprogramm, haushaltsökonomische Perspektiven, Hauswirtschaft und Wissenschaft, Jg. 45, S. 3–10.

Hansch, Esther und Michael-Burkhard Piorkowsky, 1999: Haushalts-Unternehmens-Komplexe: Zur Entwicklung von Umfang und Struktur kleinbetrieblicher Verbundsysteme von Privathaushalt und zugehöriger Unternehmung. In: Paul Lüttinger (Hg.): Sozialstrukturanalysen mit dem Mikrozensus. ZUMA Nachrichten, Spezial, Bd. 6. Mannheim: Zentrum für Umfragen, Methoden und Analysen (ZUMA), S. 49–73.

Hummel, Marlies, 2005: Die wirtschaftliche und soziale Situation bildender Künstlerinnen und Künstler. Schwerpunkt: Die Lage der Künstlerinnen. Ergebnisse der BBK Umfrage 2004/2005 im Auftrag des Bundesverbandes Bildender Künstlerinnen und Künstler. Königswinter: BBK.

König, René und Alphons Silbermann, 1964: Der unversorgte selbständige Künstler. Über die wirtschaftliche und soziale Lage der selbständigen Künstler in der Bundesrepublik. Stiftung zur Förderung der wissenschaftlichen Forschung über Wesen und Bedeutung der freien Berufe. Köln, Berlin: Deutscher Ärzte Verlag.

Kraemer, Klaus, 2008: Prekarität - was ist das? Arbeit, Jg. 17, S. 77–90.

Kräuter, Maria, 2002: Existenzgründung in Kultur- und Medienberufen. Köln: Ludwig Sievers Stiftung.

Leicht, René und Ralf Philipp, 1999: Der Trend zum Ein-Personen-Unternehmen? Strukturbericht – Kurzinfo Nr. 5. Mannheim: Institut für Mittelstandsforschung.

Meager, Nigel, 1993: Self Employment and Labour Market Policy in the European Community. Berlin: WZB Discussion Paper FSI, S. 93–201.

Meager, Nigel, 1996: From Unemployment to Self-Employment Labor Market Policies for Business Start-Up. In: Günther Schmid, Jacqueline O'Reilly und Klaus Schömann (Hg.): International Handbook of Labour Market Policy and Evaluation. Cheltenham: Edward Elgar, S. 489–519.

OEDC – Organisation for Economic Cooperation and Development, 1996: Labour Force Statistics 1974-1994. Paris: OECD.

Petzinger, Renate, 1992: Gute Kunst setzt sich von selbst durch. Eine Bilanz über die Situation von Künstlerinnen in den alten Bundesländern. In: Aylâ Neusel und Helga Voth (Hg.): Utopia ist (k)ein Ausweg. Zur Lage von Frauen in Wissenschaft, Technik und Kunst. Frankfurt/New York: Campus-Verlag, S. 101–114.

Piorkowsky, Michael-Burkhard, 2002a: Die Evolution von Unternehmen im Haushalts- und Familienkontext. Grundgedanken zu einer Theorie sozioökonomischer Hybridsysteme, Zeitschrift für Betriebswirtschaft, Ergänzungsheft 5/2002, S. 1–19.

Piorkowsky, Michael-Burkhard (unter Mitarbeit von Stefanie Scholl), 2002b: Genderaspekte in der finanziellen Förderung von Unternehmensgründungen. Eine qualitative und quantitative Analyse der Programme auf Bundesebene – unter besonderer Berücksichtigung der Gründung durch Frauen. Berlin: Bundesministerium für Familie, Senioren, Frauen und Jugend.

Piorkowsky, Michael-Burkhard, 2004: Unternehmensgründungen im Zu- und Nebenerwerb: Motive, Wachstumsziele und gefühlte Restriktionen. In: Ann-Kristin Achleitner, Heinz Klandt, Lambert Koch und Kai-Ingo Voigt (Hg.): Jahrbuch Entrepreneurship 2003/04. Gründungsforschung und Gründungsmanagement. Berlin, Heidelberg: Springer, S. 207–225.

Piorkowsky, Michael-Burkhard, 2005: Neue Kulturen unternehmerischer Selbstständigkeit. In: Bundesministerium für Familien, Senioren, Frauen und Jugend (Hg.): Perspektiven für Land & Leute: Regionale Kooperationen für Existenzgründungen. Dokumentation der Tagung vom 01. Februar 2005 in Berlin, http://www.bmfsfj.de/Publikationen/ perspektiven/2-Reden/neue-kulturen-unternehmerischer-selbstaendigkeit-prof-dr-michael-burkhard-piorkowsky.html (10.03.2010).

Piorkowsky, Michael-Burkhard und Sabine Fleißig, 2005: Gendermonitor Existenzgründung 2004. Existenzgründungen im Kontext der Arbeits- und Lebensverhältnisse in Deutschland. Eine Strukturanalyse von Mikrozensusergebnissen. Bonn: Statistisches Bundesamt.

Piorkowsky, Michael-Burkhard und Sabine Fleißig, 2006: Gendermonitor Existenzgründung 2005. Existenzgründungen im Kontext der Arbeits- und Lebensverhältnisse in Deutschland. Eine Strukturanalyse von Mikrozensusergebnissen. Bonn: Statistisches Bundesamt.

Piorkowsky, Michael-Burkhard und Sabine Fleißig, 2008: Gendermonitor Existenzgründung 2006. Existenzgründungen im Kontext der Arbeits- und Lebensverhältnisse in Deutschland. Eine Strukturanalyse von Mikrozensusergebnissen. Bonn: Statistisches Bundesamt.

Piorkowsky, Michael-Burkhard und Sabine Holland, 2001: Der Haushalts-Unternehmens-Komplex – die Normalform entstehender und junger Unternehmen. Ergebnisse einer empirischen Untersuchung zum Gründungsgeschehen und zur Entwicklung im Haushalts- und Familienkontext. In: Joachim Merz (Hg.): Existenzgründung – Tips, Studien und Praxis für Unternehmen und Freie Berufe. Baden-Baden: Nomos, S. 169–190.

Pritzkow, Angelika und Gabriele Schambach, 2009: „Ich allein? Mehr als ich! Selbstständige Frauen in der Kreativwirtschaft. Berlin: F3 Marketing.

Schulze Buschoff, Karin, 2004: Neue Selbstständigkeit und wachsender Grenzbereich zwischen selbstständiger und abhängiger Erwerbsarbeit – Europäische Trends vor dem Hintergrund sozialpolitischer und arbeitsrechtlicher Entwicklungen. Berlin: WZB Discussion Paper, SPI 2004–108.

Söndermann, Michael, 2004: Kulturberufe in Deutschland. Statistisches Kurzportrait zu den erwerbstätigen Künstlern, Publizisten, Designern, Architekten und verwandten Berufen im Kulturmarkt in Deutschland 1995 - 2003. Bonn: ARKStat – Arbeitskreis Kulturstatistik.

Söndermann, Michael, Christoph Arndt, Olaf Backes und Daniel Brünink, 2009: Endbericht Kultur- und Kreativwirtschaft. Ermittlung der gemeinsamen charakteristischen Definitionselemente der heterogenen Teilbereiche der „Kulturwirtschaft" zur Bestimmung ihrer Perspektiven aus volkswirtschaftlicher Sicht. Köln, Bremen, Berlin: Bundesministerium für Wirtschaft und Technologie.

Story, Davis John, 1994: Understanding the Small Business Sector. London, New York: Routledge.

Thurn, Hans-Peter, 1985: Künstler in der Gesellschaft. Ergebnisse einer Befragung unter Bildenden Künstlern in Düsseldorf und Umgebung. Opladen: VS Verlag.

Zimmermann, Olaf und Gabriele Schulz, 2002: Traumberuf Künstler: Kreativität leben – finanzielle Sicherheit erreichen. Nürnberg: Bildung und Wissen Verlag.

Sozialpolitische Perspektiven der ‚neuen Selbstständigkeit'

Karin Schulze Buschoff

1   Einleitung

In Deutschland ist der Anteil selbstständiger Erwerbsarbeit außerhalb der Landwirtschaft seit den 1990er Jahren kontinuierlich gestiegen. Die Bedeutungszunahme der Selbstständigkeit ist verbunden mit einer Änderung ihrer Struktur. So wächst die Zahl der ‚neuen' Selbstständigen, die oftmals direkt aus der Arbeitslosigkeit kommen und häufig Klein- und Kleinstunternehmen, vornehmlich im Dienstleistungssektor, gründen. Außerdem ist dies mit einer stärkeren Arbeitsmarktdynamik verbunden, so dass häufigere Wechsel in und aus der Selbstständigkeit heraus Bestandteil der Erwerbsbiographien eines wachsenden Teils der Bevölkerung werden. Der Boom, die Struktur und die Dynamik der ‚neuen' Selbstständigkeit stellen neue Herausforderungen an wohlfahrtsstaatliche Akteure und Institutionen dar. Unmittelbar gefordert sind die gesetzlichen Sozialversicherungssysteme. Die Frage, ob und in welcher Form die gesetzlichen Sozialversicherungssysteme in Deutschland auf die Herausforderungen eingestellt sind bzw. wie sie ihnen begegnen, soll im Folgenden erörtert werden.

Erläutert werden Art und Umfang der Einbeziehung der Selbstständigen in die einzelnen Sozialversicherungszweige, Sonderregelungen für bestimmte Gruppen von Selbstständigen, die gesetzlichen Regelungen zur Scheinselbstständigkeit und besondere sozialrechtliche Bedingungen bei arbeitsmarktpolitisch geförderter Selbstständigkeit. Es wird argumentiert, dass die Gesetzgebung zur sozialen Sicherung Selbstständiger widersprüchlich und unvollständig bleibt. Überfällig sind die Anerkennung des generellen sozialen Schutzbedarfs der Selbstständigen und die Ausweitung der Sozialversicherungspflicht auf alle Selbstständigen. Dies gilt insbesondere für die staatliche Altersvorsorge. Abschließend werden aktuelle Bestrebungen zur Reform der Sozialversicherungsregelungen für Selbstständige erörtert und bewertet.

1.1   Selbstständige Erwerbsarbeit in Deutschland

Wie in den meisten anderen europäischen Ländern ist auch in Deutschland eine deutliche Zunahme an selbstständiger Erwerbsarbeit zu beobachten. Im Unterschied zu den anderen Ländern setzte die sogenannte ‚Renaissance der Selbstständigkeit' in Deutschland jedoch nicht Anfang der 1980er Jahre, sondern mit etwa einem Jahrzehnt Verzögerung, also erst Anfang der 1990er Jahre ein (Schulze Buschoff 2007). Auswertungen des Mikrozensus zufolge stieg der Anteil der Selbstständigen an allen Erwerbstätigen in Deutschland von 10 % zu Beginn der 1990er Jahre auf 12,5 % im Jahr 2007 (Ehler 2009).

Auffällig ist ein starkes Wachstum der ‚neuen Selbstständigkeit', d.h. von Erwerbsformen, die mit traditionellen Formen der Selbstständigkeit (Kleingewerbetreibende, Professionen, Mittelstandsbetriebe und verkammerte Berufe) nicht zu vergleichen sind. So wächst die Zahl der neuen Selbstständigen in den expandierenden jungen Dienstleistungsbereichen und im Kulturbereich, einschließlich eines steigenden Anteils von Frauen. Diese ‚neuen Selbstständigen' gründen Klein-, Kleinst- oder Solo-Unternehmen oftmals ohne oder nur mit geringen Vermögenswerten (Leicht 2003, Schulze Buschoff 2004). Strukturelle Veränderungen wie flexiblere Produktionsformen, die Veränderung von Vertragsformen und die zunehmende Ausgliederung von Funktionsbereichen aus den Betrieben (z.B. in Form von Franchising) und die Bedeutungszunahme des Dienstleistungssektors tragen zum Anstieg der Selbstständigkeit bei.

Der Anstieg der Selbstständigkeit ist vor allem auf die wachsende Bedeutung der Solo-Selbstständigkeit zurückzuführen. Den Zahlen des Mikrozensus zufolge betrug die Zahl der Solo-Selbstständigen im Jahr 2007 rund 2.323.000. In dem Zeitraum von 2002 bis 2007 ist die Anzahl der Solo-Selbstständigen um 25 % gestiegen, im Vergleich dazu betrug das Wachstum der Gruppe von Selbstständigen mit Beschäftigten lediglich 3 %. Über die Hälfte der Selbstständigen (56 %) im Jahr 2007 waren Solo-Selbstständige. Mit einem Anteil von 6 % an allen Erwerbstätigen (2007) bilden die Solo-Selbstständigen einen beachtlichen Teil der Gesamtbeschäftigung. Weiterhin steigt der Anteil der Frauen an den Solo-Selbstständigen, von 33 % im Jahr 2002 auf 37 % im Jahr 2007 (Mirschel 2009).

Eine der wesentlichen Ursachen des Booms der Solo-Selbstständigkeit in Deutschland ist die Existenzgründungsförderung für Arbeitslose. Als arbeitsmarktpolitisches Instrument hat diese in den letzten Jahren zunehmend an Bedeutung gewonnen. Während noch Anfang der 1990er Jahre der Anteil der geförderten Gründungen an allen Gründungen deutlich unter 10 % lag, wurden seit 2003 deutlich mehr als die Hälfte aller Existenzgründer von der Arbeitsagentur gefördert[1] (Caliendo et al. 2006). Ausschlaggebend für diese Entwicklung war unter anderem die Einführung des Existenzgründungszuschusses (‚Ich-AG') zum 1. Januar 2003 im Rahmen der Hartz-Reformen. Mit der Einführung der Ich-AG stieg die Zahl der geförderten Gründungen aus der Arbeitslosigkeit auf ein nie gekanntes Niveau. Bis Mitte 2006 wurden insgesamt rund eine Million Gründungen gefördert, davon knapp 400.000 Ich-AGs mit dem Existenzgründungszuschuss (Caliendo et al. 2007). Neben dem schon seit 1986 bestehenden Überbrückungsgeld, das bis dahin die klassische Hilfe der Arbeitsagenturen zur Aufnahme einer selbstständigen Tätigkeit war, stand seit 2003 mit dem Existenzgründungszuschuss ein zweites Förderinstrument für Arbeitslose, die sich selbst-

---

[1] Dabei handelt es sich ausschließlich um Gründungen, die mit einer Gewerbeanmeldung verbunden sind (also ohne Freiberufler).

ständig machen wollen, zur Verfügung. Im Sommer 2006 wurde dann der sogenannte „Gründungszuschuss" vom Bundestag neu in das Sozialgesetzbuch III (§§ 57, 58) eingefügt; er ersetzt die bisherigen Instrumente Überbrückungsgeld und Existenzgründungszuschuss (‚Ich-AG').

Der größte Anteil des Zuwachses an Selbstständigkeit ist im Dienstleistungssektor zu verorten; Wachstum und Wandel des Dienstleistungssektors prägen die ‚neue Selbstständigkeit' unmittelbar. So ist in den ‚klassischen' Dienstleistungsbranchen wie Gastgewerbe oder Handel, die bisher das Bild des Unternehmertums und der Selbstständigkeit bestimmt haben, in den letzten zehn Jahren in allen Ländern eine Stagnation oder gar ein Rückgang der Selbstständigenzahlen zu beobachten. Eine deutliche Zunahme an Selbstständigen ist dagegen in den ‚modernen' Dienstleistungen wie den unternehmensorientierten Dienstleistungen, dem Gesundheits- und Pflegebereich und den sonstigen personennahen Dienstleistungen zu verzeichnen. Diese Formen ‚neuer Selbstständigkeit' basieren häufig auf der Entwicklung neuer Tätigkeitsprofile, die auf persönlichen Wissensbeständen und Fähigkeiten beruhen und vergleichsweise geringe Anforderungen an ökonomische und personelle Ressourcen zur Gründung stellen (Schulze Buschoff 2007).

Eine andere Form ‚neuer Selbstständigkeit' entsteht nicht durch neue Tätigkeitsbereiche, sondern durch eine Veränderung der Arbeitsformen auch in traditionellen Wirtschaftszweigen wie dem Bausektor. Arbeitsverhältnisse in abhängiger Beschäftigung werden über Subunternehmertum, Contracting-Out und Franchising durch Formen selbstständiger Erwerbsarbeit zunehmend ersetzt (Schulze Buschoff 2007).

1.2　Neue Selbstständigkeit und neue Risiken

Des Weiteren ist der Bereich der Selbstständigkeit durch eine besonders hohe Mobilität gekennzeichnet. Als Mobilität wird der Anteil der Personen mit Übergängen (Ein- und Austritten) von einem Erwerbsstatus in einen anderen innerhalb eines Jahres bezeichnet. Das Ergebnis einer Studie, die die Mobilitätsraten in den Ländern Deutschland, Vereinigtes Königreich, Italien, Schweden und den Niederlanden verglichen hat, ist: Unabhängig von der Höhe des Anteils Solo-Selbstständiger an der Gesamtheit der Erwerbstätigen zeigt sich in allen betrachteten Ländern eine im Vergleich zu anderen Erwerbsformen *höhere Mobilität Solo-Selbstständiger*. In allen Ländern und zu allen Zeitpunkten liegt ihre Mobilitätsrate deutlich über der der abhängig Beschäftigten und der Arbeitgeber-Selbstständigen. Im Ländervergleich weist Deutschland außerdem (seit 1996) die höchste Mobilitätsrate Solo-Selbstständiger auf (Schulze Buschoff/Schmidt 2006).

Neben der hohen Mobilität ist auch das Risiko unsteter und niedriger Einkommen charakteristisch für die ‚neue Selbstständigkeit'. Verschiedene nationale Analysen kommen zu dem Schluss, dass die Einkommen Selbstständiger im Vergleich zu abhängig Beschäftigten in der Regel breiter streuen: einerseits sind viele sehr niedrige und andererseits viele sehr hohe Einkommen zu verzeichnen (Protsch 2006). Unter

Berücksichtigung des Haushaltskontexts kann dieser Befund auf der Basis der Ein-kommens- und Verbraucherstichprobe von 1998 auch für beide Teile Deutschlands bestätigt werden (Fachinger 2002). Zwar gleicht die Verteilung der Erwerbseinkom-men von Selbstständigen, die Haupteinkommensbezieher ihres Haushalts sind, der Verteilung der Einkommen von Haupteinkommensbeziehern in abhängiger Beschäf-tigung. Allerdings sind die unteren Einkommensgruppen erheblich stärker und die oberen Einkommensgruppen etwas stärker besetzt. Im Jahr 2005 verfügten rund 37 % der knapp 2,3 Mio. Solo-Selbstständigen lediglich über ein Einkommen von unter 1.100 Euro monatlich. Im Zeitverlauf hat nicht nur die Anzahl der Selbstständigen mit niedrigem Einkommen zugenommen, sondern auch ihr Anteil an der Gesamtzahl der Selbstständigen (Sachverständigenrat 2006).

Das Ergebnis einer aktuellen Analyse des Mannheimer Forschungsinstituts Öko-nomie und Demographischer Wandel (MEA)[2] lautet, dass vielen Selbstständigen Al-tersarmut droht. Je nach Lesart der Daten wird Altersarmut bis zu einem Drittel der Selbstständigen, mindestens jedoch jede/n Zehnte/n und ihre/seine Angehörigen tref-fen. Untersucht wurden die Vorsorgefähigkeit und -bereitschaft sowie das Vorsorge-niveau in Selbstständigen-Haushalten. Insbesondere bei gering verdienenden Solo-Selbstständigen ist letzteres sehr gering. Mindestens 10 % der Haushalte, deren Haupt-einnahme aus selbstständiger Tätigkeit rührt, wird voraussichtlich keine Vorsorge über dem Grundsicherungsniveau erreichen. Betrachtet man nicht die Haushalte sondern Einzelpersonen, liegt die Zahl derjenigen, die keine Vorsorge über dem Grundsiche-rungsniveau betreiben können, sogar bei einem Drittel aller Selbstständigen. Insge-samt hat sich die Zahl der Solo-Selbstständigen deutlich erhöht, bei denen besonders eine mangelnde finanzielle Vorsorgefähigkeit vermutet wird. Alarmierend sind die ge-ringen Sparquoten in Selbstständigen-Haushalten mit niedrigem Nettoeinkommen: Drei Viertel derjenigen, die bis zu 1.000 Euro verdienen, sparen gar nichts, ebenso die Hälfte derjenigen, die zwischen 1.000 und 1.500 Euro erzielen, und knapp ein Drittel derjenigen, die zwischen 1.500 und 2.000 Euro erlösen (Ziegelmeyer 2009).

Studien auf der Basis des AVID 2005[3] bestätigen die Gefahr von niedrigen Al-terseinkünften insbesondere für nicht obligatorisch versicherte ('ungesicherte') Selbst-ständige. Die AVID-Daten ermöglichen es, Personen zu identifizieren, die in ihrem Erwerbsverlauf einmal selbstständig waren und während ihrer Zeit als Selbstständige nicht von einem obligatorischen Alterssicherungssystem (z.B. einem berufsständi-schen Versorgungswerk oder der gesetzlichen Rentenversicherung) erfasst waren.

---

[2] Die Untersuchung „Das Altersvorsorge-Verhalten von Selbstständigen" beruht auf der regelmäßigen Befragung zum Spar- und Finanzanlageverhalten privater Haushalte (SAVE) durch das MEA und TNS Infratest (Ziegelmeyer 2009).

[3] Altersvorsorge in Deutschland (AVID) ist eine Untersuchung der Deutschen Rentenversicherung Bund und des Bundesministeriums für Arbeit und Soziales (BMAS). Sie wurde erstmals 1995 in Auftrag gegeben. Ziel der Studie ist es, nähere Informationen über die Art und die Höhe der Anwartschaften auf künftige Alterseinkommen zu erhalten, um die Erfordernisse der Alterssicherung langfristig prognostizie-ren zu können.

Während Personen mit Zeiten ungesicherter Selbstständigkeit im Erwerbsverlauf nur einen durchschnittlichen Betrag von 636 Euro an Anwartschaften aus der Gesetzlichen Rentenversicherung (GRV) erreichen, sind es bei dem Rest der von der AVID erfassten Personen 932 Euro (erfasst wurden die Anwartschaften der Geburtsjahrgänge 1942 bis 1961). Die Gruppe der ‚ungesicherten' Selbstständigen steht im Vergleich zu dem Rest der in AVID erfassten Personen auch hinsichtlich der projizierten Brutto-Alterseinkünfte, d.h. der Anwartschaften aus allen Alterssicherungssystemen, wesentlich schlechter da. Dies lässt darauf schließen, dass bei Personen mit Phasen nicht obligatorisch gesicherter Selbstständigkeit geringe Renten aus der GRV im Regelfall nicht durch höhere Anwartschaften – z.B. aus privater Vorsorge – ausgeglichen werden können (Frommert/Loose 2008: 411).

Weiterhin zeigt sich, dass immer mehr Selbstständige mit ihrem Einkommen nicht das Existenzminimum absichern können. Ende 2008 gab es 114.000 Selbstständige, die zusätzlich zu ihrem Einkommen Arbeitslosengeld II (ALG II) bezogen haben, zwei Jahre zuvor waren es 56.000. Damit hat sich die Zahl der sogenannten ‚aufstockenden Selbstständigen' fast verdoppelt und der Trend setzt sich weiter fort. Über die Hälfte der selbstständig tätigen Hilfebedürftigen haben monatlich weniger als 400 Euro Einkommen. Aufgrund von Auftragsmangel bzw. der derzeit schlechten wirtschaftlichen Rahmenbedingungen sind sie auf zusätzliche Leistungen bzw. auf ALG II angewiesen[4].

Die beschriebene Entwicklung der ‚neuen Selbstständigkeit' mit ihren spezifischen Risiken – unstete und niedrige Einkommen, entsprechend geringe Sparfähigkeit sowie hohe Mobilität – ist mit neuen Herausforderungen an die soziale Sicherung für die zuständigen Akteure und Institutionen verbunden. Es stellt sich die Frage, ob und in welcher Form die staatlichen Sicherungssysteme auf diese Herausforderungen eingestellt sind.

2   Selbstständigkeit und Sozialversicherungen in Deutschland

Deutschland gilt als Prototyp des an abhängige Beschäftigung gekoppelten Sozialschutzes: Der gesetzliche Schutz der ursprünglich vorwiegend in den Fabriken tätigen abhängigen Beschäftigten erfolgte neben der inhaltlichen Regelung über das Arbeitsrecht vor allem durch den Ausbau des Sozialversicherungssystems.

Der gesetzliche Schutz ist damit versicherungsbasiert und wird heute über Beiträge im Wege des Umlageverfahrens finanziert. Die Rentenhöhe hängt von der vorherigen Erwerbsbiographie ab. Vorausgesetzt wird eine vollständige Erwerbsbiographie, um das ursprünglich intendierte Ziel der Lebensstandardsicherung im Alter zu erreichen.

---

[4] http://www.gruendungszuschuss.de/?id=15&showblog=2681, abgerufen am 02.10.2009.

Entsprechend der Tradition der Bismarckschen Sozialversicherung sind Selbstständige von der Mitgliedschaft in der Rentenversicherung weitgehend ausgeschlossen. Dahinter steht die Vorstellung, dass die Selbstständigen für sich selbst vorsorgen können und nicht des kollektiven Schutzes der Solidargemeinschaft der Versicherten bedürfen. Dies gilt, mit Ausnahme von Sonderregelungen, die einzelne Gruppen von Selbstständigen in die Sozialversicherung mit einbeziehen, auch heute noch. Bei diesen einzelnen Gruppen von Selbstständigen wurde davon ausgegangen, dass die Annahme fehlender Schutzbedürftigkeit nicht gerechtfertigt ist und sie wurden schrittweise in die staatliche Alterssicherung integriert. Dies trifft z.B. für Landwirt/inn/e/n, Lehrer/innen und Hebammen zu. Eine weitere Sonderregelung besteht für Selbstständige im Kulturbereich. Für sie wurde Anfang der 1980er Jahre mit der Künstlersozialkasse (KSK) eine eigene wohlfahrtsstaatliche Sicherungsinstitution geschaffen, die die sozialpolitische Integration von selbstständig tätigen Künstler/inne/n und Publizist/inn/en in das Sozialversicherungssystem leisten soll (Betzelt/Schnell 2003: 251). Weitere Ausnahmen bestehen für freie Berufe (z.B. Rechtsanwält/inn/e/n und Ärzt/inn/e/n)[5]. Insgesamt ist eine Minderheit von etwa einem Viertel aller selbstständig Erwerbstätigen in obligatorischen Alterssicherungssystemen versichert (Fachinger/Oelschlaeger 2000: 165).

2.1   Sonderfall: die Künstlersozialkasse

Seit dem 1. Januar 1983 gibt es mit der Künstlersozialkasse (KSK) für selbstständige Künstler/innen und Publizist/inn/en Versicherungsschutz kraft des Künstlersozialversicherungsgesetzes (KSVG) in der Kranken- und Rentenversicherung und seit dem 1. Januar 1995 auch in der Pflegeversicherung. Die Beitragshöhe richtet sich nach dem im Voraus geschätzten Jahreseinkommen, das in Monate umgerechnet wird. Die Versicherten haben wie abhängig Beschäftigte die Hälfte der Beitragssumme an die Sozialversicherung zu zahlen, die zweite Hälfte wird durch einen Bundeszuschuss und die vom Auftraggeber zu entrichtende Künstlersozialabgabe aufgebracht. Nach dem KSVG werden in der Künstlersozialkasse diejenigen versichert, die eine künstlerische oder publizistische Tätigkeit selbstständig und erwerbsmäßig ausüben und aus ihr Einkünfte von mindestens 3.900 Euro im Jahr erzielen. Berufsneulinge werden in den ersten drei Jahren nach der Aufnahme einer selbstständigen Tätigkeit auch bei geringerem Einkommen über die KSK versichert. Die Künstlersozialversicherung ist eine Pflichtversicherung für alle selbstständigen Künstler/innen und Publizist/inn/en (Buchholz 2002: 361).

---

[5] Obligatorische Alterssicherungssysteme bestehen für: (a) Hausgewerbetreibende, Lehrer/innen, Erzieher/innen, Pflegepersonal, Hebammen, Seelots/inn/en, Küstenschiffer/innen und Küstenfischer/innen; (b) Handwerker/innen mit Eintrag in die Handwerksrolle und Bezirksschornsteinfegermeister/innen; (c) Künstler/innen und Publizist/inn/en; (d) Landwirt/inn/e/n; sowie (e) Freie Berufe wie Rechtsanwält/inn/e/n, Notar/inn/e/n oder Ärzt/inn/e/n.

2.2 Krankenversicherung

Seit dem 1. Januar 2009 gilt die Versicherungspflicht in der Krankenversicherung für die Gesamtbevölkerung. Sie wurde im Rahmen des GKV-Wettbewerbsstärkungsgesetzes (GKV-WSG) im deutschen Krankenversicherungssystem (§ 5 Abs. 1 Nr. 13 SGB V) eingeführt. Damit besteht auch für alle Selbstständigen nunmehr die Pflicht, eine Krankenversicherung abzuschließen. Vor der Erweiterung der Versicherungspflicht durch das GKV-WSG waren Selbstständige in der gesetzlichen Krankenkasse nicht versicherungspflichtig – mit Ausnahme der Künstler/innen und Publizist/inn/en und der Landwirt/inn/e/n. Mit der letzten Gesundheitsreform hat der Gesetzgeber das Ziel verfolgt, diese Lücke zu schließen.

Aber auch vor der Erweiterung der Versicherungspflicht im Zuge der genannten Reform konnten nicht-pflichtversicherte Selbstständige unter bestimmten Umständen in der gesetzlichen Krankenkasse versichert sein. Zum einen können Selbstständige durch abgeleitete Ansprüche im Rahmen der Familienmitversicherung Mitglieder der gesetzlichen Krankenkasse sein und zum anderen können sich vormals abhängig Beschäftigte freiwillig in der gesetzlichen Krankenkasse weiterversichern.

Eine weitere Möglichkeit der Vorsorge besteht in der Mitgliedschaft bei einer privaten Krankenversicherung. In der privaten Krankenversicherung müssen die Versicherten im Gegensatz zur gesetzlichen Krankenversicherung risikoäquivalente Prämien nach Alter, Geschlecht und Gesundheitszustand zahlen. Außerdem muss jedes Familienmitglied einzeln versichert sein. Im Rahmen der Ausweitung der Versicherungpflicht auf Selbstständige sind die privaten Krankenkassen jedoch verpflichtet, diesem Personenkreis einen Basistarif von etwa 570 Euro monatlich anzubieten, in dem weder Risikozuschläge noch Leistungsausschlüsse erlaubt sind (vgl. BMG 2009: 2).

Mit der Neuregelung seit 1. Januar 2009 stellt sich jedoch für Selbstständige, die arbeitslos werden und privat versichert sind, folgendes Problem: Bislang hatten sie das Recht, bei Hilfebedürftigkeit wieder Mitglied einer gesetzlichen Krankenkasse zu werden und ihren Beitrag komplett vom Jobcenter erstattet zu bekommen. Dieses Recht besteht mit der Neuregelung nicht mehr. Nun müssen die Selbstständigen privat versichert bleiben und einen beträchtlichen Teil der Kosten selbst tragen – was angesichts des knappen Hartz-IV-Regelbetrages kaum möglich ist. Zwar muss der Basisbeitrag von 570 Euro bei Hilfsbedürftigkeit halbiert werden und zum Restbetrag gibt das Jobcenter noch einmal wie bei gesetzlich Versicherten 127 Euro dazu. Bei einem Regelsatz von 351 Euro müssen privat versicherte Hartz-IV-Empfänger/innen dann noch 160 Euro dazu zahlen, so dass ihnen zum Leben nur noch 193 Euro bleiben. Verfassungsrechtlich hat jede/r Hilfsbedürftige jedoch das Recht auf beides: medizinischen Schutz und ein Existenzminimum (Woratschka 2009).

Die Ausweitung der Sozialversicherungspflicht auf die Selbstständigen führt dazu, dass einem immer größer werdenden Kreis der Versicherten ein Arbeitgeber ‚fehlt', der einen Teil der Versicherungsbeiträge übernehmen könnte. Das Prinzip der paritätischen Beitragsgestaltung, das die Grundlage der gesetzlichen Sozialversicherungssys-

teme für abhängig Beschäftigte bildet, gilt nicht für die Beitragsbemessung der Selbstständigen. Der große Nachteil der Versicherung in der gesetzlichen Krankenversicherung für Geringverdienende ist weiterhin, dass sich ihr Beitrag nicht – wie bei Arbeitnehmern und KSK-Versicherten – nach dem realen Einkommen bemisst, sondern
dass es gewisse (recht hohe) Mindestbeiträge gibt. Der Gesetzgeber geht aktuell bei
den Selbstständigen davon aus, dass das Einkommen die Beitragsbemessungsgrenze
von derzeit 4.050,00 Euro im Monat übersteigt und veranschlagt daher bei einem ermäßigten Beitragssatz von 14,3 % einen festen Monatsbeitrag in Höhe von 579,15 Euro. Unterschieden wird dabei nicht zwischen Arbeitgeber- und Arbeitnehmeranteil,
der/die Selbstständige muss den gesamten Beitrag selbst entrichten. Der Beitrag kann
aber auf Antrag gesenkt werden. Dann bemisst sich der Beitrag an dem sogenannten
angenommenen Mindesteinkommen, das derzeit bei 1.890,00 Euro liegt und somit
270,27 Euro bei einem Beitragssatz von 14,3 % beträgt. Als Einkommen zählen hier
jeweils alle Einnahmen, die zum Leben zur Verfügung stehen, also der Gewinn aus
selbstständiger Tätigkeit, das Bruttoentgelt aus einer (zugleich ausgeübten) nicht-
selbstständigen Tätigkeit, Einkünfte aus Kapitalvermögen, Vermietung und Verpach-
tung und Renten. Im Sinne der Gleichbehandlung wäre es konsequent, zurückzukeh-
ren zu dem tatsächlich erzielten Einkommen als Bemessungsgrundlage der Beiträge –
so wie es auch bei den abhängig Beschäftigten praktiziert wird. Das ‚angenommene
Mindesteinkommen' ist insbesondere für Solo-Selbstständige hoch angesetzt. Wer der
Krankenkasse Bedürftigkeit nachweist, kann den ermäßigten Mindestbeitrag beantra-
gen, dessen Bemessungswert bei 1.260,00 Euro monatlich liegt, so dass sich ein Mindestbeitrag von 180,18 Euro ergibt. Der ermäßigte Beitrag wird hauptberuflich Selbstständigen nur gewährt, wenn nicht nur sie selbst, sondern ihre jeweilige ‚Bedarfsge-
meinschaft' (in der Regel also die Familie) bedürftig ist und eine Bedürftigkeitsprüfung
erfolgt ist.

Für ihre Beiträge erhalten Selbstständige alle Leistungen der gesetzlichen Krankenversicherung einschließlich kostenloser Mitversicherung für Familienangehörige
ohne eigenes Einkommen[6]. Krankengeld wird allerdings erst ab der siebten Woche,
bzw. dem 43. Krankheitstag gezahlt; um die Lücke davor zu schließen, muss auch
künftig ein Wahltarif abgeschlossen werden.

Bei einem Eintritt in die gesetzliche Krankenversicherung nach Inkrafttreten der
Versicherungspflicht fordern die Krankenkassen rückwirkend die Beiträge ein – mit

---

[6] Allerdings umfassten die Leistungen zunächst nicht den Anspruch auf Krankengeld. Mit der Einführung des Gesundheitsfonds war zum 1. Januar 2009 das Krankengeld in der gesetzlichen Krankenversicherung (GKV) für Selbstständige zunächst ersatzlos gestrichen worden. Die für viele Selbstständige einzige Absicherung im Krankheitsfall musste über Wahltarife zusätzlich abgeschlossen werden. Nach hefti-
gen Protesten von Gewerkschaften und Verbraucherverbänden hat die Bundesregierung diese Regelung
zum 1. August 2009 wieder aufgehoben. Die alten Wahltarife haben somit zum 31. Juli ihre Geltung verloren. Die Streichung des Krankengeldes für unständig und auf Produktionsdauer Beschäftige sowie für
freiwillig versicherte Selbstständige in der gesetzlichen Krankenversicherung wurde zurückgenommen;
der Anspruch auf das gesetzliche Krankengeld kann auch weiterhin mit dem normalen Krankenkassen-
beitrag erworben werden.

einem Säumniszuschlag von 5 % pro Monat des länger als einen Monat rückständigen Beitrags. Diese Säumniszulage bildet für diejenigen, die noch nicht versichert sind, eine große Hürde, ihrer Pflicht zur Versicherung nachzukommen (Greß et al. 2008).

2.3   Pflegeversicherung

Die Pflegeversicherung ist eine Pflichtversicherung für alle, die krankenversichert sind – sowohl für gesetzlich als auch für privat Versicherte. Abgeschlossen wird die Pflegeversicherung in der Regel dort, wo auch eine Krankenversicherung besteht. Bei der Pflegeversicherung, die von den gesetzlichen Kassen angeboten wird, gelten dieselben Bemessungsgrenzen wie bei der gesetzlichen Krankenversicherung. Der Beitragssatz beträgt 1,95 % im Jahr 2009, hinzu kommt ein Kinderlosenzuschlag von 0,25 %. Dieser Beitrag schließt ohne Zuzahlung die Versicherung aller Familienmitglieder ohne eigenes Einkommen ein. KSK-Mitglieder sind automatisch über ihre Krankenkasse pflegeversichert. Privat Krankenversicherte müssen eine private Pflegeversicherung abschließen. Die Mindestleistungen dafür sind gesetzlich vorgeschrieben. Wie bei der privaten Krankenversicherung sind die Beiträge einkommensunabhängig und steigen mit dem Eintrittsalter, jedoch sind im Unterschied zur privaten Krankenversicherung die Kinder (nicht aber der/die Ehepartner/in) ohne eigenes Einkommen kostenfrei mitversichert (Buchholz 2002: 376).

2.4   Rentenversicherung

Die gesetzliche Rentenversicherung (GRV) garantiert nicht nur eine Altersrente, sondern auch vorgezogene Rentenzahlungen wegen Erwerbsunfähigkeit sowie Witwenbzw. Waisenrente und Rehabilitationsmaßnahmen nach Krankheiten oder bei Behinderungen. Für die Höhe der späteren Rente spielen neben den eingezahlten Beiträgen auch Zeiten von Kindererziehung, eigener Berufsausbildung und Arbeitslosigkeit eine Rolle.

Die Versicherungspflicht in der gesetzlichen Rentenversicherung besteht in Deutschland für alle Personen, die als Arbeitnehmer gegen Vergütung über 400 Euro monatlich beschäftigt sind. Im Gegensatz zur gesetzlichen Krankenversicherung gibt es keine Beitragsbemessungsgrenze, die beim Überschreiten des Einkommens von der Versicherungspflicht entbindet. Die für die Rentenversicherung geltende Beitragsbemessungsgrenze – z.Zt. 5.400 Euro (Westdeutschland) und 4.550 Euro (Ostdeutschland) monatliches Bruttoeinkommen – bedeutet lediglich, dass die Beiträge bis zu dieser Einkommensgrenze in Höhe von 19,9 % zu entrichten sind. Das darüber hinaus liegende Einkommen wird nicht von dem Beitragserhebungssatz erfasst und es werden somit für höhere Einkommen keine Rentenanwartschaften gebildet.

Neben den abhängig Beschäftigten gibt es bestimmte Gruppen von Selbstständigen, die kraft Gesetzes rentenversicherungspflichtig sind (siehe Fußnote 1). Für ‚verkammerte' Berufe ist eine Altersvorsorge in einer berufsständischen Versorgungseinrichtung vorgeschrieben[7]. Auch selbstständige Personen, die auf Dauer und im Wesentlichen nur für einen Auftraggeber selbstständig sind (arbeitnehmerähnliche Personen), unterliegen der Pflichtversicherung[8]. Ebenso sind Personen für die Dauer eines Existenzgründungszuschusses ('Ich-AG') pflichtversichert.

Eine Untersuchung über den Personenkreis der pflichtversicherten Selbstständigen zeigt, dass es neben den in obligatorischen Systemen versicherten Selbstständigen (etwa 735.000 Personen Ende 1999) und den etwa 1,9 Mio. Selbstständigen, die unter die Versicherungspflicht fallen, noch etwa 900.000 sozialrechtlich erfasste, aber dennoch nicht versicherte Selbstständige gibt (Fachinger et al. 2004: 8f.): „Dies bedeutet, dass derzeit bei den kraft Gesetz versicherten Personen ein relativ hoher Anteil an Personen besteht, die ihrer Versicherungspflicht – sei es gewollt oder unwissentlich – nicht nachkommen. Hierdurch zeigt sich ein grundsätzliches Problem, das unabhängig von der konkreten Ausgestaltung der Pflichtversicherung besteht: die faktische Erfassung der selbstständig Erwerbstätigen" (ebd.: 9).

In der gesetzlichen Rentenversicherung pflichtversicherte Selbstständige haben einen Regelbeitrag zu entrichten, der unter Berücksichtigung des Beitragssatzes von derzeit 19,9 % festgelegt wird. Die Höhe des monatlichen Beitrages bemisst sich grundsätzlich nach dem Arbeitseinkommen in Höhe der Bezugsgröße. Die Bezugsgröße ist das durchschnittliche Arbeitsentgelt in der Rentenversicherung und beträgt derzeit 2.520 Euro (West) bzw. 2.135 Euro (Ost). Beim Beitragssatz von 19,9 % ergibt sich daraus ein Monatsbeitrag von 501,48 Euro bzw. 424,87 Euro. Für Berufsneulinge sind die beitragspflichtigen Einnahmen und damit die Beiträge in den ersten drei Jahren der selbstständigen Tätigkeit auf die Hälfte reduziert.

Wer ein niedrigeres Einkommen als das der Bezugsgröße hat oder sich höher versichern möchte, kann auf Antrag aber auch einen Beitrag nach dem tatsächlichen Einkommen bezahlen[9]. Im Gegensatz zu den abhängig Beschäftigten, die nur den hälftigen Beitrag zur Rentenversicherung zahlen müssen, weil die andere Hälfte im Zuge der paritätischen Finanzierung vom Arbeitgeber ergänzt wird, fehlt den in der GRV

---

[7] Eine solche Pflichtversicherung gibt es – teilweise jedoch nur in einzelnen Bundesländern – für selbstständige Ärzt/inn/e/n, Psychologische Psychotherapeut/inn/en, Tier- und Zahnärzt/inn/e/n, Apotheker/innen, Architekt/inn/en und Ingenieur/inn/e/n, Landtagsabgeordnete, Rechtsanwält/inn/e/n und Notar/inn/e/n, sowie Steuerberater/innen und Wirtschaftsprüfer/innen.

[8] Für arbeitnehmerähnliche Selbstständige ist aus bestimmten Gründen eine Befreiung von der Versicherungspflicht möglich, z.B. für Existenzgründer/innen bis zu drei Jahre nach der Aufnahme einer selbstständigen Tätigkeit und für 58jährige und Ältere, die versicherungspflichtig werden.

[9] Zum Nachweis des tatsächlichen Einkommens werden der letzte Steuerbescheid verlangt und die seither erfolgten durchschnittlichen Lohnerhöhungen dazu gerechnet. Das nachgewiesene tatsächliche Arbeitseinkommen wird dann mit dem Beitragssatz von 19,9 % multipliziert. Arbeitseinkommen ist der nach den allgemeinen Gewinnermittlungsvorschriften des Einkommenssteuerrechts ermittelte Gewinn aus der selbstständigen Tätigkeit. Beiträge sind höchstens aus dem Arbeitseinkommen bis zur Beitragsbemessungsgrenze in Höhe von 5.400 Euro (West) bzw. 4.550 Euro (Ost) zu zahlen. Hieraus ergibt sich ein Höchstbetrag von 1.075 Euro (West) bzw. 905 Euro (Ost). Der Mindestbeitrag wird bundeseinheitlich auf der Grundlage von 400,00 Euro ermittelt, woraus sich ein Beitrag in Höhe von 79,60 Euro errechnet.

pflichtversicherten Selbstständigen der Arbeitgeberbeitrag. Das heißt, sie müssen im Gegensatz zu den abhängig Beschäftigten den gesamten Beitrag zur gesetzlichen Rentenversicherung alleine tragen. Dies stellt insbesondere für Solo-Selbstständige und Kleinunternehmer häufig eine hohe finanzielle Belastung dar.

2.5   Staatliche Zuschüsse zur privaten Altersvorsorge

Die Rentenreformgesetze der letzten Jahre, die sich auf die gesetzliche Rentenversicherung beziehen, sind Ausdruck von Finanzierungsproblemen, die vor dem Hintergrund hoher Arbeitslosigkeit, sinkender Geburtenraten und steigender Lebenserwartung entstehen. Im Frühjahr 2001 hat die Bundesregierung eine Rentenstrukturreform beschlossen, deren Ziel die langfristige Stabilisierung des Beitragssatzes ist. Mit der sogenannten Riester-Rente wurden staatliche Zuschüsse zur privaten Altersvorsorge eingeführt. Sparer/innen erhalten diese Zuschüsse in Form von staatlicher Zulage und Steuerbefreiung. Mit Hilfe einer staatlichen Förderung sollten die Sparer/innen einen Privatvorsorgebetrag von 0,5 % ihres Bruttoeinkommens aufbringen, dieser Satz ist bis 2008 auf 4 % angestiegen. Ursprüngliches Ziel der Reform war, dass ab 2002 möglichst alle Arbeitnehmer eine Riester-Förderung erhalten sollten. Bis Ende 2004 hatten jedoch erst rund 4,5 Mio. Sparer/innen einen Riester-Vertrag abgeschlossen.

Mit der Riester-Förderung ist ein „partieller Ausstieg aus der solidarischen, umlagefinanzierten Alterssicherung hin zu einer individuellen, kapitalgedeckten Altersvorsorge" (Kerschbaumer/Veil 2001) erfolgt. Selbstständige sind in der Regel von der Riester-Förderung ausgenommen, gefördert werden Versicherte in der GRV und Beamte. Selbstständige können die Förderung nur dann erhalten, wenn sie selbst Pflichtbeiträge zur GRV zahlen. Aus Gründen der Gleichbehandlung wäre es jedoch konsequent, die Riester-Rente auch für nicht in der GRV-versicherte Selbstständige zu öffnen.

Mit der sogenannten Rürup-Rente ist seit 2005 jedoch ein Vorsorgeprodukt auf dem Markt, das ebenfalls steuerlich gefördert wird und auch von Selbstständigen in Anspruch genommen werden kann. Attraktiv ist die Rürup-Rente vor allem für Selbstständige, die nicht rentenversicherungspflichtig sind. Für sie ist dies die einzige Möglichkeit, steuerbegünstigt fürs Alter zu sparen. Dass mit der Rürup-Rente Steuern gespart werden können, nützt jedoch vor allem den Gutverdienenden unter den Selbstständigen. Die ausschließlich auf Steuervorteile abzielenden Vorteile der Rürup-Rente bleiben den Geringverdienenden unter den Selbstständigen verschlossen. Für sie sind die Angebote der Rürup-Rente nicht attraktiv, und Anspruch auf die Riester-Rente haben sie nicht, sofern sie nicht in der GRV versichert sind. Andererseits finanzieren kleine Selbstständige über ihre Steuern die staatlichen Zuschüsse bzw. Steuererleichterungen zur privaten Altersvorsorge mit. Genutzt werden die Hilfen aber vor allem von Besserverdienenden: In der Einkommensgruppe über 4.000 Euro Monatseinkommen nutzen 10 % die Angebote, bei Beschäftigten mit Einkommen unter 1.250 Euro 4 % (Niejahr 2006: 21).

2.6   Arbeitslosenversicherung

Selbstständige hatten in Deutschland bis zum Jahr 2006 keinen Zugang zur Arbeitslosenversicherung. Nur wer im Verfahren wegen Scheinselbstständigkeit als Arbeitnehmer eingestuft wird, muss über den Arbeitgeber auch in der Arbeitslosenversicherung versichert werden. Seit dem 1. Februar 2006 besteht die Möglichkeit einer freiwilligen Weiterversicherung Selbstständiger in der Arbeitslosenversicherung (§ 28a SGB III). Nach dieser Vorschrift können sich Personen, die sich im Anschluss an eine Arbeitnehmertätigkeit selbstständig machen, auf Antrag freiwillig in der Arbeitslosenversicherung weiter versichern. Diese Regelung gilt vorerst bis Ende 2010. Selbstständige, die bereits länger selbstständig tätig sind (sogenannte Altfälle), können nicht mehr in die Versicherung eintreten. Die Möglichkeit der Versicherung für diesen Personenkreis wurde in einem parlamentarischen Schnellverfahren wieder aufgehoben.

Der Beitrag zur freiwilligen Weiterversicherung in der Arbeitslosenversicherung entspricht einem Monatseinkommen von einem Viertel der sogenannten Bezugsgröße, 2009 also 630,00 Euro (West) und 533,75 Euro (Ost), so dass sich bei einem Beitragssatz von 2,8 % derzeit ein einkommensunabhängiger fester Monatsbeitrag von 17,64 Euro (West) und 14,95 Euro (Ost) ergibt[10]. Insgesamt besteht für die Selbstständigen ein günstiges Verhältnis von Beiträgen und Leistungen. Als ‚Bemessungsentgelt‘ bei der Berechnung des Arbeitslosengeldes wird nämlich nicht das Viertel der Bezugsgröße, auf den der Beitrag entrichtet wurde, sondern ein Durchschnittseinkommen zugrunde gelegt, das ein/e Arbeitnehmer/in in einer bestimmten Qualifikationsstufe erzielt. Die Einstufung in die Qualifikationsstufe richtet sich danach, auf welche Arbeitsstelle die Arbeitsagentur im konkreten Fall die Vermittlungsbemühungen erstreckt. Es gibt vier Qualifikationsstufen, die im Gesetz festgelegt sind.

Als Arbeitslosengeld ergibt sich daraus nach den üblichen Berechnungsregeln ein Monatsbetrag zwischen netto mindestens 561,00 Euro (keine Qualifikation, ledig, kein Kind, Ost) und höchstens 1.390,80 Euro (Hochschulabschluss, Ehepartner ohne eigenes Einkommen, Kind, West). Anspruch auf eine solche Zahlung hat, wer in den letzten zwei Jahren vor der Arbeitslosmeldung mindestens 360 Tage lang Beiträge gezahlt hat. Je nach Alter und Dauer der Beitragszahlung ergibt sich dann Arbeitslosengeld für sechs bis zu 18 Monate. Existenzgründer, die sich nach dem 1. Februar 2006 selbstständig gemacht haben, müssen den Antrag auf freiwillige Weiterversicherung spätestens einen Monat nach Beginn der Selbstständigkeit stellen[11].

Eine weitere wichtige Reform ist die jüngst erfolgte Verkürzung der Anwartschaftszeiten für den Anspruch auf Arbeitslosengeld. Diese Reform betrifft zwar generell alle kurzzeitig Beschäftigten, sie ist aber insbesondere für Projekt- und Medienarbeiter/innen, Künstler/innen, aber auch Leiharbeiter/innen und befristet Beschäftigte, deren Erwerbstätigkeit immer wieder unterbrochen wird oder die zwischen abhängiger und selbstständiger Tätigkeit wechseln, von Vorteil. Mit der kürzlich erfolgten

---

[10] www.ratgeber-e-lancer.de, abgerufen am 02.10.09.
[11] www.mediafon.net/ratgeber_haupttext.php3, abgerufen am 02.10.09.

Neuregelung müssen Beschäftigte innerhalb der letzten zwei Jahre vor der Arbeitslosigkeit nur noch sechs Monate an Versicherungszeiten nachweisen. Das zuvor geltende Recht sah dagegen noch eine Mindestversicherungszeit von zwölf Monaten innerhalb der Zwei-Jahres-Frist vor, um einen Anspruch auf Arbeitslosengeld geltend machen zu können.

2.7   Soziale Leistungen für Eltern

Anspruch auf Mutterschaftsgeld haben alle Frauen, die am 42. Tag vor der Entbindung in einer gesetzlichen Krankenkasse mit Anspruch auf Krankengeld versichert waren. Ob und was private Krankenversicherungen bei einer Geburt zahlen, hängt vom jeweiligen Vertrag ab. In der gesetzlichen Krankenversicherung versicherte Selbstständige bekommen ein Mutterschaftsgeld in Höhe des Krankengeldes, also 70 % des Einkommens, das der Berechnung ihrer Beiträge im Durchschnitt der letzten zwölf Monate zu Grunde lag. Das Mutterschaftsgeld wird 14 Wochen lang bezahlt – sechs Wochen vor und acht Wochen nach der Entbindung.

Anspruch auf Elterngeld haben alle Eltern, deren Kind ab dem 1. Januar 2007 geboren wurde, und die für dessen Erziehung ihre Erwerbstätigkeit zeitweise aufgeben oder einschränken (bis zu 30 Wochenstunden Erwerbsarbeit bleiben trotz Elterngeldzahlung erlaubt). Damit besteht der Anspruch auch für Selbstständige.

Gezahlt wird das Elterngeld zwölf Monate lang; wenn beide Partner für die Kindererziehung ihre Erwerbstätigkeit einschränken, kommen für den zweiten Elternteil zwei weitere Monate hinzu. Alleinerziehende können die 14 Monate allein in Anspruch nehmen. Das Elterngeld beträgt 67 % des Nettoeinkommens der letzten zwölf Monate; als Mindestbetrag gibt es 300 Euro, als Höchstbetrag sind 1.800 Euro im Monat möglich. Maßgeblich ist das durchschnittliche Einkommen der letzten zwölf Kalendermonate vor dem Monat der Geburt – bei Selbstständigen ist dies der Betriebsgewinn abzüglich Steuern und gesetzlicher Sozialversicherungsbeiträge (z.B. zur KSK, von Dozent/inn/en an die gesetzliche Rentenversicherung oder für die freiwillige Weiterversicherung in der Arbeitslosenversicherung).

Weil bei Selbstständigen das Elterngeld auf der Grundlage des Einkommensteuerbescheides des Vorjahres berechnet wird, werden sie bei der Einkommensermittlung rechtlich anders behandelt als andere Erwerbstätige. Insbesondere junge Existenzgründer/innen in den ersten Jahren der Selbstständigkeit, in denen das Einkommen üblicherweise kontinuierlich ansteigt, sind mit dieser Regelung benachteiligt.

2.8   Unfallversicherungen

In Deutschland versichern die Berufsgenossenschaften ihre Mitglieder gegen die Folgen von Berufs- und Wegeunfällen sowie von Berufskrankheiten. Falls keine Unfallversicherung besteht, sind grundsätzlich auch die Krankenkassen zuständig. Die Leistungen der Berufsgenossenschaften sind jedoch bei Rehabilitationsmaßnahmen insbe-

sondere nach schweren Unfällen und Berufskrankheiten deutlich besser als die der
Krankenkassen. Außerdem zahlen Berufsgenossenschaften bei Erwerbsunfähigkeit
eine Rente in Höhe von zwei Drittel des versicherten Jahresarbeitsverdienstes – unabhängig von den bereits geleisteten Einzahlungen – sowie im Todesfalle eine Witwen-
und Waisenrente. Arbeitnehmer, also auch unständig Beschäftigte und Scheinselbstständige, sind in der zuständigen Berufsgenossenschaft pflichtversichert. Die Beiträge
zahlt allein der Arbeitgeber. Selbstständige können sich in den meisten Berufsgenossenschaften freiwillig versichern – einige, etwa freie Fotograf/inn/en und Grafik-
Designer/innen – sind in der Berufsgenossenschaft ‚Druck und Papierverarbeitung'
Pflichtmitglied. Die Beitragshöhe der pflichtversicherten freien Mitarbeiter/innen
ergibt sich aus der Einstufung in eine Gefahrenklasse. So zahlen im Theater beschäftigte Künstler/innen mit rund 351 Euro jährlich mehr als dreimal so viel wie freie Mit-
arbeiter/innen in einer Werbeagentur mit 101 Euro[12].

3   Spezielle Problemlagen

3.1   *Scheinselbstständigkeit*

Eine Scheinselbstständigkeit liegt vor, wenn eine erwerbstätige Person als Selbststän-
dige/r auftritt, obwohl sie von der Art ihrer Tätigkeit her zu den abhängig Beschäftigten zählt. In § 7 SGB IV ist zur Ermittlung der Scheinselbstständigkeit festgelegt, dass
es entscheidend darauf ankommt, ob die Tätigkeit nach Weisungen eines Auftraggebers ausgeführt wird bzw. ob eine Eingliederung in die Organisation des Auftraggebers erfolgt ist. Sozialversicherungsrechtlich gelten Scheinselbstständige als Arbeitnehmer, so dass für sie Beiträge zur Sozialversicherung (Kranken-, Renten-, Pflege-
und Arbeitslosenversicherung) zu entrichten sind.

Die heute in Deutschland diesbezüglich geltenden gesetzlichen Regelungen wurden mehrfach überarbeitet. Anstoß für die gesetzgeberische Initiative war die Debatte
um die Scheinselbstständigkeit Anfang der 1990er Jahre. Im Zuge dieser Debatte
wurde der politischen Öffentlichkeit bewusst, dass Selbstständige in Deutschland nur
sehr unsystematisch in das System der sozialen Sicherungen eingebunden sind. Diese
Debatte löste dann auch erste – allerdings letztlich nur schlecht vermittelbare – größere Reformen der sozialversicherungsrechtlichen Rahmenbedingungen der Selbstständigkeit aus. Hintergrund der gesetzgeberischen Initiative dieser Reformen war der
Trend der zunehmenden Verlagerung von abhängiger in quasi-selbstständige, nicht
unter die Sozialversicherungspflicht fallende Beschäftigungsformen. Arbeitgeber zo-
gen es immer häufiger vor, Aufträge an Solo-Selbstständige zu vergeben, statt im eigenen Betrieb Beschäftigte einzustellen. Dadurch, dass die Leistungen außerhalb des Betriebes erbracht wurden, konnten Sozialversicherungsbeiträge ‚gespart' und zudem un-

---

[12] www.ratgeber-freie.de, abgerufen am 02.10.2009.

ternehmerisches Risiko auf die Auftragnehmer bzw. die Solo-Selbstständigen verlagert werden.

Neben dem fehlenden Sozialversicherungsschutz dieser Selbstständigen ging diese Entwicklung natürlich auch mit zunehmenden Einnahmeausfällen bei den Sozialkassen einher. Besonders problematisch war, dass Arbeitgeber dazu übergingen, sich von Beschäftigten zu trennen, diese aber bei Bedarf als Quasi-Selbstständige mit Aufträgen zu versorgen. Die Gefahr einer solchen Entwicklung war in den expandierenden Dienstleistungsbereichen, in denen Leistungen nicht kontinuierlich nachgefragt bzw. erbracht werden, besonders hoch. Der Gesetzgeber ist dieser sich verschärfenden Problematik mit dem „Gesetz zu den Korrekturen in der Sozialversicherung und zur Sicherung von Arbeitnehmerrechten" vom 19. Dezember 1998 (Korrekturgesetz) begegnet. Mit dem Gesetz wurde das Ziel verfolgt, den Einsatz freier Mitarbeiter/innen einzuschränken und an den Status der Selbstständigkeit höhere Anforderungen zu stellen, um der Umwandlung von regulären in sogenannte scheinselbstständige Beschäftigungsverhältnisse entgegenzuwirken. Mittels eines Kriterienkataloges sollten Scheinselbstständige schneller und einfacher in die Versicherungspflicht und damit in die sozialen Schutzsysteme einbezogen werden. Lagen zwei von vier Kriterien vor (keine Beschäftigung eigener Arbeitnehmer, nur für einen Auftraggeber tätig, typische Arbeitsleistung von Arbeitnehmern, keine unternehmerische Tätigkeit am Markt), dann wurde das Bestehen eines Beschäftigungsverhältnisses vermutet. Den Einzugsstellen der Sozialversicherung wurden mit diesem Gesetz neue Verfahren und Beweislastregeln an die Hand gegeben, die die Statusermittlung erleichterten.

Der Protest gegen das Korrekturgesetz war vehement. Kritisiert wurde, dass mit dem Gesetz einerseits gewissermaßen Sanktionen gegen die Gründung neuer selbstständiger Existenzen verhängt würden, die Bundesregierung aber andererseits nach eigenem Bekunden (und der europäischen Beschäftigungsstrategie folgend) eine ‚Kultur der Selbstständigkeit' und insbesondere die Neugründung kleiner Unternehmen befördern wolle.

Durch die Kritik stark verunsichert, leitete die Bundesregierung bereits ein Jahr später mit dem „Gesetz zur Förderung der Selbstständigkeit" vom 20. Dezember 1999 (Neuregelung 2000) eine Kehrtwende ein. Am Titel des Gesetzes wird deutlich, worin diese Kehrtwende besteht. Der Kurs, der im Titel des zuvor geltenden Korrekturgesetzes angekündigten Richtung hin zur „Korrektur der Sozialversicherung" und zur „Sicherung von Arbeitnehmerrechten", wurde nun umgelenkt in Richtung „Förderung der Selbstständigkeit". Mit der Neuregelung wurde das Korrekturgesetz de facto wieder ausgehebelt, indem auf so gut wie alle Sanktionen gegen Missbrauch verzichtet und zahlreiche Schlupflöcher eröffnet wurden. Zwar gilt auch weiterhin der Amtsermittlungsgrundsatz bei der Feststellung des Status bzw. der Sozialversicherungspflicht. Die Vermutung, dass eine abhängige Beschäftigung vorliegt, greift jedoch erst dann, wenn die Betroffenen ihrer Mitwirkung bei der Feststellung der Sozialversicherungspflicht nicht nachkommen. Faktisch wurde damit der alte

Rechtszustand wieder hergestellt, es bestand in der Praxis kaum mehr ein Unterschied zwischen der Rechtslage vor dem Korrekturgesetz und nach der Neuregelung.

Durch das zweite Gesetz für moderne Dienstleistungen am Arbeitsmarkt (Hartz II) wurde die Vermutungsregelung zum 1. Januar 2003 abgeschafft. Die bisher anzuwendenden Vermutungskriterien wurden komplett gestrichen. In Anbetracht der Tatsache, dass die Vermutungskriterien in der Praxis ohnehin kaum (mehr) Relevanz hatten, erscheint dieser Schritt nur konsequent. Weiterhin existiert ein seitens der ‚Deutsche Rentenversicherung Bund' (DRV, ehemals BfA) durchzuführendes Prüfungsverfahren, ein sogenanntes „Statusfeststellungsverfahren", das den sozialrechtlichen Status prüfen und klären soll, ob eine selbstständige oder eine scheinselbstständige Tätigkeit vorliegt. Vor der Clearingstelle der DRV können die Beteiligten auf Anfrage eine Klärung der Statusfrage erreichen, dies jedoch nur, wenn die DRV zum Zeitpunkt der Antragstellung selbst noch kein Verfahren eingeleitet hat. Den Nachweis der Scheinselbstständigkeit im Sinne einer Beweisführung zu erbringen, dürfte sich für die DRV vor allem in Zweifelsfällen jedoch als schwierig erweisen. Im Jahr 2006 führten rund 2.100 von 24.000 Statusprüfungen auf Antrag zum Ergebnis: ‚nicht selbstständig'. Dabei ist jedoch zu beachten, dass nur ein Bruchteil der tatsächlich scheinselbstständigen Tätigkeiten überhaupt bei der Clearingstelle der DRV landet[13]. Insgesamt erscheint somit die Gesetzgebung zur sogenannten Scheinselbstständigkeit inkonsistent und widersprüchlich.

3.2   Besondere Regelungen bei geförderter Selbstständigkeit aus der Arbeitslosigkeit

Bereits seit 1986 bestand für Arbeitslose in Deutschland, die sich selbstständig machen wollen, die Möglichkeit, das Förderinstrument Überbrückungsgeld der Bundesagentur für Arbeit in Anspruch zu nehmen. Überbrückungsgeld sicherte den Lebensunterhalt in den ersten sechs Monaten der Selbstständigkeit. Voraussetzung war der Anspruch auf Entgeltersatzleistungen (Arbeitslosengeld) oder die Teilnahme an einer Arbeitsbeschaffungs- oder Strukturanpassungsmaßnahme sowie die Vorlage der Stellungnahme einer fachkundigen Stelle (z.B. Handels- oder Handwerkskammer) über die Tragfähigkeit der Existenzgründung. Das Überbrückungsgeld wurde in Höhe der zuletzt bezogenen Entgeltersatzleistung geleistet, zuzüglich eines pauschalierten Sozialversicherungsbetrages. Die Förderung erfolgte unabhängig vom erzielten Einkommen. Für ihre soziale Absicherung waren die Bezieher des Überbrückungsgeldes jedoch selbst verantwortlich.

Als Alternative zur Gewährung des Überbrückungsgeldes konnte seit dem 1. Januar 2003 die Aufnahme einer selbstständigen Tätigkeit mit dem Existenzgründerzuschuss zur ‚Ich-AG' gefördert werden. Die Förderung der ‚Ich-AG' war einer der Eckpunkte der Hartz-Kommission. Mit dem Konzept der ‚Ich-AG' sollte die Schwelle zur Aufnahme einer selbstständigen Tätigkeit niedrig gehalten und dadurch

---

[13] http://www.mediafon.net/ratgeber_haupttext.php3?id=40102719b052c, abgerufen am 7.10.09.

Arbeitslosen der Schritt in die Selbstständigkeit erleichtert werden. Damit sollte vor allem die Schwarzarbeit von Arbeitslosen reduziert werden. Das Konzept sah vor, dass Arbeitslose, die sich selbstständig machen, drei Jahre lang einen monatlichen Zuschuss von der Bundesagentur für Arbeit erhalten. Die Höhe der Förderung verringerte sich mit zunehmender Laufzeit: im ersten Jahr betrug sie maximal 600, im zweiten Jahr 360 und im dritten Jahr 240 Euro pro Monat. Der Zuschuss wurde Personen gewährt, die Anspruch auf Entgeltersatzleistungen hatten (d.h. Empfänger/innen von Arbeitslosengeld I, nicht von Arbeitslosengeld II oder Sozialgeld!). Das jährliche Einkommen durfte eine Grenze von 25.000 Euro nicht übersteigen.

Entgegen den ursprünglichen Vorschlägen der Hartz-Kommission, die Existenzgründer/innen mit der ‚Ich-AG‘ in die volle Sozialversicherungspflicht einzubeziehen, war während der Förderung lediglich die Mitgliedschaft in der gesetzlichen Rentenversicherung verpflichtend vorgeschrieben. In der gesetzlichen Kranken- und Pflegeversicherung war jedoch die Mitgliedschaft zu besonders günstigen Konditionen möglich. Nach Ablauf der Förderung waren die neuen Selbstständigen für ihre soziale Absicherung selbst verantwortlich.

Die sozialrechtliche Flankierung der ‚Ich-AG‘-Gesetzgebung baute keineswegs auf der oben beschriebenen Gesetzgebung zur Scheinselbstständigkeit auf. Stattdessen wurde ein neuer Weg beschritten: Für die ‚Ich-AG‘-Gründenden galt nämlich eine neue Vermutungsregelung. Vermutet wurde, dass sie ihre Tätigkeit in Selbstständigkeit ausüben (vgl. § 7 Abs. 4 SGB IV). Ein Statusfeststellungsverfahren erübrigte sich, Scheinselbstständigkeit wurde von vornherein ausgeschlossen. Die konkrete wirtschaftliche Abhängigkeit der ‚Ich-AG‘-Gründenden spielte keine Rolle mehr, sie galten auch dann sozialversicherungsrechtlich als Selbstständige, wenn sie nur für einen Arbeitgeber beschäftigt waren. Für die Dauer des Bezugs des Zuschusses galten sie zwar als Selbstständige, unterlagen aber in der gesetzlichen Rentenversicherung der Versicherungspflicht (vgl. § 2 Satz 1 Nr. 10 SGB VI; Kerschbaumer et al. 2004). Dass also mit den ‚Ich-AG‘-Gründenden eine große Gruppe Selbstständiger der Sozialversicherungspflicht unterworfen wurde, stellte eine sozialrechtliche Neuerung dar und weckte Hoffnungen auf weitere Schritte in diese Richtung: „Rechtspolitisch könnte damit der Weg – sei es gewollt oder unabsichtlich – geebnet sein, um die sozialversicherungsrechtliche Bemessungsgrundlage durch Einbeziehung aller Existenzgründer und langfristig aller Selbstständigen in Richtung auf eine Bürgerversicherung zu erweitern“ (Kossens/Leis 2004: 25).

Zwar wurde mit der Pflichtversicherung der ‚Ich-AG‘-Gründenden prinzipiell der richtige Weg beschritten, um einen sozialrechtlichen Schutz für Selbstständige aufzubauen. Nach Ablauf der Förderphase endete jedoch die Versicherungspflicht und die ‚Ich-AG‘-Gründenden waren für ihre soziale Sicherung zu veränderten Konditionen selbst verantwortlich. Zudem deckte die Versicherungspflicht nur das Risiko Alter ab, nicht aber Krankheit und Invalidität. Weiterhin bestanden für Personen, die Überbrückungsgeld bezogen, im Gegensatz zu ‚Ich-AG‘-Gründenden nach wie vor keine sozialversicherungsrechtlichen Sonderregelungen.

Insofern war die Versicherungspflicht der ‚Ich-AG'-Gründenden ein erster, in seiner konkreten Ausgestaltung jedoch lückenhafter Versuch der systematischen Erfassung Selbstständiger innerhalb des deutschen Sozialversicherungsrechts.

Diesem ersten Schritt folgten jedoch keine weiteren. Der Existenzgründungszuschuss, der im Gesetz zunächst bis Ende 2005 befristet war, wurde noch bis Mitte 2006 fortgeführt. Danach erfolgte die Zusammenlegung von Überbrückungsgeld und Existenzgründungszuschuss nach einheitlichen Förderbedingungen in Form des sogenannten Gründungszuschusses. Eine Weichenstellung hin zu einer systematischen Einbeziehung aller Selbstständigen in die sozialen Sicherungssysteme ist nicht erfolgt. Im Gegensatz zum Existenzgründungszuschuss (‚Ich-AG') besteht beim Gründungszuschuss grundsätzlich keine Pflichtmitgliedschaft in der gesetzlichen Rentenversicherung – ebenso wenig wie beim bisherigen Überbrückungsgeld sowie bei nicht geförderten Selbstständigen. Der Gründungszuschuss, der vom Bundestag im Sommer 2006 neu in das Sozialgesetzbuch III (§§ 57, 58) eingefügt wurde, wird für die Dauer von neun Monaten als Betrag in Höhe des zuletzt bezogenen Arbeitslosengeldes („für den Lebensunterhalt") zuzüglich eines Zuschlages von monatlich 300 Euro („für die soziale Absicherung") gezahlt. Danach ist – nach einer erneuten Prüfung – eine Verlängerung um sechs Monate möglich, für die nur noch 300 Euro im Monat gezahlt werden – ohne das bisherige Arbeitslosengeld. Der/die Existenzgründer/in muss etwaige Beiträge zur Kranken- und Pflegeversicherung bzw. zur Altersvorsorge in voller Höhe selbst tragen. Hierzu soll die Pauschale von 300 Euro dienen, die in beiden Förderphasen gewährt wird. Verpflichtet sind die Bezieher und Bezieherinnen des Gründungszuschusses dazu aber nicht.

Anspruch auf den neuen Gründungszuschuss haben Personen, die ihre Arbeitslosigkeit durch Aufnahme einer selbstständigen und hauptberuflichen Tätigkeit beenden. Voraussetzung ist der Anspruch auf Entgeltersatzleistungen (Arbeitslosengeld I) oder die Teilnahme an einer Arbeitsbeschaffungs- oder Strukturanpassungsmaßnahme. Die beabsichtigte selbstständige Tätigkeit muss einen zeitlichen Umfang von mindestens 15 Stunden pro Woche umfassen, *ohne dass eine Scheinselbstständigkeit vorliegt*. D.h., im Gegensatz zur Vermutungsregelung beim Existenzgründungszuschuss (‚Ich-AG'), die unterstellte, dass die Bezieher des Zuschusses ihre Tätigkeit in Selbstständigkeit ausüben und sich damit ein Statusfeststellungsverfahren erübrigt, wird Scheinselbstständigkeit beim Gründungszuschuss nicht von vorneherein ausgeschlossen. Die Gesetzgebung zur Scheinselbstständigkeit soll also beim Gründungszuschuss wieder Anwendung finden.

Ebenso wie die im vorherigen Kapitel geschilderte Gesetzgebung zur Scheinselbstständigkeit erscheint auch die sozialrechtliche Flankierung der geförderten Selbstständigkeit aus der Arbeitslosigkeit inkonsistent und widersprüchlich.

4   Fazit

4.1   *Die Selbstständigen im Sozialversicherungssystem*

Die Gesetzeslage ist kompliziert. Seit den 1990er Jahren ist der Anteil der Selbstständigen in Deutschland kontinuierlich gestiegen. Der Bedeutungszuwachs der Selbstständigkeit geht mit zunehmender Dynamik und Heterogenität einher. Dieser wachsenden Differenzierung wird das System der sozialen Sicherung nicht gerecht. Durch das solidarische, umlagefinanzierte staatliche System der Sozialen Sicherung werden die Selbstständigen nur teilweise, meist im Rahmen von Sonderregelungen, erfasst. Für den Großteil der Selbstständigen besteht keinerlei Sozialversicherungspflicht zur Altersvorsorge, obwohl sie vielfach ähnlich wie Arbeitnehmer auf Erwerbseinkommen angewiesen sind und häufig geringere und unregelmäßige Einkommen erzielen als diese. Eine Versicherungspflicht besteht wiederum dann, wenn ein Arbeitsverhältnis die Kriterien einer vermuteten Scheinselbstständigkeit erfüllt.

Mit der Begrenzung der Pflichtversicherung auf wenige Sondergruppen Selbstständiger (bzw. Scheinselbstständiger) stellt Deutschland im europäischen Vergleich eine Besonderheit dar. Denn in der Mehrzahl der europäischen Länder werden die Selbstständigen durch die staatlichen Pflichtversicherungssysteme systematisch erfasst. Der weitgehende Ausschluss der Selbstständigen von der Mitgliedschaft in der gesetzlichen Sozialversicherung in Deutschland entspricht der Tradition der Bismarckschen Sozialversicherung. Dahinter steht die Vorstellung, dass Selbstständige im Gegensatz zu abhängig Beschäftigten nicht des kollektiven Schutzes der Solidargemeinschaft bedürfen und selbst Vorsorge treffen können. Offensichtlich ist jedoch, dass Selbstständige, insbesondere Solo-Selbstständige, heute nicht anders als abhängig Beschäftigte auf den Verkauf ihrer Arbeitskraft angewiesen sind. Auch den sozialen Risiken Alter, Krankheit und Arbeits- bzw. Auftragslosigkeit sind sie in gleicher Weise ausgesetzt. Eine umfassende Anerkennung des sozialen Schutzbedarfs bzw. eine allgemeine Erweiterung der Sozialversicherungspflicht für alle Selbstständigen ist bislang jedoch nicht erfolgt.

Die Schaffung neuer Sonderregelungen für bestimmte Gruppen, wie z.B. die Einführung der Künstlersozialversicherung oder der spezifischen sozialversicherungsrechtlichen Regelungen des Existenzgründungszuschusses (‚Ich-AG'), setzen die unsystematische und uneinheitliche Einbeziehung von Minderheitsgruppen fort. Dadurch werden auf der einen Seite zwar Privilegien für die Sondergruppen, auf der anderen Seite jedoch auch neue Hürden, Ausgrenzungen und Benachteiligungen für die nicht berücksichtigten Gruppen geschaffen.

So setzt etwa die Neuregelung der Steuererleichterung bei privater Altersvorsorge über die sogenannten Rürup-Rente ein solches Muster fort: Der Sozialstaat unterstützt die ohnehin schon Privilegierten, nämlich die Besserverdienenden unter den Selbstständigen, nicht aber die kleinen Selbstständigen (Niejahr 2006: 21).

Die unsystematische und partikuläre Erfassung Selbstständiger durch das Sozial-
versicherungsrecht führt zu einer Verstärkung der sozialen Risiken für einen wachsenden Teil der Selbstständigen. Das Problem wurde zwar vom Gesetzgeber aufgegriffen,
jedoch nicht überzeugend in Angriff genommen. Vor allem die in den 1990er Jahren
erfolgte Gesetzgebung zur sogenannten Scheinselbstständigkeit erscheint wenig kon-
sistent und effizient. Die Konstruktion des Scheinselbstständigen ist ein typischer Ab-
kömmling des deutschen Arbeits- und Sozialsystems, das nach wie vor dem Dualis-
mus von abhängiger Beschäftigung vs. Selbstständigkeit folgt (Reindl 2000). Rechte
und Pflichten sind je nach Status bzw. der Kategorie von Erwerbspersonen recht ungleich verteilt; sozial gesichert werden prinzipiell nur abhängige Beschäftigungen. Dem
Wandel der Erwerbsformen, mit einem wachsenden Anteil von Formen im Grenzbereich zwischen abhängigen und selbstständigen Tätigkeiten sowie von zunehmend fle-
xibleren Erwerbsverläufen, wird dieses System nicht gerecht. Denn es ist von einer
grundlegenden, strukturellen Veränderung der Arbeitswelt auszugehen, die die Unterscheidung zwischen abhängiger und selbstständiger Erwerbstätigkeit immer unschär-
fer werden lässt (Bieback 2001: 40). Die von Amts wegen eingesetzte Statusermittlung
kann diesen Wandel nicht rückgängig machen. Die Kategorisierung einer Person als
selbstständig oder abhängig beschäftigt bewegt sich auf dünnem Eis.

Statt weiterer Sonderregelungen – etwa für bestimmte Berufsgruppen, für von der
Arbeitsagentur geförderte Selbstständige oder für Scheinselbstständige – sollte der generelle soziale Schutzbedarf Selbstständiger anerkannt werden. Und analog zu den
Regelungen bei abhängig Beschäftigten sollten möglichst universelle Regelungen geschaffen werden (Betzelt 2004: 34). Gefordert wird in Deutschland deshalb vielfach
die obligatorische Einbeziehung aller Selbstständigen in die gesetzlichen Sozialversicherungssysteme, insbesondere in das System der gesetzlichen Rentenversicherung
(Bieback 2001; Betzelt/Fachinger 2004; Schulze Buschoff 2005).

4.2 Sozialpolitische Gestaltungs- und Reformvorschläge

Mit der geforderten Einbeziehung der Selbstständigen in die gesetzlichen Sozialversicherungssysteme stellt sich jedoch das Problem der Beitragsgestaltung. Durch die
Einbeziehung aller Selbstständigen in die gesetzliche Sozialversicherung würde eine
stärkere Entkoppelung des sozialen Schutzes vom Arbeitsverhältnis bzw. vom Arbeitnehmerstatus bewirkt, wodurch das Prinzip der paritätischen Beitragszahlung in Frage
gestellt wird. Die Ausweitung der Sozialversicherungen über den Kreis der abhängig
Beschäftigten hinaus führt dazu, dass vielen Versicherten ein Arbeitgeber ‚fehlt', der
einen Teil der Versicherungsbeiträge übernehmen könnte. Unter anderem aus diesem
Grund ist zu erwägen, ergänzend zu (oder gar anstelle von) paritätischer Beitragszahlung die Unternehmen grundsätzlich zur Finanzierung von gesellschaftlich notwendigen Aufgaben heranzuziehen.

Alternative Modelle werden seit geraumer Zeit diskutiert: So gab es z.B. bereits
Ende der 1950er Jahre Vorschläge, die rein lohnbezogene Bemessungsgrundlage der

Arbeitgeberbeiträge aufzugeben und stattdessen die Finanzierung der sozialen Sicherung auf der Basis des Faktors Kapital sicherzustellen. Ende der 1970er Jahre wurde dann die Bruttowertschöpfung als neue Bemessungsgrundlage für die Arbeitgeber entwickelt (Schmid 2002: 329)[14]. Der Vorschlag der Arbeitgeberabgabe würde auch der Schwächung der Finanzierungsbasis der Sozialversicherung durch Scheinselbstständigkeit entgegen wirken. Für Arbeitgeber wird dann die Beauftragung von Selbstständigen gegenüber eigenem Personal weniger attraktiv.

In der Altersvorsorge besteht nach wie vor die größte Sicherungslücke für die Selbstständigen. Im Gegensatz zu vielen anderen europäischen Ländern existiert in Deutschland keine steuerfinanzierte staatliche Grundrente, die die gesamte Wohnbevölkerung und damit auch die Selbstständigen erfasst. Hinzu kommt, dass das Organisationsprinzip der Rentenversicherung in Deutschland der Lebensrealität der Solo-Selbstständigen zuwiderläuft. Während es mit der Orientierung am Versicherungsgedanken und der Anwendung des Äquivalenzprinzips auf dauerhafte und kontinuierliche Vollzeitbeschäftigung setzt, sind hohe Flexibilität, Arbeitsmarktmobilität und Brüche in der Erwerbsbiographie charakteristisch für die Solo-Selbstständigkeit. Es geht also, wie übrigens bei anderen atypischen Beschäftigungsformen z.B. der Teilzeitarbeit und der befristeten Beschäftigung auch, nicht nur um die zeitpunktbezogene Einbeziehung der Erwerbsformen in die sozialen Sicherungssysteme. Vielmehr ist eine Erwerbsverlaufsperspektive nötig, mitsamt der Einbeziehung von Übergängen im Lebensverlauf, bzw. von unsteten Einkommen und Brüchen in der Erwerbsbiographie. In der Sicherung dieser Risiken gibt es noch erhebliche Defizite. Überlegungen zur Absicherung unsteter Einkommensverläufe wurden mit der Idee sogenannter „flexibler Rentenanwartschaften" bereits vor ein paar Jahren in Form von überzeugenden Modellrechnungen vorgelegt (Thiede 2000). Mit flexiblen Anwartschaften würde man während Phasen der Vollzeitbeschäftigung Anwartschaften erwerben, welche bei Phasen verminderter Anwartschaften ausgeglichen werden würden.

Die Zunahme atypischer Beschäftigungsformen und unsteter Erwerbsbiographien stellt sich auch in Bezug auf die Arbeitslosenversicherung als Herausforderung zur Entwicklung neuer sozialer Sicherungselemente dar. Um die soziale Sicherung zu erweitern, ist der Vorschlag zur Einrichtung persönlicher Entwicklungskonten als Ergänzung der tradierten aktiven Arbeitsmarktpolitik entwickelt worden (Schmid 2008). Dahinter steht die Idee der Erweiterung der Arbeitslosen- zur Beschäftigungsversicherung. Derzeit sichert die Arbeitslosenversicherung nur das Einkommensrisiko bei Arbeitslosigkeit ab, mit der Beschäftigungsversicherung würden auch die oftmals riskanten Übergänge im Erwerbsverlauf berücksichtigt. Weiterhin könnte aktuellen Anforderungen, wie dem Risiko der Erosion der Bildung im Erwerbsverlauf, entsprochen werden. Die Beschäftigungsversicherung zielt somit auf die Eindämmung von Exklu-

---

[14] Für einen ausführlichen kritischen Überblick der Diskussion vgl. Schmid (2002: 329-332). Die Idee, dass die sozialstaatliche Belastung der Unternehmen über das Instrument eines an der Wertschöpfung orientierten Beitrags erfolgen sollte, wurde auch in jüngeren Debatten wieder aufgegriffen, z.B. mit dem Konzept der „Wertschöpfungsabgabe" (Lessenich/Möhring-Hesse 2004: 61).

sionsgefahren am Arbeitsmarkt, von denen vor allem Solo-Selbstständige betroffen sind.

Zurück zur Rentenversicherung: In dem derzeit geltenden beitragsbezogenen Rentenversicherungssystem Deutschlands sind nur rund ein Viertel aller Selbstständigen in der gesetzlichen Rentenversicherung pflichtversichert. Bestehen keine besonderen Konditionen wie z.B. bei der KSK, dann müssen die in der gesetzlichen Rentenversicherung freiwillig oder pflichtversicherten Selbstständigen ihren Beitrag vollständig selbst aufbringen. Wegen dieser Rahmenbedingungen sind die Beiträge relativ hoch. Die derzeit geltenden Regelungen in den gesetzlichen Sozialversicherungssystemen führen insbesondere für pflichtversicherte Selbstständige im unteren Einkommensbereich zu einer erheblichen relativen Belastung. Eine Entlastung wäre prinzipiell durch eine Beteiligung der Auftraggeber (analog zur KSK), einen Beitragserlass oder die Einführung eines steuerfinanzierten Freibetrages möglich (Betzelt 2004; Betzelt/Fachinger 2004; Fachinger/Frankus 2004).

Die Dienstleistungsgewerkschaft ver.di, die hauptsächlich im Medienbereich tätige Selbstständige als Mitglieder rekrutiert und organisiert, propagiert analog zur Künstlersozialkasse, die Beteiligung der Auftraggeber an den Sozialversicherungsbeiträgen. Ein Auftraggeberanteil könnte in Form eines Honoraranteils einbezogen werden, der wie bei der Mehrwertsteuer als Sozialversicherungsbeitrag in die Rechnung eingetragen und auf den Endpreis der Arbeitsleistung aufgeschlagen würde. Der/die Selbstständige wäre dann für die Abführung der Sozialversicherungsbeiträge selbst verantwortlich. Eine weitere Variante wäre ein Zuschuss aus Steuermitteln zu den Sozialversicherungsbeiträgen bei kleinen Einkommen, die sich der Staat durch eine Auftraggeberabgabe rückerstatten lassen könnte (ver.di 2005: 134). Solche Regelungen wären in vielen Bereichen praktikabel, vor allem dann, wenn nur einer oder wenige Auftraggeber identifizierbar sind, so wie das häufig bei Medienschaffenden der Fall ist. Offen bleibt jedoch die Frage, wie in anderen Bereichen, wie z.B. im Einzelhandel, in denen in der Regel viele Auftraggeber bzw. Kunden bedient werden, praktisch verfahren werden könnte, ohne die Wettbewerbsfähigkeit ‚kleiner' Selbstständiger zu beeinträchtigen.

Für das Problem der Beitragsgestaltung Selbstständiger in der gesetzlichen Sozialversicherung gibt es sicher keine Patentlösung. Es gilt dabei die schwierige Balance zwischen zwei Zielen zu meistern: Zum einen sollten die Beitragslast insbesondere für ‚kleine' Selbstständige erschwinglich und die Konditionen der Versicherung lohnenswert sein. Zum anderen sollte die Finanzierungsbasis der gesetzlichen Sozialversicherung nicht geschwächt werden und eine Neuregelung sollte nicht zu Lasten der anderen Beitragszahler/innen gehen.

Einer sozialrechtlichen Verallgemeinerung der Sozialversicherungspflicht unter Einbeziehung der Selbstständigen sollte in jedem Fall als Pendant die Ausweitung des Geltungsbereichs des Arbeitsrechts auf die Selbstständigen folgen. Parallel dazu muss selbstständige Arbeit auch im allgemeinen Vertragsrecht besser geschützt werden (Bieback 2001: 38). Bislang richtete sich die Interessenpolitik der Sozialpartner zum

Arbeitsrecht fast ausschließlich auf den Geltungsbereich der Betriebsverfassung, also auf die abhängig Beschäftigten in den Betrieben. Eine bemerkenswerte Ausnahme ist die Interessenvertretungspolitik der IG Medien, die nun in der vereinten Dienstleistungsgewerkschaft ver.di weitergeführt wird. Die IG Medien hat früh begonnen, für die Stärkung der sozialrechtlichen aber auch der arbeitsrechtlichen Stellung der freien Mitarbeiter zu kämpfen. Sie war beteiligt an der gesetzlichen Verankerung einer Regelung zur Tarifkontrolle im Subauftragswesen (§ 12a Tarifvertragsgesetz): Für arbeitnehmerähnliche Freie dürfen laut dieser Regelung Tarifverträge abgeschlossen werden, in denen auch Kündigungsfristen, Entgeltfortzahlung im Krankheitsfall und ähnliche Rechte verbindlich vereinbart werden können[15]. Die Regelung des § 12a Tarifvertragsgesetzes ließe sich auf weitere Selbstständige ausweiten, für die keine gesetzlichen Vergütungsbestimmungen existieren. Damit erhielten die Gewerkschaften mehr Spielraum, für Solo-Selbstständige einschließlich der Handelsvertreter Tarife und Vergütungen zu vereinbaren, die bei entsprechender Tarifbindung dann auch Rechtsansprüche beinhalten würden. Tarifverträge für die Vergütung von Selbstständigen könnten insbesondere die häufig prekäre Einkommenssituation von Solo-Selbstständigen verbessern.

Resümierend bleibt festzuhalten: Die soziale Sicherung der ‚neuen Selbstständigen' stellt sich derzeit als lückenhaft und inkonsistent dar. Eine der größten und zugleich schwierigsten Herausforderungen besteht in der konkreten Ausgestaltung eines längst überfälligen Reformschrittes, nämlich der Ausweitung der Pflichtversicherung der gesetzlichen Rentenversicherung auf alle Erwerbstätigen. Aber auch in den anderen Sozialversicherungszweigen bestehen akute Probleme, die einer Regelung bedürfen. In der Krankenversicherung können viele Selbstständige ihrer Pflicht zur Versicherung nicht nachkommen, weil die Krankenkassen rückwirkend unverhältnismäßig hohe Beitragsnachzahlungen für zurückliegende beitragspflichtige Zeiten verlangen. Des Weiteren werden die Beiträge der Selbstständigen in der gesetzlichen Krankenversicherung nicht am Realeinkommen bemessen, sondern mit einem ‚angenommen Mindesteinkommen' festgelegt, das oftmals faktisch nicht erreicht wird. Arbeitslos gewordenen privat versicherten Selbstständigen stellt sich das Problem, dass sie nicht mehr in die gesetzliche Krankenversicherung wechseln können, aber die Basistarife privater Krankenkassen angesichts des knapp bemessenen Hartz-IV-Regelsatzes für sie unbezahlbar sind.

Auch weitere bestehende Regelungen bedürfen einer Überprüfung, etwa die Beschränkung des Zugangs zur Riester-Rente auf gesetzlich versicherte Selbstständige

---

[15] Solche Tarifverträge wurden bislang ausschließlich im Medienbereich, in erster Linie für öffentlich-rechtliche Sender und Tageszeitungen, abgeschlossen (Buchholz 2002: 122). Die IG Medien hat auch die Künstlersozialkasse (KSK) mit auf den Weg gebracht, sie hat permanent mit den Auftraggebern über Zeilenhonorare und andere Vergütungen verhandelt und nicht zuletzt ein breites Schulungs- und Beratungsangebot für freie Mitarbeiter bereitgehalten (Reindl 2000: 430). So hat es die IG Medien vermocht, über 10.000 Freie zu organisieren. In ver.di wird diese Arbeit mit derselben Stoßrichtung erfolgreich weitergeführt, so dass der Bereich der Selbstständigen inzwischen über 30.000 Mitglieder hat.

oder die rechtlichen Regelungen zur sogenannten Scheinselbstständigkeit und die sozialrechtlichen Flankierungen der geförderten Selbstständigkeit aus der Arbeitslosigkeit. Zu hoffen bleibt weiterhin, dass die Möglichkeit der freiwilligen Arbeitslosenversicherung für Existenzgründer, die vorerst bis 2010 befristet ist, positiv evaluiert und weitergeführt wird. Eine solche Weiterführung sollte, ebenfalls aus Gründen der Gleichbehandlung, eine Öffnung des Zugangs auch für langjährig Selbstständige umfassen. Denn es ist schwer nachvollziehbar, warum ausgerechnet den Selbstständigen, die über Jahre hinweg ihre Existenzfähigkeit auf dem Arbeitsmarkt bewiesen haben, ein Beitritt zur freiwilligen Arbeitslosenversicherung verwehrt wird.

Abschließend bleibt zu betonen, dass nicht nur bei der Arbeitslosenversicherung, sondern darüber hinaus bei der Ausgestaltung aller Sozialversicherungssysteme, und insbesondere auch der Rentenversicherung, stärker berücksichtigt werden sollte, dass Erwerbsbiografien von Selbstständigen in zunehmendem Maße dynamischer werden und dass mit dem Risiko zeitweiliger Auftrags- und Erwerbslosigkeit gerechnet werden muss. An diese ‚neue' Normalität sollte die Konzeption sozialer Sicherheit für ‚neue' Selbstständige angepasst werden. In der Verknüpfung von Flexibilität und Sicherheit liegt die zentrale Dimension zukunftsfähiger Systeme.

Literaturverzeichnis

Betzelt, Sigrid, 2004: Konzeptvorschlag zur sozialen Altersabsicherung Selbstständiger. Gutachten im Auftrag des Projekts mediafon der Vereinten Dienstleistungsgewerkschaft (ver.di). Bremen: Zentrum für Sozialpolitik.

Betzelt, Sigrid und Uwe Fachinger, 2004: Jenseits des „Normalunternehmers: Selbstständige Erwerbsformen und ihre soziale Absicherung, Zeitschrift für Sozialreform, Jg. 50, S. 21–30.

Betzelt, Sigrid und Christiane Schnell, 2003: Die Integration „neuer" Selbstständiger in die Alterssicherung: Modelle, Erfahrungen und Probleme in Deutschland und vier europäischen Nachbarstaaten, Zeitschrift für Sozialreform, Jg. 49, S. 249–271.

Bieback, Karl-Jürgen, 2001: Der Versuch, neue Selbstständigkeit und Scheinselbstständigkeit sozialstaatlich zu regulieren, Kritische Justiz, Jg. 34, S. 29–45.

Buchholz, Götz, 2002: Ratgeber Freie - Kunst und Medien. Bildende Kunst, darstellende Kunst, Fernsehen, Film, Grafikdesign, Illustration, Journalismus, Kleinkunst, Lektorat, Literatur, Multimedia, Musik, Online-Medien, Rundfunk, Übersetzung, Webdesign. Hamburg: Vereinigte Dienstleistungsgewerkschaft ver.di.

Bundesministerium für Gesundheit (BMG), 2009: Mehr Schutz für Sie! Neues zur privaten Krankenversicherung.   http://www.bmg.bund.de/nn_1193288/SharedDocs/Publikationen/ DE/Gesundheit/PKV-Flyer__01.09,templateId=raw,property=publicationFile.pdf/ PKV-Flyer_01.pdf (24.11.2009).

Ehler, Jürgen, 2009: Alterssicherung Selbstständiger ohne obligatorische Altersvorsorge. Berlin: Manuskript zum Vortrag auf der ver.di-Fachtagung „Soziale Sicherung von Selbstständigen", Juni 2009.

Fachinger, Uwe und Anna Frankus, 2004: Selbstständige im sozialen Abseits. Eine Konzeptstudie zur Verbesserung der sozialen Absicherung von Honorarlehrkräften und anderen versicherungspflichtigen Selbstständigen. Düsseldorf: Hans-Böckler-Stiftung.

Fachinger, Uwe und Angelika Oelschläger, 2000: Selbstständige und ihre Altersvorsorge: Sozialpolitischer Handlungsbedarf? In: Dieter Bögenhold (Hg.): Kleine und mittlere Unternehmen im Strukturwandel - Arbeitsmarkt und Strukturpolitik. Frankfurt am Main: Peter Lang Verlag, S. 145–172.

Fachinger, Uwe, Angelika Oelschläger und Winfried Schmähl, 2004: Alterssicherung von Selbständigen. Bestandsaufnahme und Reformoptionen. Münster: Lit-Verlag.

Frommert, Dina und Brigitte Loose, 2008: Einbeziehung von (ungesicherten) Selbstständigen in die gesetzliche Rentenversicherung. Wie sich eine lückenlose Beitragszahlung auf ihre Alterssicherung auswirken würde, Soziale Sicherheit, Jg. 12, S. 410–413.

Greß, Stefan, Anke Walendzik und Jürgen Wasem, 2008: Auswirkungen der Regelungen des GKV-Wettbewerbsstärkungsgesetzes auf Nichtversicherung im deutschen Krankenversicherungssystem. Fulda, Essen: Forschungsbericht der Hans-Böckler-Stiftung.

Kerschbaumer, Judith, Klaus Eisch und Michael Kossens, 2004: Ratgeber freie Mitarbeit und Ich-AG. Arbeits-, sozial-, steuer- und gesellschaftsrechtliche Fragen. Frankfurt am Main: Bund-Verlag.

Kerschbaumer, Judith und Mechtild Veil, 2001: Wo bleibt die eigenständige Alterssicherung der Frauen? Die Rentenreform und die zahlreichen Nachbesserungen, Frankfurter Rundschau vom 15.01.2001, S. 11.

Kossens, Michael und Gert Leis, 2004: Ich-AG und Gesetz zur Förderung von Kleinunternehmen, Sozialer Fortschritt, Jg. 53, S. 22–27.

Lessenich, Stephan und Möhring-Hesse, 2004: Ein neues Leitbild für den Sozialstaat. Berlin: Expertise im Auftrag der Otto-Brenner Stiftung.

Mirschel, Veronika, 2009: Forderungen der ver.di Bundeskommission Selbstständige zur Sozialen Sicherung Solo-Selbstständiger. Berlin: ver.di.

Niejahr, Elisabeth, 2006: Kollegen zweiter Klasse, Die ZEIT vom 02.03.2006, S. 21ff.

Protsch, Paula, 2006: Leben und Arbeitsqualität von Selbständigen. Objektive Lebens- und Arbeitsbedingungen und subjektives Wohlbefinden einer heterogenen Erwerbsgruppe. Berlin: WZB Discussion Paper SP I 2006-106.

Reindl, Josef, 2000: Scheinselbstständigkeit. Ein deutsches Phänomen und ein verkorkster Diskurs, Leviathan, Jg. 28, S. 413–433.

Sachverständigenrat zur Begutachtung der gesamtwirtschaftlichen Entwicklung (SVR), 2006: Widerstreitende Interessen – Ungenutzte Chancen. Jahresgutachten 2006/07. Wiesbaden: Statistisches Bundesamt.

Schmid, Günther, 2002: Wege in eine neue Vollbeschäftigung. Übergangsarbeitsmärkte und aktivierende Arbeitsmarktpolitik. Frankfurt/Main: Campus-Verlag.

Schmid, Günther, 2008: Entgrenzung der Erwerbsarbeit – Erweiterung der sozialen Sicherheit, WSI Mitteilungen, Jg. 61, S. 358–364.

Schulze Buschoff, Karin, 2004: Neue Selbstständigkeit und wachsender Grenzbereich zwischen selbstständiger und abhängiger Erwerbsarbeit – Europäische Trends vor dem Hintergrund sozialpolitischer und arbeitsrechtlicher Entwicklungen. Berlin: WZB Discussion Paper, 2004–108.

Schulze Buschoff, Karin, 2005: Von der Scheinselbstständigkeit zur Ich-AG – neue sozialpolitische Weichenstellungen? Zeitschrift für Sozialreform, Jg. 51, S. 64–93.

Schulze Buschoff, Karin und Claudia Schmidt, 2005: Die Status-Mobilität der Solo-Selbständigen im europäischen Vergleich, Zeitschrift für Arbeitsmarktforschung, Jg. 38, S. 531–553.

Schulze Buschoff, Karin, unter Mitarbeit von Claudia Schmid, 2007: Neue Selbstständige im europäischen Vergleich. Düsseldorf: Edition Hans-Böckler-Stiftung.

Ver.di, Vereinte Dienstleistungsgewerkschaft Abteilung Sozialpolitik/Gesundheitspolitik, 2005: Sozialpolitische Informationen. Daten/ Fakten/ Hintergründe, 1. Halbjahr 2005. http://in-arbeit. de/content/altersvorsorge/documents/sopo_info_01_2005_komplettfassung_001.pdf (10.03.2010).

Wank, Rolf, 1988: Arbeitnehmer und Selbstständige. München: C.H. Beck.

Woratschka, Rainer, 2009: Teure Selbstständigkeit. Die Basistarife privater Krankenkassen sind für Hartz-IV-Empfänger oft nicht zu bezahlen, Der Tagesspiegel vom 25.02.2009. http://www.tagesspiegel.de/politik/deutschland/Krankenkassen-Hartz-IV;art122, 2738120 (12.03.2010).

Ziegelmeyer, Michael, 2009: Das Altersvorsorge-Verhalten von Selbständigen. Eine Analyse auf Basis der SAVE-Daten. Mea - Arbeitspapier, 187/2009. Mannheim: Mannheim Research Institute for the Economics of Aging.

Ich-AG und Co. –
Risiken und Chancen öffentlich geförderter Existenzgründungen aus der Arbeitslosigkeit[1]

Ute Luise Fischer

1 Einführung

‚Jeder ist Unternehmer', so titelt die Website ‚Gründungszuschuss.de'. Obwohl die Seite so heißt wie das aktuelle Förderinstrument der Bundesagentur für Arbeit (Gründungszuschuss), wird sie nicht von dieser betrieben. Sondern verantwortlich zeichnet eine Gruppe junger Selbstständiger aus München. Dieses Phänomen deutet darauf hin, dass sich im Umfeld staatlicher Gründungsfinanzierung ein eigener Markt für Information und Beratung herausgebildet hat. Denn zur Produktpalette der Gruppe gehören eigene beratende und weiterbildende Dienstleistungen speziell für geförderte und zuvor arbeitslose Gründerinnen und Gründer. Es ist ein Beispiel für zahlreiche ähnlich gelagerte Beratungs- und Weiterbildungsangebote und lässt auf eine expandierende Nachfrage durch Gründungsinteressierte schließen. Diese Entwicklung spiegelt sich auch in der quantitativ gestiegenen Bedeutung der öffentlichen Gründungsförderung. Sie lässt sich an der zumindest bis 2007 enorm gewachsenen Anzahl von Gründungen aus der Arbeitslosigkeit ebenso ablesen wie an den gestiegenen öffentlichen Ausgaben für Existenzgründungen. Während andere arbeitsmarktpolitische Programme gekürzt wurden (etwa ‚Arbeitsbeschaffungsmaßnahmen' und ‚Fortbildungen und Umschulungen'), erreichte die Gründungsförderung im Jahr 2006 den Status des größten Einzelpostens aktiver Arbeitsmarktpolitik (Caliendo et al. 2007: 2).

Damit werden sowohl wirtschafts- als auch sozialpolitische Ziele verbunden. Die Einführung des Existenzgründungszuschusses, dem Vorläuferprogramm des Gründungszuschusses, beispielsweise begründen Koch und Wießner vom Institut für Arbeitsmarkt- und Berufsforschung (2003: 1) folgendermaßen: „Der Weg zu mehr Beschäftigung muss über die Schaffung neuer Arbeitsplätze führen. Diesen Grundsatz hat sich die Selbständigenförderung ganz besonders zu eigen gemacht. Denn bei Neugründungen entstehen neue Jobs und zugleich Impulse für den Strukturwandel". In der Betonung der Ausweitung der Beschäftigung lässt sich als Ziel der aufgelegten Programme die Reduzierung der Arbeitslosigkeit erkennen, verbunden mit der Hoff-

[1] Dieser Beitrag ist die ausgearbeitete Fassung meines Habilitationsvortrags vom 28.1.2009 an der Wirtschafts- und Sozialwissenschaftlichen Fakultät der Technischen Universität Dortmund. Für klärende Anmerkungen danke ich Sascha Liebermann, Thomas Loer, Andrea Bührmann und Hans Pongratz.

nung auf wirtschaftsstrukturelle Impulse, die forciert über den Weg geförderter Existenzgründungen erreicht werden sollen.

Die implizite Annahme der Fördermaßnahmen in der überspitzten Formulierung der zitierten Website mit ihrem Slogan ‚jeder ist Unternehmer' verweist einerseits auf Chancen: auf selbstbestimmte Tätigkeiten und eine Alternative zur Arbeitslosigkeit. Andererseits jedoch macht die Annahme skeptisch. Wenn jede/r ein/e Unternehmer/in sein könnte, warum sind es dann nicht mehr? Kann staatliche Förderung hier Potenziale heben, die andernfalls brach lägen? Die Ausweitung der Förderprogramme durch die Bundesagentur für Arbeit war entsprechend von Vorbehalten begleitet. Sie reichten von wirtschaftspolitischen Bedenken – etwa gegen Mitnahmeeffekte und Substitutionswirkungen – bis zur Befürchtung sozialpolitisch ungünstiger Folgen. Die Sorge richtete sich insbesondere gegen Gründungen auf nicht Existenz sicherndem Niveau und insofern gegen eine Förderung prekärer Erwerbslagen. Beschäftigte einer Arbeitsgemeinschaft im östlichen Ruhrgebiet (kurz Arge genannt) kommen aufgrund ihrer alltäglichen Erfahrungen bei der Beratung von arbeitslosen Gründerinnen und Gründern zu dem Schluss, dieser Trend sei unheilvoll[2]. Wie also sind die politischen Maßnahmen und die Entwicklung, die sie freisetzen, einzuschätzen, worin bestehen Risiken, worin liegen Chancen?

Um dies zu ergründen, muss das Handlungsproblem der Existenzgründung genau gefasst werden. Welche Herausforderungen stellt es an Gründungspersonen? Was macht erfolgreiches Gründungshandeln aus? Worin liegen Scheiternsrisiken? Die Klärung dieser Fragen besitzt auch praktische Relevanz. Sie lässt wirtschafts- und sozialpolitische Wirkungen der Gründungsförderung beurteilen und gibt Hinweise für arbeitsmarktpolitische Akteure zur Gestaltung der Mittelvergabe.

Dieses Programm bearbeite ich in drei Schritten: Zunächst wird das Besondere am unternehmerischen Handeln herauskristallisiert (Kapitel II). Die Existenzgründungen von geförderten Arbeitslosen werden dabei als spezielle Ausgangsbedingung charakterisiert. Anhand des Forschungsstandes zu Erfolgschancen und Scheiternsrisiken von Existenzgründer/inne/n werden diese Überlegungen dann geprüft (Kapitel III). Der zweite Schritt – Kapitel IV – präsentiert arbeitsmarktpolitische Förderprogramme und empirische Ergebnisse zur Entwicklung der geförderten Gründungen. Im dritten Schritt (Kapitel V) werden diese Trends konkretisiert anhand von Fallrekonstruktionen aus Interviews mit arbeitslosen Gründerinnen. Diese Analysen sind im Rahmen des Projektes „Unternehmensgründungen von Migrantinnen"[3] entstanden. Obwohl das Material ausschließlich Unternehmerinnen mit Migrationshintergrund umfasst,

---

[2] Diese Einschätzung wurde auf einem von der Autorin durchgeführten inhouse Workshop im April 2008 vorgetragen.

[3] In dem Projekt wurden u.a. 30 Interviews mit polnisch- und türkischstämmigen Gründerinnen erhoben. Das Verbundprojekt mit den Partnern Technische Universität Dortmund, Universität Münster, den Instituten gaus Dortmund, Unique Berlin und dem Zentrum für Türkeistudien wurde von Dezember 2006 bis März 2009 vom deutschen Bundesministerium für Bildung und Forschung gefördert. Vgl. www.migrantinnen-gruenden.de, Bührmann et al. 2010 sowie den Beitrag von Bührmann in diesem Band.

kann doch die allgemeine Problemlage aus den einzelnen Fällen in ihrer Kontrastierung generalisiert werden. Im abschließenden Fazit werden Schlüsse aus den Analysen für arbeitsmarkt- und sozialpolitische Entscheidungen und für die Beratungspraxis gezogen (Kapitel VI).

2   Unternehmerisches Handeln

Für die soziologische Klärung der Fragestellung müssen drei Ebenen unterschieden werden, um zu ergründen, für wen Chancen und Risiken betrachtet werden und in Bezug auf was.

- Die einzelne Gründungsperson: Die Chancen sind hier zu messen am Erfolg der Gründung. Dabei bildet die Existenzsicherung durch die Gründung das Mindestkriterium unter Berücksichtigung der Lebens- und Arbeitsbedingungen, unter denen sie erreicht wird. Hier sind Prekaritätsrisiken zu diskutieren in einem umfassenden Verständnis nicht nur struktureller Kriterien von Prekarität (Dörre et al. 2004: 379), also hinsichtlich der Einkommenshöhe, der sozialen Integration sowie der Schutz- und Sicherungsrechte. Sondern darüber hinaus schlagen Dörre et al. (ebd.: 380) vor, die subjektbezogenen Kriterien in die Betrachtung einzuschließen. Darunter fassen sie den Sinngehalt der Arbeit, die Chancen auf soziale Anerkennung und die Planungssicherheit im Lebenslauf. Im Fokus dieses Beitrags ist ferner die Frage relevant, inwiefern die Handlungsimpulse, die die Gründungsförderung setzt, förderlich für den Gründungserfolg sind.
- Die Wirtschaft: Chancen lassen sich auf dieser Ebene an der volkswirtschaftlichen Bedeutung der Gründungen messen im Hinblick auf die erzielte Wertschöpfung und mögliche Innovationsimpulse. Auch ist von Belang, ob die Gründungsförderung arbeitsmarkt- und wirtschaftspolitisch effektiv ist, ihre Ziele also erreicht.
- Die Gesellschaft: Hier ist einzuschätzen, welchen Beitrag die Gründungen zur Sicherung der materiellen Reproduktion und des sozialen Zusammenhalts leisten können. Dabei interessieren insbesondere die sozialpolitischen Implikationen und die Folgen für soziale Lagen und Lebensentwürfe. Insofern ist als Risiko das subjektive Prekaritätskriterium instabiler Lebensplanung zu überprüfen.

Soziologische Forschung, die sich dem Gegenstand der Ökonomie zuwendet, muss ihn in seiner gesellschaftlichen Konstitution und Bedeutung aufschließen. Mit einem solchen an Weber (1921) orientierten interpretativen Ansatz wie ihn Swedberg (2008) für die wirtschaftssoziologische Forschung einfordert, werden Themen der Wirtschaftssoziologie an Fragen der sozialen Ungleichheit ebenso angebunden wie an die Analyse des Sinngehalts von Arbeit, ihrer Bedeutung im Lebenskonzept und der Formen ihrer praktischen Realisierung. Daher sind alle drei Bezugsebenen relevant. Zunächst steht allerdings die erste im Mittelpunkt, da dem Handeln der Gründungspersonen zentrale Bedeutung zukommt auch zur Erklärung der beiden anderen Ebenen.

Um das Handlungsproblem der Existenzgründung verstehen zu können, ist als dessen Kern *unternehmerisches Handeln* zu charakterisieren. Auch wenn es auf den ersten Blick unpassend erscheint, Existenzgründungen mit Unternehmensgründungen gleichzusetzen, so gilt ein solcher Einwand nur in Bezug auf die Größe der Organisation und auf die mit ihr verbundenen Aufgaben. Rekurriert man aber auf das Unternehmerische als Handlungsstruktur, gilt sie unabhängig von der Organisationsform für Solo-Selbstständige ebenso wie für Leitungspersonen von Konzernen. Denn als unternehmerisches Handeln soll hier die typische Bewältigungsform charakteristischer Herausforderungen bezeichnet werden. Um diese näher zu bestimmen, eignet sich eine prägnante Charakteristik, die Schumpeter bereits 1911 formulierte. Sie ist gerade deshalb so aufschlussreich, weil er als Ökonom die Unternehmerfunktion von der Handlungsstruktur aus soziologisch bestimmte. Damit ist sie zugleich anschlussfähig an die Handlungstheorie Oevermanns (1993), die es erlaubt, das Allgemeine und Besondere des unternehmerischen Handelns zu spezifizieren.

Nach Schumpeter ist Unternehmerhandeln geprägt durch Innovativität, Zukunftsoffenheit und Krisenhaftigkeit (Schumpeter 1964: 111). Die Neuerung als zentrales Moment muss als Chance wahrgenommen, ergriffen und schließlich verwirklicht werden. Unternehmer/in ist demnach erstens, wer neue Kombinationen an einer entsprechenden Betriebsstätte durchsetzt. Solche Innovationen können neue Produkte, neue Produktionsverfahren oder neue Wege der Distribution, des Marketing etc. sein. Sie befinden sich potenziell an jedem Glied der Produktionskette. Dieses Neue, das unternehmerisch in die Welt gesetzt wird, ist zweitens immer in die Zukunft gerichtet. Es basiert auf der Imagination eines zukünftigen Bedarfs oder einer neuartigen Lösung für einen bereits bestehenden Bedarf. Das Gelingen oder Scheitern einer unternehmerischen Entscheidung kann sich daher auch erst im Nachhinein erweisen. Diese Unwägbarkeit ist nicht ein kalkulierbares Risiko, sondern eine grundlegende Ungewissheit. Die Entscheidung wird daher weder rational noch irrational gefällt (Schallberger 2004: 276), sondern ich schlage vor, sie zunächst als vor-rational zu bezeichnen.

Das mag überraschen. Weber etwa hat als wesentlichen Aspekt des kapitalistischen Wirtschaftens die rationale Betriebsführung ausgewiesen. Demnach ist gerade im Bereich wirtschaftlichen Handelns rationales Entscheiden zu erwarten. Dies gilt jedoch nur für den Routinebetrieb, der zu jedem Unternehmen gehört. Es betrifft gerade nicht den von Schumpeter hervor gehobenen Aspekt des Unternehmerischen, sondern die weiteren Management-Aufgaben der Verwaltung und Kontrolle usw. Denn unternehmerisches Handeln ist im Kern drittens krisenhaft: Es ist hier mit Krise keine dramatische Zuspitzung der Lage der Dinge gemeint, sondern schlicht das Gegenteil von Routine. In der Krise einer echten Entscheidung liegt gerade noch keine Handlungsroutine vor, der gefolgt werden könnte, weil sie sich bereits in früheren Situationen bewährt hätte. Eine neuartige Lösung – eine Innovation – erfordert gerade das Verlassen der Routine, indem sie in einer Entscheidungskrise gesucht wird.

So weit geht die Charakterisierung unternehmerischen Handelns mit der des Handelns im Allgemeinen konform. Denn der soziologischen Konzeption Oevermanns (1993) zufolge lässt sich Handeln als sequenzielle Abfolge von Entscheidungen verstehen, die in prinzipiell jeder Handlungssituation getroffen werden müssen. Diese Struktur ist konstituiert durch Handlungsoptionen, die grundsätzlich immer gegeben sind. Beim unternehmerischen Handeln liegt dieses Allgemeine in purifizierter Form vor, da es hier prototypisch zum Ausdruck kommt: Jegliches Handeln ist wie das unternehmerische in eine offene Zukunft gerichtet. Und somit sind dem Subjekt Neuerungen prinzipiell möglich. Bezogen auf diese allgemeine Möglichkeit ist jede/r ein/e Unternehmer/in. Der eingangs zitierte Slogan ‚jeder ist Unternehmer' findet in diesem Sinne eine handlungsstrukturelle Entsprechung. In der Praxis jedoch – im Modus der Wirklichkeit – stellt diese Komplexität ständiger Entscheidungen eine Überforderung dar. Denn jede zu treffende Entscheidung verlangt eine Begründung, die aber im krisenhaften Augenblick per definitionem gerade noch nicht gegeben werden kann. Daher bilden sich Routinen heraus, die aus ehemals krisenhaften Entscheidungssituationen gewonnen wurden und als bewährte und durch ihre Bewährung begründete Lösungen von Handlungsproblemen zu verstehen sind. Das gilt ebenso für alltägliche Situationen wie für grundlegende Entscheidungen, die die Lebensausrichtung betreffen. Zur Entlastung wird auf Routinen zurückgegriffen entweder in Form von Handlungsabläufen oder von Deutungsmustern zur Begründung von Entscheidungen.

Unternehmerisches Handeln im Sinne Schumpeters ist nun dasjenige, das sich jenseits der Routinen vollzieht. Unter dem Fokus auf diese Besonderheit ist nicht jede/r ein/e Unternehmer/in. Weder faktisch, was ja unmittelbar empirisch evident ist, noch potenziell. Das Besondere ist beim unternehmerischen Handeln, dass die Krise, die durch die Offenheit ausgelöst wird, als Herausforderung gesucht wird. Indem die Routine gezielt verlassen wird, kann Neues – etwa eine Existenzgründung – überhaupt hervorgebracht werden. Um innovativ und offen handeln zu können, um Krisen nicht nur aushalten, sondern aufsuchen zu können, bedarf es insbesondere einer entsprechenden Haltung.

Die Spezifik dieser Haltung – soziologisch präziser als Habitus[4] bezeichnet – lässt sich mit Loer (2006) als „Freimut" charakterisieren. Darin steckt zum einen der Aspekt der Freiheit. Sie bezieht sich auf die Wahrnehmung der Krise als Chance und auf den Umgang mit ihr. Zu einem freien Umgang gehört die Freiheit des Denkens, also der Imagination und der Planung einer Innovation, ebenso wie das tatkräftige Realisieren einer solchen Idee. Zum anderen steckt im Freimut der Mut. Er stellt eine wesentliche Brücke dar zwischen der Idee und ihrer Umsetzung. Gerade weil die Innovation Routinen verlässt und eine Bewährung nicht im Vorhinein rational zu kalkulieren ist, bedarf es des Wagnisses.

---

[4] Oevermann versteht unter Habitus in Anlehnung an Bourdieu (1987) eine generative Struktur, die das Handeln einer Person charakterisiert und insofern mit ihr untrennbar verbunden ist, als er automatisch und weitgehend unkontrollierbar wie eine durch Krisenbewältigung erworbene Programmierung die Entscheidungen bestimmt (Oevermann 2001: 45).

Nicht zufällig bewegt sich Schumpeter bei der Charakterisierung des Unternehmers im Wortfeld der Führerschaft (Schumpeter 1964: 128). Die Führerqualität sieht er in einem Überschuss nicht nur an Gestaltungswillen und Tatkraft, sondern auch an Überzeugung. Der Führer ist in der Lage, andere – Mitarbeiter ebenso wie potenzielle Kunden – mitzureißen, die zunächst Skepsis hegen gegen Neues, weil sie gewohnt sind, Routinen zu folgen. Das gelingt durch Charisma, wie Weber das Besondere der Führerschaft kennzeichnet (Weber 1980: 140ff.). Charisma meint hier mehr als die Ausstrahlung des potenziellen Siegers und besteht aus zwei Aspekten: Es dient erstens der Selbstcharismatisierung, befördert also den eigenen Glauben daran, dass sich die Entscheidung bewähren wird. Zweitens begründet es die Überzeugungskraft, die andere zum Folgen bewegt und ihren Widerstand gegenüber Neuem aufgeben lässt. Auch auf sie überträgt es also den Glauben an das mögliche Gelingen. Im Fall der Existenzgründungen sind das z.B. Kreditgeber oder beratende Prüfer der Businesspläne.

Zusammengefasst ist also potenziell jede/r ein/e Unternehmer/in dann und nur dann, wenn man anhand der Handlungstheorie Oevermanns das Allgemeine fokussiert, das im Besonderen des Unternehmerhandelns steckt: krisenhafte Entscheidungen zu treffen, die die Chance auf Bewährung des Neuen eröffnen. Um das unternehmerische Handeln jedoch hinreichend zu beschreiben, muss man in Präzisierung der Charakteristik Schumpeters als Besonderes des Unternehmerhandelns den unternehmerischen Habitus berücksichtigen, wie Schallberger (2004) und Loer (2006) es im Anschluss an Weber konzeptionell vorschlagen. Über ihn verfügt nicht jede/r. Daher ist nicht jede/r ein Unternehmer oder eine Unternehmerin auch und gerade nicht potenziell, im Sinne fallspezifischer habitueller Potenziale.

Mit dem verbreiteten Begriff des „unternehmerischen Selbst" (z.B. Bröckling 2007) hat diese Bestimmung wenig gemein. Zwar arbeitet Bröckling anhand seiner Analyse des Diskursfeldes – bestehend aus ökonomischen, psychologischen und soziologischen Theorien, Managementprogrammen und Ratgeberliteratur – als Konturen des unternehmerischen Selbst einige der Charakteristika heraus, die oben mit Rückgriff auf Schumpeter und Loer genannt wurden: Das unternehmerische Subjekt handelt selbstverantwortlich, risikoaffin, kreativ, aktiv, optimierend, flexibel und projektbezogen. Doch versteht Bröckling darunter ein „normatives Menschenbild" (ebd.: 47), das als Realfiktion die Blaupause gegenwärtig erwarteter und gesellschaftlich anerkannter individueller Lebensentwürfe abgibt. Es stellt ihm zufolge einen Imperativ der Lebensführung dar, den er in kulturkritischer Absicht daraufhin untersucht, in welche Handlungszwänge er das unternehmerische Selbst führt. Im Ergebnis kommt er zum gleichen Schluss wie die hier vorgestellte Analyse, nämlich einer Ablehnung der Formel ‚jeder soll ein Unternehmer sein', allerdings aus anderem Grund. Er weist die Zumutungen einer auf Marktmechanismen gründenden Maxime der Lebensführung zurück, begegnet also dem als ideologisch eingeschätzten Problem mit einer Ideologiekritik. Demgegenüber verfolgt der hier vorgelegte Ansatz den Weg, über die Bestimmung des Handlungsproblems, das sich Gründern und Gründerinnen stellt, zu einem analytischen Urteil zu gelangen, dessen Erkenntnisgewinn sich an der empirischen Betrachtung erweisen muss.

Was geben diese Überlegungen nun für geförderte, zuvor arbeitslose Gründerinnen und Gründer her?

3   Existenzgründungen von geförderten Arbeitslosen

Beides – die Arbeitslosigkeit ebenso wie die Förderung – stellen spezifische Entscheidungsbedingungen dar. Arbeitslose, die förderungsberechtigt sind, waren in aller Regel zuvor abhängig beschäftigt. Handlungsstrukturell betrachtet sind abhängig Beschäftigte per Arbeitsvertrag in ein Arbeitsverhältnis und damit auch in eine innerbetriebliche Weisungshierarchie eingebunden. Unter dem Anforderungsprofil einer mehr oder weniger expliziten Stellenbeschreibung bearbeiten sie Aufgaben mit geringeren oder größeren Entscheidungsbefugnissen. Im Vergleich zu Existenzgründer/innen geht die schwächer ausgeprägte Eigenverantwortung der Beschäftigten einher mit einer größeren sozialen Sicherheit im Rahmen verbürgter Schutzrechte und relativer Einkommenssicherheit. Diese idealtypische Differenzierung beschreibt die Rahmung für die Entscheidungsoptionen zuvor Beschäftigter auch dann, wenn man die empirisch belegte Vervielfältigung von Arbeits- und Erwerbsformen in Rechnung stellt, wie sie etwa unter der Figur des „Arbeitskraftunternehmers" (Pongratz/Voß 2003) pointiert gefasst werden. Zwar zeigen sich deutliche Anzeichen sowohl für steigende Instabilitäten der Beschäftigungsverhältnisse als auch für eine Verlagerung der Verantwortung von Arbeitsergebnissen auf die Beschäftigten. Beides führt den Autoren nach zur Ausbildung steigender Selbstkontrolle, Selbstökonomisierung und Selbstrationalisierung, wie sie die Handlungsdimension des Arbeitskraftunternehmers charakterisieren (ebd.: 45). Doch räumen sie ein, dass die Haltung abhängig Beschäftigter nichtsdestotrotz eine erstaunlich starke Bindung an die Institutionen der sozialen Sicherung und eine „Absicherungsmentalität" aufweist (ebd.: 220). Genau von solchen charakteristischen Handlungsorientierungen ist hier die Rede.

Mit dem Austritt aus dem Beschäftigtenverhältnis mit seinen tariflichen und arbeitsrechtlichen Rahmenbedingungen und aus der Arbeitslosigkeit, partiell auch aus dem System der Sozialversicherung, und mit dem Eintritt in die Selbstständigkeit schlagen sich die Konsequenzen der Entscheidungen der Existenzgründer/innen unmittelbar nieder. Nicht nur verantwortet die Gründungsperson Bewährung und Scheitern selbst, sondern er oder sie muss Misserfolge auch finanziell kompensieren. Hier greift nun die Gründungsförderung: Sie mindert in der start-up Phase das unternehmerische Risiko und federt den Druck ab, unmittelbar mit Markteintritt ökonomisch erfolgreich sein zu müssen.

Bindet man diesen Befund an die Überlegungen zum Habitus zurück, wird deutlich, dass die Arbeitslosigkeit nicht nur als finanzielle Ausgangsbedingung zu verstehen ist. Die genannten habituellen Herausforderungen der Unternehmerperson treten im Kontrast zu den Handlungsanforderungen in einem Beschäftigungsverhältnis noch einmal deutlicher hervor. Sie unterscheiden sich hinsichtlich des Routineanteils, des Grades der Offenheit und Krisenhaftigkeit der Entscheidungen und vor allem des notwendigen Charismas. Insofern besteht das *Risiko* bei Existenzgründungen aus der Arbeitslosigkeit insbesondere darin, dass die habituelle Entsprechung der Gründungsperson zur Herausforderung des unternehmerischen Handelns fehlt und der Gründungsversuch trotz finanzieller Förderung scheitert. Die *Chance* besteht umgekehrt darin, dass sich in der selbstständigen Tätigkeit diese Potenziale entfalten können, wenn sie vorhanden sind, aber im Rahmen der vorherigen Tätigkeit nicht zur Geltung kommen konnten. Aus dieser analytischen Fassung des Handlungsproblems ergibt sich als Anforderung an eine förderliche Gründungsfinanzierung, dass sie Rahmenbedingungen setzen müsste, die die Chance zur Gründung eröffnen und Potenziale wecken, nicht aber zur Gründung drängen. Wie die Gründungsförderung empirisch wirkt, ist Thema der folgenden Abschnitte, zunächst sollen diese Überlegungen am Forschungsstand überprüft werden.

Auch die wirtschaftswissenschaftliche Forschung befasst sich mit dem Gründungsprozess als Handlungsproblem. Betriebswirtschaftliche Forschung etwa richtet sich auf drei Bereiche (Müller-Böling et al. 1993): erstens auf Charakteristika der Gründungsperson, zweitens auf betriebliche Merkmale und drittens auf Umfeldfaktoren wie die Wettbewerbs- und Marktbeschaffenheit oder politische Rahmenbedingungen. So widersprüchlich die empirischen Ergebnisse auch sind, so zeichnen sich doch folgenden Merkmale als förderlich für einen Gründungserfolg ab, wie Mellewigt und Witt (2002) in einem Forschungsüberblick zusammenfassen: eine innovative Gründungsidee, eine sorgfältige Gründungsplanung, eine Übereinstimmung zwischen der Markteintrittsstrategie, der Branche und den vorhandenen Managementkompetenzen, Teamgründungen mit komplementären Qualifikationsprofilen und Branchenerfahrungen, sowie eine geeignete Ausstattung mit Human- und Finanzkapital.

Hinter diesen Merkmalen stehen je konkrete unternehmerische Entscheidungen. Um von einer Beschreibung auffindbarer Zusammenhänge zu einer Erklärung für erfolgreiche Gründungsprozesse zu kommen, muss man daher verstehen, wie sich diese Momente im unternehmerischen Gründungshandeln realisieren. Ein großer Teil der Gründungsforschung orientiert sich in dieser Frage an psychologischen Ansätzen. Wie Konrad (2005) zusammenfassend einschätzt, sind die Ergebnisse jedoch wenig eindeutig: Weder der sogenannte ,traits-approach', also die Untersuchung von Persönlichkeitsmerkmalen, noch die Erforschung von Motivbündeln von Gründenden können Gründungserfolge erklären. Für einige Fähigkeiten lässt sich eine förderliche Bedeutung statistisch nachweisen: Demnach wirken sich Führungs- und Managementkompetenzen, soziale und Netzwerkkompetenzen vorteilhaft aus. Erklärungsansätze, die unternehmerisches Handeln betrachten, kommen zu dem Ergebnis, dass erfolgreiches Unternehmertum proaktives, fokussiertes, chancenorientiertes und risikobewusstes Handeln ausmacht (ebd.: 53).

Diese sehr allgemeinen Beschreibungen sind nun wenig geeignet, die Art, wie Entscheidungen getroffen werden, näher zu bestimmen. Offen bleibt, wer solche Handlungsdispositionen auf welche Weise mobilisieren und in der Praxis umsetzen kann. So ist dem Resümee von Konrad zuzustimmen, dass die Frage nach erfolgreichem Unternehmerhandeln komplexerer Erklärungsmodelle bedarf. Und, so lässt sich mit Schallberger (2004) hinzufügen, diese Forschung bedarf auch eines methodisch anderen Zugriffs als Korrelationsanalysen von Merkmalsausprägungen. Denn die meist verwendeten Messkonzepte werfen zwei Probleme auf.

Erstens ist der Erklärungsgehalt der gemessenen Zusammenhänge fraglich. Wie wird etwa die positive Korrelation zwischen vorhandenen Fähigkeiten der Gründungsperson und dem Gründungserfolg konzipiert? Zu vermuten ist doch, dass beides – also sowohl die hohe Qualifikation, die Branchen- vielleicht auch Leitungserfahrungen als auch das Gründungshandeln – auf ein gemeinsames Drittes zurückgeht: Es ist ein spezifischer Antrieb, der biografisch einerseits zur Akkumulation von Humankapital geführt hat und andererseits zur erfolgreichen Gründung. Dieser Wirkungszusammenhang ist soziologisch gerade interessant.

Das zweite, gewichtigere Problem besteht darin, dass neue Erkenntnisse über Messkonzepte nicht gewonnen werden können. Messen können wir nur, was wir bereits wissen oder was die Befragten explizieren. Sucht man aber neue Erklärungen für erfolgreiches unternehmerisches Handeln, müssen Gründungsentscheidungen in ihrer Struktur erklärt werden. Durch das Abfragen von Persönlichkeitsstilen oder Verhaltensweisen ist das nicht möglich, denn Handlungsantriebe sind dem Subjekt meist nicht bewusst und insofern sind sie auch nicht abfragbar. Durch die Rekonstruktion der Handlungsstruktur und Entscheidungsmuster am konkreten Fall ist das eher möglich, wie Kapitel V zu verdeutlichen versucht.

In der volkswirtschaftlich orientierten Arbeitsmarktforschung sind die gleichen Probleme zu erkennen. Existenzgründungen werden von ihr unter anderem aus der Perspektive auf Beschäftigungseffekte untersucht. Dabei wird eine positive Korrelation konstatiert zwischen steigender Arbeitslosigkeit und steigender Gründungsquote (Kohn et al. 2009: 26). Die Existenzgründungen unter Bedingungen hoher Arbeitslosigkeit werden als arbeitsmarktinduziert betrachtet. Eine ungünstige Beschäftigungslage gilt hier als Anstoß – Push-Faktor genannt – für die Gründungsentscheidung. Der Wirkungszusammenhang, den die Arbeitslosigkeit herstellt, wird gemäß einem Nutzenkalkül interpretiert. Mangels besserer Alternativen verhilft demnach die Selbstständigkeit unter geringen Opportunitätskosten zu höherem Einkommen, größerem Sozialprestige und einem stärkeren Grad beruflicher Selbstbestimmung. Doch Gelegenheitsstrukturen – seien sie positive Chancen oder negativ aus der Not geboren – bleiben wirkungslos ohne ein Handeln, das sich an ihnen orientiert, wie Schallberger zu bedenken gibt (2004: 269). Wer lässt sich also anstoßen von der ungünstigen Beschäftigungslage? Wer nutzt die Gelegenheit, die die Gründungsförderung gibt, und wer ist dabei in welcher Weise erfolgreich? Auf diese Fragen gibt ein Blick auf die Förderinstrumente und ihre Nutzung einen ersten Hinweis.

4   Zur Lage der geförderten Gründungen aus der Arbeitslosigkeit

Die Existenzgründungen von Arbeitslosen werden als ein neuer Typus von Selbstständigkeit in Deutschland bezeichnet (Schnell 2008). Sie lassen sich abgrenzen zum
risikofreudigen Entrepreneur mit hohem ökonomischen Kapital, zum klassischen
Freiberufler in den institutionalisierten Professionen der Ärzte, Anwälte etc. und zum
Freelancer der Informations-, Kommunikations- und Medienbranche. Während in
den 1990er Jahren vor allem die ,neuen Selbstständigen' der High-tech-Berufe und der
Kulturberufe von sich reden machten als unkonventionelle, vom Selbstverwirkli-
chungsmotiv Getriebene, durchaus erfolgreiche junge und hochqualifizierte Erwerbspersonen, repräsentieren die vormals Arbeitslosen eine andere Gruppe von meist Solo-Selbstständigen. Sie sind es, für die am ehesten die Tendenz zu „prekärer Selbstbe-
schäftigung" (Pröll 2008) anzunehmen ist.

Existenzgründer/inne/n aus der Arbeitslosigkeit stehen bzw. standen folgende
Fördermaßnahmen zur Verfügung, die als politische Rahmenbedingungen der Gründungen die Entscheidungsmöglichkeiten der arbeitslosen Gründungsinteressierten
konkretisieren (siehe Tabelle 1 als Überblick).

Tabelle 1:   Instrumente der Gründungsförderung

Überbrückungsgeld (§ 57 SGB III)	Existenzgründungszuschuss [Ich-AG] (§ 421 1 SGB III)	Einstiegsgeld (§ 29 SGB II)
Seit 1986; 6 Monate Betrag in Höhe des Arbeitslosengeldanspruchs + Sozialversicherungsbeiträge	Seit 1.1.2003 Monatlicher Zuschuss 600 € im 1. Jahr 360 € im 2. Jahr 240 € im 3. Jahr	Seit 1.1.2005 Zuschuss zum ALG II Höhe bis zu 100% des Satzes Maximal 350 € und 9 Monate (verlängerbar bis zu 2 Jahren)
Tragfähigkeitsprüfung, Seminar Mitarbeiter möglich Unbegrenzte Gewinnentwicklung	Tragfähigkeitsprüfung (seit 11/04) Keine Mitarbeiter außer helfende Familienangehörige Bis zu Gewinn von 25.000 €	Businessplan empfohlen (regionalspezifische Anforderungen)
Seit 1.8.2006 zum Gründungszuschuss (§ 57-58 SGB III) vereint Förderdauer 9 Monate Betrag in Höhe des ALG I + Sozialversicherungspauschale 300 € monatlich Um 6 Monate verlängerbar, dann nur Pauschale		

Quelle: div. IAB-Kurzberichte

Überbrückungsgeld (ÜG): Schon mit der Einführung des Überbrückungsgeldes im Jahr 1986 setzte die Arbeitsmarktpolitik auf Existenzgründungen als eine Möglichkeit, die Beschäftigung zu erhöhen. Ihre Bedeutung stieg nach der deutschen Wiedervereinigung und der mit ihr einher gehenden drastischen Zunahme der Arbeitslosigkeit. Das ÜG richtete sich an Arbeitslose oder an von Arbeitslosigkeit Bedrohte, die sich selbstständig machen wollten, und gewährte ihnen für sechs Monate Leistungen in Höhe des individuellen Anspruchs auf Arbeitslosengeld zuzüglich eines pauschalierten Sozialversicherungsbeitrags, mit dem sie sich selbst kranken- und rentenversichern mussten.

Existenzgründungszuschuss (ExGZ): Zum 1. Januar 2003 kam der Existenzgründungszuschuss – die sogenannte Ich-AG – hinzu. Sie richtete sich ausschließlich an Arbeitslose, die sich selbstständig machen wollten, und umfasste degressiv gestaffelte Beträge für bis zu drei Jahre. Mit Fortschreiten der Förderdauer deckten diese nur noch knapp die Sozialversicherungsbeiträge ab.

Der Vergleich beider Förderinstrumente lässt erwarten, dass diese Maßnahmen deutlich unterschiedliche Gruppen von Arbeitslosen ansprachen. Das Überbrückungsgeld lohnte sich insbesondere für Arbeitslose, die zuvor relativ gut verdient und Anspruch auf eine entsprechend hohe Ersatzleistung (ALG I) hatten, die hohe Gewinnerwartungen hatten und zugleich eher alleinstehend waren und keine Familienmitglieder mit sozialversichern mussten. Demgegenüber sprach die Ich-AG v.a. Arbeitslose mit geringem Arbeitslosengeldanspruch an, z.B. aufgrund von vorher gering entlohnten oder Teilzeittätigkeiten. Zudem wurden hier Kleinstunternehmen mit niedrigen Gewinnerwartungen gefördert, da die Beschäftigung von Mitarbeiterinnen und Mitarbeitern nicht gestattet und das erzielbare Einkommen begrenzt war (Koch et al. 2003: 5).

Gründungszuschuss (GZ): Im August 2006 sind nun diese beiden Instrumente durch den Gründungszuschuss abgelöst worden, der Elemente von beiden enthält. Vom ExGZ hat er die Sozialversicherungspauschale übernommen, am ÜG ist die Höhe der Förderung in Abhängigkeit vom Arbeitslosengeldanspruch angelehnt.

Einstiegsgeld (ESG): Gegenüber den gerade vorgestellten Förderprogrammen richtet sich das Einstiegsgeld, eingeführt im Januar 2005, an Langzeitarbeitslose. Es wird als Zuschuss zum Arbeitslosengeld II gezahlt für in der Regel ca. neun Monate an diejenigen, die durch das Einstiegsgeld eine niedrig bezahlte Tätigkeit aufnehmen können, oder an Gründungswillige.

Soweit die Gelegenheitsstruktur. Was ist nun der Gründungstrend, den die eingangs zitierten Arge-Beschäftigten als unheilvoll bezeichnen? Abbildung 1 gibt einen Überblick über die Anzahl von Gründungen, die von der Bundesagentur für Arbeit gefördert wurden.

Abbildung 1: Von der Bundesagentur für Arbeit geförderte Existenzgründungen in Deutschland 1986 bis 2005 (in Tsd.)

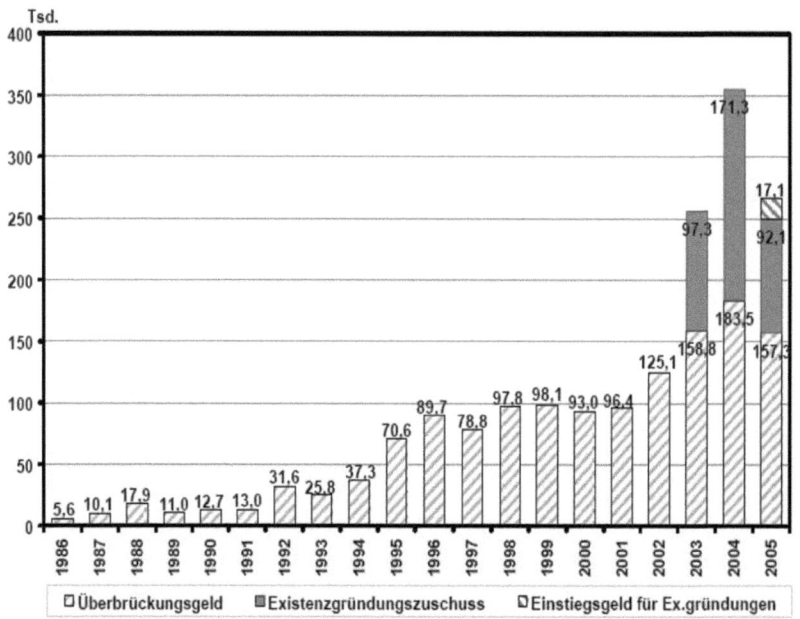

Quelle: Forschungsverbund (2006: 95)

Seit Einführung der Ich-AG ist die Zahl der geförderten Gründungen aus der Arbeitslosigkeit zwischen 2003 und Mitte 2006 um ca. eine Million angewachsen, davon entfallen 400.000 auf die Ich-AGs und 600.000 auf die ÜG-Gründungen (Caliendo et al. 2006: 506). Diese Existenzgründungen haben also die Arbeitslosenzahlen deutlich reduziert. Für die Einschätzung der Prekaritätsrisiken in den Dimensionen der Nachhaltigkeit der Existenzsicherung sowie der Stabilität der Erwerbslage geben diese Daten zunächst keine Auskunft. Die Chancenstruktur wird deutlicher, wenn man die allgemeinen Gründungen (ohne Förderung, d.h. meist nicht aus der Arbeitslosigkeit heraus) mit den ÜG-geförderten Gründungen, den Ich-AGs, dem Durchschnitt der Arbeitslosen insgesamt und den Beziehern von Einstiegsgeld vergleicht. Tabelle 2 zeigt diesen Vergleich.

Tabelle 2:   Merkmale der Gründungspersonen

Merkmale	Gründungen allgemein	ÜG-Geförderte	Ich-AGs	Arbeitslose allgemein	ESG-Bezieher
Frauenanteil	28 %	28 %	48 %	46 %	29 %
Qualifikation[5]	sehr hoch	sehr hoch	hoch	niedrig	niedrig
Branchen-Kenntnisse	sehr hoch	sehr hoch	hoch		sehr niedrig
Startkapital	sehr hoch	hoch	niedrig		sehr niedrig

Quelle: zusammengestellt aus Forschungsverbund 2006: 75ff.

Kurz auf einen Nenner gebracht ist die Ich-AG ein Frauenprogramm, denn sie sind hier nicht nur stärker vertreten als in allen anderen Gründungsformen, sondern der Frauenanteil unter den Ich-AG-Gründenden liegt auch leicht über dem Frauenanteil an den Arbeitslosen allgemein. Gemessen an schulischen und beruflichen Qualifikationen und Branchenkenntnissen (etwa durch vorherige Erwerbstätigkeit in der Gründungsbranche) vor einer Gründung entsprechen die Existenzgründer/innen mit ÜG-Förderung den Gründenden im Allgemeinen. Demgegenüber ähneln die Ich-AG-Gründenden eher dem Durchschnitt der Arbeitslosen, sie bringen etwas geringere Schul- und Berufsbildung mit und verfügen über deutlich geringeres Startkapital. Man sieht an den groben Tendenzen, dass die Gründenden insgesamt eher eine Positivauswahl im Feld der Arbeitslosen darstellen bezogen auf vorhandene Fachkenntnisse für eine Gründung, das gilt auch z.T. noch für die Ich-AG-Gründenden, während die ESG-Empfänger/innen – die Arge-Klientel also – nach diesem Kriterium eher eine Negativauswahl darstellen.

Doch die nahe liegende Befürchtung, dass die Ich-AGs nicht bestandsfähig seien, trügt. Nach einer Evaluation der beiden Instrumente durch den Forschungsverbund von IAB, DIW u.a. sind 28 Monate nach Gründung noch gut 70 % der geförderten Gründenden selbstständig, allen voran die Frauen der Ich-AGs. Und selbst von den Abbrechern sind bis zu 50 % wieder sozialversicherungspflichtig beschäftigt. So wertet der Forschungsverbund (2006: 264) dieses Ergebnis insgesamt als Erfolg. Das Ziel, den Arbeitsmarkt zu entlasten, ist nominell dadurch erreicht worden, dass die hohe Verbleibsquote in der Selbstständigkeit zu einer geringen Rückkehr in die Arbeitslosigkeit geführt hat.

---

5 Die in den Evaluationsberichten (Forschungsverbund 2006) differenzierten statistischen Erhebungen wurden zum Zweck der Übersichtlichkeit verdichtet in den Dimensionen sehr hoch, hoch, niedrig und sehr niedrig, um die groben Differenzen darzustellen. Für das Kriterium der Qualifikation entspricht dies z.B. einer Häufung innerhalb der Gruppen entlang der Abstufungen: Studienabschluss, Berufsausbildung, ohne Ausbildung, ohne Schulabschluss.

Zur Einschätzung des Erfolgs der Maßnahmen und der sozialen Wirkungen von Existenzgründungen aus der Arbeitslosigkeit reicht allerdings der reine Fortbestand am Markt als Kriterium nicht aus. Vielmehr interessiert unter dem Gesichtspunkt des Prekaritätsrisikos die Frage, ob die Gründerinnen und Gründer auch ihren Lebensunterhalt bestreiten können und unter welchen Bedingungen, etwa bezogen auf Arbeitszeitbelastungen oder Abhängigkeit vom Partner, dies geschieht. Mit einem Blick auf die erzielten Jahreseinkommen (vgl. Tabelle 3) relativiert sich die positive Einschätzung.

Tabelle 3:   Vergleich der Typen von Geförderten nach ausgewählten Merkmalen

| Fördertyp | ÜG-Geförderte | | Ich-AGs | |
Merkmale	Frauen	Männer	Frauen	Männer
Verbleib in der Selbstständigkeit	67,9 %	72,5 %	74,5 %	72,7 %
Einkommen	21.040 Euro	32.452 Euro	11.312 Euro	18.217 Euro
Singles	20 %	>50 %	15 %	56 %

Quelle: zusammengestellt aus Wießner et al. 2007: 74ff.

Es zeigt sich hier, dass die Einkommen der Ich-AG-Gründerinnen die niedrigsten aller geförderten Gründenden sind. Der Haushaltskontext erweist sich als maßgeblich für die Frage, ob die Gründung zu einer Selbstständigkeit auf tönernen Füßen führt oder nicht, denn die meisten der Ich-AG-Gründerinnen gründen in Teilzeit und eher als Zuverdienst in einem gemeinsamen Haushalt mit Partnerschaft. Demgegenüber sind die Männer unter den Ich-AG-Gründungen entweder alleinlebend oder sie sind die Hauptverdiener eines Haushalts in Vollzeit. So spiegelt sich in den Gründungsstrukturen die klassische geschlechtsspezifische Arbeitsmarktsegregation wider, wie sie als Ausdruck einer „modernisierten Versorgerehe" (Pfau-Effinger et al. 1992) interpretiert wird, in der der männliche Hauptverdiener das Einkommen der Familie sichert, während die weibliche Zuverdienerin zeitlich deutlich stärker mit Familienaufgaben befasst ist als mit beruflichen.

Die Auswertung von Mikrozensusergebnissen durch Piorkowsky und Fleißig (2008: 14) bestätigt dieses Bild: Der sogenannte Gründungsboom beruht zu einem großen Teil auf der enormen Zunahme von Zuerwerbsgründungen, die in Teilzeit verrichtet werden und weiblich dominiert sind (ebd.: 16). Die Evaluationsergebnisse legen den Schluss nahe, dass ein Risiko prekärer Formen von Selbstständigkeit gerade bei Gründer*innen* besteht. Für die Risikoeinschätzung ist jedoch nicht allein das Armutsrisiko der einzelnen Gründerin relevant, sondern auch – wie die Daten zeigen – der Haushaltskontext sowie eine zeitliche Perspektive auf die mögliche Entwicklung von Erwerbs- und Lebenslagen. Dabei spielt auch die „gefühlte Prekarisierung"

(Kraemer 2008: 84ff.) eine Rolle, also die Dimension der Sorge um die zukünftige Sicherheit der Erwerbslage sowie den Sinngehalt der Arbeit.

Wie sich dieser Zusammenhang verstehen lässt und empirisch zeigt, wird im Folgenden mit Rückgriff auf Fallrekonstruktionen beleuchtet.

5 Fälle von Gründungen – Formen von Prekarität

Eine Gründung kann dann nicht als im Wortsinn Existenz sichernd, sondern muss als prekär im engeren Sinne bezeichnet werden, wenn die Ich-AG oder andere Gründungsformen über einen Hinzuverdienst nicht hinausgelangen und der Haushaltskontext ebenfalls keine Stabilität erwarten lässt. Legt man die vorne entwickelte Konzeption unternehmerischen Handelns zugrunde (Kapitel II), dann stehen vor allem solche Gründungen unter ungünstigen Voraussetzungen, in denen die Selbstständigkeit weniger einem unternehmerischen Antrieb folgt, als vorrangig der Grundsicherung des Lebens dient und als bessere Alternative zu Mini- oder Midi-Jobs und insofern als Not-Lösung angestrebt wird. Ihre nachhaltige Tragfähigkeit erscheint auch deshalb gefährdet, weil sie im Falle des Scheiterns wieder in den Hartz-IV-Bezug mündet, oft begleitet von betrieblichen Schulden. Zudem ist hier eine Altersarmut politisch erzeugt worden, denn die mehrheitlich auf Teilzeit und Zuverdienst hin angelegten Ich-AGs lassen kaum hinreichende Alterssicherung zu. Für die Gründungen mit dem ESG gilt dies ebenso.

In unseren Fällen[6] finden sich solche Gründungsversuche, die mehr oder weniger umgehend wieder in die Arbeitslosigkeit führten, z.B.:

- Frau R.: Sie eröffnete auf Basis des ESG ein Fotostudio als ausgebildete Fotografin und gehört damit nicht im eigentlichen Sinne zur Gruppe der ‚Notgründerinnen', die aufgrund fehlender Qualifikation eine Alternative zu Mini-Jobs sucht. Das Studio baut sie unter helfender Mitarbeit ihres Mannes auf, die Familie hat drei Kinder. Doch die Ehe scheitert und so bricht das gesamte System zusammen, in dessen Rahmen der Schritt in die Selbstständigkeit arbeitsorganisatorisch sowie lebenspraktisch funktioniert hätte.
- Ähnlich stellt sich das Problem bei Frau J. dar: Sie ist seit Jahren alleinerziehend mit zwei Kindern und hat als ausgebildete Friseurin nebenher stundenweise gearbeitet. Nun macht sie sich selbstständig. Ihr vorrangiges Ziel lautet: Flexibel und

---

[6] Gründerinnen aus dem Kreis von Arbeitslosen gehörten explizit nicht zur Untersuchungsbasis unseres Projektes. Dennoch stellten sich in den Auswertungen vier Fälle als zugehörig zu diesem Personenkreis heraus. Die hier vorgestellten Ergebnisse auf dieser kleinen empirischen Basis können daher keinen Anspruch auf Repräsentanz im Sinne einer „konzeptuellen Repräsentativität" (Strübing 2004: 31) erheben, also einer vollständigen analytischen Erfassung sämtlicher für den Gegenstand relevanter Dimensionen. Aber die Fälle sind doch hinreichend kontrastiv, so dass sie eine Überprüfung der hier als Erfolgschancen und Scheiternsrisiken herausgearbeiteten Strukturen ermöglichen. Die Rekonstruktionen wurden mit objektiv hermeneutischen Sequenzanalysen (Oevermann 2000) der Interviewtranskripte vorgenommen.

selbstbestimmt zu arbeiten, um genug Zeit für ihre Kinder zu haben. Doch auch in diesem Fall erweist sich die Gründung mit dem ESG als nicht tragfähig; das Geschäft steht von Anfang an unter dem Druck, auch in geringer Stundenzahl zu bewältigen zu sein. Nach einem Jahr Förderung gibt sie ihr Geschäft auf.

Was der eigentliche Grund für das Scheitern ist, lässt sich im Vergleich zu erfolgreichen Verläufen erkennen. Die dafür zur Verfügung stehenden Fälle gehören sogar zur Risikogruppe der nicht fachlich qualifizierten Gründenden ohne Leitungserfahrungen. Ein Beispiel ist etwa Frau T., die ohne jegliche Ausbildung nach einer Familienphase mit ihrem Mann, einem gelernten Schlosser, zwei gut laufende Frisiersalons betreibt. Oder Frau S., die zwar eine Ausbildung als Schneiderin absolviert hat, aber nun nach jahrelanger geringfügiger Beschäftigung in den Handel mit Braut- und Abendmode einsteigt, als ihr Kind zwei Jahre alt ist. Der Erfolg basiert äußerlich auf einem funktionierenden Arrangement in den Familien: Frau T. kümmert sich weiterhin um die Kinder und arbeitet in Teilzeit als Geschäftsführerin, während ihr Mann Geschäftsführer auf Vollzeitbasis ist. Frau S. kann sich auf das Familiennetz verlassen. Ihr Mann ist zwar auch im Vollerwerb selbstständig als Orthopäde tätig, doch hält er ihr den Rücken frei für ihre Arbeit, die sie bei Bedarf bis in die Nacht ausdehnt. Zum Zeitpunkt des Interviews hat sie zwei Jahre des Geschäftsaufbaus mit geringem Gewinn hinter sich, blickt aber zuversichtlich auf einen steigenden Umsatz. Im Vergleich der Fälle wird auch deutlich, dass Erfolgsfaktoren, die in der Gründungsforschung im Mittelpunkt stehen – wie etwa eine hinreichende Qualifikation, Branchen- oder Führungskenntnisse –, in diesen erfolgreichen Fällen nicht oder nur zum Teil vorhanden und damit nicht ausschlaggebend sind.

Im Fallvergleich könnte der Eindruck entstehen, dass die Entwicklung einfach kontingent und v.a. von den familiären Umständen abhängig ist. Doch zeigte sich in den Fallrekonstruktionen, dass unter den mehr oder weniger geglückten Arrangements habituelle Dispositionen lagern, die den Erfolg wesentlich bestimmen: Sowohl Frau T. als auch Frau S. weisen eine Antriebsstruktur auf, die sie in erster Linie ein Betätigungsfeld suchen lässt, in dem sie einen Ausdruck für ihre Ambitionen finden können. Sie geben ihren Geschäften ein prägendes Profil, hinter dem sie stehen. Sie haben einen Gestaltungswillen, eine tragende spezifische Geschäftsidee und einen unternehmerischen Habitus, wie er oben charakterisiert wurde. Anhand der Gegenüberstellung der Entscheidungsstruktur von Frau S. als Beispiel einer gelungenen Gründung und von Frau J. als Beispiel einer gescheiterten werden im Folgenden Aspekte eines unternehmerischen Habitus konkretisiert.

Als charakteristisch für die Antriebsstruktur von Frau S.[7] zeigt sich ein biografisch sehr früh positiv besetzter Zusammenhang zwischen eigener Tätigkeit zum Einkommenserwerb und der Verbesserung der Lebenssituation für sich und ihre Eltern und Geschwister: Die Familie S. ist arm an ökonomischem und kulturellem Kapital, so

---

[7] Eine ausführliche Darstellung der Fallrekonstruktion findet sich in Fischer 2010a und unter anderem inhaltlichen Akzent auch in Bührmann/Fischer 2009.

dass Frau S. bereits als Zwölfjährige, nach Abschluss einer fünfjährigen Schullaufbahn, als Kindergartenhelferin zum Lebensunterhalt der Familie in der Herkunftsregion der südöstlichen Türkei beiträgt. Ihre Erfahrung beschreibt sie so: *„Meine Kindheit habe ich nicht, ich hatte keine Puppe zum Spielen [...] ich habe alles mitgekriegt ich weiß aha äh wir haben kein Brot zuhause was zu essen, wenn ich jetzt weiterlerne dann braucht man Geld. Wir haben aber kein Geld"* (1:28)[8]. In der Sequenz betont Frau S. ihr Einschätzungsvermögen der familiären Situation, die sie von der retrospektiven Betrachtung in der Vergangenheitsform zur sachlichen Analyse im Präsens führt. Demnach stößt der hier aufscheinende Wille zur Weiterbildung an die Grenzen des Realisierbaren. Zugleich deutet sich das hohe Verantwortungsgefühl an, das sie als älteste Tochter ausgebildet hat und das sich in ihrem Entschluss realisiert, die Familie finanziell durch eigene Arbeit zu unterstützen.

Dieser Antrieb zur entschlusskräftigen Gestaltung des Notwendigen zeigt sich an weiteren biografischen Etappen. Insbesondere die Migrationserfahrung, die sie als 16-Jährige mit ihren Eltern und Geschwistern macht, verstärkt diese schon als Kind ausgeprägte auf Erwerb ausgerichtete Lebensführung und verankert zugleich die Erfahrung in ihrem Habitus, durch aktive Gestaltung der Lebenssituation, auch durch riskante Entscheidungen – wie die Migration in ein fremdes Land – die Lebensbedingungen für sich und ihre Familie zu verbessern. So arbeitet Frau S. als Kellnerin und Verkäuferin, während sie in Deutschland ihren Hauptschulabschluss nachholt. Ihrer Begründung unterliegt dabei wiederum ihre Deutung einer verinnerlichten Verantwortung: *„Ich muss ja. [...] Mein Bruder meine Schwester was ich damals erlebt, die dürfen das nicht erleben"* (1:33). Auch als sie nach ihrer Ausbildung zur Schneiderin keine Anstellung findet, arbeitet sie in einer Arbeitsbeschaffungsmaßnahme und schließt daran ein Praktikum im ambulanten Pflegedienst an, bis sie stundenweise Schneidertätigkeiten für die Besitzerin des Braut- und Abendmodestudios ausführt, das sie später selbst erwirbt. Auch gegen Widrigkeiten weiter nach Lösungen zu suchen, lässt sich als Lebensmotto hieraus ableiten.

Da Frau S. vor ihrem biografischen Erfahrungshintergrund berufliche Arbeit existenziell deutet und einem verinnerlichten Antrieb unbedingter Tätigkeit unterliegt, ist ihr berufliches Engagement mit einem hohen Sinngehalt verbunden und eine innerliche Selbstverständlichkeit. In ihrer Formulierung des Gründungsmotivs, einen *„Traum"* (0:01) zu verwirklichen, kommt diese sinnhafte Bedeutung zum Ausdruck. Mit der habituellen Disposition des ‚Unbedingten' und der Erfahrung erfolgreicher Gestaltung des äußerlich wie innerlich Notwendigen vor, während und nach der Migration nach Deutschland verfügt Frau S. über erhebliche Potenziale, die sie für die Unternehmensgründung mobilisieren kann. Sie sind es, die wesentlich zum Erfolg beitragen und ihr das für die Etablierung ihres Geschäftes nötige Durchhaltevermögen geben. In der Zuversicht, mit der sie die Gründung angeht, zeigt sich eine charismatische Entscheidungsstruktur. Trotz erheblicher biografischer Brüche und wechselnder,

---

8 Zur Notation: In Anführungsstrichen und kursiv gesetzt werden Aussagen wörtlich wiedergegeben. Punkte in eckigen Klammern verweisen auf eine Auslassung innerhalb der zitierten Sequenz. Die Zahlen in Klammern geben in Stunde und Minuten die Stelle im Interview an.

auch finanziell prekärer Beschäftigungen, kann die Erwerbsbiografie und Lebenslage insgesamt nicht als prekär bezeichnet werden. Auch hat das Einstiegsgeld für Frau S. keinen Anreizcharakter, denn während sie über die Risikoabwägung im Gespräch mit ihrem Mann berichtet, ist von der finanziellen Zulage durch die Arge mit keinem Wort die Rede. Sie hätte auch ohne die Gründungsförderung die Selbstständigkeit riskiert. Entscheidend ist für das Selbstverständnis von Frau S., dass sie durch ihre vormaligen geglückten Erfahrungen bei neuartigen und zukunftsoffenen Entscheidungen einen unternehmerischen Habitus ausbilden konnte. Selbst wenn ihr Geschäft sich perspektivisch nicht etablieren sollte, wäre die Selbstdeutung von Frau S. nicht die einer Gescheiterten mit Prekaritätsrisiko, sondern sie würde gemäß ihres Antriebs nach einer neuen Wirkungsstätte suchen. Sie repräsentiert damit den Typus unstet Beschäftigter, die über eine hohe Identifizierung mit ihrer Tätigkeit eigenen Ansprüchen an berufliche Arbeit und Autonomiespielräumen genügen und daher unabhängig von der konkreten Beschäftigung über berufliches Selbstbewusstsein und eine große Arbeitszufriedenheit verfügen, wie Kraemer (2008: 79ff.) diesen Typus als Ergebnis einer Studie über prekäre Beschäftigungsverhältnisse auffindet.

Doch das ist nicht der Weg der Mehrheit der geförderten Existenzgründerinnen aus der Arbeitslosigkeit. Frau H., eine Beraterin der Arge erläutert: *„Die BA macht es heute noch so: Wenn da einer hinkommt und der spricht nur das Wort ,selbst' aus, dann wird der schon in die Selbstständigkeit geschickt"* (H2, 0:01,3)[9]. Diese Vorgehensweise bildet den Hintergrund, vor dem Frau R. aktionistisch – man möchte fast sagen ,aktiviert' – in ihre Existenzgründung eher stolpert, als sie freimütig zu gestalten. Und Frau J. scheiterte im Grunde an ihrem zögerlichen Habitus. Obwohl sie ebenso wie Frau S. über eine Migrationserfahrung verfügt, weist doch ihr Erfahrungshintergrund entgegengesetzte Züge auf, die zur Ausbildung einer anderen habituellen Disposition geführt haben[10]. Frau J. hat in Polen bereits Berufserfahrung in einem Friseursalon des gehobenen Qualitätssegments gesammelt und wäre von ihrem ebenfalls selbstständigen Vater unterstützt worden, in Polen einen eigenen Salon zu gründen. Bei ihr ist die Migration aber weniger ein Ausdruck eines Gestaltungswillens als zunächst einer Fluchtbewegung vor der Reglementierung ihrer Lebensführung durch den Vater. Während ihre Herkunftsfamilie in Polen bleibt, zieht Frau J. zu ihrem polnischen Mann, der bereits in Deutschland lebte. Ihre im Vergleich zu Frau S. schwächere Entschlusskraft und Entscheidungsfreude zeigt sich besonders darin, dass sie gegen ihre Zukunftsvorstellungen auch nach dem Scheitern ihrer Ehe in Deutschland bleibt, weil *„es sich so ergeben"* hat (0:24) und obwohl sie anderer Überzeugung ist: *„Ich wollte absolut hier nicht bleiben. Ich habe sehr gute Stelle in Polen gehabt. Mir ging es gut in Polen, als Friseurin in sehr gutem Salon"* (0:14). Noch in der imaginierten Perspektive für ihre Entwicklungsmöglichkeiten in Polen erscheint ihr Vater als treibende Kraft: *„In Polen wollte mein Vater mich mit*

---

[9] Das Interview wurde von der Autorin im September 2008 geführt und ist eines von insgesamt 20 Interviews, die in Berlin und im Ruhrgebiet mit Beraterinnen und Beratern verschiedener Institutionen geführt wurden.
[10] Auch diese Fallrekonstruktion ist ausführlich dargestellt in Fischer 2010a.

18 schon gründen" (0:24). Obwohl die Verweigerung der durch den Vater fremdbestimmten Perspektive Momente eigener Entscheidungsstärke enthält, lässt sich in der Handlungsstruktur von Frau J. ein zögerlicher Habitus rekonstruieren, der sich in den vorhandenen, aber nicht realisierten Absichten zeigt.

Ihre Zögerlichkeit wird zudem genährt durch eine innere Zerrissenheit zwischen ihren Idealvorstellungen eines *„erfüllten Privatlebens"* (0:41), innerhalb dessen die Sorge für ihre jugendlichen Kinder einen bedeutenden Platz einnimmt, und der Vision von einer *„Beautyfarm"* (0:39), die sich aus dem Salon einst entwickeln soll. Die hohen beruflichen Ambitionen, die Frau J. in ihrer Vision erkennen lässt, finden ihre Entsprechung in einer Reihe von zusätzlichen Qualifizierungen, die sie im Bereich medizinischer Fußpflege, Nageldesign und Wellnessanwendungen erworben hat. Insofern entspricht sie nach äußeren Kennzeichen dem ‚Idealfall' einer angehenden Gründerin, indem sie über Berufs- und Branchenerfahrung verfügt, Bereitschaft zur Weiterbildung zeigt und zudem aus ihrer Herkunftsfamilie mit den Anforderungen an eine Selbstständigkeit vertraut ist. Diese günstigen Voraussetzungen im Sinne der oben referierten Erfolgskriterien brechen sich aber bei Frau J. an einer Ambivalenz in ihren Orientierungen. Sozialisatorisch bedingt hat sie vom Vater als Selbstverständnis eines ‚guten und richtigen Lebens' die Verbindung von *„gute Ehe und guter Beruf"* (0:30) verinnerlicht. Beruflicher Erfolg resultiert seinen Vorstellungen nach in Status und Ansehen, und auch die Erfüllung familiärer Aufgaben nimmt darin einen maßgeblichen Platz ein. Trotz Fluchtbewegung bleibt Frau J. diese Ambivalenz zur Bewältigung in ihrer konkreten Lebenssituation aufgetragen und macht sie für die alleinerziehende Mutter zu einem spannungsgeladenen Gesamtbündel an Antrieben. Diese Spannung zu entladen ist ihr durch ihren zögerlichen Habitus zusätzlich erschwert, so dass sie nach einem Jahr in den ALG-II-Bezug zurückgeht.

Unentschlossenheit und innere Ambivalenz bilden aber eine ungünstige Haltung zur unternehmerischen Herausforderung. So liegt für Beraterin H. das *„Unheil"* der Gründungsförderung aus der Arbeitslosigkeit darin, dass Personen in die Selbstständigkeit entlassen werden, die sich nicht dafür eignen etwa aufgrund von *„geistiger Unbeweglichkeit"* (0:58), wie sie es nennt, und vor allem wegen einer Haltung, die Sicherheit und Weisung sucht statt Eigeninitiative zu realisieren. Als prekär ist die Erwerbs- und Lebenslage von Frau J. zum einen deshalb einzuschätzen, weil der Bezug des Arbeitslosengeldes II ihren Handlungsspielraum erheblich einschränkt. Zum anderen aber ist ihr Erwerbsverlauf insofern prekär, als es ihr in ihrer ambivalenten Haltung zwischen einer starken Orientierung auf die Familie und auf ein anspruchsvolles Wirkungsfeld für ihre friseurfachliche Qualifikation nicht gelingt, zu einer stabilen Perspektive für die Etablierung eines eigenen Salons zu gelangen. Der Druck der Arge zur Selbstständigkeit ist im Fall von Frau J. kontraproduktiv.

Laut Forschungsverbund (2006: 191) geben 60 % der Existenzgründer/innen auf Basis der Ich-AG und des ÜG an, sie hätten lieber eine abhängige Beschäftigung angenommen als sich selbstständig zu machen. Diese Selbsteinschätzung beschreibt das eigentliche Problem, das durch die Konzeption der Maßnahmen mit erzeugt wurde und im Fall von Frau J. exemplarisch deutlich wurde. Dieses Problem auf gesellschaftlicher Ebene einzuschätzen, ist Gegenstand des folgenden Fazits.

6   Schlussfolgerungen aus sozial- und arbeitsmarktpolitischer Sicht

Zusammenfassend führen die hier vorgestellten theoretischen Überlegungen und empirischen Befunde zu folgenden Thesen: Das Handlungsproblem bei Existenzgründungen entspricht der Struktur von unternehmerischem Entscheiden. Ein unternehmerischer Habitus ist daher förderlich. Zuvor arbeitslose Gründerinnen und Gründer verfügen darüber nicht per se. Die Förderinstrumente für arbeitslose Gründungspersonen bergen die Gefahr nicht Existenz sichernder und nicht nachhaltiger Gründungen. Daraus lassen sich arbeitsmarkt- und sozialpolitische Konsequenzen ableiten.

Die Leitlinie der Arbeitsmarktpolitik, die Beschäftigung insbesondere durch Neugründungen zu erhöhen (Koch et al. 2003: 1), steht in systematischem Widerspruch zum erklärten Ziel, Selbstständigkeit zu fördern. Um dieses Ziel zu erreichen, müssten politische Akteure anerkennen, dass eben nicht jede/r ein/e Unternehmer/in ist. Auch die Trennung der beiden Funktionen der Beschäftigungsförderung wäre hier klärend: Zu unterscheiden ist die sozialpolitische Komponente, also die Einkommensverteilung und Existenzsicherung, von der wirtschaftspolitischen Funktion, günstige Bedingungen für die Erzeugung von Werten bereitzustellen. Dann kann deutlich werden, inwiefern sowohl sozialpolitische als auch wirtschaftspolitische Ziele mit der öffentlich finanzierten Selbstständigenförderung in ihrem jetzigen Zuschnitt verfehlt werden.

Denn wenn der Grundsatz der Arbeitsmarktpolitik – ‚fördern und fordern' – praktisch so ausgelegt wird wie es Beraterin H. erlebt, dass nämlich nahezu jegliche Form der Selbstständigkeit besser sei als die sogenannte Hilfebedürftigkeit, dann wird das Problem prekärer Existenzen in Kauf genommen, um fehlende Arbeitsplätze zu kompensieren und die Arbeitslosenzahlen zu senken. Dies aber ist *sozialpolitisch fahrlässig.* Solange am Primat der Existenzsicherung durch erwerbswirtschaftliches Einkommen und am bisherigen System der Sozialversicherung festgehalten werden soll, müssten die Kernrisiken der Selbstständigkeit sozialpolitisch reguliert werden. Sie ähneln denen von sozialversicherungspflichtig Beschäftigten. Zur Vermeidung von prekären Lebenslagen trotz Berufstätigkeit müssen Zugänge zum sozialen Sicherungssystem eröffnet werden, die nur an „materielle Lagemerkmale (insbesondere die Einkommenshöhe), nicht aber an den formalen Erwerbsstatus der Selbständigkeit geknüpft sind" (Pröll 2008: 24). Bei der Frage der Berechtigung von Sozialtransfers und dem Zugang zur Kranken-, Arbeitslosen- und Rentenversicherung sind US-amerikanische Verhältnisse nicht zukunftsweisend, was etwa den fehlenden Kranken- und Rentenversicherungsschutz einer größer werdenden Zahl derjenigen angeht, deren Berufstätigkeit die Formen der kontinuierlichen abhängigen Vollzeitbeschäftigung verlassen. Es geht hierbei im Kern um eine Grundsicherung, auf deren Boden sich Engagement und Eigeninitiative – und so auch eine Selbstständigkeit – entfalten kann.

Zudem ist die dominante Stellung der Selbstständigenförderung, die sich auch an der Zusammensetzung des Budgets der aktiven Arbeitsmarktpolitik zeigt, eine *wirtschaftspolitisch fragwürdige* Schwerpunktsetzung. Weder zeichnen sich Existenzgründungen nach den Programmen der Bundesagentur für Arbeit durch einen hohen Innovationsgrad aus, noch werden über den Gründer oder die Gründerin hinaus in relevantem Umfang Arbeitsplätze geschaffen, auch weil die Konstruktionen der Programme das zum Teil nicht zulassen (Forschungsverbund 2006: 260; Witt et al. 2008: 73). Zudem ist die wirtschaftspolitische Rechtfertigung öffentlicher Gründungsförderung zu bezweifeln, wie Witt und Hack (2008) in ihrem Forschungsüberblick über staatliche Gründungsfinanzierung feststellen. Demnach ist weder ihre einzelwirtschaftliche Effektivität nachweisbar noch ihre gesamtwirtschaftliche Effizienz. Die hier vorgestellten Fallrekonstruktionen deuten exemplarisch darauf hin, dass erfolgreiche Gründungspersonen auch ohne öffentliches Startkapital ihr Unternehmen in Angriff genommen hätten wie Frau S., während das Scheitern von Gründungsversuchen auch mit der Art und den Restriktionen der Mittelvergabe in Verbindung steht. An Frau J. zeigt sich das insofern, als dass das ESG ihr keine Gelegenheit verschafft, ihre Selbstständigkeit sukzessive entlang ihrer Ambivalenzen langsam, aber stetig aufzubauen. Daher ist über alternative Wege der Förderung unternehmerischer Potenziale und ihrer Realisierung in bestandsfähigen Unternehmen nachzudenken. Der Beratungspraxis im Rahmen der Förderinfrastruktur kommt dabei eine herausragende Bedeutung zu. Einige Ergebnisse aus unserem Forschungsprojekt können hier hilfreiche Erkenntnisse zu einer angemessenen Gestaltung liefern.

Um prekäre Existenzgründungen zu vermeiden und die Mittelvergabe effektiver zu gestalten, stellt ein konsequent *fallbezogener Beratungsansatz*[11] einen wichtigen Gestaltungsaspekt dar. Zwar nennen alle von uns interviewten Beraterinnen und Berater ihr Vorgehen fallbezogen. Doch im realen Beratungshandeln zeigt sich meist eine Orientierung an Schemata, wie sie durch Leitfäden der Institutionen und Ministerien bereitgestellt werden, durch Businessplan-Strukturen oder organisationsinterne Richtlinien. Wie aber die vorgestellten Evaluationsergebnisse und exemplarischen Fallanalysen erkennen lassen, können aus Merkmalen des Gründungsinteressierten und betrieblichen Faktoren allenfalls Anhaltspunkte gewonnen, aber keine direkten Rückschlüsse auf Scheiternsrisiken und Erfolgschancen der geplanten Gründung gezogen werden. Das gilt noch nicht einmal für einen so plausiblen Aspekt wie die qualifikatorischen Voraussetzungen, wie es sich positiv bei Frau T. und negativ bei Frau J. zeigte. Über schematisch angelegte Beurteilungskriterien hinaus besteht die Fallspezifik der Beratungssuchenden v.a. in ihrer habituellen Disposition. Ein freimütiger Umgang mit risikohaften Entscheidungen, mit der fehlenden Sicherheit des unternehmerischen Erfolgs, mit den zeitlichen und sozialen Belastungen wirkt wiederum vorteilhaft für die

---

[11] Der Beratungsansatz ist in Fischer 2010b detailliert begründet und ausgearbeitet.

Gestaltungsfähigkeit und Bewältigung der Anforderungen durch z.B. familiäre Aufgaben. Den Familienzusammenhang zu beachten ist wichtig, v.a. für die Gründungen im Zuerwerb. Kurzschlüsse aber sind zu vermeiden, denn weder reicht es als Belastbarkeitsindikator aus, dass der Partner die Selbstständigkeit seiner Frau unterstützt, wie im Fall des Scheiterns von Frau R. zu sehen war. Noch sind Gründerinnen grundsätzlich die ‚anderen Unternehmer'. Eher haben viele von ihnen einen besonderen Zugang zur Selbstständigkeit, so wie auch Männer auf ihre Art eine besondere Form des allgemeinen unternehmerischen Handelns in die Tat umsetzen. Das geschieht meist – dafür sprechen die Daten der Evaluation – immer noch im Muster traditionaler, geschlechtsbezogener Aufgabenteilung, muss aber im Hinblick auf die fallspezifischen Handlungsdispositionen interpretiert werden.

Die habituelle Disposition und ihre Entwicklungspotenziale müssen daher analysiert werden durch die Beratungsperson, was einer entsprechenden Qualifikation im Fallverstehen bedarf. Eine Trennung der Kontrollfunktionen, die die Beschäftigten der Arge und der Arbeitsagentur innehaben, von der Beratungsfunktion ist dabei förderlich, weil es andernfalls zu einer Schieflage in den Motiven der Beratungsbeteiligten kommt. Wendet die beratende Person sodann ihre Expertise für das Gründungsgeschehen – also die Kenntnisse betriebswirtschaftlicher Essentials – auf das deutende Verstehen der Potenziale und Hindernisse des Klienten an, kann es zu einer dem Ratsuchenden angemessenen Einschätzung der Erfolgschancen kommen. Den Beratenden insbesondere innerhalb der Institutionen der Arbeitsagentur und der Beschäftigungsförderung müssen aber für ein konsequent fallbezogenes Vorgehen auch die Entscheidungsspielräume offen stehen, von Gründungsvorhaben abzuraten, indem als oberste Leitlinie ‚Vorrang für die Passung der Maßnahme zur Person' und nicht ‚Vorrang für die Beendigung der Arbeitslosigkeit' formuliert würde.

Als *offene Forschungsfrage* ergibt sich aus diesen Überlegungen die Aufgabe, die Datenanalysen der Arbeitsmarktforschung durch Fallrekonstruktionen zu vertiefen, wie es mit Erkenntnisgewinn neuerdings beim Institut für Arbeitsmarkt- und Berufsforschung zu finden ist (Hirseland et al. 2010). Dabei wären sowohl der unternehmerische Habitus konkreter zu fassen als auch typische Handlungs- und Deutungsmuster erfolgreicher und in Kontrast dazu auch gescheiterter Gründungspersonen zu untersuchen. Die in den exemplarischen Rekonstruktionen hier entschlusskräftig, zukunftsoffen, charismatisch und freimütig genannten Entscheidungsstrukturen finden sich zwar auch in anderen Fällen unseres Samples von vorher nicht arbeitslosen Gründerinnen. Eine systematische Kontrastierung würde es aber erlauben, die Ausdrucksformen eines unternehmerischen Habitus zu differenzieren und damit die Reichweite dessen Einflusses auf den Gründungserfolg zu bestimmen. Die hier nur skizzierte grobe Unterscheidung zwischen begünstigenden und hemmenden Wirkungen der habituellen Disposition könnte auf dem Weg einer fallrekonstruktiven Forschung gegenüber anderen Kriterien, wie sie die Gründungsforschung in den Blick nimmt, eingeordnet werden, was hier zunächst nicht geleistet werden konnte.

Ein weiteres Themengebiet, das der vertiefenden Forschung bedarf, sind die sozialen Konsequenzen der derzeitigen Arbeitsmarktpolitik. Es ist zu vermuten, dass die Betreuungsmodelle der Gründungsförderung und eine aktivistische Ausdeutung des Grundsatzes ‚fördern und fordern' in ihren Folgen den sozialen Zusammenhalt gefährden, wie die derzeit emotional aufgeladene sozialpolitische Diskussion um die Zukunft der Hartz-Gesetze zeigt. Eine stabile soziale Ordnung aber, so die Erkenntnisse der (Wirtschafts-) Soziologie, ist wiederum zentrale Voraussetzung für die Funktionsfähigkeit von Märkten und für wirtschaftliche Produktivität. Schon Parsons' Analyse aus dem Jahr 1940 über die Motivierung wirtschaftlichen Handelns (Parsons 1973) hat die konstitutive Bedeutung eines institutionalisierten Systems gesellschaftlicher Werte und Normen für den Handlungsantrieb gegen das verkürzte Verständnis eines ‚homo eoconomicus' gewendet. Solche Überlegungen wurden in der neueren wirtschaftssoziologischen Diskussionen um die ‚soziale Einbettung' nicht nur wirtschaftlichen Handelns, sondern auch wirtschaftlicher Strukturen wieder aufgenommen, wie z.B. Deutschmann (2007) sie konzeptionell darlegt. Diese Fährte könnte in ein Forschungsprogramm münden, in dem eine interdisziplinäre Zusammenarbeit von Soziologie und Wirtschaftswissenschaften zu ertragreichen Ergebnissen für die Entwicklung einer Theorie wirtschaftlichen Handelns führt.

Literaturverzeichnis

Bourdieu, Pierre, 1987: Sozialer Sinn. Kritik der theoretischen Vernunft. Frankfurt am Main: Suhrkamp.

Bröckling, Ulrich, 2007: Das unternehmerische Selbst. Soziologie einer Subjektivierungsform. Frankfurt am Main: Suhrkamp.

Bührmann, Andrea D. und Ute L. Fischer, 2009: Türkin, Unternehmerin, Frau? - Aspekte der Selbstthematisierung und Identifikation von Existenzgründerinnen mit türkischem Migrationshintergrund, Kulturwissenschaftliches Jahrbuch "Moderne" - Themenschwerpunkt Migration, Jg. 4, S. 161–171.

Bührmann, Andrea D., Ute L. Fischer und Gerda Jasper (Hg.), 2010: Migrantinnen gründen Unternehmen. München und Mering: Hampp-Verlag.

Caliendo, Marco, Alexander Kritikos, Viktor Steiner und Frank Wießner, 2007: Existenzgründungen: Unterm Strich ein Erfolg, IAB Kurzbericht Nr. 10/2007. Nürnberg: Institut für Arbeitsmarkt- und Berufsforschung.

Caliendo, Marco, Alexander Kritikos und Frank Wießner, 2006: Existenzgründungsforschung in Deutschland – Zwischenergebnisse aus der Hartz-Evaluation, Zeitschrift für Arbeitsmarktforschung, Jg. 39, S. 505–531.

Deutschmann, Christoph, 2007: Unsicherheit und soziale Einbettung: Konzeptionelle Probleme der Wirtschaftssoziologie. In: Jens Beckert, Rainer Diaz-Bone und Heiner Ganßmann (Hg.): Märkte als soziale Strukturen. Frankfurt a. M. und New York: Campus, S. 79–93.

Dörre, Klaus, Klaus Kraemer und Frederic Speidel, 2004: Prekäre Arbeit. Ursachen, soziale Auswirkungen und subjektive Verarbeitungsformen unsicherer Beschäftigungsverhältnisse, Das Argument, Nr. 256, S. 378–397.

Fischer, Ute L., 2010a: Zur Bedeutung von Geschlecht und Migrationshintergrund im Gründungsgeschehen – Fallrekonstruktionen zum Spannungsverhältnis von Gleichheit und Differenz. In: Andrea D. Bührmann, Ute L. Fischer und Gerda Jasper (Hg.): Migrantinnen gründen Unternehmen. München und Mering: Hampp-Verlag, S. 93–110.

Fischer, Ute L., 2010b: Kennen, Erkennen, Anerkennen – die Beratungstriade als innovativer Ansatz in der Gründungsberatung für Migrantinnen. In: Andrea D. Bührmann, Ute L. Fischer und Gerda Jasper (Hg.): Migrantinnen gründen Unternehmen. München und Mering: Hampp-Verlag, S. 167–176.

Forschungsverbund IAB, DIW, GfA, sinus und infas, 2006: Evaluation der Maßnahmen zur Umsetzung der Vorschläge der Hartz-Kommission – Modul 1e: Existenzgründungen. Bericht 2005. Berlin: BMAS.

Hirseland, Andreas und Philipp Ramos Lobato, 2010: Armutsdynamik und Arbeitsmarkt. Entstehung, Verfestigung und Überwindung von Hilfebedürftigkeit bei Erwerbsfähigen. Nürnberg: IAB-Forschungsbericht Nr. 03/2010.

Kay, Rosemarie, Eva May-Strobl und Frank Maaß, 2001: Neue Ergebnisse der Existenzgründungsforschung. Schriften zur Mittelstandsforschung. Wiesbaden: Gabler.

Koch, Susanne und Frank Wießner, 2003: Ich-AG oder Überbrückungsgeld? Wer die Wahl hat, hat die Qual, IAB Kurzbericht Nr. 2/2003. Nürnberg: Institut für Arbeitsmarkt- und Berufsforschung.

Kohn, Karsten und Hannes Spengler, 2009: KfW-Gründungsmonitor 2009. Frankfurt am Main: KfW Bankengruppe.

Konrad, Elmar, 2005: Erfolgsfaktor Gründerperson – Erklärungsansätze für erfolgreiches unternehmerisches Verhalten. In: Elmar Konrad (Hg.): Aspekte erfolgreicher Unternehmensgründungen. Münster u.a.: Waxmann, S. 41–55.

Kraemer, Klaus, 2008: Prekarität - was ist das? Arbeit, Jg. 17, S. 77–90.

Loer, Thomas, 2006: Zum Unternehmerhabitus. Eine kultursoziologische Bestimmung im Hinblick auf Schumpeter. Karlsruhe: Universitätsverlag.

Mellewigt, Thomas und Peter Witt, 2002: Die Bedeutung des Vorgründungsprozesses für die Evolution von Unternehmen: Stand der empirischen Forschung, Zeitschrift für Betriebswirtschaft, Jg. 17, S. 81–110.

Müller-Böling, Detlef und Heinz Klandt, 1993: Unternehmensgründung. In: Jürgen Hauschildt und Oskar Grün (Hg.): Ergebnisse empirischer betriebswirtschaftlicher Forschung. Stuttgart: Schäffer-Poeschel, S. 135–178.

Oevermann, Ulrich, 1993: Die objektive Hermeneutik als unverzichtbare methodologische Grundlage für die Analyse von Subjektivität. Zugleich eine Kritik der Tiefenhermeneutik. In: Thomas Jung und Stefan Müller-Doohm (Hg.): "Wirklichkeit" im Deutungsprozeß. Frankfurt am Main: Suhrkamp, S. 106–189.

Oevermann, Ulrich, 2000: Die Methode der Fallrekonstruktion in der Grundlagenforschung sowie der klinischen und pädagogischen Praxis. In: Klaus Kraimer (Hg.): Die Fallrekonstruktion. Frankfurt am Main: Suhrkamp, S. 58–156.

Oevermann, Ulrich, 2001: Die Struktur sozialer Deutungsmuster – Versuch einer Aktualisierung, Sozialer Sinn, Jg. 2, S. 35–81.

Parsons, Talcott, 1973: Die Motivierung des wirtschaftlichen Handelns. In: Talcott Parsons (Hg.): Beiträge zur soziologischen Theorie. Herausgegeben und eingeleitet von Dietrich Rüschemeyer. Darmstadt, Neuwied: Luchterhand, S. 136–159.

Pfau-Effinger, Birgit und Birgit Geissler, 1992: Institutionelle und sozio-kulturelle Kontextbedingungen der Entscheidung verheirateter Frauen für Teilzeitarbeit. Ein Beitrag zu einer Soziologie der Erwerbsbeteiligung, Mitteilungen aus der Arbeitsmarkt- und Berufsforschung, Jg. 25, S. 358–370.

Piorkowsky, Michael-Burkhard und Sabine Fleißig, 2008: Gendermonitor Existenzgründungen 2006. Existenzgründungen im Kontext der Arbeits- und Lebensverhältnisse in Deutschland. Eine Strukturanalyse von Mikrozensusergebnissen. Wiesbaden: Statistisches Bundesamt.

Pongratz, Hans J. und G. Günther Voß, 2003: Arbeitskraftunternehmer. Erwerbsorientierungen in entgrenzten Arbeitsformen. Berlin: Edition Sigma.

Pröll, Ulrich, 2008: Erwerbssituation und Gesundheit von Solo-Selbständigen. In: Klaus Kock (Hg.): Der Preis der Freiheit. Dortmund: Sozialforschungsstelle TU Dortmund, S. 18–25.

Schallberger, Peter, 2004: Lässt sich mit dem Rational-Choice Ansatz Wirtschaftssoziologie betreiben? Einige Überlegungen am Beispiel von Unternehmensgründungen. In: Michael Nollert, Hanno Scholtz und Patrick Ziltener (Hg.): Wirtschaft in soziologischer Perspektive, Diskurs und empirische Analysen. Münster: Lit-Verlag, S. 261–281.

Schnell, Christiane, 2008: Selbständige zwischen Professionalität, Prekarität und kollegialen Allianzen. Befunde aus dem Feld der Kulturberufe. In: Klaus Kock (Hg.): Der Preis der Freiheit. Dortmund: Sozialforschungsstelle TU Dortmund, S. 8–17.

Schumpeter, Joseph A., 1964: Theorie der wirtschaftlichen Entwicklung. Eine Untersuchung über Unternehmensgewinn , Kapital, Kredit, Zins und den Konjunkturzyklus. Berlin: Duncker & Humblot.

Strübing, Jörg, 2004: Grounded Theory. Zur sozialtheoretischen und epistemologischen Fundierung des Verfahrens der empirisch begründeten Theoriebildung. Wiesbaden: VS Verlag.

Swedberg, Richard, 2008: Die neue Wirtschaftssoziologie und das Erbe Max Webers. In: Andrea Maurer (Hg.): Handbuch der Wirtschaftssoziologie. Wiesbaden: VS Verlag, S. 45–61.

Weber, Max, 1980: Wirtschaft und Gesellschaft. Tübingen: Mohr.

Wießner, Frank und Susanne Noll, 2007: Bitterer Honig. Warum hohe Überlebensraten Gründerinnen nicht immer glücklich machen, IAB Forum Nr. 1, S. 74–78.

Witt, Peter und Andreas Hack, 2008: Staatliche Gründungsfinanzierung: Stand der Forschung und offene Fragen, Journal für Betriebswirtschaft, Jg. 58, S. 55–79.

Suchbewegungen

Kooperative Unternehmungen zwischen kapitalistischer Prekarität und solidarischer Ökonomie

Oliver Bierhoff und Hanns Wienold

1 ,Kinder der Not'?

Die Geschichte der Moderne lässt sich nicht nur als Geschichte der globalen Durchsetzung des Kapitalismus und seiner Metamorphosen lesen, sondern auch als Geschichte des Protests und des Widerstands gegen die sozialen und ökologischen Folgen dieser Produktionsweise und als Geschichte der Suche nach Alternativen zu den unter kapitalistischen Bedingungen für die meisten Menschen im Grunde genommen stets prekären Arbeits- und Lebensbedingungen. Die theoretische wie praktische Kritik des Kapitalismus setzt dabei zu verschiedenen Zeiten und unter verschiedenen Bedingungen an unterschiedlichen Aspekten an: an der privaten Aneignung des gesellschaftlich produzierten Reichtums; an der Unterwerfung des Gemeinwesens unter die Logik der Kapitalverwertung; an der Untergrabung der natürlichen ,Springquellen' des gesellschaftlichen Lebens; an der Ausbeutung der unmittelbaren und mittelbaren Produzentinnen und Produzenten des gesellschaftlichen Reichtums; an der Verschwendung von menschlichen und natürlichen Ressourcen; an der forcierten Arbeitsteilung und den entfremdeten Arbeitsbedingungen; an der Logik des Äquivalententausches und der Dominanz des Geldes; an der Irrationalität der Vertauschung von gesellschaftlichen Zielen und Mitteln. Obwohl in hohem Maße heterogen, lassen sich die zahlreichen im Laufe der Geschichte entstandenen theoretischen und praktischen Anläufe, eine Ökonomie zu entwerfen und zu verwirklichen, die die negativen Konsequenzen des Kapitalismus zu kompensieren oder ihn sogar als Ganzes zu überwinden trachten, in ihrer Gesamtheit als Ausdruck der Suche nach einer ,solidarischen Ökonomie' begreifen. Insbesondere in den Prinzipien der Solidarität und der Kooperation besitzen alle Ansätze zumindest an ihrem Ausgangspunkt ein gemeinsames Leitmotiv, unabhängig davon, was praktisch aus den je eigenen Ansprüchen auch geworden sein mag. ,Solidarische Ökonomie' soll daher als eine ,regulative Idee' verstanden werden, die viele Ansätze und Organisationsformen umgreift, die sich in Auseinandersetzung und in Abgrenzung zu kapitalistischen Formen des Produzierens und Wirtschaftens herausgebildet haben und weiter herausbilden.

Ein wichtige Rolle unter den sich in der Regel als different, alternativ oder auch oppositionell zum Kapitalismus verstehenden ökonomischen Praxisformen spielen seit jeher und auch aktuell jene ökonomisch-sozialen Gebilde, die im internationalen

Sprachgebrauch meist als ‚Kooperativen' oder ‚kooperative Unternehmen' bezeichnet werden[1]. Bei diesen handelt es sich um eine Form des Unternehmertums, die immer dann gesellschaftlich virulent wird, wenn die Prekarität kapitalistischer Arbeits- und Lebensverhältnisse und die der kapitalistischen Produktionsweise systematisch eingeschriebene Erwerbslosigkeit ein gewisses, gesellschaftlich als ‚normal' akzeptiertes Maß übersteigen. Untersuchungen der 1980er Jahre (vgl. etwa Cornforth et al. 1988; Jackall/Levin 1984) konstatieren einen engen Zusammenhang zwischen dem Entstehen von kooperativen Unternehmen und ökonomischer Krise[2]. Nicht zufällig hat sich für kooperative Unternehmen daher die Kennzeichnung als ‚Kinder der Not' eingeschliffen. Sobald das System kapitalistischer Lohnarbeit in einer tiefen Krise steckt, drängt sich individuell wie gesellschaftlich die Frage auf, wie angesichts der Schwierigkeit oder Aussichtslosigkeit des Erwerbs in lohnabhängiger Beschäftigung ansonsten eine Existenzsicherung mittels eigener Arbeit bewerkstelligt werden kann. Für den naheliegenden Weg, sich einen Arbeitsplatz im selbst gegründeten Unternehmen auf eigene Faust zu beschaffen, stehen dann wiederum zwei grundlegende Strategien zur Verfügung, einerseits die individuelle, andererseits die kollektive respektive kooperative Unternehmensgründung[3]. Das charakteristischste Merkmal jener Art von Unternehmen, die aus der Entscheidung für die letztere Strategie heraus entstehen, besteht darin, dass die in ihnen Arbeitenden zugleich Mitunternehmer/innen sind, oder, nach einer klassischen Definition des französischen Nationalökonomen und Genossenschaftstheoretikers Charles Gide, dass in ihnen ‚jeder Teilhaber Beschäftigter und jeder Beschäftigte Teilhaber ist'. Kooperativen können in verschiedener Weise an unterschiedlichen Kritiken am Kapitalismus anknüpfen; in dem sie mehr oder weniger gezielt Alternativen zu kapitalistischen Eigentumsverhältnissen, den daraus resultierenden Formen der Arbeits- und Unternehmensorganisation, den Trennungen von Pro-

---

[1] Für Unternehmen dieser Art gibt es im deutschen Sprachraum unterschiedliche Bezeichnungen, wobei die Begriffe der ‚Produktivgenossenschaft', des ‚selbstverwalteten Unternehmens', des ‚Kollektivbetriebs', der ‚Beschäftigtengenossenschaft' oder des ‚Mitarbeiterunternehmens' zu den gängigsten und bekanntesten zählen dürften.

[2] Staber (1993) findet in einer Langzeituntersuchung für Kanada keinen Zusammenhang zwischen Indikatoren des ökonomischen Konjunkturzyklus und Gründungen von Arbeiterkooperativen. Deutlich dagegen sind die Unterschiede in der Gründungshäufigkeit zwischen Regionen mit hoher und niedrigerer Arbeitslosigkeit. Krisen ökonomischer oder sozialer Natur, aber auch persönliche Krisen senken möglicherweise Barrieren für innovatives Handeln, schwächen bestehende Strukturen oder setzen Individuen aus Bindungen frei. In diesem Sinne können Krisen als Eröffnung von Möglichkeitsräumen für die Bildung von kooperativen Unternehmen und die Übernahme von Unternehmen durch ihre Belegschaften gesehen werden (Stryjan 1994: 571ff.)

[3] Vgl. Kramer 2007; auch Lechler/Gemünden 2003. Die Gründungsforschung zeigt, dass ein nicht unerheblicher Teil von Neugründungen von Unternehmen in Form so genannter Teamgründungen erfolgt. Unter bestimmten Bedingungen sind Teamgründungen erfolgreicher als Solo-Gründungen (vgl. Brüderl et al. 1996; Picot et al. 1989: 89f.). Das ist einmal ein reiner Effekt ihrer Ausgangsgröße, die in der Regel über der der Solo-Gründung liegt, aber auch das Ergebnis eines höheren ‚Humankapitals' sowie größeren ökonomischen und technischen Wissens. Der Erfolg der Teamgründungen liegt dabei weniger in einem höheren und schnelleren Wachstum als in der höheren Überlebensfähigkeit.

duzenten und Konsumenten, der Entbettung der Erwerbsarbeit aus lokalen, kommunalen und gemeinschaftlichen Lebensverhältnissen suchen[4]. An ihnen interessieren uns hier insbesondere die Fragen, ob kooperative Unternehmungen eine existenz- und zukunftsfähige Alternative zu Erwerbslosigkeit, prekärer abhängiger Beschäftigung und prekärer ‚Solo-Selbstständigkeit‘ darstellen, und ob sie als ein möglicher Ansatz und ein Element einer ‚solidarischen Ökonomie‘ angesehen werden können.

Wir skizzieren vor diesem Hintergrund im Folgenden zunächst einige Merkmale, die uns für ein angemessenes Verständnis der kapitalistischen Ökonomie und ihrer Kritik (Kap. 2) und der hierarchischen Strukturen kapitalistischer Unternehmen und ihrer Veränderungen (Kap. 3) als zentral erscheinen. Anschließend skizzieren wir dann Formen kooperativer Unternehmungen, die in Geschichte und Gegenwart im theoretischen Diskurs und in der gesellschaftlichen Praxis eine Rolle gespielt haben bzw. spielen (Kap. 4). Vor dem Hintergrund der meist ungünstigen Prognosen, die derartigen Unternehmen in der wissenschaftichen und politischen Diskussion gestellt werden, diskutieren wir schließlich einige typische Probleme kooperativer Unternehmen und Perspektiven zu deren Bewältigung (Kap. 5). Abschließend sollen einige Überlegungen dazu vorgetragen werden, wo unserer Auffassung nach mögliche Elemente und Ansatzpunkte für Entwicklungen in Richtung einer solidarischen Ökonomie vorhanden sein könnten und inwiefern kooperative Unternehmen dabei eine Rolle spielen (Kap. 6).

2   Die prekäre Wirtschaftsordnung des Kapitalismus

Kapitalismus wird zum beherrschenden gesellschaftlichen Signum, wo die kapitalistische Produktionsweise dominante Wirtschaftsform ist, d.h. nach Max Weber immer dort, „wo die erwerbswirtschaftliche Bedarfsdeckung einer Menschengruppe auf dem Wege der Unternehmung stattfindet, gleichviel um welchen Bedarf es sich handelt, und speziell rationaler kapitalistischer Betrieb ist ein Betrieb mit Kapitalrechnung, d.h. ein Betrieb der seine Rentabilität rechnerisch durch das Mittel der modernen Buchführung und die (…) Aufstellung der Bilanz kontrolliert" (Weber 1923: 238). „Alles in allem: Möglichkeit der ausschließlichen Orientierung der Bedarfsdeckung an Marktchancen und an Rentabilität" (ebd.: 240). Kapitalismus herrscht also nach Weber dort vor, wo der Alltagsbedarf und die Alltagsbedürfnisse der Gesellschaft vornehmlich durch kapitalistische Warenproduktion bedient werden, wobei die Natur des Bedarfs im Prinzip gleichgültig ist. Ohne dass Weber dies akzentuiert, legt er den von Marx mit den Kategorien „Gebrauchswert" und „Tauschwert" benannten, jeder Ware immanenten (und nach Marx unhintergehbaren) Widerspruch offen, der sich als permanenter Widerspruch zwischen einer „Logik der Rentabilität" und einer notwendigen

---

[4] Stryjan (1994) beobachtet für das Schweden der 1990er Jahre eine Zunahme eher „pragmatisch" orientierter Gründungen von kooperativen Unternehmen, vor allem in Bereichen des Erziehungs- und Sozialwesenes, in denen der Staat die Bedürfnisse bestimmter Gruppen nicht erfüllen kann.

und immer wieder eingeforderten Orientierung auf einen gesellschaftlichen Bedarf geltend macht[5]. Im Rahmen kapitalistischer Produktion fällt auf Grund des Eigentums an Produktionsmitteln und der Verfügung über die käuflich erworbene Arbeitskraft der gesamte in Form von Waren produzierte gesellschaftliche Reichtum in erster Instanz den sie produzierenden Unternehmen und damit den Eigner/innen des Kapitals zu.

Das Privateigentum an Produktionsmitteln wird im Kapitalismus zur dominanten Form der Produktionsverhältnisse und verdrängt zunehmend andere, wie etwa gemeinwirtschaftliche oder genossenschaftliche Formen. Damit ist zwar nicht gesagt, dass das Privateigentum eine Erfindung des modernen Kapitalismus darstellt, sehr wohl aber, dass private Eigentumsrechte gesellschaftlich nie so verbreitet waren, wie es seit der weltweiten Durchsetzung des Kapitalismus der Fall ist. Der Prozess der „Landnahme" durch Bildung privaten Eigentums ist dabei prinzipiell unabgeschlossen (Wienold 2007). Der bürgerlich-liberale Eigentumsbegriff, der unter Privateigentum das umfassende, restlose und individuelle Verfügungsrecht einer Person über eine Sache vesteht, ist auch heute unangefochten. Die einflussreichsten bürgerlich-liberalen Eigentumstheorien begründen privates Eigentum etwa aus dem „natürlichen" Recht auf die Früchte der eigenen Arbeit (z.B. John Locke) oder konventionalistisch aus wechselseitiger Anerkennung des Eigentums durch die Gesellschaft der Eigentümer (z.B. David Hume)[6]. Gegenüber den naturrechtlichen oder konventionalistischen Eigentumstheorien war es ein Verdienst von Karl Marx, zentrale Aspekte eines umfassenderen ökonomisch-gesellschaftlichen Verständnisses von Eigentum entwickelt zu haben. Eigentum beruht demnach auf einem Prozess, bei dem die private Aneignung von Gütern mit einer gesellschaftlichen Enteignung einhergeht, indem die betreffenden Güter monopolisiert, privaten Profitinteressen unterworfen und öffentlichen Nutzungschancen entzogen werden. Davon ausgehend lässt sich die Geschichte der Moderne als eine kontinuierliche Abfolge von Trennungs- und Enteignungsprozessen begreifen, die die gesellschaftlich umfassende Ausbildung von Privateigentum erst ermöglichten[7].

Der Primat einer immer produktiveren Nutzung der Ressourcen des Globus, der die jeweils unproduktiveren zu weichen haben, erscheint als rationaler Kern des Kapitalismus. In der Konsequenz kommt es auf der Grundlage dieser Strukturprinzipien kapitalistischer Ökonomie zu dem, was Karl Polanyi als „Entbettung" des ökonomischen Marktsystems aus seinen sozialen und ökologischen Kontexten benennt[8]. War

---

[5] Kapitalistische Gesellschaft darf nicht auf ‚kapitalistische Rationalität' reduziert werden, schon gar nicht entspringt sie dieser, vielmehr handelt es sich um Auseinandersetzungen und Kämpfe in unterschiedlichen Bereichen und auf unterschiedlichen Ebenen.

[6] Zur Theorie des bürgerlichen Eigentums vgl. Macpherson 1967; zu den Aporien der Rechtfertigung des Privateigentums an Produktionsmitteln siehe Grunebaum 1987.

[7] Zur fortgesetzten Eigentumsbildung in Form der „ursprünglichen Akkumulation" und der gewaltförmigen Grundlage des modernen Privateigentums vgl. Wienold 2007; zur Diskussion der Eigentumsfrage im Kontext einer solidarischen Ökonomie vgl. Bierhoff 2006 und 2007.

[8] Zu Mehrdeutigkeit der verbreiteten Redeweise von Entbettung und Einbettung vgl. auch Beckert 2007.

im überwiegenden Teil der Menschheitsgeschichte wirtschaftliches Handeln in gesell-schaftliche Verhältnisse und ökologische Kreisläufe eingebettet, verselbstständigt sich das System der kapitalistischen Marktökonomie in einem Maße, dass Gesellschaft zu-nehmend als ,Anhängsel' wirtschaftlicher Prozesse und nicht umgekehrt Wirtschaft als gesellschaftliche Veranstaltung erscheint. Diese von unterschiedlichen Theoretikern wie Giddens und Altvater attestierte Tendenz zur „Entbettung des Marktes" aus der Gesellschaft ist Fluchtpunkt einer Bewegung, deren zerstörerische Wirkungen nach innen und außen durch das Gemeinwesen, wie fiktiv es auch immer erscheinen mag, zu kompensieren sind, um einen endgültigen Kollaps hinauszuschieben. Die Men-schen leben und funktionieren im Kapitalismus ja nur, indem sie ihn immer aufs Neue mit menschlichen Eigenschaften, Tugenden und Gerechtigkeitsnormen ausstatten, die er jedoch nie vollständig erfüllen kann. Zugleich lässt sich global erfahren, dass die Mehrung des Wohlstandes einer Region und der darin ,beheimateten' Bevölkerungen nicht mit dem Wachstum der in ihr produzierenden und zirkulierenden Kapitalien identisch ist. Die kapitalistische Produktionsweise ist keine ,Vollbeschäftigungswirt-schaft' und war es nie gewesen[9].

3   Das kapitalistische Unternehmen: Kooperation, Hierarchie und betriebliche ,Entgrenzung'

Folgt man der Marxschen Analyse von Entstehung und Eigenart kapitalistischer Pro-duktion als einem betriebsförmig durch den Kapitalisten organisierten Nebeneinander und vor allem Ineinandergreifen der Tätigkeit vieler Arbeiter und Arbeiterinnen, dann erscheint der Begriff des „kooperativen Unternehmens" als ein Pleonasmus. Im 11. Kapitel des ersten Bandes von „Das Kapital", das der „Kooperation" gewidmet ist, bezeichnet Marx die Kooperation als die „erste Änderung, welche der wirkliche Arbeitsprozess durch seine Subsumtion unter das Kapital erfährt" (Marx 1972: 354). Gegenüber der bäuerlichen Wirtschaft oder dem Handwerksbetrieb „erscheint die ka-pitalistische Kooperation nicht als eine besondere historische Form der Kooperation, sondern die Kooperation selbst als eine dem kapitalistischen Produktionsprozess ei-gentümliche und ihn spezifisch unterscheidende historische Form" (ebd.). Die spezifi-sche betriebsförmige Kooperation kapitalistischen Produzierens setzt für Marx den „freien" Lohnarbeiter voraus. „Die Kooperation der Lohnarbeiter ist (…) bloße Wir-kung des Kapitals, das sie gleichzeitig anwendet. Der Zusammenhang ihrer Funktio-nen und ihre Einheit als produktiver Gesamtkörper liegen außer ihnen, im Kapital, das sie zusammenbringt und zusammenhält" (ebd.: 351). Im Unterschied zur Produk-tivität der einzelnen Arbeitenden oder ihrer Sammlung erscheint die Kooperation als

---

[9] In Winfried Vogts (1986) Entwurf einer an den Qualitäten von Arbeit orientierten „laboristischen Ökonomie" zeigt der Autor die Stabilisierung des „kapitalistischen Gleichgewichts" in der Arbeitslosig-keit.

gesellschaftliche Produktivkraft: „Die Produktivkraft, die der Arbeiter als gesellschaftlicher Arbeiter entwickelt, ist daher Produktivkraft des Kapitals. Die gesellschaftliche Produktivkraft der Arbeit entwickelt sich unentgeltlich, sobald die Arbeiter unter bestimmte Bedingungen gestellt sind, und das Kapital stellt sie unter diese Bedingungen" (ebd.: 353).

Der/die Kapitalist/in (das Kapital) kann sich die Kooperation der unter seiner/ihrer Regie im Unternehmen Arbeitenden quasi als Gratisproduktivkraft aneignen und ist dadurch in der Lage, den Mehrwert erheblich zu steigern[10]. Für Marx war der/die Kapitalist/in dies nicht, weil er/sie Leiter/in seines/ihres Unternehmens war, sondern er/sie war Leiter/in des Unternehmens, weil er/sie Kapitalist/in war. Das Unternehmen bildet damit die Form der Herrschaft des Kapitals über die Arbeit, die Marx in letzter Instanz als despotisch ansah (vgl. Kößler 1993; vgl. auch Burawoy 1985 für eine Erweiterung). Auch Max Weber analysierte das kapitalistische Unternehmen unter dem Vorzeichen der Herrschaft, die in ihrer rationalsten Form dem Idealtypus der Bürokratie entsprechen sollte. Als wichtigste Merkmale rationaler bürokratischer Herrschaft, die auch in den Wirtschafts- und Industriebürokratien Geltung besitzen sollten, sind zu nennen: Trennung von Amt und Person, hierarchische Ordnung der Ämter, die festlegt, wer mit wem kommunizieren kann, Trennung von Leitung und Ausführung nach dem Prinzip von Befehl und Gehorsam, explizite Regeln für die Zulassung zur Organisation und zu den Ämtern. Auf diese Weise ist es für Weber möglich, dass der kapitalistische Betrieb vollständig einer betrieblichen Rechenhaftigkeit und Buchführung unterworfen werden kann, die für ihn das Wesen der kapitalistischen Betriebsführung ausmachen (vgl. zum Unternehmensbegriff bei Weber auch Di Maggio 2001). Schließlich muss die rechtliche Verselbstständigung als typisch für kapitalistische Unternehmen angesehen werden, in der das Unternehmen als ein ‚Bündel von Verträgen' erscheint sowie als eine Verträge schließende Instanz oder ‚juristische Person'. Für viele Kritiker/innen des gegenwärtigen Kapitalismus liegen die Probleme der ‚Unverantwortlichkeit' des Kapitalismus vor allem in der rechtlichen Verselbstständigung der Unternehmen (vgl. etwa Bakan 2005)[11].

Im Anschluss an Max Webers Vorstellungen von „rationaler Organisation" werden Unternehmen im Wesentlichen als formale Ordnungen zur effizienten Durchsetzung eines „einheitlichen Willens", basierend auf Privateigentum, aufgefasst[12]. Ihr hierarchischer und „autokephaler" (Weber) Charakter wird aus seiner behaupteten Effizienz in Bezug auf die Minimierung von Transaktionskosten abgeleitet (Coase 1988), um die in „sozialen und wirtschaftlichen Kontexten vorfindbaren Handlungs- und Abstimmungsprobleme zu lösen" (Maurer 2008a: 29). „Die Meta-Regel: legitimen Anweisungen innerhalb *formal-hierarchischer Strukturen* Folge zu leisten, garantiert dies

---

[10] Im Gegenzug ließe sich formulieren, dass im ‚kooperativen Unternehmen' die Gratisproduktivkraft der Kooperation von den unmittelbar Kooperierenden selbst erzeugt und ihre Erträge unmittelbar angeeignet werden.

[11] Systematisch zur Bedeutung der ‚Körperschaften' in modernen Gesellschaften auch Coleman (1995).

[12] Zum Verhältnis von Unternehmensform und Kapitaleigentum vgl. auch Wienold 2010.

und vermag es daher, viele Handlungen im Hinblick auf fremde Ziele – wie die *systematische Gewinnerzielung* (oder in anderen Worten: die möglichst hohe Eigenkapitalrentabilität anderer) – zu koordinieren" (ebd., kursiv i.O.). Wie effizient die hierarchische Durchsetzung eines „einheitlichen Willens" tatsächlich ist, welche Kosten und Reibungsverluste Hierarchien verursachen und so zum Gegenstand von Kritik und einem permanenten Experimentieren mit neuen Unternehmensstrukturen (Gruppenarbeit und Netzwerke) werden, ja zu einem „Neuen Geist des Kapitalismus" (Boltanski/Chiapello 2003) führen, das sind offene und seit einiger Zeit durchaus kritisch diskutierte Fragen (zu Kritik und Weiterführungen vgl. Wagner/Hessinger 2008).

Der im Unternehmen verkörperte „einheitliche Wille" dient vor allem auch der Legitimation der ‚Entscheidungsträger'. In ihm sonnen sich Unternehmer/innen als ‚Menschenführer', die sich gestern wie heute insbesondere auf ihre Persönlichkeit, ihre Entschlusskraft und ihre Risikobereitschaft berufen (Hartmann 1968, Biermann/Wienold 1967, Buß 2008) und von Josef Schumpeter mit der Kraft zur „schöpferischen Zerstörung" begabt wurden. Er eignet sich ebenso gut auch zur Legitimation der Transformation von äußeren, vom Markt und der Konkurrenz dem Unternehmen aufgeherrschten Sachzwängen oder der von Ideologie und Praxis des Neo-Liberalismus erhobenen Forderung der bedingungslosen Umsetzung des ‚Eigentümerwillens' der Shareholder.

Die Durchsetzung der kapitalistischen Produktionsweise ist eng mit der verselbstständigten Form des Unternehmens und mit betriebsförmiger Arbeitsorganisation verbunden. Auch wenn die Unternehmensformen unter verschiedenen nationalen Bedingungen (z.B. Deutschland, USA, Japan) unterschiedliche Wege eingeschlagen haben (DiMaggio 2001), besteht doch eine Art Wahlverwandtschaft zwischen Kapitalismus und hierarchischer Unternehmensform, die es schwer macht, Unternehmen anders als denn asymmetrisch strukturierte Gebilde zu denken.

Das Unternehmen in der Form einer stark hierarchisch gegliederten Großorganisation scheint jedoch spätestens mit dem Anbruch des 21. Jahrhunderts seine hegemoniale Stellung verloren zu haben (DiMaggio 2001). „Flexible Spezialisierung", „lean production", „just in time", „flache Hierarchien" sind nur einige Stichworte, die die Umbrüche in der betriebsförmig vergesellschafteten Arbeit anzeigen. Sie lassen sich fortsetzen durch „globales Outsourcing", Vertragsproduktion oder Leiharbeit (Hack 1999). Dezentralisierung von Großorganisationen, Bildung von teilautonomen Profitzentren, Netzwerkunternehmen und Projektarbeit ‚entgrenzen' die Arbeitssphäre und führen zu Neudefinitionen und zur Neuzusammensetzung von Arbeitstätigkeiten. Es scheint heute im Prinzip nichts dagegen zu sprechen, dass die Koordination der vielfältigen Arbeiten im Unternehmen, die zur Kooperation der Arbeitenden führt, selbst auf kooperative Weise, gewissermaßen als ein Luhmannsches ‚*re-entry*' der Kooperation in sich selbst, erreicht werden kann[13]. Und neuere, auf projektförmiges Arbeiten

---

[13] Es ist deshalb auch nicht verwunderlich, wenn selbstorganisierte Unternehmen stärker von „Paradoxien der Organisation" geplagt werden als Unternehmen, in denen die Einhaltung der Verträge (bei aller

ausgerichtete Unternehmen experimentieren mit Formen von Kooperation steuern-
den Kooperationsformen (vgl. Bolte et al. 2006; Bolte et al. 2008: 15f.)[14]. Vielleicht
handelt es sich hier tatsächlich um einen ‚Epochenbruch' in der Organisation der gesellschaftlichen Arbeit (vgl. etwa Peter/Wolf 2008), in dem in Form einer „Subjektivierung der Arbeit" die Fähigkeit der Arbeitskräfte, ihre subjektiven Potenziale für den
Arbeitsprozess selbst zu aktivieren und zu steuern, allgemein zum „Gebrauchswert
der Arbeitskraft selbst" wird (M. Lazzarato, zit. nach Pongratz/Voß 2003: 219)[15].

Momente der Entgrenzung und Neudefinition waren nach Bröckling bereits in
den Kollektiven und Projekten der in den 1970er Jahren entstehenden ‚alternativen
Ökonomie' vorhanden[16]. Die Projektförmigkeit sicherte ein hohes Maß an Freiwilligkeit, Spontaneität und einen experimentellen Charakter, der Innovationen förderlich
ist. Die in der Alternativökonomie praktisch vorgetragene Kritik an entfremdeten,
geistlosen Arbeitsverhältnissen hat der Kapitalismus in der Sicht von Boltanski und
Chiapello (2003) aufgenommen und sich in der „projektbasierten Polis" zu eigen gemacht. Die Projektform mobilisiert „subjektive Kräfte", moralische und emotionale
Ressourcen und Antriebe, die der Kapitalismus selbst nicht hervorbringen kann. „Der
erweiterte Zugriff auf die subjektiven Potentiale ist nur möglich, wenn die Subjekte
aktiv mitwirken und ihre Leistungsfähigkeit der betrieblichen Verfügung in neuer Weise zugänglich machen" (Pongratz/Voß 2003: 216). Für die Beteiligten scheinen der
„spezifische Erlebnischarakter und die emotionale Bewältigung schwer kalkulierba-
rer Herausforderungen" (ebd.: 217) besondere Anreize der Leistungsoptimierung zu
bieten. Die „Haltung der Leistungsoptimierung" als Orientierungsmuster von Beschäftigten mobilisiert und kombiniert „Sinnansprüche an Arbeit und emotionale
Energie, kommunikative Bedürfnisse und individuelle Erfahrungsbestände, Identifika-
tionsbereitschaft und Improvisationswillen" (ebd.). Projektförmiges Arbeiten in netz-
werkartigen Strukturen ist heute in vielen Organisationsbereichen anzutreffen und
scheint nicht auf bestimmte Branchen beschränkt zu sein. Es ist jedoch mit hohen
Unsicherheiten in Bezug auf Anschlussprojekte, Diskontinuitäten an Stelle von biographischer Kontinuität und Planbarkeit verbunden. Auch ist fraglich, ob die hohe
Leistungsbereitschaft von Netzwerkerinnen und Netzwerkern dauerhaft abgerufen
werden kann.

‚Entrepreneurship' oder ‚Selbstständigkeit' wird heute zur Anforderung an die
Erwerbsindividuen innerhalb wie außerhalb von Unternehmen – und darüber hinaus

---

Unvollständigkeit) auf glaubwürdigen Sanktionsandrohungen beruht, während die Kooperativen sich auf
glaubwürdige Selbstverpflichtungen der Mitglieder stützen (vgl. Ostrom 1999: 49f.).

[14] Dies führt u.a. zu Änderungen im Verhältnis von Formalität und Informalität des Arbeits- und Kom-
munikationshandelns und zu einem anderen Umgang mit der „Unvollständigkeit von Verträgen" (vgl.
Kabalak/Priddat 2008).

[15] Pongratz und Voß (2003: 242) verweisen gleichzeitig jedoch auch auf Untersuchungen, die weiterhin in
bestimmten Produktions- und Dienstleistungsbereichen taylorisierte Arbeitsformen mit standardisierten
Teilarbeiten feststellen konnten.

[16] Arndt Neumann (2008) erkennt in den „Geschäftsführern der Alternativbewegung" bereits die Vorreiter und Berater eines kommenden flexiblen Kapitalismus.

in tendenziell allen Lebensbereichen (Neumann 2008: 68). Eine enge Verklammerung von Arbeitstätigkeit und Lebensführung ist sowohl für die ‚alten' Selbstständigen, in der noch nicht vollzogenen Trennung von Betrieb und Haushalt, wie für die ‚neuen' Selbstständigen, deren Leben mehr oder minder in Gänze zum Geschäftsfeld wird, signifikant. Die „neuen Selbstständigen" unterscheiden sich dabei deutlich von den traditionellen Selbstständigen (im Handwerk, im Handel oder in den ständisch organisierten Freien Berufen) (Bologna 2006). Sie entstanden u.a. in der Boomphase der sog. New Economy, in der viele selbstständige Tätigkeiten als Dienstleistungen für Unternehmen, für die Medien, in der Unterhaltungs- und Kulturindustrie auf der Basis neuer Informationstechnologien überhaupt erst möglich wurden (siehe Bögenhold/Fachinger in diesem Band). Mit der New Economy ist diese Gruppe schnell in die Krise geraten und in Status und Selbstbewusstsein zum Teil erheblich beschädigt worden. Gleichzeitig scheint es einen verstärkten Trend zur Zusammenarbeit und zu kollektiven Formen der Selbstständigkeit zu geben, z.B. in Form von Netzwerken, projektbezogenen Teams, GbRs und GmbHs bei Wahrung der rechtlichen Unabhängigkeit der Einzelnen (Vanselow 2003: 66f.). Während der gegenkulturelle Entwurf eine Aufhebung der Entfremdungen in der Trennung von Arbeit und Leben anstrebt, zielt das „unternehmerische Selbst" auf das Aufgehen des Lebens in einer Haltung des Ökonomischen, die alles auf seine Verwertbarkeit hin befragt. Das Individuum muss und will also alle seine Ressourcen und „Kapitalien" für das tägliche Überleben mobilisieren und ist für ein Scheitern selbstverständlich allein verantwortlich: „Gerade weil Ersetzbarkeit und Überflüssigkeit des Einzelnen offenkundig sind, erscheint die konsequente Umstellung des Handelns ‚auf schöpferische Durchsetzung neuer Kombinationen' als einzige Chance, der eigenen Ausmusterung zu entgehen" (Bröckling 2007: 124).

Die benannten ‚Entgrenzungen' des gesellschaftlichen Arbeitssystems erleichtern heute den Abschied vom Mythos der Vergesellschaftung der Arbeit durch die große Industrie und zentralisierte Wirtschaftsbürokratien[17]. Dadurch, so die hier vertretene These, können kooperative Unternehmen und kollektives Unternehmertum einen gesellschaftlichen Status erreichen, der über den einer ‚Notlösung' weit hinausreicht. In ihnen wird die den qualifizierten Beschäftigten des flexiblen Kapitalismus vielfach gewährte oder auferlegte „Handlungsautonomie" erweitert um die gleichzeitig systematisch verwehrte „Verhandlungsautonomie" (Moldaschl 2001). „Die dominanten Werte der Netzwelt werden in der Forderung nach Autonomie und an der Orientierung an einem Selbsterschaffungs- und Selbstverwirklichungsideal ablesbar, das weder einfach als kollektivistisch noch als individualistisch charakterisiert werden kann, sondern permanent zwischen beiden Polen oszilliert. Subjekte begreifen sich als Träger und Schnittpunkte sozialer Beziehungen, sie suchen sich in selbstgewählten Bindungen zu entfalten" (Kocyba 2005: 91). Dabei zeigen empirische Untersuchungen, dass die

---

[17] Dabei dürfen Tendenzen zur Rezentralisierung und Retaylorisierung von Produktionsprozessen, auch im Rahmen transnationaler Unternehmensgebilde, nicht übersehen werden. Für die IT-Branche vgl. Hürtgen et al. 2009.

‚Autonomisierung' ihres Handelns in Unternehmen für abhängig Beschäftigte nicht frei von Belastungen ist und neuen Stress produziert (Moldaschl 2001; Krömmelbein 2004).

4 Das kooperative Unternehmen: Demokratie und Solidarität

Die Attraktivität und Aktualität der Idee betrieblicher Selbstorganisation von Erwerbstätigen und daran anknüpfender genossenschaftlicher Organisations- und Wirtschaftsformen[18] für die Suche nach möglichen Formen einer anderen Ökonomie werden bereits bei der Betrachtung der im 19. Jahrhundert formulierten und bis heute auf der Ebene internationaler genossenschaftlicher Verbände gültigen genossenschaftlichen Grundprinzipien deutlich (vgl. Flieger 1996: Kap. 2). So gilt zunächst das Prinzip der Mitgliederförderung als ein zentrales Charakteristikum genossenschaftlicher Unternehmen, weshalb es in vielen Ländern auch gesellschaftsrechtlich verankert ist. Kern des Förderprinzips ist die Forderung, dass nicht die Verwertung von Kapital und die Erwirtschaftung von Profit um seiner selbst Willen zentraler Zweck des Wirtschaftens ist, sondern die – je nach Schwerpunktsetzung – wirtschaftliche, soziale oder kulturelle Förderung der Mitglieder der Genossenschaft durch gemeinsame wirtschaftliche Aktivität. Zweites Grundprinzip genossenschaftlicher Organisation ist das Identitätsprinzip, das impliziert, dass in der genossenschaftlichen Vereinigung Rollen – Marx würde von Charaktermasken sprechen – zusammenfallen, die sich ansonsten auf dem Markt, oft mit antagonistischen Interessen, gegenüberstehen. Dieses Prinzip kann je nach Gegenstand der Genossenschaft spezifische Formen annehmen: So fallen in der Produktivgenossenschaft die Rollen von Eigentümer/Arbeitgeber und Nicht-Eigentümer/Arbeitnehmer zusammen, da hier alle Teilhaber/innen zugleich auch Mitarbeiter/innen sind; in der Wohnungsgenossenschaft ist der Gegensatz von Eigentümer/Vermieter und Nicht-Eigentümer/Mieter aufgehoben, da alle Mieter/innen gemeinsam Eigentümer/innen der Immobilien sind etc.. Einen dritten Kern der Idee kooperativen Unternehmertums schließlich bildet das Prinzip der Demokratie, demzufolge, aufbauend auf der Identität von Eigentümer- und Mitarbeiter-Rolle, alle Beteiligten unabhängig vom Umfang etwa der Kapitalbeteiligung gleichberechtigt über die Geschicke des Betriebs entscheiden.

Die Idee betrieblicher Selbstorganisation der Arbeiterschaft, als wesentliche ideologische und theoretische Grundlage der im 19. Jahrhundert entstehenden modernen Kooperativen- und Genossenschaftsbewegungen, lässt sich in Europa bis in die Zeit des französischen Frühsozialismus zurückverfolgen, wo erstmals gedankliche Entwür-

---

[18] Um nahe liegende Missverständnisse zu vermeiden, ist es wichtig, in Bezug auf Genossenschaften zwischen juristischer Rechts- und sozialer Organisationsform zu unterscheiden, da nicht jedes Unternehmen, das rechtlich als Genossenschaft geführt wird, auch in sozialer Hinsicht genossenschaftlich ausgestaltet sein muss, wie es umgekehrt zahlreiche Unternehmen gibt, die den sozialen Prinzipien genossenschaftlicher Organisation entsprechen, ohne in dieser Rechtsform geführt zu werden.

fe einer derartigen Unternehmensform entstanden. Die in dieser Zeit entwickelten Konzepte bildeten den Ausgangspunkt einer ersten Gründungswelle von kooperativen Unternehmen, die vor allem die 1860er Jahre umfasst. Als theoretischer Begründer gilt Philippe Buchez (1796-1865), der mit seinem Konzept der „ateliers libres" von 1831, veröffentlicht im „Journal Européen", erstmalig eine Art ‚Leitfaden' für die Gründung und den Betrieb kooperativer Unternehmen vorlegte, der die Diskussion um diese Unternehmensform nachhaltig prägte und auch für heutige Überlegungen noch zahlreiche Anregungen enthält (vgl. Flieger 1996: 42f.).

Ein zweiter wichtiger Verfechter der Idee kooperativen Unternehmertums in jener Zeit war Louis Blanc (1811-1882), der in seiner Schrift „Die Organisation der Arbeit" das kapitalistische Prinzip der freien Konkurrenz aufgrund seiner negativen Konsequenzen für Arbeiter/innen, Handwerker/innen und Kleinhändler/innen scharf kritisierte und diesen empfahl, sich in so genannten „ateliers sociaux" zusammenzuschließen. Er vertrat dabei die Vorstellung, dass für diese kooperativen Unternehmungen der Staat eine Unterstützungs-, Koordinations- und Steuerungsfunktion insbesondere durch die Bereitstellung finanzieller Mittel übernehmen solle und dass sich so diese Form der kooperativen Produktion mit staatlicher Hilfe allmählich über die gesamte Wirtschaft verbreiten würde. Kooperativen stellen mithin bei Blanc eine der wesentlichen Grundlagen einer nicht-kapitalistischen Produktionsweise dar.

Nachdem kooperative Unternehmen in den 1920er Jahren eine zweite, aber kurze Blütezeit erlebt hatten, knüpften in den 1970er und 1980er Jahren die *alternativökonomischen Bewegungen* erneut an die Ideen und Prinzipien der Kooperativen- und Genossenschaftsbewegungen in kritischer Weise an, womit eine dritte Gründungswelle kooperativer Unternehmen gekennzeichnet ist. „Die zahllosen Wohn-, Arbeits-, Kultur- und Sozialprojekte verstanden sich als Gegenentwürfe zu Fabrik, Kleinfamilie und Universität und reagierten nicht zuletzt auf das Scheitern anderer Politikkonzepte" (Bröckling 2007: 257). Die Individuen und Gruppen, die sie trugen, wandten sich nicht in erster Linie den Auseinandersetzungen um die Arbeit in den Fabriken und Verwaltungen zu, wie andere Teile der Studentenbewegung, sondern suchten nach persönlicher Autonomie in der Verbindung von Arbeits- und Lebensformen, die in hohem Maße subjektive Entfaltung im Kollektiv versprachen. Viele dieser Projekte etablierten sich daher nicht in Konfrontation mit dem ‚kapitalistischen System', sondern neben ihm, in einer Abwendung von ihm. So heißt es bei Kraushaar 1978: „Anstelle eines gezielten Angriffs auf die Strukturen des kapitalistischen Systems tritt nun mit dem Aufbau eines alternativen ökonomischen Systems die Entfaltung der Subjekte, die schon heute qualitativ anders möglich sein soll, in den Mittelpunkt der Auseinandersetzungen. Erfolgskriterium ist nicht mehr die soziale Wirksamkeit eines Klassenkampfkonzeptes, sondern der Entwicklungsgrad positiver Lebensentwürfe und der darin eingeschriebenen Möglichkeiten zur Selbstbefreiung" (zitiert nach Bröckling 2007: 257).

Alternative Betriebe entstanden zuerst vor allem in der Medienbranche. Sie sollten ‚Lücken' in der Medienlandschaft füllen, Defizite konventioneller Medien ausgleichen, indem entsprechende Medienprodukte (Zeitungen, Zeitschriften, Bücher) produziert und vertrieben wurden. So entwickelten sich eine ganze Reihe alternativer Verlage, Druckereien, Vertriebsgesellschaften und Buchhandlungen, von denen einige sich bis heute behaupten konnten. Primäres Ziel dieser Betriebe war es, als Motor einer alternativen, linken (Gegen-)Öffentlichkeit gegenüber der etablierten, bürgerlichen Öffentlichkeit zu wirken (vgl. Kück 1989: 35). Daneben wuchsen seit Beginn der 1970er Jahre Alternativbetriebe zunehmend auch in anderen Branchen und Sektoren heran; so kamen Tischlereien, Bäckereien, Metall- und Reparaturbetriebe, Lebensmittel- und Altwarenläden, Taxi- und Entrümpelungsbetriebe, Ingenieurbüros u.a. hinzu. Dabei vollzog sich auch ein Wandel in der Charakteristik der Alternativbetriebe: Sie sollten nun auch praktischer Ausdruck bislang nur theoretisch postulierter Wertorientierungen sein und experimentell neue Formen des Arbeitens, Wirtschaftens und Lebens erproben und auf lange Sicht verwirklichen (vgl. ebd.). „Die Alternativprojekte verstanden sich als Laboratorien in Sachen Selbstorganisation, was basisdemokratische, konsensorientierte Entscheidungsverfahren ebenso einschloss wie einheitliche Entlohnung, Kollektiveigentum an den Produktionsmitteln und das Aufweichen der Trennungen zwischen Hand- und Kopfarbeit, Erwerbstätigkeit und Freizeit, Privatem und Politischem. ... Das gemeinsame Ziel, im und durch das Projekt sowohl die Gesellschaft wie auch sich selbst zu ändern, die Identifikation mit der Gruppe und darüber hinaus mit der alternativen Gegenkultur und vor allem das Fehlen formaler Subordinationsverhältnisse sollten, so das Credo, jene Mischung aus Enthusiasmus und Realitätssinn freisetzen können, auf welche die Projekte angewiesen waren" (Bröckling 2007: 258).

Die vielfältigen Projekte verfolgten nicht allein das materielle Ziel, den Beteiligten eine Möglichkeit der Existenzsicherung und einen Ausweg aus der Prekarität zu bieten, sondern strebten darüber hinaus immaterielle Ziele an, die sich insbesondere auf die internen Kooperationsverhältnisse, die Formen des Arbeitens und ihrer Organisation bezogen, die sich von jenen des kapitalistischen ‚Normalbetriebs' gerade unterscheiden sollten. So sehen etwa Beyer und Nutzinger (1990: 13) kooperative Unternehmen als durch die Orientierung am Koordinationsprinzip der demokratischen Assoziation gekennzeichnet, während konventionelle kapitalistische Unternehmen wesentlich durch das Prinzip der hierarchischen Organisation charakterisiert seien. Mit kooperativen Unternehmen verbindet sich somit der Anspruch, Formen des Arbeitens und Wirtschaftens zu praktizieren, die den Prinzipien einer solidarischen Ökonomie auf der einzelbetrieblichen Ebene entsprechen und daneben einen Beitrag zu deren Ausbreitung auf überbetrieblicher Ebene leisten. Neben das Ziel der solidarischen Kooperation nach innen, tritt deshalb häufig das Ziel, dieses ökonomisch-soziale Handlungsprinzip auch in den Beziehungen nach außen zu verwirklichen.

Die seit den 1970er Jahren entstandenen ‚Alternativbetriebe' weisen auf Prinzipien und Merkmale hin, die in einer ‚solidarischen Ökonomie' als allgemeiner Form des Produzierens und Wirtschaftens ihren Sinn bewahren können (vgl auch die Prinzipien kooperativer Organisation bei Birchall 1997):

1. Eine *sozial-ökologische Orientierung* durch Herstellung von Produkten, die einen hohen sozialen Nutzen und geringe ökologische Kosten haben (bei Huber 1980: „gesellschaftliche Nützlichkeit"; bei Goldner/Kokigei 1982: „gesellschaftlich sinnvolle Arbeit"; bei Maier 1982: „natur- und menschenfreundliche Produkte").

2. *Selbstverwaltung* durch eine von den Mitgliedern eines Projektes „festgelegte bzw. bestätigte und auch von außen nachvollziehbare Kompetenzen- und Entscheidungsstruktur, die allen Beteiligten gleichberechtigte Teilnahme an Entscheidungen und Mitwirkung bei ihrer Verwirklichung erlaubt" (Huber 1980: 128).

3. Das Prinzip des *neutralisierten Eigentums* durch ,Aufhebung des Privateigentums' an Produktivkapital, indem alle Bestimmungsrechte für die Verwendung des Kapitals und alle Einkommensrechte aus dem Einsatz von Kapital aus der Bindung an Einzelne oder Gruppen innerhalb oder außerhalb des Betriebs herausgelöst und an die Belegschaft übertragen werden[19]. Davon ausgehend soll über gesellschaftsrechtliche Vereinbarungen das Verfügungsrecht über Produktionsmittel ,neutralisiert' werden. Durch Vermeidung von individuellen oder kollektiven Eigentumstiteln an Produktionsmitteln soll ein Betrieb sich gewissermaßen selbst gehören – und die Belegschaft verfügt als Treuhänderin über ihn.

4. Eine Orientierung am *Rotationsprinzip*: Um überzogene Spezialisierung zu verhindern und gleichberechtigte Teilnahme aller am kollektiven Prozess zu garantieren, sollen Mitarbeiterinnen und Mitarbeiter von einer Arbeitstätigkeit zur anderen „flattern" (papillonner), wie es Fourier nannte (vgl. Adler 1906: 17f.). Die Arbeitstätigkeiten sollen also im Turnus getauscht, eine Trennung von Hand- und Kopfarbeit, von Führenden und Ausführenden vermieden und jede/r für jede Tätigkeit qualifiziert werden.

5. Der *Primat der Dezentralität*: Zur Gewährleistung von Selbstverwaltung und Transparenz soll eine bestimmte Betriebsgröße nicht überschritten werden. Nach Ullrich (1979) sind „sozial-kritische Grenzen" zu beachten, oberhalb derer Nebenwirkungen wie Intransparenz, unkontrollierbare Abhängigkeiten, hoher Organisationsaufwand und Herrschaft entstehen, die mehr Nachteile als Vorteile mit sich bringen[20].

6. Durch Wirtschaften nach dem *Kostendeckungsprinzip* sollen keine Überschüsse zur Optimierung der (Eigen-)Kapitalrentabilität erzielt werden. Das heißt aber nicht Verzicht auf Gewinnausweis; Profite sind im Gegenteil zur Realisierung der Innenfinanzierung, die für alternative Betriebe die einzige zuverlässige Quelle für Investitionen sind, „lebensnotwendig" (Kück 1989: 46f.).

---

[19] Vgl. Kommission für ein neues Wirtschaftskonzept der SPS: Aus den Thesen zu einem Wirtschaftskonzept der SPS, in: Holenweger/Mäder 1979: 141.

[20] Der Begriff stammt ursprünglich von Illich 1974.

5   Probleme kooperativer Unternehmen und Perspektiven ihrer Bewältigung[21]

So nachvollziehbar die – hier selbstverständlich nur grob und unvollständig – skizzierten Aspekte des Selbstverständnisses kooperativer Unternehmen vor dem Hintergrund der Kritik kapitalistischer Praxis sind, so offenbar ist auch, dass sich derartige Prinzipien nicht ohne Probleme in eine nicht-kapitalistische Praxis transferieren lassen. Das hängt zunächst damit zusammen, dass kooperative Unternehmen in einer ihren Ansprüchen in gewisser Weise diametral entgegenstehenden Umwelt operieren, sie aber, wie jede Organisation, existenziell auf ihre Umwelt angewiesen sind. Das macht ihren dauerhaft prekären Charakter aus. Die Betriebe der ‚alternativen Ökonomie' waren und sind in Märkte integriert, die von der kapitalistischen Wirtschaftsweise dominiert sind[22]. Auch wenn sie in ‚alternativen Milieus' agieren und zum Teil eine besondere Klientel mit ihren Produkten und Diensten versorgen, müssen sie um Marktanteile konkurrieren. Sie sind auf Vorprodukte und Vorleistungen angewiesen, die sie über Märkte beziehen müssen, und sie sind von Geldleistungen abhängig, die sie durch den Verkauf ihrer Produkte und Dienstleistungen auf Märkten erwirtschaften. Sie sind damit in vollem Umfang und wie jedes konventionelle kapitalistische Unternehmen den Zwängen der Geldwirtschaft unterworfen, benötigen Kredite, zahlen Zinsen und Steuern. Die wirtschaftlichen Aktivitäten der Alternativökonomie liegen damit weder jenseits des Marktes noch jenseits des Staates (vgl. Gershuny/Pahl 1979: 128)[23] und weisen insofern in dieser Hinsicht auch wenige Vergleichsmöglichkeiten mit der Funktionsweise und den Existenzbedingungen von Nonprofit-Organisationen auf.

Gerade aufgrund ihrer komplexen Zielsetzungen und Ansprüche an die Gestaltung der internen wie externen Beziehungen wurde und wird immer wieder kooperati-

---

[21] Die folgenden Überlegungen zu den praktischen, organisatorischen und motivationalen Problemen kooperativer Unternehmen beruhen zu weiten Teilen auf den Erfahrungen des Juniorautors in der Beratung von jungen genossenschaftlichen Unternehmungen. Auch der Seniorautor verfügt über eigene Erfahrungen als Unternehmensgründer im „alternativen" Unternehmenssektor. Durch diese Erfahrungen kann der Mangel an empirischen Untersuchungen vor allem in den letzten zwei Jahrzehnten nur begrenzt ausgeglichen werden. (Vgl. auch den Überblick über empirische Studien bei Bonin et al. 1993, die auch ein Auseinanderdriften der Theoriebildung und der empirischen Forschung konstatieren.)
[22] Putterman (1982) hebt vor allem die Konkurrenz um Qualifikationen, insb. Management-Qualifikationen, hervor, in der demokratisch strukturierte Unternehmen in einem hierarchisch strukturierten Umfeld auf Dauer unterlegen erscheinen.
[23] Kück (1989) grenzt sich von einem Verständnis ab, das Alternativökonomie schlicht mit „Schattenökonomie" gleichsetzt. In dieser Sicht ist die Alternativökonomie ein volkswirtschaftlicher Bereich, in dem Güter und Leistungen produziert und transferiert wurden, die vom Markt oder vom Staat nicht in subjektiv oder objektiv angemessener quantitativer, qualitativer oder pretialer Weise bereitgestellt wurden, wobei es das Ziel dieses „Sektors" sei, die entsprechenden Leistungen nach Maßgabe zugleich bedarfs- wie erwerbswirtschaftlicher Einkommens- und Nutzeneffekte für sich selbst oder für andere bereitzustellen, ohne dass diese in die offiziell erfasste Wertschöpfung eingehen und somit dem Steuerzugriff des Staates unterliegen (vgl. auch Gretschmann/Heinze 1982: 129).

ven Unternehmen in der wirtschafts- und sozialwissenschaftlichen wie auch in der politischen Diskussion eine schlechte Prognose gestellt, häufig unter Rekurs auf Franz Oppenheimers (1896) „ehernes Gesetz der Transformation". So wird davon ausgegangen, dass unter den Bedingungen der kapitalistischen Markt- und Konkurrenzökonomie nicht alle – materiellen wie immateriellen – Zielsetzungen zugleich zu erreichen seien, sondern ein grundlegender Zielkonflikt bestehe, der letztlich nur zu Gunsten des materiellen Ziels und zu Lasten des immateriellen Ziels gelöst werden könne. Anders ausgedrückt: Kooperativen hätten letztlich nur die Wahl, entweder in demokratischer Schönheit den wirtschaftlichen Tod zu sterben oder aber vor lauter wirtschaftlichem Erfolg die demokratischen und solidarischen Ansprüche aufzugeben (vgl. Beyer/Nutzinger 1990: 15)[24]. Würde die Orientierung an beiden Zielen aufrechterhalten, sei allenfalls ein stets prekäres Überleben am Rande des Existenzminimums möglich, insofern also eine kollektive und kooperative Form prekären Unternehmertums. Dieser Prognose liegt in der Regel die Annahme eines fundamentalen Widerspruchs von betrieblicher Demokratie und marktwirtschaftlichem Wettbewerb zugrunde. Letztlich, so eine weit verbreitete Behauptung, seien Unternehmen, die sich an den Prinzipien der Demokratie und der Kooperation orientierten, aus strukturellen Gründen weniger effizient als Unternehmen, die der Senkung der Transaktionskosten und der Sicherung von Investitionen durch Hierarchiebildung folgen[25].

In Unternehmen wie in der sie begleitenden und zugleich formenden Theoriebildung sind allerdings seit längerem Entwicklungen zu beobachten, die gegenüber Argumentationen der notwendigen Hierarchiebildung in Unternehmen Zweifel aufkommen lassen. So werden bereits seit den 1970er Jahren auch in konventionellen Unternehmen Organisations- und Managementkonzepte erprobt und umgesetzt, die zahlreiche Elemente partizipativ-demokratischer Koordination enthalten, wie sie im Rahmen der alternativökonomischen Bewegungen entwickelt wurden. So wiesen etwa Beyer und Nutzinger (1990) darauf hin, dass auf dem Demokratieprinzip beruhende interne Koordinationsmechanismen, wie sie in selbstverwalteten kooperativen Unternehmen praktiziert werden, gewisse Vorteile gegenüber den traditionell hierarchischen

---

[24] Die Untersuchungen von Russell (1995) zu dem vergleichsweise breiten Sektor von Arbeiterkooperativen in Israel seit der Gründung des ersten Kibbuz 1909 bis in die späten 80er Jahre des vorigen Jahrhunderts zeigen ein gemischtes Bild. Je nach Wirtschaftszweig haben die israelischen Kooperativen, trotz des moralischen Drucks von Histradut, aus ökonomischen Gründen immer auch eine größere Zahl (zwischen 30 und 80 % der Belegschaften) von Nicht-Mitgliedern beschäftigt, ohne dass dies zu einer Transformation in kapitalistische Unternehmen geführt hat. Der Niedergang der Kooperativen wurzelt stattdessen im Rückgang der institutionellen und politischen Unterstützung seit den 1970er Jahren. Auch die bei Bonin et al. (1993) zitierten Untersuchungen bestätigen nicht die theoretische Erwartung, dass erfolgreiche Kooperativen Mitglieder durch Lohnabhängige substituieren.
[25] Zu Begründungen für Hierarchiebildung in Unternehmen, z.B. in der Theorie der Transaktionskosten vgl. Maurer 2008b: 1ff. Luhmann weist auf das inverse Verhältnis von Rationalisierung, Demokratisierung und Motivation hin, das zur „Erschöpfung" von Organisationen führen kann. „Vertikale Integration ist nach wie vor die wichtigste Form der Bearbeitung von Ungewissheit, das heißt: von Zukunft" (Luhmann 2006: 20f.). „Alternativen zur Hierarchie" sind nach Luhmann kaum zu finden (ebd.). Allerdings sind für ihn (rationale) Organisation und Hierarchie nicht identisch.

Strukturen kapitalistischer Unternehmen aufweisen. Zudem kann davon ausgegangen werden, dass kooperative Unternehmen aufgrund ihrer egalitären und partizipativ-demokratischen Strukturen bestimmte Probleme, die für asymmetrisch und hierarchisch strukturierte kapitalistische Unternehmen typisch sind, nicht haben. Von quasi-natürlichen Effektivitäts- und Effizienz-Vorteilen hierarchischer Unternehmensstrukturen kann insofern nicht selbstverständlich ausgegangen werden, was sich im übrigen nicht nur mittels heterodoxer Ökonomie-Theorien begründen lässt, sondern ebenso durch Argumente, die an die analytische Perspektive der zum wirtschaftswissenschaftlichen *Mainstream* gehörenden neuen Institutionenökonomik anknüpfen. Führt man die dort im Rahmen der Transaktionskosten-, der Property-Rights- und der Principal-Agent-Theorien entwickelten Überlegungen zusammen, lässt sich die durchaus schlüssige Hypothese formulieren, dass partizipativ-demokratisch strukturierte Unternehmen mit weitgehend egalitären Eigentums- und Machtverhältnissen unter bestimmten Bedingungen effizienter sind als hierarchische Unternehmen, weil hier viele jener Transaktionskosten nicht anfallen, die für hierarchisch strukturierte Unternehmen typisch sind. Maßgeblich dafür dürfte das sein, was im Rahmen der Institutionenökonomik als „moralische Integration" bezeichnet wird: „In einer moralisch vollständig integrierten Organisation entfallen alle Meß- und Kontrollkosten, weil die Notwendigkeit zur Spezifizierung von Rechten und Pflichten entfällt, da alle Teammitglieder ihre Versprechen immer halten. Wenn man die Kosten zur Bildung dieser Unternehmenskultur für einen Augenblick beiseite lässt, dann fällt die Kooperationsrente ungekürzt an, und die Faktorentlohnung erreicht ein Maximum. In einer moralisch völlig desintegrierten Organisation hingegen werden die Mess- und Kontrollkosten prohibitiv, Kooperation wird unmöglich" (Wieland 2000: 40).

Jenseits dieses Vorteils, der im Prinzip der Kooperation angelegt ist und der gegenüber pauschalen Argumenten hinsichtlich der vermeintlich ,natürlichen' Ineffizienz kooperativ-demokratischer Organisationen skeptisch machen sollte, muss dennoch einigen typischen Problemen höchste Aufmerksamkeit geschenkt werden. Denn nur wenn diese Probleme unvoreingenommen betrachtet werden, können sie auch theoretisch und praktisch angegangen und gelöst werden. Aller Erfahrung nach ist der erste und grundlegendste Schritt dahin, dass sich die Akteure spezifische Problemstellungen kooperativer Unternehmen bewusst machen und ihr (zumindest potenzielles) Vorhandensein und Auftreten nicht verdrängen und verleugnen. Kernprobleme kooperativer Unternehmen sehen wir damit gar nicht nur oder primär auf der ökonomischen bzw. betriebswirtschaftlichen, sondern vor allem auch auf soziologischer und psychologischer bzw. psycho-sozialer und sozial-psychologischer Ebene angesiedelt. Denn grundsätzlich besteht die Gefahr, dass die nun einmal oft konflikthafte Realität in eine allzu harmonistische Rhetorik der Solidarität und Kooperativität eingehüllt und damit nicht angemessen erkannt wird. Kück (1989: 39) analysiert in diesem Zusammenhang vor allem die Kommunikationsprobleme, die aus einem unhinterfragten Konsensprinzip entspringen.

Entgegen der Möglichkeit, dass die Formierung eines kooperativen Unternehmens von einem „unternehmenden" Individuum ausgeht, scheint nicht nur bei den Betriebsübernahmen durch bereits bestehende Belegschaftsgruppen in den meisten Fällen zur Zeit der Gründung eines kooperativens Unternehmen eine Geschichte der Gruppe oder Kollektivs zu existieren, die dem weiteren Weg des Unternehmens eine Richtung gibt. Die kollektive Unternehmerschaft kann zumindest so gelesen werden, dass die „unternehmerischen" Einzelnen ohne die Existenz des Kollektivs nicht den Weg einer Unternehmensgründung beschritten hätten (Stryjan 1994). Die Bildung des für Kooperation notwendigen Vertrauens im Kollektiv (Gherardi/Masiero 1990) geht daher regelmäßig der Unternehmensgründung voraus. Kritische Schwellen in der Bildung kooperativer Unternehmen liegen also dort, wo individuelles Entrepreneurship nicht das rechte Kollektiv findet bzw. es in den Kollektiven an unternehmerischer Initiative mangelt, da die „Risikofreude" bei Gründern und Gründerinnen von kooperativen Unternehmen nicht häufig anzutreffen ist (Quarter/Wilkinson 1990). Die kooperativen Unternehmen stehen generell mit anderen Organisationen in der Konkurrenz um unternehmerische Kompetenzen.

Zu den Problemen, mit denen die Mitglieder kooperativer Unternehmen einen offenen Umgang finden müssen, gehören zunächst solche, die aus ‚unternehmerischen' *Kompetenzdefiziten* resultieren. So mangelt es – wie bei anderen, konventionellen Existenz- und Unternehmensgründungen von Einzelnen oder Teams – nicht selten an betriebswirtschaftlichen Grundkenntnissen, die für eine zukunftsfähige Entwicklung auch von kooperativen Unternehmen von zentraler Bedeutung sind. Eine Schwierigkeit diesbezüglich besteht in der Praxis oft darin, dass Mitglieder kooperativer Unternehmen eine ausgeprägte Aversion gegen die Beschäftigung mit Fragen des Marketings, des Rechnungswesens oder des Finanzmanagements hegen, die wohl vor allem in den milieuspezifischen Mentalitäten der Akteure verwurzelt sein dürfte. Häufig entstehen kooperative Unternehmen ja vor dem Hintergrund mehr oder minder ‚kapitalismuskritischer' politischer Ideologien und Theorien, die die Akteure zwar mit guten Argumenten gegen die Form kapitalistischen Wirtschaftens ausstatten, allerdings wenig über praktische Möglichkeiten eines ‚anderen' Wirtschaftens informieren. Zudem findet – worauf oben bereits verwiesen wurde – kooperatives Wirtschaften unter kapitalistischen Marktbedingungen statt und es ist naheliegend, dass kein Unternehmen existenzfähig ist, das sich nicht in einem gewissen Maße auch mit dem theoretischen und praktischen Wissen auseinandersetzt, in das diese kapitalistische Ökonomie als Ganzes und die in ihr operierenden Unternehmen ‚eingebettet' sind. Insofern ist die Aneignung von konventionellen, ‚systemimmanenten' betriebswirtschaftlichen Konzepten, Methoden und Instrumenten, die für die betriebliche Praxis entwickelt wurden, eine wesentliche Bedingung der Möglichkeit einer zukunftsfähigen kooperativen Unternehmensentwicklung, aber auch einer kritischen, ‚systemtranszendierenden' Auseinandersetzung mit der konventionellen Betriebswirtschaftslehre ebenso wie der (Weiter-)Entwicklung ‚alternativen' betriebswirtschaftlichen Wissens, in das eine alternative betriebliche Praxis eingebettet werden könnte.

Ein weiteres Kernproblem kooperativer Unternehmen, mit dem sich die Akteure in ihrem eigenen Interesse intensiv auseinandersetzen müssen, besteht in häufig zu beobachtenden *Organisations- und Managementdefiziten.* Wie oben angedeutet, spielt in kooperativen Unternehmen der Anspruch eine Rolle, dass sich die Organisationsstrukturen des kooperativen Unternehmens von denen konventioneller Unternehmen unterscheiden sollen. In der Regel betrifft dies vor allem Fragen der innerbetrieblichen Hierarchie sowie das Ausmaß der betrieblichen Arbeitsteilung und deren Formalisierung. Angestrebt werden ‚demokratische‘ bis ‚egalitäre‘ sowie ‚flexible‘ Organisationsstrukturen, die allen Mitgliedern weitgehend gleichberechtigte Entscheidungs- bzw. Mitbestimmungsmöglichkeiten einräumen und ihnen ein möglichst großes Maß eigenverantwortlicher Handlungs- und Entscheidungsspielräume zugestehen. Zudem sollen dadurch rigide Formen der Arbeitsteilung und Spezialisierung vermieden werden, die zu als monoton empfundenen Tätigkeiten sowie möglicherweise zu unerwünschten Informations- und Kompetenzungleichgewichten und darauf aufbauend zu Ungleichheiten hinsichtlich Macht und Einfluss im Unternehmen führen könnten.

Konsequenz solcher Befürchtungen kann es sein, dass Fragen der Organisation und des Managements ähnlich wie Fragen der im engeren Sinne betriebswirtschaftlichen Kompetenzen und Qualifikationen mit großer Skepsis begegnet und auf eine intensivere Beschäftigung damit verzichtet wird. In der Folge wird auf formale Regelungen hinsichtlich Fragen der Kommunikation und Information, der Organisation und des Managements usw. so weit als möglich verzichtet, in der Hoffnung, dass sich das Meiste schon gemeinschaftlich, einvernehmlich und auf informaler Ebene klären lasse. Abgesehen davon, dass es bekanntermaßen zu Problemen führt, wenn ‚alle für alles‘ zuständig sind, und dass nicht selten mit der Präferenz für Informalität auch eine Präferenz für Unverbindlichkeit verknüpft ist, würde es sich in diesem Zusammenhang lohnen, auf die Erfahrungen zurückzugreifen, die mit ‚enthierarchisierten‘ und ‚flexiblen‘ Organisationsformen in konventionellen Unternehmen gemacht wurden. Die diesbezügliche organisationswissenschaftliche Diskussion (vgl. z.B. Kühl 1998) verweist darauf, dass es sich zu fragen lohnt, welche Funktionen eigentlich ‚Hierarchie‘, ‚Formalität‘, ‚Differenzierung‘ und ‚Spezialisierung‘ im organisationalen Kontext haben. Die Antwort: Reduktion von Komplexität. Und was passiert, wenn diese Formen – ohne Anwendung passender funktionaler Äquivalente – ‚einfach‘ abgeschafft werden? Die Antwort: Zunahme von Komplexität. Die Ansprüche kooperativer Unternehmen werden damit insofern konterkariert, als gerade in Bezug auf Formalisierung häufig argumentiert wird, dass man derartig ‚komplizierte‘ Regelungen nicht brauche. Kooperative Unternehmen geraten damit in ein „Flexibilitätsdilemma“ und ein „Komplexitätsdilemma“ (ebd.), wie es auch bei konventionellen Unternehmen zu beobachten ist.

Die besonderen Herausforderungen oder auch die spezifische Prekarität kooperativer Unternehmen liegt in den Prozessen der Bildung der Gruppen oder Kollektive, die der Unternehmensgründung vorausgehen müssen und eine pfadabhängige Entwicklung einleiten. Neuaufnahmen wie Austritte von Mitgliedern aus der Gruppe gleichberechtigter Unternehmenseigentümer bedeuten jedes Mal eine Krise, zumal bei kleinen Gruppen. Unternehmensform wie Arbeitsorganisation sind durch Gruppenbildung überdeterminiert. Eine verbreitete Lösung besteht in Ersetzung von Gruppenmitgliedern bzw. in der Erweiterung der Gruppe durch entlohnte Arbeitskräfte. Vielleicht liegt die Überlebensfähigkeit kooperativer Unternehmen unter Marktbedingungen gerade in ihrer Fähigkeit, Lohnarbeit (in gewissem Umfang) zu integrieren. Nach Stryjan stehen kleine Organisationen, die eng mit dem Geschick der in sie involvierten Individuen verknüpft sind, vor dem Risiko, sich in den sozialen und biologischen Lebenszyklen ihrer Mitglieder und Eigentümer zu verfangen (Stryjan 1994: 588). Das für mittelständische Unternehmen typische Nachfolgeproblem, die Routinisierung des Carisma der Gründergeneration, stellt sich in kooperativen Unternehmen verstärkt. Ebenso bedeutsam für ihre Fortexistenz ist nach Stryjan jedoch auch die hoch strukturierte institutionelle Umgebung und die politischen und sozialen Kontexte, aus denen sie entstammen oder in die sie eingelassen sind. Sie sind verstärkt von staatlichen Förderungsprogrammen, Nischen in der Versorgung bestimmter Gruppen wie den Konjunkturen sozialer Bewegungen abhängig.

6 Eine ‚solidarische Ökonomie' ist möglich

Innerhalb der von einer globalen kapitalistischen Produktionsweise dominierten Gesellschaften kann kein einzelnes Projekt einer anderen ökonomischen Praxis eine ‚systemische Alternative' darstellen, die alle Ebenen und Bereiche des gesellschaftlichen Lebens durchdringen könnte. Als zentraler Bestandteil eines alternativen Gesellschaftsprojektes muss sich solidarische Ökonomie daher, so unsere Überzeugung, durch die Prinzipien der partizipativen Demokratie der Produzenten, der Gleichheit in Bezug auf soziale, geschlechtliche und ethnische Momente, ökologische Nachhaltigkeit und internationale Solidarität auszeichnen (Santos/Rodríguez-Garavito 2007: xxv), die in den Rang allgemeiner Prinzipien gesellschaftlicher Organisation aufsteigen können.

Im strategischen Zentrum einer solidarischen Ökonomie stehen nach unserer Auffassung ‚Projekte' kollektiver Produktion, die ihre Arbeitsweisen an den skizzierten Prinzipien ausrichten. Das größte Gewicht kommt dabei der demokratischen Inklusion zu, die erfordert, dass alle Beteiligten an einem Projekt die gleichen Rechte auf Mitwirkung und Mitentscheidung besitzen. Dies setzt klare Abgrenzungen des Projekts/Betriebs und seiner Mitglieder voraus: Wer gehört dazu und wer nicht? Hierin liegen beträchtliche Probleme, da der geforderte Einschluss aller Beteiligten immer auch einen Ausschluss von Nicht-Beteiligten verlangt[26].

---

[26] Als ‚offene Flanke' der solidarischen Ökonomie in Form von Assoziationen von Produzierenden/Arbeitenden sind die proletaroiden Existenzen vieler Solo-Selbstständiger zu sehen (vgl. zu Begriff und Situation Candeias 2008).

‚Wirtschaftsdemokratie' als ‚innerbetriebliche' Demokratie war immer ein wichtiges Terrain von Kämpfen und der Bildung von gewerkschaftlicher Gegenmacht, die partiell auch einen Blick auf eine ‚andere Ökonomie' freigibt, dort etwa, wo sie in Form von Betriebsbesetzungen, selbstverwalteter Fortführung der Produktion oder Übernahme des Betriebes durch die ‚Belegschaften' eine zeitlich begrenzte oder unbegrenzte faktische und auch rechtlich gesicherte Inbesitznahme von Betrieben/Unternehmen durch das Kollektive der Arbeitenden ermöglichte[27]. Das Terrain der solidarischen Ökonomie kann daher nicht auf eine ‚alternative Ökonomie', die neben den kapitalistischen Produktions- und Arbeitsstätten quasi autonom zu errichten wäre, begrenzt werden, sondern muss sich immer auch mit den Arbeitenden in auf privatkapitalistischer Basis organisierten Produktions- und Arbeitsbereichen verbünden.

Die alternativen Formen der kooperativen Produktion fordern ihrerseits neue Modelle der Reproduktion und sozialen und ökonomischen Sicherung der unmittelbaren Produzentinnen und Produzenten jenseits von Lohnarbeitsverhältnissen. Umgekehrt sind alle Entwürfe einer freien, herrschaftslosen Gesellschaft darauf angewiesen, neue Formen des Produzierens auf der Ebene betrieblich-kollektiver Organisation wie individueller Selbstständigkeit ins Zentrum des Gesellschaftsentwurfes zu stellen. Die Beispiele solidarischer Ökonomie aus Europa, Lateinamerika oder Asien werden regelmäßig von Akteuren getragen, die durch lokale Gemeinwesen und lokale Zusammenhänge gestützt werden. Gleichzeitig sind sie in größere Netzwerke der Kooperation, des Austausches, der Information durch nationale und internationale Unterstützergruppen und Koalitionen eingebunden. Nur so können sie unter Bedingungen globaler kapitalistischer Märkte gegründet werden, überleben und expandieren. Die stetig wachsende theoretische Literatur, die sich ernsthaft mit Produzierenden-Assoziationen auseinandersetzt, und die steigende Zahl von Fallstudien zeigen, dass eine Annäherung an ‚solidarische Ökonomie' nur über die genaue und detaillierte Analyse von Fällen möglich ist (vgl. die Diskussion bei Quijano 2007).

Das theoretische und praktische Interesse an diesen Assoziationen speist sich heute vor allem daraus, dass sie als ‚autonome' kooperative Produzierende weiterhin für Märkte produzieren, im Inneren aber den Gegensatz von Kapital und Arbeit – zunächst für sich selbst – aufheben wollen[28]. Ihre Marktnähe, ökologische und ökonomische Effizienz können sich dabei den in vermachteten Märkten agierenden Großkonzernen durchaus gewachsen, wenn nicht überlegen zeigen (weniger Bürokratie, Verschwendung von Ressourcen für die Demonstration der Marktmacht, Inwertsetzung von durch die kapitalistische Produktion entwerteten oder vernachlässigten Ressourcen, Mobilisierung von sozialen Ressourcen der Gemeinwesen; vgl. Bowles/

---

[27] Ein vielbeachtetes Beispiel ist die Übernahme der Reifenfabrik Euzkadi in Guadalajara (Mexiko), vormals im Eigentum von Continental, nach jahrelangen Arbeitskämpfen durch eine Arbeiterkooperative. Voraussetzung war eine unabhängige Betriebsgewerkschaft, die auf Jahrzehnte erfolgreicher Arbeitskämpfe zurückblicken konnte (vgl. Delgado 2008).

[28] Dadurch ist eine Subsumtion unter fremdes Kapital über den Markt, Lieferverträge etc. allerdings nicht ausgeschlossen.

Gintis 1998). Die Kosten für Management und Supervision können entscheidend sinken (während die Kooperation durchaus eigene Transaktionskosten produzieren dürfte).

Das Unternehmen Mondragón im Baskenland, das 1956 von katholischen Priestern gegründet wurde, wird immer wieder als Modell solidarischer Ökonomie hervorgehoben (ausführlich Whyte/Whyte 1988). Sein Erfolg liegt u.a. in der Herausbildung eines regionalen Netzwerkes selbstständig produzierender und wettbewerbsfähiger Kooperativen, die ein neues regionales Gesellschaftsmodell darstellen (Produktion, Konsum, Finanzierung, Bildung, Monitoring). Neben den horizontalen Verbindungen besteht eine vertikale Integration in Subgruppen, die wiederum bestimmte Funktionen (Ressourcenbeschaffung, Finanzierung) gemeinsam betreiben. Die hierarchisch höheren Ebenen steuern dem Anarchismus der vielen Kooperativen entgegen und bieten ihnen zugleich Unterstützung (Rotation von Personal etc.). Zwischen Mondragón und der Regierung des Baskenlandes gibt es vielfältige Beziehungen der Unterstützung, der Forschung, der Regionalentwicklung, der Arbeitsförderung etc. Die Begrenzungen, die der Unternehmensstrategie durch das kooperative Prinzip auferlegt werden, haben sich im Falle von Mondragón als produktiv erwiesen, etwa bei der Schaffung neuer Arbeitsstellen zur Annahme überzähliger Arbeitskräfte anderer Bereiche. Anstelle der Budgetrestriktion bewirkt das kooperative Prinzip der Inklusion der arbeitenden Mitglieder eine ständige Suche nach Möglichkeiten für neue, kleine, kreative kooperative Betriebe. Zugleich hat Mondragón sich in Kooperation mit alternativen Betrieben in anderen Erdteilen zu einem globalen Akteur entwickelt. Hierin werden gleichzeitig die Grenzen und Probleme der Unternehmensexpansion in einer alternativen Ökonomie sichtbar. Viele alternative Betriebe aus den 1970er und 1980er Jahren sind am Zwang zur Expansion, so besonders auch im Druckereibereich, wo die scharfe Konkurrenz zur Ausweitung der Druckkapazitäten und Anschaffung überdimensionierter Maschinen verleitete (Beispiele bei Neumann 2008: 32), gescheitert bzw. unterlagen einem daraus erwachsenden Transformationsprozess zu ‚normalen‘ Unternehmen.

In den Ländern des Südens eröffnet der große und weiter wachsende Sektor informeller Beschäftigung und von Gewerbe ‚auf eigene Rechnung‘ selbstverwalteten Betrieben ein breites Betätigungsfeld. Die Bildung von Produktions-kooperativen ist daher auch ein strategisches Element offizieller Entwicklungspolitik (z.B. Empowerment von Frauengruppen, Mikrokredit an Gruppen von Produzent/inn/en, Hilfe zur Selbsthilfe etc.). Solidarität der Produzentinnen und Produzenten erscheint hier als besondere Ressource der Armen, die das fehlende Kapital substituieren soll. Die staatliche Förderung der solidarischen Ökonomie in Brasilien durch die Regierung Lula ist auch Entwicklungspolitik in den marginalisierten Sektoren (Singer 2007). Die ‚empresas recuperadas‘ in Argentinien, ausgedehnte Tauschringe in Chile, Produktionskooperativen unter der Führung des *Movimento dos Trabalhadores Sem Terra* (MST) in brasilianischen Landreformsiedlungen (Calcagnotto/Gottwald 2003), kollektive Produktion unter südindischen Küstenfischern, der kooperative Sektor in Venezuela könnten zu den

Beispielen solidarischen Produzierens und Wirtschaftens gehören, die Epoche machen (vgl. Santos/Rodrígues-Garavito 2007).

Santos und Rodrígues-Garavito sehen die Suche nach einer solidarischen Ökonomie im Zusammenhang mit der gleichzeitigen Suche nach neuen Formen des Internationalismus von Arbeiterinnen und Arbeitern, Produzentinnen und Produzenten in formellen und informellen Arbeitsverhältnissen. Hierzu zählen sie u.a. auch die Massen der Landarbeiter und marginalisierte bzw. von ihrem Land vertriebene Kleinbauernschaft, ethnische Gruppen und indianische Völker, die um angestammte Nutzungsrechte kämpfen wie die arbeitslosen Jugendlichen in den Slums der Megastädte wie Rio de Janeiro oder Mumbay. Grundlage des neuen Internationalismus, der sich u.a. in den Auseinandersetzungen um die Globalisierung und in den Weltsozialforen ankündigen könnte, sollen die Prinzipien der Demokratie, Solidarität, Gleichheit und ökologischen Nachhaltigkeit in der Produktion sein, denen sich Organisationen von Konsument/inn/en zum Fairen Handel, zu neuen Formen des Tausches und zur Durchsetzung von Sozialstandards anschließen können.

Literatur

Adler, Georg, 1906: Fourier und der Fourierismus. In: Viktor Considerant (Hg.): Fouriers System der sozialen Reform. Leipzig: Hirschfeld, S. 7–42.

Bakan, Joel, 2005: The Corporation. The pathological Pursuit of Profit and Power. London: Free Press.

Beckert, Jens, 2007: The Great Transformation of Embeddedness: Karl Polanyi and the New Economic Sociology: MPIfG Discussion Paper 07/1.

Beyer, Heinrich und Hans G. Nutzinger, 1990: Partizipatives Management und Management in Selbstverwaltungsunternehmen – Entwicklungstendenzen interner Koordination in traditionellen und selbstverwalteten Unternehmen. In: Arbeitskreis für Kooperation und Partizipation e.V. (Hg.): Kooperatives Management. Bestandsaufnahmen, Konflikte, Modelle Zukunftsperspektiven. Baden-Baden: Nomos, S. 13–37.

Bierhoff, Oliver, 2006: Wem gehört die Welt? Die Eigentumsfrage in einer solidarischen Ökonomie, Contraste - Monatszeitschrift für Selbstorganisation, Nr. 264.

Bierhoff, Oliver, 2008: Aneignung und Enteignung. Die Aktualität der Eigentumsfrage und die Suche nach einer solidarischen Ökonomie. In: Sven Giegold und Dagmar Embshoff (Hg.): Solidarische Ökonomie im globalisierten Kapitalismus. Hamburg: VSA-Verlag, S. 124–127.

Biermann, Benno und Hanns Wienold, 1967: Führungsausbildung in der Industrie. Einstellungen und Verhalten des Managements. Dortmund: Sozialforschungsstelle.

Birchall, Johnston, 1997: The International Cooperative Movement. Manchester: Manchester University Press.

Bischoff, Joachim, 2007: Allgemeines Grundeinkommen. Fundament für soziale Sicherheit? Hamburg: VSA-Verlag.

Bologna, Sergio, 2006: Die Zerstörung der Mittelschichten. Thesen zur Neuen Selbständigkeit. Graz; Wien: Nausner.

Boltanski, Luc und Ève Chiapello, 2003: Der neue Geist des Kapitalismus. Konstanz: UVK Universitätsverlag Konstanz.

Bolte, Annegret, Judith Neumer und Stephanie Porschen, 2008: Die alltägliche Last der Kooperation. Abstimmung als Arbeit und das Ende der Meeting-Euphorie. Berlin: Edition Sigma.

Bolte, Annegret und Stephanie Porschen, 2006: Die Organisation des Informellen. Modelle zur Organisation von Kooperation im Arbeitsalltag. Wiesbaden: VS Verlag.

Bonin, John P., Derek C. Jones und Louis Putterman, 1993: Theoretical and Empirical Studies of Producer Cooperatives: Will Ever the Twain Meet? Journal of Economic Literature, Jg. XXXI, S. 1290–1320.

Bowles, Samuel und Herbert Gintis, 1998: Efficient Redistributions: New Rules for Markets, States and Community. New York, London: Verso.

Bröckling, Ulrich, 2007: Das unternehmerische Selbst. Soziologie einer Subjektivierungsform. Frankfurt am Main: Suhrkamp.

Brüderl, Josef; Peter Preisendörfer und Rolf Ziegler, 1996: Der Erfolg neugegründeter Betriebe: Eine empirische Studie zu den Chancen und Risiken von Unternehmensgründungen. Berlin: Duncker & Humblot.

Burawoy, Michael, 1985: The Politics of Production: Factory Regimes under Capitalism and Socialism. London: Verso.

Buß, Eugen, 2008: Managementsoziologie. Grundlagen, Praxiskonzepte, Fallstudien. München: Oldenbourg.

Calcagnotto, Gilberto und Markus Gottwald, 2003: Der Beitrag der Landlosenbewegung MST zur Vertiefung der Demokratie in Brasilien, Beiträge zur Lateinamerikaforschung 13. Hamburg: Institut für Iberoamerika-Kunde.

Candeias, Mario, 2008: Die neuen Solo-Selbständigen zwischen Unternehmergeist und Prekarität, Prokla, Jg. 38, S. 65–81.

Coase, Ronald H., 1988: The Firm, the Market and the Law. In: Ronald H. Coase (Hg.): The Firm, the Market and the Law. Chicago: University of Chicago Press, S. 1–31.

Coleman, James, 1995: Grundlagen der Sozialtheorie. Band 2: Körperschaften und die moderne Gesellschaft. München und Wien: Oldenbourg.

Cornforth, Chris, Alan Thomas, Jenny Lewis und Roger Spear, 1988: Developing Successful Worker Cooperatives. London u.a.: Sage.

Delgado, Enrique Gómez, 2008: „Einen Tag länger als die Continental". Der Sieg der Arbeiter von Euzkadi/Mexiko über einen internationalen Konzern, Ein Streikbericht herausgeben von Mechthild Dortmund, Neustadt.

Di Maggio, Paul, 2001: Introduction: Making Sense of the Contemporary Firm and Prefiguring Its Future. In: Paul Di Maggio (Hg.): The Twenty-First Century Firm. Changing Economic Organization in International Perspective. Princeton: Oxford University Press, S. 3–30.

Flieger, Burghard, 1996: Produktivgenossenschaft als fortschrittsfähige Organisation. Theorie, Fallstudie, Handlungshilfen. Marburg: Metropolis-Verlag.

Gershuny, Jonathan und Robert Pahl, 1979: Work Outside Employment: Some preliminary speculations, New Universities Quarterly, Jg. 34, S. 120–135.

Gherardi: A. Masiero, 1990: Solidarity as a Networking Skill and a Trust Relation: Its Implications for Cooperative Development, Economic and Industrial Democracy, Jg. 9, S. 553–575.

Goldner, Steven und Marianne Kokigei, 1982: Stolpernd unterwegs. Alltags- und Strukturprobleme in Alternativprojekten. Berlin: Selbstverlag.

Gretschmann, Klaus und Rolf G. Heinze, 1982: Schattenwirtschaft – Politischer Stellenwert und ökonomische Funktion in der Wirtschaftskrise, Mehrwert, Jg. 23, S. 128–142.

Grunebaum, James O, 1987: Private ownership. London: Routledge and Kegan Paul.

Hack, Lothar, 1999: Organisationsvermögen. Gesellschaftliche Formbestimmungen von Wissen in globalisierten Kontexten, Das Argument, Jg. 44, S. 668–683.

Hartmann, Heinz, 1968: Der deutsche Unternehmer: Autorität und Organisation. Frankfurt am Main: Europäische Verlagsanstalt.

Holenweger, Toni und Werner Mäder (Hg.), 1979: Inseln der Zukunft? Zürich: Limmat Verlag.

Huber, Joseph, 1980: Wer soll das alles ändern. Die Alternativen der Alternativbewegung. Berlin: Rotbuch Verlag.

Hürtgen, Stefanie, Boy Lüthje, Wilhelm Schumm und Martina Sproll, 2009: Vom Silicon Valley nach Shenzhen. Globale Produktion und Arbeitsteilung in der IT-Industrie. Hamburg: VSA-Verlag.

Illich, Ivan, 1974: Die sogenannte Energiekrise oder die Lähmung der Gesellschaft: Das sozialkritische Quantum der Energie. Reinbek bei Hamburg: Rowohlt.

Jackall, Robert und Henry M Levin, 1984: Worker cooperatives in America. Berkeley: Univ. of California Press.

Kabalak, Alihan und Birger P. Priddat, 2008: Manangement, Governance und Netzwerke. Kapitalismusmodernisierung als Mobilisation von Lateralität. In: Gabriele Wagner und Philipp Hessinger (Hg.): Ein neuer Geist des Kapitalismus? Wiesbaden: VS Verlag, S. 195–218.

Kocyba, Hermann, 2005: Selbstverwirklichungszwänge und neue Unterwerfungsformen. Paradoxien der Kapitalismuskritik. In: Arbeitsgruppe SubArO (Hg.): Ökonomie der Subjektivität – Subjektivität der Ökonomie. Berlin: Forschung aus der Hans-Böckler-Stiftung, S. 79–94.

Kößler, Reinhart, 1993: Despotie in der Moderne. Frankfurt am Main: Campus.

Kramer, Jost W., 2007: Existenzgründung in Kleingruppen nach der Novellierung des Genossenschaftsgesetzes. Hochschule Wismar: Wismarer Diskussionspapiere.

Krömmelbein, Silvia, 2004: Kommunikativer Stress in der Arbeitswelt – Zusammenhänge von Arbeit, Interaktion und Identität. Berlin: Edition Sigma.

Kück, Marlene, 1989: Betriebswirtschaft der Kooperative. Stuttgart: Poeschel.

Kühl, Stefan, 1998: Wenn die Affen den Zoo regieren. Die Tücken der flachen Hierachie. Frankfurt am Main: Campus.

Lechler, Thomas und Hans G. Gemünden, 2003: Gründerteams. Chancen und Risiken für den Unternehmenserfolg. Heidelberg: Physica Verlag.

Luhmann, Niklas, 2006: Organisation und Entscheidung. 2. Auflage. Wiesbaden: VS Verlag.

Macpherson, Crawford B., 1967: Die politische Theorie des Besitzindividualismus. Von Hobbes bis Locke. Frankfurt am Main: Suhrkamp.

Maier, H. E., 1982: Wer sind die neuen Unternehmer in der Bundesrepublik Deutschland? Manuskript, Berlin.

Marx, Karl, 1972: Das Kapital. Band I, Marx-Engels-Werke Bd. 23, Berlin: Dietz Verlag.

Maurer, Andrea, 2008a: Das moderne Unternehmen: Theoretische Herausforderungen und Perspektiven für die Soziologie. In: Andrea Maurer und Uwe Schimank (Hg.): Die Gesellschaft der Unternehmen - die Unternehmen der Gesellschaft. Wiesbaden: VS Verlag, S. 17–39.

Maurer, Andrea, 2008b: Institutionalismus und Wirtschaftssoziologie. In: Andrea Maurer (Hg.): Handbuch der Wirtschaftssoziologie. Wiesbaden: VS Verlag, S. 62–84.

Moldaschl, Manfred, 2001: Herrschaft durch Autonomie – Dezentralisierung und widersprüchliche Arbeitsanforderungen. In: Burkart Lutz (Hg.): Entwicklungsperspektiven von Arbeit. München: Ergebnisse aus dem Sonderforschungsbereich 333 der Universität München, S. 132–164.

Neumann, Arndt, 2008: Kleine geile Firmen. Alternativprojekte zwischen Revolte und Management. Hamburg: Ed. Nautilus.

Oppenheimer, Franz, 1896: Die Siedlungsgenossenschaft. Versuch einer positiven Überwindung des Kommunismus durch Lösung des Genossenschaftsproblems und der Agrarfrage. Leipzig: Duncker & Humblot.

Ostrom, Elinor, 1999: Die Verfassung der Allmende. Jenseits von Staat und Markt. Tübingen: Mohr Siebeck.

Peter, Gerd, Frieder Otto Wolf und Pia Paust-Lassen, 2008: Welt ist Arbeit. Im Kampf um die neue Ordnung. Münster: Westfälisches Dampfboot.

Picot, Arnold, Ulf-Dieter Laub und Dietram Schneider, 1989: Innovative Unternehmensgründungen. Eine ökonomisch-empirische Analyse. Berlin: Springer.

Pongratz, Hans J. und G. Günther Voß, 2003: Arbeitskraftunternehmer. Erwerbsorientierungen in entgrenzten Arbeitsformen. Berlin: Edition Sigma.

Putterman, Louis, 1982: Some Behavioral Perspectives on the Dominance of Hierarchical over Democratic Forms of Enterprise, Journal of Economic Behavior and Organization, Jg. 3, S. 139–160.

Quarter, Jack und Paul Wilkinson, 1990: Recent Trends in the Worker-ownership Movement in Canada: Four Alternative Models, Economic and Industrial Democracy, Jg. 11, S. 529–552.

Quijano, Anibal, 2007: Alternative Production Systems? In: Boaventura Sousa de Santos (Hg.): Another production is possible. London: Verso, S. 417–445.

Russel, Raymond, 1995: Utopia in Zion. The Israeli experience with worker cooperatives. Albany, N.Y: State University of New York Press.

Santos, Boaventura Sousa de und César A. Rodríguez-Garavito, 2007: Introduction: Expanding the Economic Canon and Searching for Alternatives in Neoliberal Globalization. In: Boaventura Sousa de Santos (Hg.): Another Production is Possible. Beyond the Capitalist Canon. London: Verso, S. xvii–lxii.

Singer, Paul, 2007: The Recent Rebirth of the Solidary Economy in Brazil. In: Boaventura Sousa de Santos (Hg.): Another Production is Possible. Beyond the Capitalist Canon. London: Verso, S. 3–42.

Staber, Udo, 1993: Worker Cooperatives and the Business Sycle: Are Cooperatives the Answer to Unemployment? The American Journal of Economics and Sociology, Jg. 52, S. 129–143.

Stryjan, Yohanan, 1994: The Formation of New Cooperatives: Theory and the Swedish Case, Economic and Industrial Democracy, Jg. 15, S. 565–595.

Vanselow, Achim, 2003: Neue Selbständigkeit in der Informationsgesellschaft. Graue Reihe des Instituts für Arbeit und Technik 2003-06, Gelsenkirchen.

Vogt, Winfried, 1986: Theorie der kapitalistischen und einer laboristischen Ökonomie. Frankfurt: Campus.

Wagner, Gabriele und Philipp Hessinger (Hg.), 2008: Ein neuer Geist des Kapitalismus? Wiesbaden: VS Verlag.

Weber, Max, 1923: Wirtschaftsgeschichte. Abriß der universalen Sozial- und Wirtschaftsge-
    schichte. Berlin: Duncker & Humblot.
Whyte, William und Kathleen Whyte, 1988: Making Mondragón. The Growth and Dynamics of the
    Worker Cooperative Complex. Ithaca, NY: ILR Press.
Wieland, Josef, 1997: Die Neue Organisationsökonomik. Entwicklung und Probleme der Theo-
    riebildung. In: Günther Ortmann, Jörg Sydow und Klaus Türk (Hg.): Theorien der Orga-
    nisation. Wiesbaden: Westdeutscher Verlag, S. 35–66.
Wienold, Hanns, 2007: Die Agrarfront in Amazonien und ihre Akteure. Landnahme,
    Inwertsetzung und Gewalt. In: Hanns Wienold (Hg.): Leben und Sterben auf dem Lande.
    Münster: Westfälisches Dampfboot, S. 144–157.
Wienold, Hanns, 2010: Die Gegenwart der Bourgeoisie. Umrisse einer Klasse. In: Hans-Günter
    Thien (Hg.): Klassen im Postfordismus. Münster: Westfälisches Dampfboot, S. 235–283.

Restarts: Bergen erneute Gründungen für zuvor gescheiterte Selbstständige mehr Chancen denn Risiken?

Rosemarie Kay und Peter Kranzusch

1 Einleitung

Unternehmerische Tätigkeit birgt Chancen, aber auch Risiken. Beides lässt sich beispielhaft anhand von Angaben der Einkommenssteuerstatistik belegen. Danach lag 2003 das durchschnittliche Netto-Einkommen von Selbstständigen mit 38.562 Euro deutlich über dem von abhängig Beschäftigten mit 26.975 Euro (vgl. hierzu und im Folgenden Merz 2006: 6). Die 10 % reichsten Selbstständigen verdienen 55,9 % des gesamten Einkommens der Selbstständigen, die 10 % reichsten abhängig Beschäftigten 28,3 % des gesamten Einkommens der abhängig Beschäftigten. Um zu diesen Reichsten zu gehören, müssen Selbstständige jährlich mindestens 78.244 Euro und abhängig Beschäftigte 50.012 Euro verdienen. Am unteren Ende der Einkommensskala zeigt sich ein umgekehrtes Bild. Die 10 % ärmsten Selbstständigen verdienen jährlich weniger als 3.622 Euro und die 10 % ärmsten abhängig Beschäftigten weniger als 5.535 Euro[1].

Unternehmerische Tätigkeit birgt aber nicht nur die Chance der überdurchschnittlichen Einkommenserzielung, sondern auch das Risiko des Beschäftigungs- und Vermögensverlustes im Falle einer unfreiwilligen Unternehmensschließung. Seit Mitte der 1990er Jahre wurden jedes Jahr im Durchschnitt mehr als 400.000 Unternehmen geschlossen. Zwischen 5 % und 10 % dieser liquidierten Unternehmen meldeten Insolvenz an (vgl. Abbildung 1). Bezogen auf den Unternehmensbestand, der in diesem Zeitraum von 3,2 Mio. kontinuierlich auf 3,6 Mio. angestiegen ist (vgl. BMWi 1997: 16, und IfM Bonn 2009a), bewegt sich der Anteil liquidierter Unternehmen zwischen 12 % und 13 % pro Jahr.

Die Wahrscheinlichkeit, dass ein Unternehmen geschlossen werden muss, ist besonders hoch für neu gegründete Unternehmen. Lediglich zwei von drei der in den Jahren 1985 und 1986 im IHK-Bezirk Oberbayern gegründeten Unternehmen waren nach fünf Jahren noch am Markt aktiv (Brüderl et al. 1996: 95). Und nur noch etwas mehr als die Hälfte ursprünglich Selbstständiger war nach fünf Jahren noch selbstständig tätig (vgl. Lohmann/Luber 2004: 62)[2]. Auch wenn nicht in jedem Fall wirt-

---

[1] Hierbei ist zu beachten, dass in der herangezogenen Einkommensteuerstatistik nicht-steuerpflichtige Einkommen (also Einkommen unterhalb des steuerfreien Existenzminimums) nicht berücksichtigt sind. Die Verteilung niedriger Einkommen kann auf dieser Datenbasis demnach nicht so gut abgebildet werden wie die hoher Einkommen.

[2] Empirische Basis: Sozio-oekonomisches Panel, Wellen 1984-1998.

schaftlicher Misserfolg Ursache für die Aufgabe der unternehmerischen Tätigkeit ist,[3] muss das Scheiternsrisiko für Gründende ohne Zweifel als hoch bewertet werden.

Abbildung 1: Entwicklung der Unternehmensliquidationen und -insolvenzen (1990 bis 2008)

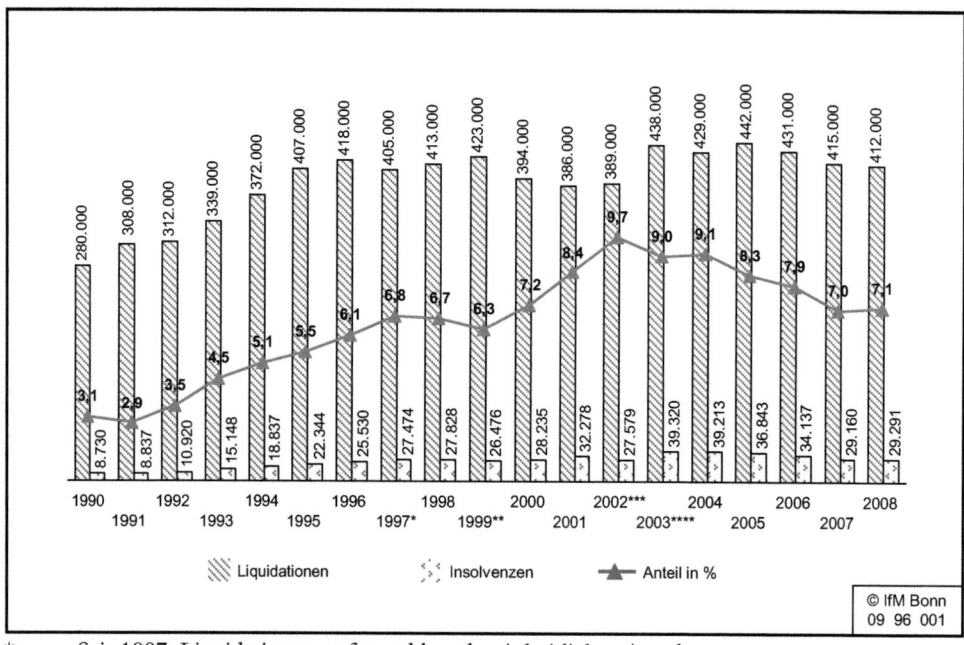

*   Seit 1997: Liquidationen aufgrund bundeseinheitlicher Angaben
**   1999: Inkrafttreten der Insolvenzordnung (InsO)
***   Oktober 2001: Erleichterter Zugang ins Insolvenzverfahren für natürliche Personen
****   Ab 2003: Liquidationen auf der Basis geänderter Gewerbemeldestatistik

Quelle: IfM Bonn (nach Daten von Destatis: Gewerbemeldungen, Insolvenzen)

Gleichwohl werden Jahr für Jahr mehr als 400.000 Unternehmen gegründet (vgl. IfM Bonn 2009b), davon ein nicht unerheblicher Teil von Menschen, die zuvor bereits einmal mit einem Unternehmen gescheitert sind (siehe Kapitel 2). Über diese Gruppe der so genannten Restarter ist noch vergleichsweise wenig bekannt. Forschungsarbeiten für Deutschland liegen erst seit 2002 vor (vgl. BCG 2002) und wurden über längere Zeit durch eine unbefriedigende Datenlage erschwert[4].

---

[3] Weitere Ursachen liegen in persönlichen Umständen, wie z.B. Krankheit, Alter, Tod oder dem Vorliegen einer attraktiveren abhängigen Beschäftigung.
[4] Mit einer Unternehmensgründung gescheiterte Personen wurden nicht als neuerlich Gründende gedacht und infolgedessen bei der Schaffung der Datenbasen für die Gründungsforschung nicht berücksichtigt. Mittlerweile liegen jedoch zwei Datensätze vor, die quantitative Analysen des Phänomens Restart ermöglichen: das Gründerpanel des IfM Bonn und das ZEW-Gründungspanel. Eine dritte befindet sich im Aufbau, das KfW/ZEW-Gründungspanel.

Fallstudien des IfM Bonn haben gezeigt, dass die Abwicklung des gescheiterten Unternehmens, die damit verbundenen Unsicherheiten, vor allem aber die verbleibenden Verbindlichkeiten einen Neustart erschweren, insbesondere wegen des eingeschränkten Zugangs zu Kapital (vgl. Kay et al. 2004). Restarter gehen in dieser Hinsicht im Vergleich zu Erstgründenden unter erschwerten Bedingungen in eine selbstständige Tätigkeit. Andererseits haben sie aus der vorangegangenen unternehmerischen Tätigkeit lernen können, was ihnen unter sonst gleichen Bedingungen Vorteile gegenüber Erstgründenden verschaffen sollte.

Die unfreiwillige Aufgabe einer beruflichen Selbstständigkeit bedeutet zunächst immer den Verlust der Beschäftigung, der Einkommensquelle und nicht selten auch den (Teil-)Verlust des Vermögens. Die soziale Stellung, das Selbstwertgefühl, die Gesundheit und oft auch die Partnerschaft sind beschädigt. Damit befindet sich der oder die ehemalige Selbstständige ohne Frage in einer prekären Lage. Eine Möglichkeit, sich aus dieser zu befreien, liegt in der erneuten Aufnahme einer selbstständigen Tätigkeit (dem so genannten Restart). Der Restart schafft zunächst einmal eine neue Beschäftigung und mit einer gewissen zeitlichen Verzögerung eine neue Einkommensquelle. Allerdings stellt sich die Frage, in welcher Höhe und welcher Stetigkeit ein solches Einkommen zu erwirtschaften ist. Und es stellt sich die Frage, welche Dauer diese erneute Selbstständigkeit erreichen kann. Damit erfüllen Restarter unter Umständen die von Krämer (2008: 81) benannten Anforderungen für eine prekäre Erwerbslage im Erwerbsverlauf. Angesichts der bereits angerissenen Nachteile von Restartern gegenüber Erstgründenden lässt sich jedenfalls die Hypothese formulieren, dass Restarter einem größeren Prekaritätsrisiko ausgesetzt sind als Erstgründer.

Vor diesem Hintergrund soll im vorliegenden Beitrag der Frage nachgegangen werden, ob eine erneute Gründung zuvor gescheiterten Unternehmer/inne/n eher Chancen für eine die Lebensgrundlagen sichernde berufliche Existenz bietet oder sie vielmehr dem Risiko aussetzt, ihre prekäre Erwerbslage lediglich fortzusetzen oder gar zu verschärfen. Diese Frage soll empirisch beantwortet werden, indem zunächst die Charakteristika von potenziellen (und tatsächlichen) Restartern jenen von potenziellen (und tatsächlichen) Erstgründenden und Wiederholungsgründenden ohne Scheiternserfahrung gegenübergestellt werden, um auf diese Weise Hinweise auf Unterschiede in den Erfolgsvoraussetzungen dieser drei Gründungsgruppen zu erlangen (Kapitel 4). In einem zweiten Schritt werden zum einen die Gründe eruiert, die dazu geführt haben, dass potenzielle Restarter ihr Gründungsvorhaben noch nicht umgesetzt oder bereits wieder aufgegeben haben. Zum anderen werden die Probleme ermittelt, die in der Gründungsphase aufgetreten sind. In beiden Punkten ist wiederum ein Vergleich mit den beiden anderen Gründungsgruppen vorgesehen, der Hinweise auf besondere Problemlagen bei (potenziellen) Restartern liefern soll (Kapitel 5). Und schließlich gilt es, den tatsächlichen Erfolg von Restartern (im Vergleich zu Erstgründenden und Wiederholungsgründenden ohne Scheiternserfahrung) zu analysieren, um die forschungsleitende Frage auch unmittelbar zu beantworten (Kapitel 6). Die wesentlichen Befunde werden in Kapitel 7 zusammengefasst und bewertet.

Empirische Basis der Untersuchung ist vor allem das Gründerpanel des IfM Bonn (Kapitel 3), das derzeit die umfassendsten Informationen zu Restartern in Deutschland enthält. Ergänzend werden Befunde auf Basis des Mannheimer Unternehmenspanels (MUP)[5] des Zentrums für Europäische Wirtschaftsforschung (ZEW) herangezogen, insbesondere im Hinblick auf die Erfolgsaussichten von Restartern.

2   Empirische Relevanz des Phänomens Restart

Die Gesamtpopulation der Gründenden kann je nach ihrer Selbstständigkeitserfahrung und dem Erfolg der früheren selbstständigen Tätigkeit in drei Gruppen unterteilt werden: Erstgründende, Wiederholungsgründende mit und Wiederholungsgründende ohne Erfahrung des Scheiterns (vgl. Kranzusch/Kay 2007: 90). Wiederholungsgründende mit Scheiternserfahrung, so genannte Restarter, sind dadurch gekennzeichnet, dass die frühere Selbstständigkeit definitionsgemäß durch eine existenzbedrohende Unternehmenskrise und damit eher unfreiwillig aufgegeben wurde (vgl. Kay et al. 2004: 7).

Zur empirischen Bedeutung von Restartern liegen weiterhin nur wenige Angaben vor, darunter keine amtlichen. Die verfügbaren Datenquellen weisen jeweils Einschränkungen auf. Gleichwohl können sie Anhaltspunkte zur Verbreitung des Phänomens Restart liefern (vgl. Tabelle 1). Dass die Anteilswerte teils weit auseinander liegen, ist vor allem auf die jeweilige Definition des Scheiterns, aber auch auf Unterschiede in der Bezugsgröße zurückzuführen (siehe hierzu ausführlicher Kranzusch/ Kay 2007: 91f.).

Ohne hier weiter auf die unterschiedlichen Erhebungskonzepte einzugehen, lässt sich festhalten: Der Anteil der Restarter an allen Gründenden ist minimal (knapp 2 %), wenn lediglich Personen mit Insolvenzerfahrung als Restarter aufgefasst werden. Er liegt deutlich höher bei Anwendung einer weiten Definition des Scheiterns (Liquidation ohne Verkauf). Die Quote für Kölner Gründungen (11 %) dürfte dann eine Untergrenze darstellen, die Quote des REM mit 23 % für Personen mit ersten konkreten Gründungsschritten eine Obergrenze[6]. Der gemäß KfW/ZEW-Gründungspanel ausgewiesene Wert für Gründungsunternehmen mit höherer wirtschaftlicher Aktivität liegt bei 12 %[7], wobei hier die für Restarter typischen Kleingründungen unterrepräsentiert sind.

---

[5] Vormals ZEW-Gründungspanel.
[6] Der Anteilswert an den Gründungsplanenden gemäß Gründerpanel des IfM Bonn dürfte den Restarteranteil unterschätzen, weil hier nur Personen, die ihren Bedarf an gründungsrelevantem Wissen über den Besuch einer Gründungsmesse decken wollen, erfasst werden. Solche Veranstaltungen besuchen vormals Selbstständige aufgrund der bereits erworbenen Gründungserfahrung seltener als Erstgründende.
[7] Wert ergibt sich aus der Addition der Anteilswerte von Restartern nach Insolvenz und nach Unternehmensliquidation.

Tabelle 1:   Anteile von Restartern in Deutschland

Definition des Scheiterns	Anteils-wert	bezogen auf …	Datenquelle	Fundstelle
Insolvenz	1,7 %	Gründungsunternehmen mit höherer wirtschaftlicher Aktivität	KfW/ZEW-Gründungspanel	Gude et al. 2008
	0,6 %	Unternehmen mit höherer wirtschaftlicher Aktivität	ZEW-Gründungspanel, 1990 bis 2004	Metzger/Niefert 2006a
	1,8 %	Gründer/innen	KfW-Gründungsmonitor 2003	Tchouvakhina 2005
Unternehmens-liquidation	10,7 %	Gründungsunternehmen mit höherer wirtschaftlicher Aktivität	KfW/ZEW-Gründungspanel	Gude et al. 2008
(kein Verkauf)	12,2 %	Gründer/innen	KfW-Gründungsmonitor 2003	Tchouvakhina 2005
	10,7 %	Gründer/innen der Jahre 1992 bis 1997	Gründungen aus Köln (GrünCol) 1998	Kay et al. 2004
	23,0 %	Personen mit ersten Gründungsschritten (nascent entrepreneurs)	Regional Entrepreneurship Monitor Deutschland 2001	Wagner 2003
	18,0 %	Selbstständige (active owners)	Regional Entrepreneurship Monitor Deutschland 2001	Wagner 2003
Selbsteinschätzung: nicht erfolgreich	5,7 %	Gründungsplanende	Gründerpanel des IfM Bonn, 2003 bis 2009	

© IfM Bonn

Quelle: Eigene Zusammenstellung (in Anlehnung an Kranzusch/Kay 2007: 91).

Da eine weite Definition des Scheiterns die Personengruppe mit Scheiternserfahrung genauer abbildet, gehen wir davon aus, dass etwa zwischen 11 % (GrünCol) und 18 % (REM) der Gründenden Restarter sind. Vormals Gescheiterte haben demnach einen beachtlichen Anteil am Gründungsgeschehen. Von den rund 450.000 Gründungen jährlich entfallen damit 45.000 bis 80.000 auf Restarter.

3   Die Datenbasis: das Gründerpanel des IfM Bonn

Das Gründerpanel des IfM Bonn zeichnet sich dadurch aus, dass es Gründende nicht erst erfasst, nachdem sie den Schritt in die Selbstständigkeit vollzogen haben, sondern bereits in der Informations- und Beratungsphase im Vorfeld des Markteintritts. Um die Entscheidungsphase von solchen im weitesten Sinne gründungsinteressierten Personen nachvollziehen zu können, hat das IfM Bonn Besucher von Gründungsmessen interviewt.

Solche Messen werden an verschiedenen Orten Deutschlands abgehalten. In die Datenbasis für den vorliegenden Beitrag sind 21 Veranstaltungen eingegangen: die ‚StartMesse' Essen 2003 bis 2008, die Messe ‚KarriereChance' in Dresden 2004, die ‚Deutschen Gründer- und Unternehmertage - deGUT' 2004 bis 2009 in Berlin, die ‚NewCome' 2004, 2006 und 2009 in Stuttgart, die ‚StartMesse' Bremen 2005, 2007 und 2008, die Messe ‚Aufschwung' 2007 in Frankfurt am Main sowie die ‚StartMesse' 2007 in Nürnberg.

Auf diesen Messen wurden per Zufall ausgewählte Besucherinnen und Besucher mittels eines standardisierten Fragebogens befragt[8]. Unter diesen befanden sich 8.260 Personen (Stand Juli 2009), die zum Zeitpunkt der Messe weder im Neben- noch im Haupterwerb selbstständig tätig waren. Sie werden hier als potenzielle Gründende oder Gründungsplanende bezeichnet. Sie wurden rund zehn Monate nach Besuch der Messe erneut zum Stand ihres Gründungsvorhabens befragt. Diejenigen, die in der Zwischenzeit den Schritt in die Selbstständigkeit vollzogen haben, werden hier als Gründende bezeichnet. Diejenigen, die ihre Gründungspläne dann noch nicht realisiert haben, wurden weitere zwölf Monate später nochmals angeschrieben und befragt. Wer nach nunmehr knapp zwei Jahren ein Unternehmen gegründet hat, wird ebenfalls der Gruppe der Gründenden zugeordnet. Sie umfasst im Juli 2009 896 Personen.

4   Charakteristika von (potenziellen) Restartern und ihren Unternehmen

4.1   Potenzielle Restarter

4.1.1 Soziodemografie

Gründungsplanende, die zuvor bereits – erfolgreich oder nicht – unternehmerisch tätig waren, sind mit 40 Lebensjahren im Schnitt rund fünf Jahre älter als potenzielle Erstgründende (vgl. Tabelle 2). Dies liegt in den unterschiedlichen Erwerbsbiografien von potenziellen Erst- und Wiederholungsgründenden begründet. Frauen sind in der Gruppe der potenziellen Restarter deutlich unterrepräsentiert.

---

[8] Zur Anlage des Gründerpanels und zu seiner Repräsentativität siehe Kranzusch (2005).

Tabelle 2:   Soziodemografie von Gründungsplanenden nach bisheriger Selbstständigkeitserfahrung

Merkmal		Re-starter	Wiederholungs-gründende o.S.	Erst-gründende	Ge-samt	Fall-zahl	Signifi-kanz
Alter in Jahren		40,3	40,7	35,2	35,9	7.082	***
Frauenanteil (in %)		27,6	36,3	42,8	41,3	7.182	***
Familienstand (in %)						6.045	***
Ledig	Frauen	38,7	42,9	55,6			
Ledig	Männer	46,9	48,4	59,2			
Ledig	Insgesamt	44,7	46,4	57,6	55,8		
Verheiratet, feste o. eingetr. Partnerschaft	Frauen	43,2	34,9	34,6			
Verheiratet, feste o. eingetr. Partnerschaft	Männer	41,8	44,8	37,0			
Verheiratet, feste o. eingetr. Partnerschaft	Insgesamt	42,2	41,1	35,9	36,9		
Geschieden/ Getrennt lebend	Frauen	17,1	19,5	9,4			
Geschieden/ Getrennt lebend	Männer	10,5	6,2	3,8			
Geschieden/ Getrennt lebend	Insgesamt	12,3	11,1	6,1	6,9		
Verwitwet	Frauen	0,0	2,7	0,4			
Verwitwet	Männer	0,7	0,5	0,1			
Verwitwet	Insgesamt	0,5	1,3	0,2	0,3		
Elternschaft (in %)		55,1	55,0	40,2	42,4	6.919	***
Kinderzahl		1,87	1,90	1,79	1,81	2.934	**
Alter jüngstes Kind		11,8	13,8	11,4	11,7	2.157	***

© IfM Bonn

Signifikanzniveau mindestens bei *** 1 %, ** 5 %, * 10 %; o.S. = ohne Scheiternserfahrung.

Quelle: Gründerpanel des IfM Bonn

Das Alter beeinflusst andere soziodemografische Merkmale und begründet im We-sentlichen die Unterschiede in der Soziodemografie der betrachteten potenziell Grün-denden. So sind Wiederholungsgründende mit Anteilen von über 41 % häufiger als Erstgründende verheiratet. Andererseits ist der Anteil der Wiederholungsgründenden, die eine feste Partnerschaft beendet haben, mit rund 12 % doppelt so hoch wie bei Erstgründenden. Sich mit Gründungsplänen tragende Frauen sind häufiger als Männer geschieden und seltener verheiratet oder ledig. Dieses Muster zeigt sich in allen drei betrachteten Personengruppen, lediglich bei verheirateten potenziellen Restartern sind die Geschlechter gleich stark vertreten.

Wiederholungsgründende haben insgesamt häufiger und (im Durchschnitt) mehr Kinder als Erstgründende. Hinsichtlich des Alters des letztgeborenen Kindes unterscheiden sich Restarter von den Wiederholungsgründenden ohne Scheiternserfahrung, deren Kinder deutlich älter sind als die von Restarten und auch von Erstgründenden.

4.1.2 Humankapital

Über die Selbstständigkeitserfahrung hinaus liegen weitere Angaben zum Humankapital der Gründungsplanenden vor (vgl. Tabelle 3).

Tabelle 3:   *Humankapital und Erwerbsstatus der Gründungsplanenden nach bisheriger Selbstständigkeitserfahrung, in %*

Merkmal	Re-starter	Wiederholungs-gründende o.S.	Erst-gründende	Ge-samt	Fall-zahl	Signi-fikanz
Schulbildung					7.121	
Kein Schulabschluss	0,7	0,6	0,3	0,4		
Hauptschule	11,5	6,1	7,7	7,8		
Mittlere Reife, Poly-techn. Oberschule	30,7	24,2	26,1	26,2		
(Fach)Abitur	56,8	68,9	65,5	65,3		
(Fach)Hochschulabschl.	37,4	47,6	41,5	41,8	7.011	***
Berufsausbildung	61,8	49,9	55,4	55,3	7.011	***
Meisterabschluss	5,2	7,5	6,3	6,3	7.011	
Branchenerfahrung	72,9	84,6	57,2	60,5	6.752	***
Eltern selbstständig	26,2	34,3	27,4	27,9	7.165	***
Erwerbsstatus					3.964	***
Erwerbstätig	45,6	48,0	50,5	50,0		
In Ausbildung, Studium oder Umschulung	10,1	11,2	18,5	17,4		
Nicht erwerbstätig	44,3	40,7	31,0	32,6		
Arbeitslosmeldung	44,7	30,4	26,4	27,8	3.647	***
					© IfM Bonn	

Signifikanzniveau mindestens bei *** 1 %, ** 5 %, * 10 %; o.S. = ohne Scheiternserfahrung

Quelle: Gründerpanel des IfM Bonn

Potenzielle Restarter weisen eine tendenziell niedrigere Schulbildung auf als die beiden anderen Gruppen. Die Unterschiede im Niveau der beruflichen Qualifikation sind größer. So haben potenzielle Restarter häufiger als die beiden anderen Gruppen eine Berufsausbildung abgeschlossen und seltener eine (Fach-)Hochschule. Potenzielle Wiederholungsgründende ohne Scheiternserfahrung verfügen am häufigsten über Erfahrungen in der Branche, in der das geplante Gründungsvorhaben angesiedelt sein soll. Sie sind zudem häufiger als potenzielle Restarter und Erstgründende in einem Unternehmerhaushalt aufgewachsen. In der Summe aller Bildungsmerkmale lässt sich, vor allem wegen der besonderen Bedeutung der Branchenerfahrung für das Gründungsvorhaben (vgl. z.B. Werner et al. 2005: 70), schließen, dass die Gruppe der potenziellen Wiederholungsgründenden ohne Scheiternserfahrung tendenziell über die umfangreichste gründungsbezogene Humankapitalausstattung verfügt. Restarter wiederum besitzen mehr berufliches und branchenbezogenes Erfahrungswissen als Erstgründende.

Die Humankapitalausstattung der Gründungsgruppen spiegelt sich in gewisser Weise in ihren Angaben zur aktuellen Erwerbslage wider. Knapp ein Fünftel der potenziellen Erstgründenden ist zum Befragungszeitpunkt noch in der Ausbildungsphase. Sie verfügen demnach über weniger berufliche Erfahrungen und frühere Geschäftskontakte. Potenzielle Wiederholungsgründende sind dagegen häufiger nicht erwerbstätig. Knapp jeder zweite potenzielle Restarter ist arbeitslos gemeldet.

4.1.3   Das geplante Gründungsvorhaben

Entscheidend für eine Gründung ist die Entwicklung einer Geschäftsidee. Mit knapp drei Vierteln verfügt die überwiegende Mehrheit der Gründungsplanenden bereits über eine solche Gründungsidee. Lediglich ein Viertel hat demnach die erste Phase des Vorgründungsprozesses, die Ideenfindung, noch nicht abgeschlossen (vgl. Tabelle 4). Die Mehrzahl der potenziell Gründenden ist auch bereits in der Lage, weitere Auskünfte zum geplanten Gründungsvorhaben zu geben. So planen zwei von drei Befragten eine Neugründung (potenzielle Restarter etwas häufiger als die anderen), knapp jede/r Fünfte hat sich hierüber noch keine Meinung gebildet. 70 % streben die Gründung eines Vollerwerbsunternehmens an, erwarten also, dass sie mit dem unternehmerischen Einkommen ihren Lebensunterhalt decken können. Potenzielle Restarter und Wiederholungsgründende ohne Scheiternserfahrung planen dabei häufiger als potenzielle Erstgründende eine Vollzeitgründung.

Tabelle 4:   Geplantes Gründungsvorhaben nach bisheriger Selbstständigkeitserfahrung, in %

Merkmal	Re-starter	Wiederholungs-gründende o.S.	Erst-gründende	Ge-samt	Fall-zahl	Signi-fikanz
Geschäftsidee vorhanden	76,9	76,1	73,0	73,5	6.616	
Art der Gründung					4.580	*
Neugründung	77,8	71,2	71,0	71,4		
Übernahme	6,3	7,7	7,2	7,2		
Sonstiges	2,8	3,4	3,2	3,2		
Weiß noch nicht	13,0	17,8	18,6	18,2		
Zeitumfang					6.616	**
Vollzeitgründung	74,4	74,4	69,3	70,0		
Teilzeitgründung	12,0	13,9	16,6	16,1		
Weiß noch nicht	13,6	11,7	14,1	13,9		

© IfM Bonn

Signifikanzniveau mindestens bei *** 1 %, ** 5 %, * 10 %; o.S. = ohne Scheiternserfahrung

Quelle: Gründerpanel des IfM Bonn

4.1.4 Finanzierung des Gründungsvorhabens

Im Stadium der Gründungsplanung sind die Vorstellungen darüber, welcher Kapital-bedarf durch die Existenzgründung entsteht, oft noch vage. Erhebungen zum Kapi-talbedarf bereiten insofern methodische Probleme, als lediglich Erwartungen geäußert werden, die sich erst mit Voranschreiten der Planungen weiter konkretisieren. Die Fragen ‚Wie viel Startkapital ist nötig?' und ‚Reicht die Ausstattung mit Eigen- und Fremdkapital für die spezifische Geschäftsidee aus?' werden dabei nicht unabhängig voneinander beantwortet. Diese Interdependenz gilt es bei der Interpretation der fi-nanziellen Seite der Gründungspläne zu beachten.

Nach dem voraussichtlich benötigten Startkapital gefragt, scheinen potenzielle Restarter häufiger als die anderen Planenden bereits konkrete Vorstellungen zu haben (vgl. Tabelle 5). Potenzielle Restarter nennen dabei tendenziell niedrigere Startkapital-beträge als die anderen Gründungsgruppen. Die Hälfte beabsichtigt, weniger als 15.000 Euro einzusetzen. Bemerkenswerterweise sind potenzielle Restarter aber stär-ker in der höchsten Startkapitalklasse (45.000 Euro und mehr) vertreten als die beiden anderen betrachteten Gründungsgruppen.

Tabelle 5:   Voraussichtlich benötigtes Startkapital für das geplante Gründungsvorhaben, in %

Startkapital in Euro	Restarter	Wiederholungs- gründende o.S.	Erstgründende	Insgesamt
Unter 5.000	26,7	20,0	17,8	18,6
5.000 - 15.000	23,3	17,3	15,2	15,9
15.000 - 25.000	11,7	12,0	8,7	9,2
25.000 - 35.000	15,0	17,3	12,0	12,6
35.000 - 45.000	1,7	8,0	6,3	6,1
45.000 und mehr	18,3	14,7	13,9	14,2
Weiß noch nicht	3,3	10,7	26,1	23,4
Insgesamt	100,0	100,0	100,0	100,0
n =	60	75	792	927
				© IfM Bonn

Signifikant auf dem 1 %-Niveau; o.S. = ohne Scheiternserfahrung.

Quelle: Gründerpanel des IfM Bonn (Essen 2004, Stuttgart 2004, Berlin 2005 und 2006)

Das IfM Bonn hat auf späteren Messen die Frage nach dem Startkapital modifiziert und die Angabe differenziert nach eigen- und fremdfinanziertem Startkapital erhoben (vgl. Tabellen 6 und 7). Aussagen zur Startkapitalhöhe insgesamt sind so nicht mehr möglich. Potenzielle Restarter geben aber weiterhin niedrigere Startkapitalbeträge an als die anderen beiden Gründungsgruppen. Die Differenzierung nach Eigen- und Fremdkapital zeigt, dass diejenigen Gründungsplanenden, die 45.000 Euro und mehr in ihr Gründungsvorhaben investieren wollen, diese Beträge häufig nicht aus eigenen, sondern aus fremden Quellen finanzieren wollen. Auch wenn die potenziellen Restarter nicht in der Lage zu sein scheinen, Eigenkapital in gleichem Umfang wie die beiden übrigen Gründungsgruppen in das Gründungsvorhaben einzubringen, können offenbar rund 15 % der Restarter dennoch Beträge in Höhe von 25.000 Euro und mehr aufbringen. Und vier von fünf gehen davon aus, dass sie Fremdkapital einwerben können.

Tabelle 6:   *Voraussichtlich in das geplante Gründungsvorhaben investiertes Eigenkapital, in %*

Startkapital in Euro	Restarter	Wiederholungs- gründende o.S.	Erstgründende	Insgesamt
Unter 5.000	46,3	29,5	33,2	33,6
5.000 - 15.000	20,0	26,9	21,8	22,1
15.000 - 25.000	8,4	12,8	10,6	10,7
25.000 - 35.000	5,3	7,7	5,9	6,0
35.000 - 45.000	3,2	7,1	3,6	3,9
45.000 und mehr	6,3	6,4	6,1	6,1
Weiß noch nicht	10,5	9,6	18,8	17,6
Insgesamt	100,0	100,0	100,0	100,0
n =	95	158	1.591	1.842
				© IfM Bonn

Signifikant auf dem 5 %-Niveau; o.S. = ohne Scheiternserfahrung.

Quelle: Gründerpanel des IfM Bonn (Erhebungen ab 2005, ohne Berlin 2005 und 2006)

Tabelle 7:   *Voraussichtlich in das geplante Gründungsvorhaben investiertes Fremdkapital, in %*

Startkapital in Euro	Restarter	Wiederholungs- gründende o.S.	Erstgründende	Insgesamt
Unter 5.000	21,8	26,3	21,0	21,6
5.000 - 15.000	18,4	10,5	12,2	12,4
15.000 - 25.000	9,2	11,8	9,1	9,3
25.000 - 35.000	5,7	3,9	6,3	6,0
35.000 - 45.000	3,4	5,3	4,6	4,6
45.000 und mehr	24,1	28,9	18,7	20,0
Weiß noch nicht	17,2	13,2	28,0	26,1
Insgesamt	100,0	100,0	100,0	100,0
n =	87	152	1.388	1.627
				© IfM Bonn

Signifikant auf dem 1 %-Niveau; o.S. = ohne Scheiternserfahrung.

Quelle: Gründerpanel des IfM Bonn (Erhebungen ab 2005, ohne Berlin 2005 und 2006)

Offenbar unterscheiden sich die Erwartungen der potenziellen Restarter hinsichtlich der Finanzierungsmöglichkeiten nicht so sehr von denen der potenziellen Wiederholungsgründenden ohne Scheiternserfahrung, wie auf Basis der Fallstudien von Kay et al. (2004) zu vermuten gewesen wäre. Diese Erwartungen werden durch die Analyse der finanziellen Belastungen, die aus der vorangegangenen unternehmerischen Tätigkeit noch verblieben sind, gestützt (vgl. Tabelle 8). Zwar sind mit knapp 30 % deutlich mehr potenzielle Restarter noch durch Schulden aus dieser Zeit belastet als potenzielle Wiederholungsgründende ohne Scheiternserfahrung. Darüber sollte aber nicht übersehen werden, dass auch die überwiegende Mehrheit der potenziellen Restarter ohne zusätzliche finanzielle Belastungen in das neuerliche Gründungsvorhaben gehen kann, auch wenn deren Eigenmittel durch das frühere Scheitern in den meisten Fällen reduziert worden sein dürften.

Tabelle 8: *Schulden potenzieller Wiederholungsgründender aus vorheriger Selbstständigkeitsphase, in %*

	Restarter	Wiederholungsgründende ohne Scheiternserfahrung	Insgesamt
Ja	28,6	11,2	17,4
Nein	71,4	88,8	82,6
Insgesamt	100,0	100,0	100,0
n =	154	278	432
			© IfM Bonn

Signifikant auf dem 0,1 %-Niveau.

Quelle: Gründerpanel des IfM Bonn (Erhebungen in Berlin 2004, 2006 bis 2009, Bremen 2008, Dresden 2004, Essen 2007, Frankfurt 2007, Stuttgart 2006, 2009)

Ingesamt geht mit rund einem Viertel aller Gründungsplanenden eine Minderheit davon aus, dass sie keine Probleme haben werden, ausreichend Startkapital zu beschaffen (vgl. Tabelle 9). Potenzielle Wiederholungsgründende ohne Scheiternserfahrung sind hier am zuversichtlichsten. Demgegenüber erwarten mit einem Anteil von über 50 % überdurchschnittlich viele der potenziellen Restarter derartige Probleme. Auch dieser Befund mündet in die Einschätzung: Die finanziellen Gründungsvoraussetzungen der potenziellen Restarter sind signifikant schlechter als die der übrigen Gründungsplanenden, aber die Unterschiede sind nicht enorm.

Tabelle 9:   *Zustimmung zur Aussage: Ich habe keine Probleme, ausreichend Startkapital zu beschaffen, in %*

	Restarter	Wiederholungs-gründende o.S.	Erstgründende	Insgesamt
Stimme ich (eher) zu	26,5	32,4	27,2	27,7
Unentschieden	22,4	29,3	33,7	32,6
Stimme ich (eher) nicht zu	51,2	38,3	39,1	39,8
Insgesamt	100,0	100,0	100,0	100,0
n =	268	426	3.822	4.516
				© IfM Bonn

Signifikant auf dem 0,1 %-Niveau; o.S. = ohne Scheiternserfahrung.

Quelle: Gründerpanel des IfM Bonn (Erhebungen ab 2004)

4.2   *Die realisierte Gründung*

Ungeachtet der Unterschiede in den Gründungsvoraussetzungen hat knapp zwei Jahre nach dem Messebesuch jeweils die Hälfte der potenziellen Restarter, Wiederholungsgründenden ohne Scheiternserfahrung und Erstgründenden den Schritt in die Selbstständigkeit vollzogen[9]. Allerdings haben 7,9 % der Restarter ihre unternehmerische Tätigkeit zwischenzeitlich schon wieder aufgegeben, bei den übrigen Wiederholungsgründenden ist dies nur in 1,2 % und bei den Erstgründenden in 3,6 % der Fälle so.

Wie den Tabellen 10 und 11 zu entnehmen ist, unterscheiden sich die realisierten Gründungsvorhaben der drei Gründungsgruppen in den betrachteten Merkmalen nicht signifikant voneinander. Mit 92,3 % hat sich die weit überwiegende Mehrheit aller Gründenden letztlich für eine Neugründung entschieden. Weitergehende Analysen zeigen, dass auch die Mehrheit derjenigen, die eine andere Form der Gründung angestrebt oder davon zur Zeit des Messebesuchs noch keine Vorstellung hatten, letztlich ein neues Unternehmen gegründet hat. 82 % der Unternehmen werden in der Rechtsform eines Einzelunternehmens geführt, weitere 9 % als GbR. 16 % der Gründungen

---

[9] Aus verschiedenen Gründen gelingt es nicht, alle befragten Messebesucher ein Jahr bzw. zwei Jahre später erneut zu befragen. Beispielsweise sind sie unbekannt verzogen oder sie sind nicht mehr bereit, sich an weiteren Befragungen zu beteiligen. Die Rücklaufquoten bewegen sich zwischen etwa 30 % und 50 %. Ob die hier wiedergegebenen Gründungsumsetzungsraten auch für die nicht erreichten Messebesucher Gültigkeit haben, muss bezweifelt werden. Da es aber keinen Anlass gibt, davon auszugehen, dass es systematische Verzerrungen im Antwortverhalten der drei Gründungsgruppen gibt, ist zwar der absoluten Höhe der Anteilswerte mit Vorsicht zu begegnen, dem ausgewiesenen Verhältnis der Gruppen untereinander aber keineswegs. Werner/Faulenbach (2008) haben für eine vorausgegangene Stichprobe des Gründerpanels mittels multivariater Verfahren zeigen können, dass eine frühere Selbstständigkeitserfahrung, egal ob erfolgreich oder nicht, keinen Einfluss auf die Wahrscheinlichkeit hat, ein Gründungsvorhaben tatsächlich umzusetzen.

erfolgten zusammen mit einem Partner. Die Gründenden wenden im Durchschnitt 41,4 Stunden pro Woche für ihre unternehmerische Tätigkeit auf.

Tabelle 10: Die realisierte Gründung nach früherer Selbstständigkeitserfahrung, in %

Merkmal	Restarter	Wiederholungs-gründende o.S.	Erst-gründende	Gesamt	Fallzahl
Art der Gründung					826
Neugründung	95,8	92,4	92,0	92,3	
Übernahme	4,2	3,8	6,5	6,2	
Franchise	0,0	2,5	0,1	0,4	
Sonstiges	0,0	1,3	1,3	1,2	
Partnergründung	10,6	17,7	15,6	15,5	825
Rechtsform					826
Einzelunternehmen	89,6	84,8	81,7	82,4	
GbR	2,1	10,1	9,4	9,1	
GmbH	4,2	3,8	4,9	4,7	
Sonstige	4,2	1,3	4,0	3,8	
Wöch. Arbeitszeit (Std.)	37,5	45,4	41,2	41,4	807
				© IfM Bonn	

Unterschiede statistisch nicht signifikant; o.S. = ohne Scheiternserfahrung.

Quelle: Gründerpanel des IfM Bonn

Tabelle 11 gibt die Tätigkeitsfelder, in denen die Unternehmen angesiedelt sind, wieder. Am stärksten sind die Bereiche technisch-innovative Dienste[10], Handel/Vertrieb, Beratungs- und Finanzdienstleistungen sowie Wellness/Gesundheit/Senioren besetzt. Gründungen außerhalb des Dienstleistungsbereichs spielen eine untergeordnete Rolle. So entfallen lediglich 7 % auf das Baugewerbe und 4 % auf das verarbeitende Gewerbe/Reparatur. Auch wenn die Unterschiede statistisch nicht signifikant sind, fallen doch einige Abweichungen zwischen den Restartern und den anderen beiden Gründungsgruppen ins Auge. So sind die Restarter mit einem Anteil von 23 % überdurchschnittlich häufig im Bereich Handel/Vertrieb und mit 13 % im Bereich Verarbeitendes Gewerbe/Reparatur tätig. Seltener als die Unternehmen der anderen sind ihre Unternehmen in den Bereichen Wellness/Gesundheit/Senioren, Bau und Training/Bildung/Personaldienste angesiedelt.

---

[10] Hierunter fallen alle Ingenieur/inn/e/n, Architekt/inn/en, EDV-, Internet- und Forschungsdienstleistenden, Internethändler/innen und innovative Gewerbe, z.B. im Segment Biotechnologie.

Tabelle 11:   Tätigkeitsfelder der realisierten Gründungsvorhaben, nach früherer
Selbstständigkeitserfahrung, in %

Tätigkeitsfeld	Restarter	Wiederholungs-gründende o.S.	Erstgründende	Insgesamt
Technisch-innovative Dienste	18,8	16,9	14,4	14,9
Handel, Vertrieb	22,9	10,4	14,4	14,5
Beratungs- und Finanz-dienstleistungen	12,5	16,5	9,8	10,7
Wellness, Gesundheit, Senioren	4,2	9,1	11,0	10,4
Kommunikation, Werbung, Medien	12,5	6,5	10,1	9,9
Bau	2,1	5,2	8,1	7,4
Training, Bildung, Personaldienste	0,0	9,1	5,4	5,5
Verarb. Gewerbe (ohne FuE-intensive Bereiche)	12,5	2,6	4,0	4,3
Gastronomie (ohne Hotels)	2,1	3,9	3,7	3,6
Buchhaltung, Büro-, Schreibdienste	2,1	2,6	3,7	3,5
Sonstige Dienstleist.	10,4	9,1	11,7	11,4
Sonstiges	0,0	8,1	3,7	3,9
Insgesamt	100,0	100,0	100,0	100,0
n =	48	77	681	806
				© IfM Bonn

O.S. = ohne Scheiternserfahrung.

Quelle: Gründerpanel des IfM Bonn

Eine Gegenüberstellung der geplanten mit den realisierten Tätigkeitsfeldern zeigt, dass je nach Tätigkeitsfeld zwischen 21 % (Wellness/Gesundheit/Senioren) und 61 % (Verarbeitendes Gewerbe/Reparatur) der Pläne nicht umgesetzt wurden und die Gründenden in andere Tätigkeitsfelder gewechselt sind. Eine nach Gründungsgruppen differenzierte Analyse ist gegenwärtig aufgrund der Fallzahl noch nicht möglich.

Wie sich an den Tätigkeitsfeldern oder der Gründungsform zeigt, treten in dem Zeitraum zwischen Messebesuch und Markteintritt offenbar Umstände auf, die zu teils grundlegenden Änderungen der Gründungspläne führen. Um welche Umstände es sich dabei handelt und ob hier Unterschiede zwischen den drei betrachteten Gründungsgruppen bestehen, kann mittels des Gründerpanels des IfM Bonn (zumindest gegenwärtig) nicht untersucht werden.

5   Gründungshemmnisse und -probleme von (potenziellen) Restartern

Das Gründerpanel des IfM Bonn gibt Auskunft über Hemmnisse, die im Zuge der Gründung auftreten. Dabei wird unterschieden, ob bestimmte Sachverhalte zur Verzögerung bzw. zum Abbruch einer geplanten Gründung geführt (Kapitel 5.1) oder ob sie lediglich eine vollzogene Gründung erschwert haben (Kapitel 5.2).

5.1   *Gründe für die (noch) nicht vollzogene Gründung*

Potenziell Gründende, die ihre Pläne zehn Monate nach Besuch der Gründungsmesse noch nicht umgesetzt hatten, wurden nach ihren Gründen für den Verzug oder den Abbruch der Gründung befragt. Sie wurden gebeten, für eine Reihe vorgegebener Hürden auf einer Skala von 1 = ‚trifft überhaupt nicht zu' bis 5 = ‚trifft voll zu' anzugeben, inwieweit diese verantwortlich für die bisherige Nichtrealisation der Gründungspläne waren. Diejenigen, die ein weiteres Jahr später ihre Gründungspläne immer noch nicht umgesetzt hatten, wurden abermals nach den Gründen hierfür befragt.

Wie Tabelle 12 zu entnehmen ist, erweisen sich im ersten Jahr vor allem drei Ursachenkomplexe als bedeutend. Das in der Summe am stärksten wirkende Ursachenbündel betrifft Defizite im Prozess der Gründungsplanung selbst (‚Ich benötige noch mehr Vorbereitungszeit' sowie ‚Zur Umsetzung des Gründungsvorhabens benötige ich noch mehr Wissen bzw. Erfahrung'), mit Durchschnittswerten von 3,55 bzw. 3,35. Diese Defizite führen letztlich dazu, dass der Entscheidungs- und Umsetzungsprozess nicht abgeschlossen wird. Ein zweiter Komplex betrifft Finanzierungsprobleme (‚Meine eigenen Finanzierungsmittel reichen nicht aus', ‚Ich habe (noch) keine Fördermittel erhalten' sowie ‚Ich habe (noch) keinen Kredit von Geschäftsbanken erhalten'), die mit Durchschnittswerten von 3,33, 2,91 bzw. 2,77 noch eine erhebliche Bedeutung für die Nichtrealisation der Gründung haben. Ein dritter Ursachenkomplex spiegelt die Risikoneigung der Befragten wider. Die Zustimmungen zu den Aussagen ‚Das finanzielle Risiko ist für meinen Haushalt zu groß', ‚Mein Ziel ist doch eher eine Anstellung als Arbeitnehmer' sowie ‚Die Angst, als Unternehmer/in zu scheitern, war zu groß' erreichen Durchschnittswerte von 3,33, 2,60 bzw. 2,54 und sind damit ebenfalls für einen größeren Teil der Befragten ursächlich dafür, den Schritt in die Selbstständigkeit (noch) nicht vollzogen zu haben. Abgesehen von dem marktseitigen Faktor ‚Die Chance auf ein ausreichendes Einkommen war zu gering' spielen alle weiteren Gründe eine eher untergeordnete Rolle.

Tabelle 12: Hemmnisse in der Vorgründungsphase, nach früherer Selbstständigkeitserfahrung, 10 Monate und 22 Monate nach dem Messebesuch, Mittelwerte

Hemmnisse	10 Monate nach Messebesuch				22 Monate nach Messebesuch			
	Rang	Re-starter	WoS	Erst-grün-dende	Rang	Re-starter	WoS	Erst-grün-dende
Längere Vorberei-tungszeit nötig	1.	3,70	3,38	3,55	4. **	2,60	2,56	3,39
Mehr Wissen/ Erfahrung benötigt	2. **	3,64	2,77	3,37	5. ***	2,40	2,00	3,32
Finanzielles Risiko zu groß	3.	3,14	2,98	3,37	1.	3,67	3,27	3,60
Eigene Finanzierungs-mittel reichen nicht	3. *	3,88	3,48	3,28	2.	3,68	3,61	3,44
Chance auf ausreich. Einkommen zu gering	5.	3,08	3,02	3,11	3. *	3,58	2,82	3,46
(Noch) keine Förder-mittel erhalten	6. **	3,73	3,13	2,83	8.	2,90	3,12	2,77
(Noch) keinen Kredit von Bank erhalten	7. **	3,57	2,80	2,71	9.	2,95	2,68	2,64
Abhängige Beschäf-tigung bevorzugt	8. **	2,15	2,23	2,66	6.	2,57	2,37	2,90
Angst vor dem Scheitern	9. **	2,37	1,92	2,61	7. ***	2,09	2,03	2,94
Belastung durch Fami-lie/Kindererziehung	10.	2,15	2,07	1,99	10.	2,43	1,73	2,32
Ablehnung im persön-lichen Umfeld	11.	1,82	1,57	1,81	12. *	1,76	1,41	1,91
Von Geschäftspartnern nicht akzeptiert	12.	1,40	1,38	1,49	11. *	1,10	1,36	1,60
	n = 806				n = 414		© IfM Bonn	

Signifikanzniveau mindestens bei *** 1 %, ** 5 %, * 10 %.
WoS: Wiederholungsgründende ohne Scheiternserfahrung.

Quelle: Gründerpanel des IfM Bonn

Zwischen den drei betrachteten Gründungsgruppen bestehen bei der Hälfte der Gründe statistisch signifikante Bedeutungsunterschiede. Zu den bedeutsameren zählen ‚Zur Umsetzung des Gründungsvorhabens benötige ich noch mehr Wissen bzw. Erfahrung', ‚Meine eigenen Finanzierungsmittel reichten nicht aus', ‚Ich habe (noch) keine Fördermittel erhalten' und ‚Ich habe (noch) keinen Kredit von Geschäftsbanken erhalten'. Fehlendes Wissen hält vormals erfolgreiche Unternehmerinnen und Unternehmer eher selten, potenzielle Restarter hingegen am häufigsten von den drei betrachteten Gruppen von einer zügigen Realisation des Gründungsvorhabens ab. Die komplizierten rechtlichen Rahmenbedingungen für Restarter, die noch keine Altschuldenregelung vereinbart haben, führen offenbar zu Verzögerungen, die nicht durch allgemeine Gründungserfahrungen auszugleichen sind (vgl. auch Kay et al. 2004). Wie bereits vermutet, kommt nicht ausreichendem Eigenkapital ebenso wie fehlenden Fördermitteln und Krediten von Geschäftsbanken bei potenziellen Restartern eine höhere Bedeutung für die (noch) nicht erfolgte Umsetzung des Gründungsplanes zu als bei anderen Planenden.

Für diejenigen, die weitere zwölf Monate später ihr Gründungsvorhaben noch immer nicht realisiert oder endgültig abgebrochen haben, hat sich die Bedeutung der drei Hemmnisgruppen gewandelt[11]. An Bedeutung verloren haben die Hemmnisse ‚Längere Vorbereitungszeit erforderlich' und ‚Mehr Wissen/Erfahrung erforderlich'. Dies ist naheliegend, da sich beide im Zeitablauf abschwächen sollten. An Bedeutung gewonnen haben Hemmnisse wie ‚Finanzielles Risiko zu groß', ‚Eigene Finanzierungsmittel reichen nicht' und ‚Chance auf ausreichendes Einkommen zu gering'. Damit kommt es bei den Gründungsplanenden offenbar zu einer Verschiebung in der Bewertung der Erfolgsaussichten und Realisierungschancen. Ob mehr Wissen zu einer realistischeren Einschätzung der Situation geführt hat oder aber die Risikoaversion im Zeitablauf zugenommen hat, muss offen bleiben.

22 Monate nach Messebesuch sind weiterhin signifikante Bedeutungsunterschiede zwischen den drei Gründungsgruppen zu beobachten. Hemmnisse wie ‚Längere Vorbereitungszeit erforderlich' und ‚Mehr Wissen/Erfahrung erforderlich' sind für potenzielle Erstgründende deutlich bedeutsamer als für potenzielle Wiederholungsgründende. Für potenzielle Wiederholungsgründende ohne Scheiternserfahrung galt dies auch schon zehn Monate nach Messebesuch. Für potenzielle Restarter haben diese beiden Hemmnisse erheblich an Bedeutung verloren. Umgekehrt haben die Aspekte ‚Chance auf ausreichendes Einkommen zu gering' und ‚Finanzielles Risiko zu groß' im Zeitablauf für potenzielle Restarter an Bedeutung gewonnen.

---

[11] Die in Tabelle 11 wiedergegebenen Werte für den Zeitpunkt ‚10 Monate nach Messebesuch' ändern sich nur geringfügig, wenn die Berechnungen alleine für diejenigen durchgeführt werden, die sich auch 22 Monate nach Messebesuch noch nicht selbstständig gemacht oder die Selbstständigkeit bereits wieder aufgegeben haben.

5.2   Probleme in der Gründungsphase

Erste Anhaltspunkte zu den Erfolgsaussichten liefert eine Analyse der während des Vollzugs der Gründung auftretenden Probleme. Hierzu wurden diejenigen befragt, die innerhalb der 22 Monate nach dem Messebesuch ein Unternehmen gegründet hatten[12].

Abbildung 2:   Probleme während der Start- bzw. Nachgründungsphase, Mehrfachnennungen, in %

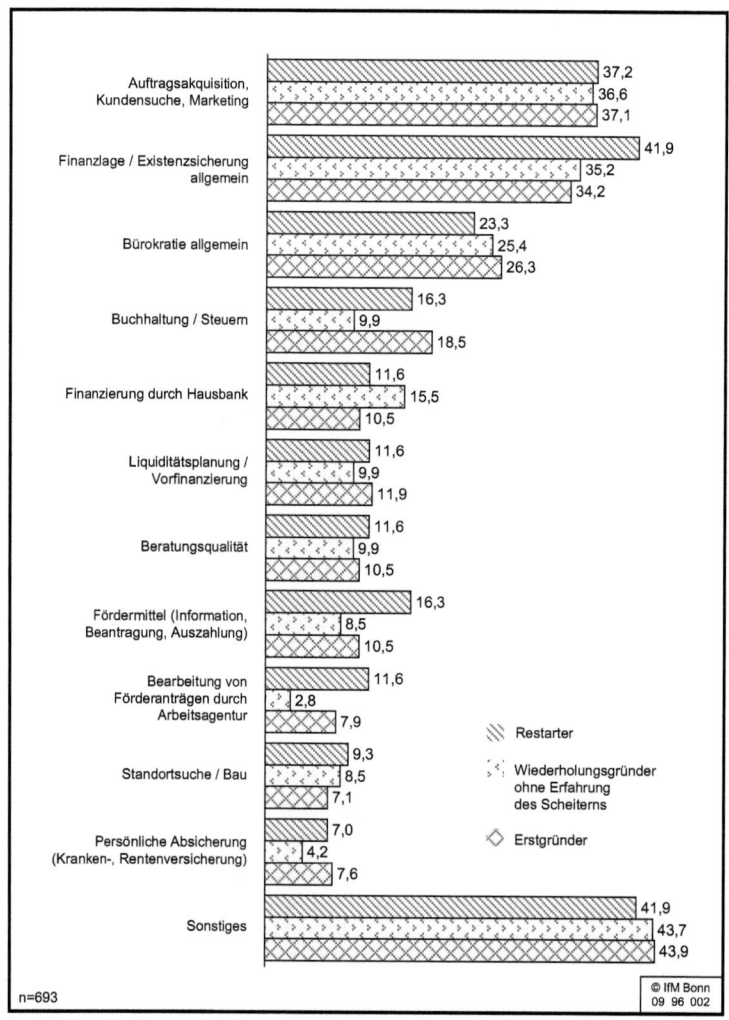

n=693

Quelle: Gründerpanel des IfM Bonn

---

[12] Die Hemmnisse wurden als offene Antworten erfasst und nachträglich den in Abbildung 2 aufgeführten Kategorien zugeordnet.

Abbildung 2 gibt die Hauptprobleme in der Rangfolge aller Antwortenden wieder. Die Markt- bzw. Auftragslage, die allgemeine Finanzlage/Existenzsicherung sowie allgemeine bürokratische Hürden stellen die Gründenden am häufigsten vor Schwierigkeiten. Drei Problembereiche sind für Restarter häufiger von Bedeutung als für andere Gründende. Neben der Frage der allgemeinen Existenzsicherung, hiervon sind 42 % der Restarter betroffen, handelt es sich um Probleme mit Fördermitteln, sei es seitens der Arbeitsagentur oder sonstigen Fördereinrichtungen. Diese Unterschiede sind allerdings statistisch nicht signifikant.

6   Erfolgsaussichten

Das Gründerpanel des IfM Bonn umfasst eine Reihe von Indikatoren, die Auskunft über den bisherigen Erfolg der Existenzgründung geben können. Dazu gehört allerdings nicht das in der Selbstständigkeit erwirtschaftete Einkommen.

Tabelle 13: Gründungserfolg nach früherer Selbstständigkeitserfahrung, in %

Merkmal	Re-starter	Wiederholungs-gründende o.S.	Erst-gründende	Gesamt	Fallzahl
Einkommen deckt Lebensunterhalt					745
Ja	15,0	21,7	25,9	25,0	
Nur anteilig	42,5	36,2	38,8	38,8	
Nein	42,5	42,0	35,2	36,2	
Zweite Erwerbstätigkeit	27,7	28,8	22,4	23,3	820
Mitarbeiter eingestellt					648
Ja	2,8	15,6	13,9	13,4	
Nein, aber Familien-mitglieder	8,3	4,7	4,7	4,9	
Nein	88,9	79,7	81,4	81,6	
Selbstständigkeit wiederholen					800
Ja	75,6	74,7	80,0	79,2	
Nein	2,2	1,3	1,9	1,9	
Weiß nicht	22,2	24,1	18,0	18,9	
				© IfM Bonn	

Unterschiede statistisch nicht signifikant; o.S. = ohne Scheiternserfahrung.

Quelle: Gründerpanel des IfM Bonn

Wie Tabelle 13 zu entnehmen ist, besteht bei keinem der betrachteten Erfolgsindikatoren ein signifikanter Unterschied zwischen den drei Gründungsgruppen. Gleichwohl
fällt ins Auge, dass die Gruppe der Restarter bei allen vier Indikatoren im Vergleich
zur Gruppe der Erstgründenden schlechter abschneidet. Mit einem Anteil von 15 %
können sie seltener ihren Lebensunterhalt mit dem Einkommen aus der Selbstständigkeit decken, mit einem Anteil von 28 % gehen sie häufiger einer zweiten Erwerbstätigkeit nach und mit einem Anteil von 3 % haben sie in dieser früheren Phase ihrer
unternehmerischen Tätigkeit seltener bereits Mitarbeiter eingestellt. Neben diesen drei
objektiven Merkmalen wurde der Erfolg auch subjektiv erfasst, über die Bereitschaft,
die Selbstständigkeit zu wiederholen. Diese ist bei den Restartern mit einem Anteil
von 76 % hoch. Die Mehrheit der Restarter bewertet den Neustart somit als positive
Veränderung gegenüber ihrer prekären Ausgangslage.

Da die im Gründerpanel des IfM Bonn erfassten Unternehmen noch sehr jung
sind – sie bestehen zum Befragungszeitpunkt seit maximal einem Jahr –, sollen hier
noch Ergebnisse auf Basis des Mannheimer Unternehmenspanels (MUP) präsentiert
werden. So kann Metzger (2008) mittels multivariater Analysen zeigen, dass sowohl
die Unternehmen der Restarter[13] als auch die der Wiederholungsgründenden ohne
Scheiternserfahrung[14] eine geringere Überlebenswahrscheinlichkeit aufweisen als die
der Erstgründenden, dass sie also ihr Unternehmen im Durchschnitt früher wieder
schließen müssen. Die Stetigkeit der Beschäftigung ist damit also für Restarter geringer. Die Unternehmen der Restarter weisen zudem ein geringeres Beschäftigungs-
wachstum auf als die der Erstgründenden, deren Beschäftigtenzahl wiederum in geringerem Umfang wächst als die der Wiederholungsgründenden ohne Scheiternserfahrung.

7   Resümee

Menschen, die ihr Unternehmen freiwillig oder unfreiwillig beenden, schlagen anschließend unterschiedliche Wege ein, sei es z.B. der Übergang in den Ruhestand, die
Aufnahme einer abhängigen Beschäftigung, der Übergang in die Arbeitslosigkeit, die
Aufnahme einer Aus- oder Weiterbildung oder aber die erneute Gründung eines Unternehmens. Der vorliegende Beitrag hat sich denjenigen zugewandt, die mit einem
früheren Gründungsvorhaben gescheitert sind und den Plan gefasst oder umgesetzt
haben, den Schritt in die Selbstständigkeit erneut zu wagen, die so genannten (potenziellen) Restarter. Ziel war es zu überprüfen, ob die abermalige Gründung eines Unternehmens Chancen für eine die Lebensgrundlagen sichernde berufliche Existenz in
sich birgt oder aber ob sie die bereits vorhandenen finanziellen Probleme weiter verschärft.

---

[13] Hier definiert als Gründende, die eine Insolvenz durchlaufen haben.
[14] Metzger (2008) bezeichnet diese Gründungsgruppe als Portfolio-Gründer.

Die Analyse der Erfolgsvoraussetzungen der drei betrachteten Gründungsgruppen zeigt, dass sich die drei Gruppen in Hinsicht auf ihre Humankapitalausstattung zwar durchaus unterscheiden, diese Unterschiede aber nicht groß sind. Die potenziellen Restarter weisen zwar etwas ungünstigere Voraussetzungen als die potenziellen Wiederholungsgründenden ohne Scheiternserfahrung auf, sie haben aber durchaus Vorteile gegenüber potenziellen Erstgründenden.

Aussagen zu den Finanzkapitalressourcen der drei Gruppen können nur mittelbar aus ihren Angaben zum voraussichtlich benötigten Startkapital abgeleitet werden. Vorausgesetzt, die Gründungsvorhaben der drei Gruppen unterscheiden sich nicht systematisch und gehen im Durchschnitt mit identischen Kapitalbedarfen einher, dann stehen den potenziellen Restartern tendenziell geringere Finanzmittel, seien es Eigen- oder Fremdmittel, zur Verfügung als den anderen beiden Gründungsgruppen[15]. Überdies haben potenzielle Restarter häufiger als potenzielle Wiederholungsgründende ohne Scheiternserfahrung noch Schulden aus der vorherigen Selbststän-digkeitsphase. Allerdings ist der Anteil noch mit Schulden Belasteter mit knapp 30 % deutlich geringer, als aufgrund von Fallstudien von Kay et al. (2004) zu erwarten gewesen wäre. Dessen ungeachtet rechnen die potenziellen Restarter mit einem Anteil von 50 % signifikant häufiger als die übrigen potenziell Gründenden mit Problemen bei der Beschaffung des erforderlichen Startkapitals. Insgesamt sind die finanziellen Gründungsvoraussetzungen der potenziellen Restarter schlechter als die der beiden anderen Gruppen.

Auch die Analyse der Gründe, warum sich Gründungspläne verzögert haben oder ganz und gar abgebrochen wurden, zeigt, dass potenzielle Restarter tatsächlich stärker durch Finanzierungsprobleme in der Realisierung ihrer Gründungspläne gehemmt werden als andere Gründungsplanende.

Die ungünstigeren Gründungsvoraussetzungen der potenziellen Restarter führen offenbar nicht zu einer geringeren Gründungsneigung im Vergleich zu den übrigen potenziell Gründenden. Allerdings haben sie bei den potenziellen Restartern eine größere Bedeutung für Verzögerungen bei der Umsetzung der Gründungspläne. Dies gilt wiederum vor allem für die Finanzierung des Gründungsvorhabens.

Bemerkenswerterweise unterscheiden sich die realisierten Gründungen der drei Gründungsgruppen in den untersuchten Merkmalen Wirtschaftszweigzugehörigkeit, Gründungs- und Rechtsform sowie Arbeitszeit nicht. Dies gilt auch hinsichtlich der Probleme, die in der Gründungs- und Nachgründungsphase aufgetreten sind. Rund ein Jahr nach der Gründung zeigen sich daher auch keine statistisch signifikanten Unterschiede in den betrachteten Erfolgsindikatoren. Zwar können zu diesem Zeitpunkt lediglich 15 % der Restarter ihren Lebensunterhalt bereits durch ihre unternehmerische Tätigkeit sichern. Den beiden anderen Gruppen gelingt dies aber auch nur in 22 % bzw. 26 % der Fälle. Auch in den anderen drei Erfolgsmerkmalen schneiden die Restarter tendenziell schlechter ab als die Erstgründenden.

---

[15] Oder sie sind zumindest nicht bereit, mehr Mittel einzusetzen.

Mit Blick auf die untersuchungsleitende Frage kann alles in allem geschlossen werden, dass die erneute Gründung für vormals gescheiterte Unternehmerinnen und Unternehmer durchaus eine erwerbswirtschaftliche Chance darstellt, wenngleich ihre Erfolgsaussichten tendenziell etwas schwächer ausgeprägt sind als für Wiederholungs- gründende ohne Scheiternserfahrung oder Erstgründende. Letztlich steht jede Person mit einer gescheiterten Unternehmensgründung vor der Aufgabe, die Chancen und Risiken der verschiedenen Handlungsalternativen für sich abzuwägen. Solche, die problemlos eine abhängige Beschäftigung aufnehmen können, werden möglicherweise höhere Anforderungen an die Chancen einer erneuten Unternehmensgründung rich- ten als solche, denen nur der Bezug von Arbeitslosengeld I oder häufiger noch von Arbeitslosengeld II bleibt. Für die Mehrheit der Restarter dürfte der erneute Schritt in die Selbstständigkeit keine Verzweiflungstat darstellen, sondern den Versuch, beim zweiten Mal beruflich und finanziell mehr Erfolg zu haben. Auch wenn ihre Wahr- scheinlichkeit, beim zweiten Mal zu scheitern, größer ist als für die Wiederholungs- gründenden ohne Scheiternserfahrung oder die Erstgründenden, ein nicht unerhebli- cher Teil von ihnen kann sich am Markt behaupten mit der Chance auf ein auskömm- liches Einkommen.

Literaturverzeichnis

BMWi (Hg.), 1997: Unternehmensgrößenstatistik 1997/98. Daten und Fakten. Bonn: Studien- reihe des BMWi Nr. 96.

Brüderl, Josef, Peter Preisendörfer und Rolf Ziegler, 1996: Der Erfolg neugegründeter Betriebe. Eine empirische Studie zu den Chancen und Risiken von Unternehmensgründungen. Berlin: Duncker & Humblot.

Gude, Hardy, Karsten Kohn, Hannes Spengler, Sandra Gottschalk, Sarah Kanzen, Georg Licht, Kathrin Müller und Michaela Niefert, 2008: KfW/ZEW-Gründungspanel für Deutschland. Beschäfti- gung, Finanzierung und Markteintrittsstrategien junger Unternehmen. Resultate der ersten Befragungswelle, Oktober 2008. ftp://ftp.zew.de/pub/zew-docs/gruendungspanel/KfW _ZEW_Gruendungspanel_102008.pdf (09.03.2010).

Hauser, Hans-Eduard, 2009: Unternehmensnachfolgen in Deutschland 2009 bis 2013. Schätzung mit weiter entwickeltem Verfahren. Schriften zur Mittelstandsforschung Nr. 11 NF. Wies- baden: Deutscher Universitätsverlag.

Institut für Mittelstandsforschung (IfM) Bonn, 2009a: Schlüsselzahlen des Mittelstandes in Deutsch- land 2007/2008. http://www.ifm-bonn.org/index.php?id=99 (09.03.2010).

Institut für Mittelstandsforschung (IfM) Bonn, 2009b: Gründungen und Liquidationen 1997-2008 in Deutschland. http://www.ifm-bonn.org/index.php?id=614 (09.03.2010).

Kay, Rosemarie, Peter Kranzusch, Olga Suprinovič und Arndt Werner, 2004: Restart: Eine zweite Chance für gescheiterte Unternehmer? Schriften zur Mittelstandsforschung Nr. 103 NF. Wiesbaden: Deutscher Universitäts-Verlag.

Kraemer, Klaus, 2008: Prekarität - was ist das? Arbeit, Jg. 17, S. 77–90.

Kranzusch, Peter, 2005: Die Besucher von Gründungsmessen - Ergebnisse aus Besucherbefra- gungen der Gründungsmessen in Berlin, Dresden und Essen. In: Institut für Mittelstandsforschung (IfM) Bonn (Hg.): Jahrbuch zur Mittelstandsforschung 1/2005. Wiesbaden: Deutscher Universitäts-Verlag, S. 1–46.

Kranzusch, Peter und Rosemarie Kay, 2007: 2. Chance? Hürden und Hemmnisse bei der Umsetzung von Restarts. In: Institut für Mittelstandsforschung (IfM) Bonn (Hg.): Jahrbuch zur Mittelstandsforschung 1/2007, Schriften zur Mittelstandsforschung, Nr. 115 NF. Wiesbaden: Deutscher Universitäts-Verlag, S. 85–129.

Lohmann, Henning und Silvia Luber, 2004: Trends in Self-Employment in Germany: Different Types, Different Developments? In: Richard Arum und Walter Müller (Hg.): The Reemergence of Self-Employment. A Comparative Study of Self-Employment Dynamics and Social Inequality. Princeton: Princeton University Press, S. 36–74.

Merz, Joachim, 2006: Polarisierung der Einkommen von Selbständigen? Zur Dynamik der Einkommensverteilung und der hohen Einkommen von Selbständigen und abhängig Beschäftigten. Lüneburg: FFB-Diskussionspapier Nr. 67.

Metzger, Georg, 2008: Habitual Entrepreneurs in Germany. An Empirical Investigation on Restart Incidence, Restart Performance, and Restart Financing. Jena: Dissertation.

Metzger, Georg und Michaela Niefert, 2006: Restart-Performance and the Returns of Previous Self-Employment. Jena: Discussion Papers on Entrepreneurship, Growth and Public Policy No. 1806.

Tchouvakhina, Margaritha, 2005: Gründungen nach dem Scheitern - das empirische Bild. Ergebnisse des KfW-Gründungsmonitors: Vortrag gehalten auf dem KfW-Forum „Zweite Chance. Eine Perspektive für gescheiterte Unternehmer?", Berlin, 09.03.2005.

The Boston Consulting Group (BCG), 2002: Setting the Phoenix Free, A Report on Entrepreneurial Restarters. München: BCG.

Wagner, Joachim, 2003: Taking a Second Chance. Entrepreneurial Re-starters in Germany, Applied Economics Quarterly, Jg. 49, S. 255–272.

Werner, Arndt und Nicole Faulenbach, 2008: Das Gründungsverhalten Älterer: Eine empirische Analyse mit den Daten des Gründerpanels des IfM Bonn. Bonn: IfM Materialien Nr. 184.

Werner, Arndt, Peter Kranzusch und Rosemarie Kay, 2005: Unternehmerbild und Gründungsentscheidung. Genderspezifische Analyse. Wiesbaden: Dt. Universitäts-Verlag.

Wider die theoretischen Erwartungen: empirische Befunde zur Motivation von Unternehmensgründungen durch Migrant/inn/en

Andrea D. Bührmann

In der Vergangenheit konzentrierte sich die soziologische Entrepreneurshipforschung ausgehend von modelltheoretischen Überlegungen vielfach auf erfolgreiches Unternehmertum und seine wirtschaftlichen und/oder politischen Bedingungen (Maurer/Schimank 2008; Swedberg 2009b). Unterbelichtet blieben dabei zumeist Fragen nach den weniger erfolgreichen Kämpfen um das unternehmerische Über-Leben und die Risiken einer unternehmerisch-selbstständigen Arbeits- und Lebensführung am Rande des Existenzminimums. So sind bislang kaum Fragen nach unternehmerischen Aktivitäten diskutiert worden, das vielleicht gar nicht zu einer Unternehmensgründung führt, eine Unternehmensauflösung einleitet oder aber in – mehr oder minder auf Dauer gestellte – prekäre unternehmerische Lebenslagen bzw. -führungen einmündet (vgl. dazu auch Aldrich 2005: 451). Dabei wird Unternehmertum als prekär betrachtet, wenn sich die unternehmerisch Tätigen in einer sozialstrukturell objektiv als schwierig beobachtbaren und/oder subjektiv als heikel empfundenen sozialen Lage befinden. D.h. wenn das Einkommens-, Schutz- und Inklusionsniveau auf längere Sicht unter den gesellschaftlichen Standard zu sinken droht bzw. sinkt und/oder die unternehmerisch Tätigen darauf hoffen müssen, unternehmerisch erfolgreich zu sein, und doch permanent befürchten, (noch) weiter sozial abzusteigen. Prekäres Unternehmertum wird hier also sowohl mit Blick auf objektive Erwerbsstrukturen wie Marktbedingungen als auch auf subjektive Orientierungen bzw. Handlungsstrategien bestimmt.

Dieses prekäre Unternehmertum wird zusehends relevanter: Angesichts einer grassierenden Erosion des sogenannten ‚Normalarbeitsverhältnisses' (Mückenberger 1985) und einer EU-weit fortschreitenden Re-Strukturierung der wohlfahrtsstaatlichen Sicherungssysteme sehen sich nämlich immer mehr Erwerbstätige nicht nur mit den Heraus- und Anforderungen prekärerer Beschäftigungsverhältnisse, sondern eben auch prekären Unternehmertums konfrontiert (für einen aktuellen Überblick zur Diskussion vgl. Castel/Dörre 2009). So wird laut KfW-Gründungsmonitor (2008: 2) das gegenwärtige Gründungsgeschehen von kleinen und kleinsten Gründungsprojekten dominiert: Von „den Gründern (im Vollerwerb) mit finanziellem Mittelbedarf haben über 86 % (Vorjahr: 84 %) einen Bedarf im Mikrobereich, d. h. von maximal 25.000 Euro. 71 % (Vorjahr: 66 %) der Gründer (im Vollerwerb), die eine Neugründung vollziehen, beschäftigen keine Mitarbeiter und arbeiten auch ohne Teampartner". Als Hauptstadt prekären Unternehmertums gilt Berlin. Hier sind in 2007 allein 8.402

Selbstständige auf ergänzende Transferzahlungen aus der Grundsicherung für Arbeitslose (SGB II) angewiesen gewesen. Das entspricht mehr als 5 % aller Selbstständigen in Berlin, während z.B. in Hamburg, Frankfurt/M. und Köln der Anteil zwischen 1 und 2 % beträgt (vgl. DGB 2008: 8/9). Viele Gründungen erweisen sich zudem als nicht nachhaltig. So sind ein Drittel der Gründenden spätestens nach drei Jahren wieder aus dem Markt ausgeschieden. Die Abbruchrate liegt bei Gründer/inne/n aus der Arbeitslosigkeit mit 41 % noch höher (KfW-Gründungsmonitor 2008: 7).

Unter den Gründenden sind demnach immer weniger sogenannte ,Normalunternehmer' (vgl. Bührmann 2007)[1]. Bei diesem Unternehmertum gilt es als ,normal', ein Unternehmen zu gründen, wenn man:

- ein berufserfahrener, erwerbstätiger Mann ohne Migrationshintergrund ist,
- über angemessenes ökonomisches Kapital verfügt,
- profunde unternehmerische Fachkenntnisse sowie eine entsprechende (Berufs-) Ausbildung hat,
- sich rast- und ruhelos seinem Unternehmen widmen kann/will,
- in ein entsprechendes soziales Netzwerk eingebunden ist,
- eine starke und schnelle Unternehmensexpansion anstrebt und vor allen Dingen
- immer schon ein Unternehmen gründen wollte und dies deshalb von langer Hand geplant hat.

Neben diesem ,Normalunternehmer', der sich sozusagen als geborener Unternehmer sieht und aus gesicherten Verhältnissen in eine aller Voraussicht nach erfolgreiche unternehmerische Zukunft startet, gründen nun auch verstärkt Frauen, Junge und Alte sowie Personen mit Migrationshintergrund[2] nicht nur im Vollzeit-, sondern auch im Neben- oder Teilzeiterwerb Unternehmen (vgl. dazu Piorkowsky 2006 und den Beitrag von Dangel-Vornbäumen in diesem Band).

Weshalb gründen diese ,anderen' Unternehmer/innen? Was sind ihre Motive? Sehen sie sich auch – wie der ,Normalunternehmer' – als ,geborene Unternehmer'? Oder gründen sie aus einer prekären Lebenslage heraus, da sie arbeitslos sind oder es dro-

---

[1] Das theoretische Konzept vom ,Normalunternehmertum' ist im Rahmen eines empirischen Forschungsprojektes mit dem Titel „Vielfalt der Unternehmerschaft" (Bührmann et al. 2007) entwickelt worden und beinhaltet neben Sozialstrukturmerkmalen auch persönliche Eigenschaften sowie das unternehmerische Selbstbild. Insofern geht es über den von Regina Kreide (2003) vorgeschlagenen Begriff des ,standard entrepreneurship', aber auch den von Sigrid Betzelt und Uwe Fachinger (2004) geprägten Begriff des Normalunternehmers hinaus.

[2] In Anlehnung an die Definition des statistischen Bundesamtes wird im Folgenden mit dem Terminus Gründerin oder Gründer mit Migrationshintergrund der Kreis von Personen bezeichnet, die selbstständig tätig sind oder werden wollen, die als Ausländer/innen in Deutschland dauerhaft leben, die als Spätaussiedler/innen über eigene Migrationserfahrungen verfügen, die als eingebürgerte Ausländer/innen über eigene Migrationserfahrungen verfügen, die als eingebürgerte Ausländer/innen nicht über eigene Migrationserfahrungen verfügen, also seit ihrer Geburt in Deutschland leben, oder die als Deutsche mindestens ein Elternteil mit Migrationshintergrund haben, ohne selbst über eigene Migrationserfahrung zu verfügen. Über ,eigene Migrationserfahrungen' verfügt, wer nicht in Deutschland geboren ist und zugleich nicht seit seiner Geburt die deutsche Staatbürgerschaft besitzt.

hen zu werden und keine andere Chance auf einen Arbeitsplatz sehen, um ihre Verdienstmöglichkeiten zu optimieren, da sie ihr/e eigene/r Chef/in sein wollen, um eigene (Geschäfts-)Ideen zu verwirklichen oder auch um Familie und Beruf besser miteinander vereinbaren zu können?

Diese Fragen beginnt man gerade erst zu diskutieren. Es liegen zwar mittlerweile einigermaßen gesicherte Erkenntnisse in Bezug auf die Gründungsmotive von Deutschen vor[3]: Die drei wichtigsten Motive sind laut Maria Lauxen-Ulbrich und René Leicht (2005: 43): ‚Unabhängigkeit' (59 %), ‚Qualifikationsverwertung' (48 %) und ‚flexible Zeiteinteilung' (33 %). Es geht hier also primär um ein individualistisch geprägtes Motivbündel, nämlich die Durch- bzw. Umsetzung persönlicher Interessen. Doch noch weitgehend offen ist, weshalb Migranten und vor allen Dingen Migrantinnen eigentlich gründen[4].

Dies ist freilich keine unwichtige Frage, wie die vorliegenden Daten deutlich machen: Denn obwohl Nicole Lehnert (2003: 44) zu dem Ergebnis kommt, dass die Gründungsneigung von Migrantinnen deutlich über der von deutschen Frauen liegt, sind sie mit einer Gründungsquote von 4,7 % gegenüber deutschen Gründerinnen mit 6,3 % deutlich unterproportional am faktischen Gesamtgründungsgeschehen beteiligt. Bezogen auf die ‚türkische Community' in Berlin hat Felicitas Hillmann (1998) schon vor mehr als zehn Jahren aufgezeigt, dass bei mehr als der Hälfte der befragten türkischstämmigen Frauen (54 %) aus der zweiten Generation der Berufswunsch ‚Selbstständigkeit' an erster Stelle rangiert. Neben einem schon vielfach in der Forschung diskutierten Gender Gap kann also zudem noch ein Ethnicity Gap unterstellt werden (vgl. dazu auch Bührmann et al. 2010).

Die Frage nach der Gründungsmotivation migrantischer Gründer/innen steht im Zentrum des Beitrags. In einem ersten Schritt werden die institutionellen Rahmenbedingungen skizziert und in einem zweiten Schritt der Forschungsstand geklärt. Im Anschluss werden die Befunde des Forschungsprojekts „Unternehmensgründungen von Migrantinnen" vorgestellt. Das Projekt zielt u.a. auch darauf, die Gründungsmotive von Frauen mit türkischem bzw. polnischem Migrationshintergrund in intersektionaler Perspektive zu erforschen. In einem vierten Schritt wird abschließend ein Fazit gezogen. Der Beitrag zeigt nicht nur, dass die Frage nach der Gründungsmotivation von Migrantinnen eine zwar bisher vernachlässigte, aber dennoch interessante Problemstellung in der Gründungsforschung selbst darstellt, die dringend noch intensiver in intersektionaler Perspektive untersucht werden sollte. Vielmehr lenkt er auch den Blick auf die spezifischen Herausforderungen für eine praxissensible und damit auch

---

[3] Im Folgenden wird zwischen dem abgefragten Umstand, Gründung aus der Arbeitslosigkeit, und dem angegebenen Motiv, Gründung wegen Arbeitslosigkeit, unterschieden.
[4] Im Folgenden spreche ich von migrantischen Gründer/inne/n oder Unternehmer/inne/n. Den Begriff ethnische/r Gründer/in oder Unternehmer/in nutze ich nur, wenn die Gründungen primär in oder mit Blick auf eine ethnische Ökonomie erfolgte oder aber ein Unternehmen hauptsächlich in einer ethnischen Ökonomie aktiv ist und die Beschäftigten der selben ethnischen Minderheit wie der/die Unternehmenseigner/in angehört (vgl. auch Fußnote 13).

empirisch fundierte Forschung, die sich den Problemen der ‚anderen', vermeintlich prekären unternehmerischen Praxen und Praktiken nicht verschließt. Deutlich wird so, dass eine soziologisch orientierte Entrepreneurshipforschung dringend den Modellplatonismus – wie er vielfach zu finden ist – überwinden sollte, um empirisch gehaltvolle und damit belastbare Theorien, z.B. über prekäres Unternehmertum formulieren zu können.

1   Die Entwicklung von Selbstständigenraten und ihre institutionelle Rahmung in der EU

Um das Gründungsverhalten und die Gründungsmotivation von Migrantinnen zu verstehen, ist es notwendig, den Blick auf deren institutionellen Rahmungen, insbesondere aber die sozialpolitischen Regulierungen der Gründungsaktivitäten zu lenken. Eine Betrachtung der europäischen Beschäftigungs- und Arbeitslosenzahlen (auf Grundlage der Daten des European Labor Force Survey) zeigt, dass Migrantinnen – egal ob sie aus EU-Mitgliedsstaaten kommen oder nicht – mit erheblichen Hürden und Barrieren konfrontiert werden. Migrantische Frauen werden demnach nicht nur durch die bestehende hierarchische geschlechtliche Arbeitsteilung behindert, nach der sie – bei allen nationalen Differenzen – primär noch immer für Kindererziehung und Haushalt zuständig sind. Sie werden eben auch als Migrantinnen diskriminiert, insofern einheimische Arbeitskräfte noch immer bei hoher struktureller Arbeitslosigkeit durch Verordnungen und Gesetze gegenüber migrantischen Arbeitskräften privilegiert werden (vgl. dazu ausführlich Apitz/Kontos 2008).

In den letzten Jahrzehnten haben EU-weit immer mehr Frauen und Migrant/inn/en Unternehmen gegründet. Allerdings sind hier Unterschiede festzustellen: Während in Italien und Großbritannien seit 1985 eine leichte Verringerung der Selbstständigenrate unter Frauen und Migrant/inn/en und in den skandinavischen Mitgliedsstaaten ein leichter, wie kontinuierlicher Rückgang festzustellen ist, kann in Griechenland ausgehend von einem vergleichsweise hohem Niveau ein starker Rückgang beobachtet werden. In entgegen gesetzter Richtung verläuft die Entwicklung in Deutschland (Tabelle 1): Hier kann eine Zunahme der Selbstständigenraten unter Frauen und Migrant/inn/en konstatiert werden.

Tabelle 1:   Entwicklung der Selbstständigenraten in Deutschland nach Nationalität (in %)[5]

	alle	deutsche Frauen	ausländische Frauen	ausländische Männer
1985	9,24	5,53	2,72	7,34
1990	8,93	5,43	4,85	7,20
1995	9,36	5,89	5,27	9,51
2000	10,07	6,41	6,39	10,21

Quelle: European Labor Force Survey für Deutschland

Insgesamt gesehen sind die seit den 1980er Jahren in den meisten EU-Mitgliedsstaaten eingeführten Arbeitsmarktmaßnahmen, um Erwerbslose oder aber von Erwerbslosigkeit Bedrohte darin zu unterstützen, ein Unternehmen zu gründen, weniger von Frauen und Migrant/inn/en genutzt worden. Vielmehr privilegierten sie einheimische, gut ausgebildete Männer, die nur kurz arbeitslos gewesen sind (vgl. dazu auch Meager 1996; Sen/Goldberg 1996). Mit Blick darauf sind mittlerweile eine ganze Reihe von Maßnahmenpaketen entwickelt worden, um spezifische Zielgruppen – insbesondere Frauen und Migrant/inn/en – bei der Unternehmensgründung zu unterstützen. So sollten Frauen zunächst mit dem Programm European Local Employment Initiative (LEI) unterstützt werden; von größerer Bedeutung für die Unterstützung von Frauen und auch Migrant/inn/en war aber die 5. Generaldirektive. Zuletzt ist 2002 das Programm Equal implementiert worden. Es besteht aus fünf Säulen: Arbeitsmarkt/Beschäftigungsfähigkeit (,employability'), Unternehmertum (,entrepreneurship'), Anpassungsvermögen (,adaptability'), Chancengleichheit (,equal opportunities') und Asyl Suchende (,asylum seekers'). Diese Maßnahmen sind in den einzelnen Mitgliedsstaaten dezentral implementiert worden, so dass bei ihrer Umsetzung nationale Interessen und Bedingungen im Mittelpunkt gestanden haben und stehen.

Auf den ersten Blick schienen die Maßnahmenpakete in Deutschland positiv zu wirken. Dies veranschaulicht ja auch der Anstieg der Selbstständigenraten (vgl. Tabelle 1). Inzwischen zeigt sich jedoch bei aller Gründungseuphorie auch eine gewisse Ernüchterung: Der auf den Abbau der Arbeitslosigkeit ausgerichtete „Hoffnungsträger der Wirtschafts- und Beschäftigungspolitik" (Bögenhold/Leicht 2000: 779), nämlich der Auf- bzw. Ausbau einer ,Entrepreneurial Economy', hat sich angesichts flexibler Beschäftigungsverhältnisse, Dezentralisierungsstrategien von Großunternehmen und einer hohen Zahl von Unternehmensinsolvenzen nicht voll erfüllt. So ist der Erfolg von Existenzgründungen sowohl nach Branchen als auch nach Motivstrukturen differenziert zu bewerten. Vor allem die Gründung von Klein- und Kleinstbetrieben, die

---

5 Diese Fokussierung auf die Nationalität und nicht den Migrationshintergrund geht darauf zurück, dass in Deutschland bis 2005 vom Statistischen Bundesamt der Migrationshintergrund nicht erhoben worden ist, sondern in den Erhebungen auf die Staatsangehörigkeit abgestellt worden ist.

wenige oder keine Angestellten haben, hat zugenommen, und manche solo-selbstständige Existenz bewegt sich am Rande der Prekarität[6].

Die Ausbreitung der eingangs schon angesprochenen prekären Beschäftigungs- und Lebensverhältnisse ist in wirtschafts- und sozialwissenschaftlichen Debatten kontrovers diskutiert worden. Für Robert Castel und Klaus Dörre (2009: 12) vollzogen sich die angesprochenen Prekarisierungsprozesse „im Windschatten der Debatte über die ‚Krise' (Offe 1984) oder das ‚Ende' (Gorz 1989) der Arbeitsgesellschaft" und schlossen sich so im Grunde nahtlos an den neuen marktzentrierten Geist des Kapitalismus an, wie ihn Luc Boltanski und Eve Chiapello (2003) beschrieben haben. Die Gewerkschaften kritisieren diese Entwicklungen auf der Vergleichsfolie des Normalarbeitsverhältnisses[7] und verweisen darauf, dass es sich bei prekären Selbstständigen vielfach ‚nur' um Scheinselbstständigkeiten handelt. In der Beratungs- und Förderinfrastruktur für Gründende spricht man insbesondere mit Blick auf Frauen und Migrant/inn/en davon, dass sie ‚anders' gründen. Deshalb werden ihre Beratungen oft (sozial-)pädagogisch ‚aufgeladen', während deutschstämmigen Männern primär fachliches Wissen vermittelt werden soll. Ein Effekt dieser besonderen ‚Fürsorge' ist aber, dass das Normalunternehmertum über diese Veränderung erst als solches hergestellt wird (vgl. dazu ausführlicher Bührmann 2007). In den Debatten der Industrie- und Arbeitssoziologie erscheinen die Erwerbstätigen vielfach als Objekte fremdbestimmter Entwicklungen. Betont werden die Prekaritätsrisiken dieser neuen flexibilisierten, postfordistischen Beschäftigungsformen, selbst wenn – wie in der Diskussion über die Subjektivierung von Arbeit – auch eine Zunahme von Selbstgestaltungsmöglichkeiten thematisiert wird. So spricht etwa Manfred Moldaschl (2001) von der „Selbsttäuschung" der Beschäftigten.

Trotz aller Differenzen in der Einschätzung über die gesellschaftlichen Ursachen und Folgen der Prekarisierungsprozesse, ist in der Debatte ein paternalistischer Grundtenor auszumachen, der den individuellen Akteuren und Akteurinnen ihre eigensinnigen Reflexions- und Handlungsvermögen abzusprechen droht. In diesem Sinne kommt auch Sigrid Betzelt (2006: 27) in ihren Studien zu hoch qualifizierten und flexiblen Wissensarbeiter/innen zu dem Schluss, dass „einseitig ökonomistische Interpretationen" zu kurz greifen, da sie der Akteursperspektive zu wenig Raum ließen. Allerdings konstatiert sie überdies, dass „mit der alleinselbstständigen Erwerbsform gleichwohl nicht zu unterschätzende und gesellschaftlich zu bearbeitende Risiken verbunden sind".

---

[6] Vgl. dazu auch nähere Informationen bei Dieter Bögenhold und Uwe Fachinger in diesem Band.
[7] Das Normalarbeitsverhältnis ist allerdings im Westdeutschland der Nachkriegszeit dominant nur für Männer gewesen. Denn es beinhaltete spezifische Diskriminierungen für Frauen (vgl. dazu ausführlicher Aulenbacher et al. 2007; Bührmann 2009).

2   Forschungsstand zur Gründungsmotivation von Migrant/inn/en

Unternehmertum von Migrantinnen und Migranten wird oft mit kleinen Geschäften oder Läden in Verbindung gebracht, in denen preiswerte Artikel verkauft und/oder Dienstleistungen aus dem ‚Low-Tech-Bereich‘ (vgl. dazu etwa Abel/Hirsch-Kreinsen 2007) angeboten werden. Neben Restaurants, Cafes und Lebensmittelläden gelten in Deutschland z.B. Gebrauchtwagenhandlungen, Schneidereien, Nagelstudios, Friseurläden, Kioske oder auch Handyläden als typisch. Diesen Eindruck prekären Unternehmertums scheint ein Blick in entsprechende Straßenzüge, wie etwa in Berlin-Neukölln, Duisburg-Marxloh oder Köln-Niel zu bestätigen. Entgegen dieser scheinbaren Prekarität und damit bisweilen assoziierten Prozessen sozialer Exklusion (vgl. dazu etwa Anthias 1992; Bukow 1993) machen aktuellere wissenschaftliche Studien auch darauf aufmerksam, dass viele erfolgreiche Unternehmen, z.B. in der Tourismusbranche (etwa die 1969 von Vural Öger gegründete Firma ‚Öger Tours‘) aber auch in der Textilbranche (etwa die 1982 von Kemal Sahin gegründete ‚Sahinler Group‘), von Personen mit Migrationshintergrund gegründet worden sind, und diese durchaus Inklusionsprozesse induzieren (vgl. dazu Sen/Goldberg 1996).

In den USA sind diese Fragen der Unternehmensgründung und -führung von Migrant/inn/en schon früh unter den Stichworten ‚Ethnic Economy‘ bzw. ‚Ethnic Entrepreneurship‘ erforscht worden[8]. Dabei wurden insbesondere die Konzepte des ‚ethnischen Zwischenhändlers‘ (’Middleman-Minority Entrepreneurship’), der ethnischen Nische (‚Ethnic Niche‘) und der Enklaven-Ökonomie (‚Enclave Economy‘) diskutiert. Das Zwischenhändler-Konzept geht davon aus, dass Menschen aus ethnischen Minderheiten zunächst daran interessiert sind, schnell (viel) Geld zu verdienen und den Verdienst selbst dann wieder – oft auch in ihren Heimatländern – zu investieren. Sie etablieren sich zumeist in den Geschäftsnischen verarmter, urbaner Viertel, in denen viele Menschen mit Migrationshintergrund leben (vgl. dazu u.a. Bonacich 1973). Das Konzept der ethnischen Nische bezieht sich insbesondere auf ökonomische Spezialisierungen bestimmter ethnischer Gruppen (vgl. dazu u.a. Waldinger 1996). Anders als die beiden anderen Konzepte impliziert die Enklaven-Ökonomie eine geographische Dimension. Es geht nämlich nicht nur um die ethnische Ökonomie per se, sondern vielmehr um deren soziale Einbettungen sowie spezifischen, potenziell eigensinnigen Normen und Werte[9].

Als Gemeinsamkeit der Forschung über ethnische Ökonomie kann die Annahme gelten, dass Unternehmenseigner/innen und Beschäftigte einer bestimmten nicht he-

---

[8] Im ’Handbook of Economic Sociology‘ wird ‚Ethnic Economy‘ folgendermaßen definiert: „An ethnic economy consists of the self-employed, employers, their co-ethnic employees, and their unpaid family workers" (Smelser/Swedberg 1994: 650). Wichtige Studien haben z.B. Edna Bonacich und John Modell (1980) sowie Ivan Light und Steven Gold (2000) verfasst. Für einen Überblick über die Ethnic-Entrepreneurship-Forschung in Deutschland siehe Leicht/Leiß 2006.
[9] Vgl. dazu u.a. Portes/Zhou 1992; Portes/Bach 1985. Deshalb sprechen z.B. Klosterman und Rath (2001) hier von einer sogenannten ‚mixed embeddedness‘.

gemonialen ethnischen Community angehören. Dabei geht man in vielen Studien davon aus, dass Angehörige einer ethnischen Minderheit Unternehmen gründen oder in Unternehmen der ethnischen Ökonomie – oft als sogenannte Mithelfende Familienangehörige[10] – beschäftigt sind, da sie auf dem Arbeitsmarkt entweder diskriminiert werden oder von Diskriminierungen bedroht sind: „The ethnic economy is considered an effective strategy for the disadvantaged to cope with employment discrimination in the host economy. Studies have shown that the ethnic economy yields direct earnings benefits for the self-employed and for their co-ethnic employees despite relative low wages as many workers in the ethnic economy face unemployment as their only other option" (Zhou 2006: 254). Es wird unterstellt, dass sich Angehörige ethnischer Minderheiten aus der Not heraus selbstständig machen und sich so Optionen sozialer Mobilität eröffnen wollen, können oder müssen.

Dieser Befund bezieht sich freilich vor allem auf die USA und zudem auf Angehörige einer ethnischen Ökonomie. Weshalb Angehörige ethnischer Minderheiten sich grundsätzlich – d.h. auch außerhalb der ethnischen Ökonomie, also eben als migrantische Unternehmer/innen – selbstständig machen, ist bisher unzulänglich erforscht. Zum einen liegt dies sicherlich daran, dass in Europa das Phänomen der Unternehmensgründungen durch Migrant/inn/en zunächst nicht im Fokus der Forschung gestanden hat. Man konzentrierte sich darauf, die soziale Position und Integration von ‚Gastarbeitern' und später ‚Gastarbeiterinnen' mit Blick auf deren abhängige Erwerbstätigkeit zu erforschen. Das ändert sich jedoch langsam – wie die schon erwähnten Forschungen über erfolgreiche migrantische Unternehmensgründungen zeigen. Zum anderen liegen zur Gründungsmotivation von Migrant/inn/en in Deutschland gegenwärtig kaum empirisch belastbare Daten vor. Erst 2005 nämlich hat das Statistische Bundesamt eine Reihe von Fragen in den Mikrozensus aufgenommen[11], um den Anteil der Personen mit Migrationshintergrund an der deutschen Gesamtbevölkerung zu quantifizieren.

In der Forschung sind zunächst verschiedene Motive unterschieden worden, weshalb Menschen Unternehmen gründen, übernehmen oder weiterführen. In der Regel wurde im Anschluss an motivationspsychologische Ansätze anfangs zwischen intrinsischen und extrinsischen Motiven differenziert. Dabei werden Menschen als intrinsisch motiviert bezeichnet, wenn sie ein Unternehmen als Selbstzweck gründen. Als typisch für diese Motivationslage gilt der schon erwähnte ‚Normalunternehmer'. Er glaubt, zum Unternehmer geboren zu sein, und plant dementsprechend Ausbildung und Lebensführung. Als extrinsisch motiviert bezeichnet man Unternehmensgründungen, die primär als Mittel zum Zweck, also aus pragmatischen Gründen geschehen.

---

[10] Und in diesem Sinne wird ja auch im Handbuch von Smelser und Swedberg die ‚ethnic economy' definiert. Kritisch dazu auch Anthias 1982; Morokvasic 1988 und 1991.
[11] Vgl. auch Fußnote 9.

Abbildung 1: Klassifikationen der Gründungsmotivationen

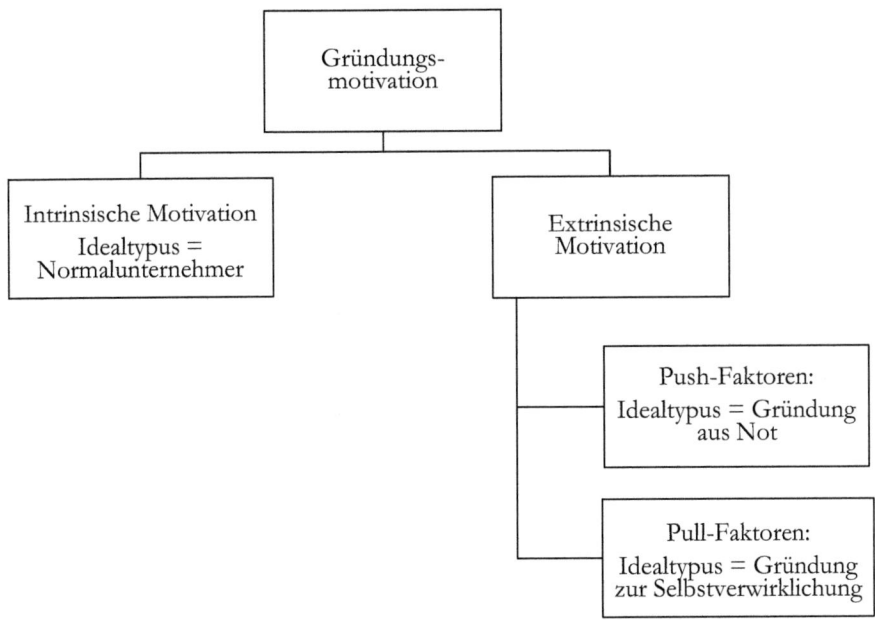

Mit Blick auf die extrinsischen Motivationslagen ist dann im Anschluss an die Migrationsforschung zwischen zwei entgegen gesetzten Motivlagen unterschieden worden, nämlich den sogenannten Push- und Pull-Faktoren[12]. Bei den Pull-Faktoren wird eine große Spannbreite von Motiven diskutiert, die als positive Anreize für eine Unternehmensgründung wirken. Hier steht insbesondere das Streben nach Unabhängigkeit und Autonomie im Mittelpunkt. Aus diesem Grunde spricht Dieter Bögenhold (1987) von einer ‚Ökonomie der Selbstverwirklichung‘. Die Push-Faktoren gehorchen seiner Meinung nach dagegen primär einer ‚Ökonomie der Not‘. Dabei werden die Gründungsmotive vor allen Dingen auf Probleme am Arbeitsmarkt zurückgeführt. Deshalb hat Bögenhold schon vor mehr als 20 Jahren in seiner Studie über ‚die neuen Selbstständigen‘ nicht nur Arbeitslose, sondern auch gerade Angehörige ethnischer Minderheiten als prototypische ‚Gründer aus der Not‘ bezeichnet. Sie gründeten, um eine prekäre Erwerbslosigkeit entweder zu beenden oder aber um sie zu umgehen. Demgegenüber gelten ihm ‚Selbstverwirklicher‘ als sehr gut ausgebildete Personen, die oftmals aus der hochschulischen Forschung heraus gründen, um ihre Ideen zu ver-

---

12 Push-Faktoren bezeichnen Faktoren die ‚(weg-)drücken‘, Pull-Faktoren dagegen jene, die zu etwas ‚(hin-)ziehen‘. (Lee 1972). Es geht bei diesem Konzept weniger darum, die Komplexität der Motivationslagen zu reduzieren, sondern weitere Analysemöglichkeiten zu eröffnen. Der Pull-Faktor ‚Selbstverwirklichung‘ ist aber z.B. in der Diktion motivationspsychologischer Studien als intrinsische Motivation zu sehen. Um weiteren sprachlichen und terminologischen Verwirrungen zu entgehen, werde ich im Folgenden – wie dies auch in der Entrepreneurshipforschung gegenwärtig üblich ist – die Begriffe Pull- oder Push-Faktor nutzen.

wirklichen, und dafür im Zweifel auch zunächst ein prekäres Unternehmertum akzeptieren[13].

Weshalb gründen nun mehr als 20 Jahre später Angehörige ethnischer Minderheiten ein Unternehmen? Ismail Yavuzcan bilanzierte den Stand der Forschung 2003 – wie Bögenhold – zunächst noch dahingehend, dass in „(fast) allen Untersuchungen (…) Arbeitslosigkeit als entscheidendes Motiv bzw. Push-Faktor für Selbstständigkeit" (Yavuzcan 2003: 37) von Migrant/inn/en gesehen wird. Neuere Befunde zeigen jedoch, dass die Motive von Migrant/inn/en, ein Unternehmen zu gründen, nicht nur auf den Push-Faktor bestehende oder drohende ‚Arbeitslosigkeit', sondern auch auf unterschiedliche Pull-Faktoren zurückgeführt werden können.

Swetlana Francken hat 2007 insgesamt 22 Gründerinnen mit Migrationshintergrund befragt[14]. Diese benennen unterschiedliche Pull- und Push-Motive. „Bei der Entscheidung für die Selbständigkeit waren für die befragten Frauen verschiedene Faktoren wichtig, allerdings haben nur wenige aus Überzeugung gegründet (7 von 22 Frauen). Viele Migrantinnen (11) sind in die Selbständigkeit gezwungen worden, da sie keinen ihrer Qualifikation entsprechenden Arbeitsplatz finden konnten. Weitere 4 Frauen haben Selbständigkeit als eine Lösung ihrer Probleme gesehen, da sie mit dem vorhandenen Job unzufrieden waren, Geld verdienen oder Kinder erziehen mussten" (ebd.: 43). Mit Blick darauf vermutet Francken jedoch, dass Migrantinnen zwar nicht nur, aber vor allen Dingen aus der Not heraus ein Unternehmen gründen[15].

Dass die Unternehmensgründung für viele Migrantinnen nicht nur einen Ausweg aus der Arbeitslosigkeit – also eine Not-Gründung – darstellt, darauf verweist auch eine quantitative Studie des Mannheimer Instituts für Mittelstandsforschung (IfM) (Leicht et al. 2005: 212ff.). In dieser Studie sind 2004 u.a. Gründerinnen mit griechischem, türkischem, italienischem und russlanddeutschem Migrationshintergrund befragt worden[16].

In der Studie wird deutlich, dass sowohl Kompetenzen und Präferenzen als auch Zwänge und Bedrohungen für die Gründungsmotivation von Migrantinnen relevant

---

[13] Zu dieser Gruppe von Selbstständigen sind mittlerweile einige Studien vorgelegt worden. Sie zeigen deutlich, dass angesichts der großen Heterogenität dieser Gruppe in Bezug auf Marktbedingungen und individuelle Handlungsorientierungen wie -strategien, bisher kaum verallgemeinerbare Aussagen gemacht werden konnten (vgl. dazu auch zusammenfassend Betzelt 2006: 8).

[14] So sind vier türkisch-, zwei italienisch-, zwei polnisch- , zwei spanisch-, eine bulgarisch-, eine griechisch-, eine US-amerikanisch-, eine südafrikanisch-, eine israelisch-, eine iranisch-, eine brasilianischstämmige Unternehmerinnen und zwei Aussiedlerinnen aus der ehemaligen UdSSR sowie drei Gründerinnen aus dem ehemaligen Jugoslawien im Rahmen standardisierter Interviews telefonisch befragt worden (Francken 2007: 30).

[15] Damit bestätigen sich hier im Grunde Ergebnisse aus vorhergegangenen Studien. So hat etwa Mirjana Morokvasic (1988 und 1991) hervorgehoben, dass migrantische Frauen nicht so viele Zugänge zu ethnisch geprägten Netzwerken und damit auch Ressourcen besäßen und deshalb Unternehmensgründungen oft dazu dienten, familiäre Verpflichtungen und Erwerbstätigkeit zu verknüpfen.

[16] Insgesamt wurden 401 komplette Interviews mit Russlanddeutschen und 465 mit griechisch-, 467 mit italienisch- und 565 mit türkischstämmigen Unternehmer/inne/n geführt. In der Studie sind diese Zahlen nicht weiter nach Geschlecht aufgeschlüsselt.

sind. Allerdings stehen die Pull-Faktoren im Vordergrund. Der Wunsch nach Unabhängigkeit, Eigenständigkeit und Autonomie dominiert bei den befragten Gründerinnen: Zwar erreichen Frauen mit griechischer Herkunft eine Prozentzahl von etwas weniger als 50 % und die mit türkischen Migrationshintergrund ca. 55 %, doch liegt der Prozentsatz bei den Italienischstämmigen (ca. 62 %) höher und den Russlanddeutschen (ca. 79 %) sehr viel höher. Zudem scheint den Befragten die Verwertung der eigenen Qualifikation sehr wichtig. Dies ist besonders ausgeprägt bei den befragten Aussiedlerinnen (61 %) und den italienischstämmigen Migrantinnen (60 %)[17]. Außer einer Verbesserung der Verdienstmöglichkeiten ist zudem der Wunsch nach Selbstständigkeit ein wichtiges Motiv. Hier ragen insbesondere die Italienischstämmigen mit über 55 % hervor. Die drei Motive ,flexible Zeiteinteilung' (die Höchstwerte reichen hier nur an die 30 %), ,günstige Gelegenheit' (hier bewegen sich die Werte außer bei den Türkischstämmigen (ca. 27 %) zwischen 30 und 40 %) sowie ,Erfindung/Idee verwerten' (alle befragten Gruppen bewegen sich zwischen 20 und 30 %) scheinen dagegen nicht ganz so wichtig.

Neben diesen Pull-Faktoren spielen auch die Push-Faktoren eine Rolle. Aus den Befunden der IfM-Studie lassen sich ,drohende Arbeitslosigkeit', ,Unzufriedenheit am oder mit dem Arbeitsplatz' sowie ,Benachteiligungen am Arbeitsplatz' als wichtige Push-Faktoren ableiten. Die Relevanz dieser Motive für die Gründung variiert allerdings je nach Migrationshintergrund zum Teil erheblich: So fühlen sich zwar insgesamt 28 % der befragten russlanddeutschen Frauen von Arbeitslosigkeit bedroht, aber die befragten türkisch- und griechischstämmigen Gründerinnen nannten dieses Motiv nur etwa 11 %, noch weniger wichtig war es für Frauen mit italienischen Migrationshintergrund (ca. 2 %). Griechisch- und italienischstämmige Migrantinnen sehen sich dagegen ein wenig mehr von den Erfordernissen, Beruf und Familie zu vereinbaren, zur Unternehmensgründung motiviert. Freilich liegen die Zahlen hier insgesamt sehr niedrig[18]: Auch sind ,Unzufriedenheit mit dem Arbeitsplatz' und ,Diskriminierungen bzw. Benachteiligungen im Betrieb' keine wichtigen Motive dafür, ein Unternehmen zu gründen[19]. Das Motiv ,Diskriminierungen bzw. Benachteiligungen im Betrieb' wurde noch spärlicher benannt[20].

Eine Studie zum Zusammenhang zwischen Unternehmensgründungen von Migrantinnen und europäischer Wohlfahrtspolitik (vgl. Apitzsch/Kontos 2008) betont schließlich die emanzipativen Chancen einer Selbstständigkeit von migrantischen Frauen. Dabei sind insgesamt 264 biographische Fallstudien in sechs Staaten erstellt

---

[17] Francken (2007: 17) vermutet, dass dies mit der sehr guten schulischen oder beruflichen Ausbildung dieser Gruppen zusammenhängt.

[18] Nur die griechischstämmigen Migrantinnen erreichen einen Wert über 10 %.

[19] Die ,Unzufriedenheit mit dem Arbeitsplatz' ist für ca. 15 % der befragten türkischstämmigen und russlanddeutschen Gründerinnen wichtig, noch weniger relevant ist diese Motivation für die griechischstämmigen (ca. 5 %) und für die italienischstämmigen Gründerinnen (ca. 4 %).

[20] Wichtig war dies für weniger als 2 % der befragten Frauen mit griechischem, etwa 4 % mit italienischem und etwa 5 % mit russlanddeutschem Migrationshintergrund. Hier ragen nur türkischstämmige Gründerinnen mit immerhin 12 % hervor.

worden[21]. Im Zentrum stand die Frage nach dem Einfluss politischer Maßnahmen auf die Unternehmensgründung. Gefragt wurde aber auch danach, welche Bedingungen zur Entscheidung führen, ein Unternehmen zu gründen. Dabei wird die Entscheidungsfindung eingebettet in soziale wie politische Bedingungen aber auch biographische Prozesse betrachtet. Der typische Entscheidungspfad zur Unternehmensgründung wird durch den Willen nach persönlicher Unabhängigkeit geprägt. Es werden unterschiedliche Handlungsstrategien konstatiert: „On the one hand one found – among women and men – the action scheme of radically self-made entrepreneur. On the other hand one encountered the more or less conscious self image of a professional practitioner, often connected to the spheres of education, care and health work, the typical women's occupations" (Apitzsch 2008: 136). Hier bestehen also durchaus Ähnlichkeiten mit dem individualistisch geprägten Motivationsbündel deutscher Gründer/innen.

Als Zwischenfazit kann festgehalten werden: In der Mehrzahl der vorliegenden Studien zur Gründungsmotivation von Migrantinnen werden die Push-Motive und insbesondere Erwerbslosigkeit hervorgehoben. Es werden also Gründungen aus der Not betont. Gleichwohl zeigen die Studien aber auch interessante Gemeinsamkeiten zu dem individualistisch geprägten Motivationsbündel deutscher Gründer/innen auf. Wenn – wie in den Studien von Francken, Apitzsch und Kontos sowie Lauxen und Leicht – auch Pull-Motive betrachtet worden sind, wurden diese allerdings nicht intersektional[22] ausgewertet. So fragt die Studie von Apitzsch und Kontos (2008) zwar nach Differenzen zwischen Männern und Frauen, im zusammenfassenden Forschungsbericht findet sich freilich kein Hinweis darauf, dass die Daten systematisch nach den Differenzen zwischen den unterschiedlichen ethnischen Communities ausgewertet worden sind. Dies wiederum macht es problematisch, die Einbettung der Gründungsmotivation und -entscheidung in soziale und politische Bedingungen zu erforschen. Und in der IfM-Studie von Lauxen und Leicht wie auch bei Francken werden zwar Unterschiede zwischen den einzelnen ethnischen Communities konsequent ausgewertet. Es wird aber nicht nach geschlechtsspezifischen Differenzierungen gefragt. Diese – wenn man so will symptomale Lektüre der Studien[23] – macht deutlich, dass unklar bleibt, welche Rolle das Geschlecht oder auch der jeweilige Migrationshintergrund für die Gründungsmotivation spielen. Dass dies eine Rolle spielen könnte darauf verweist die Studie „Unternehmensgründungen von Migrantinnen".

---

[21] Es handelt sich um die EU-Mitgliedsstaaten Dänemark, Deutschland, Griechenland, Großbritannien, Italien und Schweden.
[22] Lesly McCall (2005: 1773) hebt hervor, dass intersektionale Forschung „requires that scholars provisionally adopt analytical categories to document relationships of inequality among social groups and changing configurations of inequality along multiple and conflicting dimensions".
[23] Eine symptomale Lektüre hat die Rekonstruktion der ‚Problematik' eines Textes zum Ziel, d.h. des theoretisch-analytischen Bezugsrahmens, in dem bestimmte Begriffe, Konzepte, Theorien etc. funktionieren oder eben nicht funktionieren; vgl. Althusser 1968.

3   Vorstellung des Forschungsprojektes „Unternehmensgründungen von Migrantinnen"

Ein solcher interkategorialer Vergleich steht im Fokus der im Frühjahr 2008 durchgeführten, großzahligen Befragung im Rahmen des Projekts „Unternehmensgründungen von Migrantinnen" (vgl. dazu Bührmann et al. 2010).

3.1   Vorstellung des Forschungsprojekts

Das Forschungsprojekt wurde zwischen 2006 und 2009 durch das BMBF gefördert und ist von einem heterogenen, transdisziplinär zusammengesetzten Kooperationsverbund durchgeführt worden (www.migrantinnen-gruenden.de). Sein Forschungsziel bestand darin, die Gründungsaktivitäten von Migrantinnen in intersektionaler Perspektivierung (vgl. für einen Überblick Bührmann 2009) zu untersuchen. Dabei wurde das Zusammenspiel unterschiedlicher Sozialstrukturkategorien in einem multimethodischen Forschungsdesign erforscht[24]. Im Verlauf der Studie sind das Selbst- und Fremdbild von Gründerinnen mit bzw. ohne Migrationshintergrund sowie deren soziale Lage und ökonomische Gründungspotenziale untersucht worden. Ausgangspunkt der Studie war eine computergestützte Diskursanalyse des Informations- und Beratungsangebotes für potenzielle Unternehmensgründer/innen mit und ohne Migrationshintergrund. Anschließend wurden insgesamt 30 polnisch- bzw. türkischstämmige Unternehmerinnen, die entweder in Berlin oder im Ruhrgebiet ein Unternehmen gegründet, weitergeführt oder übernommen haben, in Leitfaden gestützten, problemzentrierten Interviews befragt. Im Zentrum standen die empirisch-konkreten Praktiken ihrer Unternehmensgründung und –führung. Zudem sind Expert/inn/en aus der Beratungs- und Förderinfrastruktur für Unternehmensgründer/innen interviewt und im Rahmen einer quantitativen Erhebung sind 218 Gründerinnen und Gründer mit und ohne Migrationshintergrund befragt worden[25].

In die Studie einbezogen waren Unternehmer/innen aus dem Ruhrgebiet sowie aus Berlin/Brandenburg[26]. Das geschah aus zwei Gründen: Berlin und das Ruhrgebiet sind seit langem Zentren der Arbeitsmigration. Und die polnisch- und türkischstämmigen Communities spielen als die größten in beiden Regionen eine zentrale Rolle. (Wie viele Personen der verschiedenen Gruppen befragt wurden, ist in Tabelle 2 dargestellt.) Schließlich sind bundesweit 67 Expert/inn/en im Rahmen einer quantitati-

---

[24] An dem Forschungsverbund waren die folgenden Institutionen beteiligt: Universität Münster, TU Dortmund, Gaus GmbH, Unique GmbH, Zentrum für Türkeistudien an der Universität Duisburg/Essen sowie die Beratungsinstitutionen NIKE e.V./ISY e. V., und ReTra e.V.

[25] Für eine weitergehende multivariate Analyse der Daten zum Zusammenhang zwischen sozialem Kontext, individuellen Merkmalen und Gründungsaktivitäten vgl. Wienold/Puls 2010.

[26] Es erfolgte eine telefonische Befragung mit dem CATI-Verfahren im Auftrag der Unique GmbH. Das Sample wurde über die Methode der Onomatik gewonnen und wie folgt quotiert: nach Migrationshintergrund, nach Geschlecht, nach Erhebungsgebiet.

ven Online-Befragung interviewt worden, die in unterschiedlichen Einrichtungen im Rahmen verschiedener Beratungsformen Unternehmensgründer/innen beraten[27].

Tabelle 2:   Sample quantitative Studie Gründerinnen und Gründer (nach Migrationshintergrund, Geschlecht und Erhebungsgebiet)

	Ethnische Zugehörigkeit	Erhebungs-gebiet	Geschlecht		*Insgesamt*
			Frauen	Männer	
ohne Migrations-hintergrund		Berlin	25	27	*52*
		Ruhrgebiet	27	28	*55*
Mit Migrations-hintergrund	polnischer Migrationshintergrund	Berlin	13	17	*30*
		Ruhrgebiet	12	11	*23*
	türkischer Migrationshintergrund	Berlin	13	17	*30*
		Ruhrgebiet	13	15	*28*
Gesamt			*103*	*115*	*218*

3.2   Forschungsergebnisse

Die Gründer/innen sind in der quantitativen Teilstudie unter anderem nach ihrer Gründungsmotivation befragt worden. Dabei hatten sie die folgenden Antwortmöglichkeiten zu ihren Motiven zur Unternehmensgründung [28]:

Pull-Faktoren

- Ich wollte ein höheres Einkommen
- Ich habe eine sich ergebende Chance ergriffen
- Ich wollte meine eigenen Ideen umsetzen
- Ich wollte selbst entscheiden
- Ich hatte eine viel versprechende Geschäftsidee

Push-Faktoren

- In meinem Arbeitsverhältnis war ich unzufrieden
- Ich brauchte flexible Arbeitszeiten, um Familie zu versorgen
- Ich hatte in Deutschland keine andere Chance
- Ich konnte Beruf nicht ausüben, da Abschluss nicht anerkannt
- Ich war vorher schon einmal selbstständig
- Ich war arbeitslos

---

[27] Eine Zusammenfassung der zentralen Forschungsergebnisse findet sich bei Bührmann et al. 2010.
[28] Die Antwortskala lautet: ‚trifft eher und ‚trifft eher nicht zu'.

Die befragten migrantischen Gründer/innen antworten auf den ersten Blick in ähnlicher Weise wie in den schon erwähnten Studien des IfM und von Francken: So sind auch für die befragten Gründer/innen die Pull-Faktoren wichtiger als die Push-Faktoren für ihre Unternehmensgründung. Dies verdeutlicht die Tabelle 3.

Tabelle 3: *Motivation zur Unternehmensgründung, Antwortmöglichkeit „trifft eher zu" in % und Fallzahlen in Klammern[29]*

Motivation	Gesamt	Personen ohne Mh.	Personen mit Mh.	Frauen ohne Mh.	Männer ohne. Mh.	Frauen mit Mh.	Männer mit. Mh.
Umsetzung eigener Ideen	89,0 (194)	86,9 (93)	91,2 (101)	88,5 (46)	85,5 (47)	94,1 (48)	88,3 (53)
selbst entscheiden	85,3 (186)	83,2 (89)	87,4 (97)	75,0 (39)	90,9 (50)	88,2 (45)	86,7 (52)
Chance ergreifen	78,9 (172)	77,6 (83)	80,2 (89)	78,8 (41)	76,4 (42)	82,4 (42)	78,3 (47)
Geschäftsidee	67,9 (148)	61,7 (66)	73,9 (82)	67,3 (35)	56,4 (31)	76,5 (39)	71,7 (43)
höheres Einkommen	53,2 (116)	44,9 (48)	61,3 (68)	44,2 (23)	45,5 (25)	51 (26)	70 (42)
unzufrieden mit Arbeitsverhältnis	32,5 (73)	32,7 (35)	34,2 (38)	26,9 (14)	38,2 (21)	37,3 (19)	31,7 (19)
flexible Arbeitszeiten	29,8 (65)	18,7 (20)	40,5 (45)	26,9 (14)	10,9 (6)	43,1 (22)	38,3 (19)
Arbeitslosigkeit	27,1 (59)	14,0 (15)	39,8 (44)	13,5 (7)	14,5 (8)	35,3 (18)	43,3 (26)

Quelle: Eigene Erhebung

Die Tabelle zeigt, dass Personen mit Migrationshintergrund bei allen hier aufgeführten Motiven die höchsten Werte erzielen. Die größten Unterschiede zwischen Personen

[29] Wegen der Vergleichbarkeit werden in der Tabelle alle Fragen aufgeführt, die Personen mit und ohne Migrationshintergrund vorgelegt wurden. Drei Motive wurden nur Menschen mit Migrationshintergrund gestellt: Bei den migrantischen Unternehmer/inne/n liegen die Gesamtwerte für alle Befragten bei 32,4 % (,ich hatte in Deutschland keine Chance'), 18,6 % (,ich konnte meinen Beruf nicht ausüben, da der Abschluss nicht anerkannt wurde') und 31,5 % (,ich war vorher schon einmal selbstständig'). Dabei gaben Frauen weniger häufig an, sie hätten sonst keine Chance gehabt (Frauen: 21 %; Männer: 41 %), nur 7 % der Frauen bekundeten, dass sie ihren Beruf nicht ausüben konnten, doch motivierte dies über 16 % der Männer. Insgesamt sind diese Zahlen aber niedrig. Vorher selbstständig waren erstaunlicherweise mehr Frauen (37,3 %) als Männer (26,7 %).

mit und ohne Migrationshintergrund bestehen in Bezug auf die Motive ‚Arbeitslosigkeit', ‚höheres Einkommen' und ‚flexiblere Arbeitszeiten'. Das deckt sich mit den bisher vorgestellten theoretischen Überlegungen und empirischen Befunden.

Ebenso wie schon die Studien von IfM und Apitzsch und Kontos zeigen, spielt auch in der Studie „Unternehmensgründungen von Migrantinnen" ‚Arbeitslosigkeit' als Gründungsmotiv eine Rolle: Bei Frauen mit Migrationshintergrund ist der Anteil 35,3 %, während der Anteil bei Frauen ohne Migrationshintergrund nur 13,5 % beträgt. Bei Männern mit Migrationshintergrund liegt der Prozentanteil bei 43,3 %. Demgegenüber benennen 14,5 % der Männer ohne Migrationshintergrund diese Motivation. Aber anders als bei den anderen Studien handelt es sich hier um das Motiv, das nur am zweithäufigsten genannt worden ist, nämlich fast 40 %. Weniger häufig wurde nur das Motiv ‚Unzufriedenheit mit dem Arbeitsplatz' (etwa 34 %) genannt. Eine intrakategoriale Auswertung der Daten mit Blick auf die Kategorie kultureller Hintergrund zeigt, dass sich die größten Unterschiede zu Personen ohne Migrationshintergrund ergeben. Der Unterschied in den Prozentzahlen beträgt mehr als 25 Prozentpunkte. Arbeitslosigkeit spielt also entsprechend dieser Zahlen im Grunde eine eher unwichtige Rolle als Motiv für eine Unternehmensgründung.

Interessant sind in diesem Kontext auch die Ergebnisse der Befragung im Hinblick auf das Motiv ‚flexible Arbeitszeiten, um die Familie zu versorgen'. In einer interkategorialen Auswertung der Kategorien Geschlecht und kultureller Hintergrund wird deutlich, dass sich Frauen zwar – wie zu erwarten – intensiver um familiäre Aufgaben bzw. Verpflichtungen kümmern als Männer: 43,1 % der Frauen mit Migrationshintergrund geben dies als Motiv für die Unternehmensgründung an, aber immerhin auch 38,3 % der migrantischen Gründer. Dagegen ist dies nur für 10,9 % der Männer ohne Migrationshintergrund ein eher wichtiges Motiv[30]. Damit stellt sich die Frage, ob migrantische Unternehmensgründerinnen primär für Haushalt und Kindererziehung verantwortlich gemacht werden, wie dies ja in der deutschen Hegemonialgesellschaft immer noch verbreitet ist und auch immer wieder in besonderer Weise für migrantische Geschlechterarrangements unterstellt wird – oder ob bei den befragten Gründer/inne/n in der Tendenz ein partnerschaftliches Geschlechterarrangement anzutreffen ist.

Die Tabelle zeigt weiter, dass Männer mit Migrationshintergrund demnach häufiger als alle anderen mit dem Motiv, ein ‚höheres Einkommen' zu erzielen, ein Unternehmen gründen: 70,0 % der Männer mit Migrationshintergrund, 45,5 % der Männer ohne Migrationshintergrund und 51,0 % der Frauen mit Migrationshintergrund.

Erstaunlich sind auch die sehr hohen Werte bei Gründerinnen mit Migrationshintergrund in Bezug auf die folgenden Push-Motive: Sie weisen die höchsten Werte in Bezug auf die Motivation ‚Umsetzung der eigenen Ideen' auf, nämlich 94,1 %, und auch bei der Motivation ‚viel versprechende Geschäftsidee' führen sie mit 76,5 %. Die

---

[30] Dies passt wiederum nicht zu den als einigermaßen gesichert geltendem Befund, dass flexible Zeiteinteilung eine wichtige Motivation für Deutsche ist, ein Unternehmen zu gründen. Allerdings ist auch hier unklar, welche Rolle etwa die Kategorie Geschlecht spielt.

intra- wie interkategoriale Datenauswertung verweist darauf, dass die befragten Männer mit Migrationshintergrund eher materiell und Frauen mit Migrationshintergrund deutlich ideell motiviert sind, ein Unternehmen zu gründen.

Die Bevorzugung dieser ‚ideellen' Motivationsfaktoren zeigt sich auch in den qualitativen Interviews, die im Projekt mit Unternehmensgründerinnen mit polnischem bzw. türkischem Migrationshintergrund geführt worden sind. So betonen die Interviewten weniger die Berufung zu einem bestimmten Beruf, sondern zur Selbstständigkeit selbst, unabhängig von ihrer konkreten beruflichen Tätigkeit. Dieses Absehen von arbeitsinhaltlichen Aspekten der Berufsausübung veranschaulichen die folgenden Zitate: Eine polnischstämmige Unternehmensgründerin erklärt: „Ich liebe Selbständigkeit, ich liebe einfach Selbständigkeit, obwohl es sehr schwer ist" (Bührmann et al. 2008: 61). Und eine andere türkischstämmige Gründerin führt aus: „Im Augenblick kann ich konzipieren, umsetzen und produzieren und diese drei Bereiche gehören zu meiner Selbstständigkeit – und im Angestelltenverhältnis konnte ich nur umsetzen. Also nur das Drittel praktisch schaffen, mich fasziniert aber das Ganze" (ebd.). Hier ist eben nicht von Sinnverlust, sozialer Isolation und Anerkennungsdefiziten, kurz einer prekären Lebensführung, die Rede, sondern von Praktiken individueller Selbstverwirklichung und subjektiven Autonomiegewinnen.

Bei den qualitativen Interviews mit polnisch- und türkischstämmigen Gründerinnen erwähnen so auch nur sieben von 30 Frauen, dass sie sich eine finanzielle Verbesserung ihrer Situation durch die Unternehmensgründung erhoffen. Das Gewicht liegt dagegen auf dem Motivkomplex der individuellen Selbstverwirklichung. In dieser Perspektive äußern sich 19 der Interviewten, sie wollen eine ‚freie Zeiteinteilung' (drei Nennungen), ‚mehr Unabhängigkeit' (acht Nennungen) sowie auf ‚eigenen Füßen' stehen, besseres ‚Ansehen gewinnen' und ‚Erfolg' haben (sieben Nennungen).

Als Zwischenfazit lässt sich hier festhalten: Die Studie verweist darauf, dass Personen mit Migrationshintergrund häufiger als Personen ohne Migrationshintergrund aufgrund von Push-Faktoren gründen. Und: Die Motivlagen innerhalb der Genus-Gruppen ähneln sich mehr als die von Personen mit oder ohne Migrationshintergrund. Dies gilt allerdings nur mit einer Ausnahme, nämlich das Motiv ‚flexible Zeiteinteilung, um die Familie zu versorgen'.

Alle befragten Gruppen zeigen die höchsten Werte in Bezug auf die Motive ‚Umsetzung eigener Ideen', ‚selbst entscheiden' und ‚Chance ergreifen'. Aber Frauen mit Migrationshintergrund sind deutlich weniger durch materielle Motivlagen wie ‚Arbeitslosigkeit' oder ‚mehr Geld verdienen', denn durch ideelle Faktoren motiviert, ein Unternehmen zu gründen. Dies widerspricht den älteren Befunden, in denen migrantische Unternehmer/innen als ‚Not-Gründende', nicht aber als ‚Selbstverwirklicher/innen' betrachtet worden sind. Zugleich unterscheiden sich die ideellen Motive der Migrantinnen und die eher materiell geprägten Motive der Migranten von dem schon erwähnten individualistischen Motivationsbündel deutscher Gründender.

Diese Unterschiede werden aber erst deutlich, wenn die Daten intersektional ausgewertet werden. D.h. hier, dass nicht nur interkategorial – wie in vielen multivariaten

Auswertungen – die Antworten aller Frauen nach Migrationshintergrund – wie z.B. in der Studie des IfM – oder aber intrakategorial aller Migrant/inn/en mit den Personen ohne Migrationshintergrund – wie etwa in der Studie von Francken oder auch Apitzsch und Kontos – ausgewertet werden. Vielmehr gilt es, sowohl interkategoriale als auch intrakategoriale Auswertungen vorzunehmen und dabei alle Merkmale und ihre jeweiligen Dimensionierungen als abhängige und unabhängige Variablen zu betrachten, so dass z.B. die Antworten der Männer und Frauen mit bzw. ohne Migrationshintergrund konsequent ins Verhältnis gesetzt werden können.

4 Plädoyer für eine Hinwendung zur empirisch-konkreten Pluralität unternehmerischer Praxen

Die Studie „Unternehmensgründungen von Migrantinnen" ist als konsequent interkategoriale Studie konzipiert, d.h. die Daten können systematisch in intersektionaler Perspektive ausgewertet werden. Freilich verfügt sie über keine ausreichende Datengrundlage, um weitreichendere Aussagen zu treffen. Die hier skizzierten Befunde unterstreichen allerdings die Anfragen, die aufgrund der symptomalen Lektüre des Forschungsstandes formuliert worden sind. Zeigt sich doch, dass eine weitere Erforschung der Gründungsmotivation in intersektionaler Perspektive ansteht.

Aus den hier diskutierten Befunden ergeben sich darüber hinaus spezifische Herausforderungen für eine praxissensible und damit auch empirisch fundierte, soziologisch orientierte Entrepreneurshipforschung: Denn zum einen wird deutlich, dass immer mehr Personen gründen und ein Unternehmen führen, die nicht dem Bild des Normalunternehmertums entsprechen. D.h. eine Diversifizierung des unternehmerischen Leitbilds ist dringend notwendig (vgl. dazu auch Bührmann et al. 2007). Zum anderen zeigt der Beitrag, dass die Gründungsmotivation von Migrantinnen nicht allein auf Notgründungen zu reduzieren ist. Vielmehr scheint hier in der Entrepreneurshipforschung durch das Fehlen einer systematischen Forschung der Eindruck entstanden zu sein, als gründeten insbesondere Migrantinnen und Migranten aus prekären Lebensumständen heraus. Beide Befunde sollten Anlass dafür sein, dass sich die Forschung davon verabschiedet, Unternehmen und Unternehmer/innen vor allen Dingen ausgehend von abstrakten theoretischen Modellen zu erforschen und sich so auf einzelne Unternehmens- und Gründungstypen zu beschränken. Stattdessen sollte sie die empirisch-praktisch vorfindbare Pluralität unternehmerischer Praxen (vgl. Bührmann et al. 2007; siehe auch Pongratz/Simon in diesem Band) systematisch intersektional erforschen, um sich wider die theoretischen Erwartungen in produktiver Weise irritieren zu lassen.

In theoretischer Perspektive bedeutet dies wohl auch, dass Unternehmensgründungen durch Migrantinnen nicht mehr nur unter der Perspektive des ‚homo oeconomicus' zu betrachten sind. Vielmehr gilt es ebenfalls, ihre nicht-ökonomischen Interessenslagen und die damit verbundenen Motive zu erforschen. An dieser Stelle bietet es sich an, auf die Überlegungen der Neuen Wirtschaftssoziologie zurückzugreifen[31]. Weist diese doch nachdrücklich darauf hin, dass das individuelle wirtschaftliche Handeln vor allen Dingen in die sozialen Beziehungen der jeweiligen Situation und institutionellen Rahmenbedingungen eingebettet ist (Beckert/Zafirovsky 2006; Maurer 2008). Insofern ist ökonomisches Handeln immer auch als Ergebnis sozialer Praxen zu begreifen. Dabei bleibt zu beachten, dass migrantische Gründer/innen nicht nur als ‚ethnische Zwischenhändler/innen' oder in Nischen bzw. Enklaven einer ethnischen Ökonomie agieren, sondern durchaus über Pull-Motive motiviert sind. Das heißt auch: Sie gründen aus anderen Motiven, als in der Debatte um ethnische Ökonomie nahe gelegt (vgl. dazu auch Zhou 2006: 254). Deshalb scheint es auch wichtig, wie eingangs angemerkt, zwischen ethnischen und migrantischen Gründer/inne/n bzw. Unternehmer/inne/n zu unterscheiden.

In *methodologischer* Hinsicht ist es notwendig, die Daten systematisch in intersektionaler Perspektive auszuwerten, um vorschnelle Schlussfolgerungen zu vermeiden. So können sich – wie die Studie „Unternehmensgründungen von Migrantinnen" nahe legt – zum Teil größere Unterschiede im Hinblick auf die Genus-Gruppe als auf den Migrationshintergrund ergeben. Offen ist aber auch, welche Rolle regionale Unterschiede spielen könnten. Macht es z.B. einen Unterschied, ob Migrantinnen in Berlin, der Hauptstadt des prekären Unternehmertums, ein Unternehmen gründen oder aber in München? Zu klären wäre dann auch empirisch, welches Sozialstrukturmerkmal in welcher Weise auf die Entscheidung, ein Unternehmen zu gründen, einwirkt. Ein einfaches Nutzenkalkül – wie es beispielsweise im KfW-Monitor von 2008 unterstellt wird[32] – ist in dieser Perspektive jedenfalls nicht mehr ausreichend komplex, um Gründungsprozesse praxissensibel zu verstehen[33].

In *methodischer Perspektive* ginge es schließlich darum, zum einen großzahligere und nach Möglichkeit repräsentative Studien durchzuführen. Sie könnten helfen zu klären, ob und inwiefern die hier diskutierten Forschungsbefunde repräsentativ sind und ob sie auch für andere ethnische Gruppen gelten. In qualitativen Studien bliebe das Spannungsverhältnis zwischen Lebensführung und Unternehmensführung zu erforschen[34]. Dies ermöglichte es, auch der Akteursperspektive angemessenen Raum einzu-

---

[31] Vgl. für einen Überblick zur internationalen Debatte um die neue Wirtschaftssoziologie Smelser/Swedberg 2005.

[32] Im KfW-Monitor (2008: 5) wird als Erläuterung für die Gründe von ‚Selbstverwirklichung' und ‚aus der Not' jeweils ein Erwartungs-Nutzenkalkül beschrieben: Einerseits gründeten Menschen, da Arbeitslosigkeit bzw. Erwerbslosigkeit „mit geringem Einkommen, einem Mangel an Erwerbsalternativen, niedrigem sozialen Status und geringer beruflicher Selbstbestimmung verbunden" ist. Und andererseits neigten Menschen mit besseren formalen Qualifikationen und höherem Humankapital überdurchschnittlich stark zu Gründungen, da sie sich „überdurchschnittliche Renditechancen und nicht-pekuniäre Nutzenpotenziale (z.B. hinsichtlich Selbstbestimmung und -verwirklichung) aus der Selbständigkeit" (ebd.) erhofften.

[33] Darauf hat ja im Grunde schon Talcott Parsons aufmerksam gemacht. So ist für ihn eine ökonomische Motivation „... not a category of motivation on the deeper level at all, but is rather a point at which many different motives may be brought to bear on a certain type of situation" (Parsons 1954: 53).

[34] Dass dies zentral ist, um die Motivlagen der Einzelnen in sozio-ökonomischen Kontexten zu begreifen, darauf hat Max Weber in seinen religions- bzw. kultursoziologischen Studien aufmerksam gemacht.

räumen. Mit Blick auf die ,Einbettung' der Gründungsmotivation könnte sich hier eine Verbindung zwischen ,explorativer' und ,exploitativer' Forschung als außerordentlich fruchtbar erweisen. Während nämlich explorative Forschungsstrategien dezidiert in unbekannten Feldern nach neuen Erkenntnissen suchen, zielen exploitative Strategien auf die Optimierung und Vertiefung bereits vorhandener Befunde ab. Freilich erweist es sich oftmals aufgrund mangelnder zeitlicher und materieller Ressourcen als schwierig, beide Strategien gemeinsam in einem Forschungsprojekt anzuwenden. Deshalb plädiere ich hier – wie Anil Gupta, Kenn Smith und Chris Shalley (2006: 697f.) – dafür, Synergien auf einer höheren Systemebene durch die lose Kopplung der Forschungsbemühungen jeweils spezialisierter Forschungsgruppen zu erreichen. So könnten weitere Studien zum Beispiel dazu beitragen, zielgenauere Maßnahmenpakete zu entwickeln, die Migrantinnen wirkungsvoller dabei unterstützen, erfolgreich ein Unternehmen zu gründen, anstatt (weiterhin und wohl ungeprüft) davon auszugehen, sie gründeten anders als deutsche Gründer/innen nur, um einen Ausweg aus der drohenden Arbeitslosigkeit zu finden.

Literaturverzeichnis

Abel, Jörg und Hartmut Hirsch-Kreinsen, 2007: Lowtech-Unternehmen am Hightech-Standort. Berlin: Edition Sigma.

Aldrich, Howard E., 2005: Entrepreneurship. In: Neil J. Smelser und Richard Swedberg (Hg.): The Handbook of Economic Sociology. Princeton/ Oxford: Princeton University Press. (2. Edition), S. 451–477.

Althusser, Louis, 1968: Für Marx. Frankfurt am Main: Suhrkamp.

Anthias, Floya, 1992: Ethnicity, class, Gender and Migration. Aldershot: Avebury.

Apitzsch, Ursula, 2008: Gendered Professional Strategies in Self-Employment. In: Ursula Apitzsch und Maria Kontos (Hg.): Self-Employment Activities of Women and Minorities. Wiesbaden: VS Verlag, S. 129–144.

Apitzsch, Ursula und Maria Kontos (Hg.), 2008: Self-Employment Activities of Women and Minorities. Wiesbaden: VS Verlag.

Aulenbacher, Brigitte, Maria Funder, Heike Jacobson und Susanne Völker (Hg.), 2007: Arbeit und Geschlecht im Umbruch moderner Gesellschaften. Wiesbaden: VS Verlag.

Becker, Markus und Thorbjörn Knudsen, 2003: The Entrepreneur at a Crucial Juncture in Schumpeter's Work: Schumpeter's 1928 Handbook Entry "Entrepreneur". In: Roger Koppl, Jack Birner und Per Kirruld-Klitgaard (Hg.): Advances in Austrian Economics. Amsterdam: Elesvier, S. 199–234.

Beckert, Jens, 2007: The Great Transformation of Embeddedness: Karl Polanyi and the New Economic Sociology: MPIfG Discussion Paper 1.

Betzelt, Sigrid, 2006: Flexible Wissensarbeit: AlleindienstleisterInnen zwischen Privileg und Prekarität. Bremen: ZeS-Arbeitspapier 3/06, Zentrum für Sozialpolitik Universität Bremen.

Betzelt, Sigrid und Uwe Fachinger, 2004: Jenseits des 'Normalunternehmertums': Selbständige Erwerbsformen und ihre soziale Absicherung. Problemaufriss und Handlungsoptionen, Zeitschrift für Sozialreform, Jg. 50, S. 312–343.

Bögenhold, Dieter, 1987: Der Gründerboom. Realität und Mythos der neuen Selbständigkeit. Frankfurt a. M. und New York: Campus.

Bögenhold, Dieter und René Leicht, 2000: „Neue Selbständigkeit" und Entrepreneurship: Moderne Vokabeln und damit verbundene Hoffnungen und Irrtümer, WSI Mitteilungen, Jg. 12, S. 779–787.

Bonacich, Edna und John Modell, 1980: The Economic Basis of Ethnic Solidarity. Berkeley: University of California press.

Bonancich, Edna, 1973: A Theory of Middle-Man Minorities, American Sociological Review, Jg. 38, S. 583–594.

Bührmann, Andrea D., 2007: Das Bild vom Normalunternehmer. Deutungsmuster in der Existenzgründungsberatung. In: Wolfgang Ludwig-Mayerhofer, Christoph Berendt und Ariadne Sondermann (Hg.): Fallverstehen und Deutungsmacht. Akteure in der Sozialverwaltung und ihre Klienten. Opladen/Farmington Hills: Barbara Budrich, S. 119–142.

Bührmann, Andrea D., 2009: Intersectionality. Ein Forschungsfeld auf dem Weg zum Paradigma? Tendenzen, Herausforderungen und Perspektiven der Forschung über Intersektionalität, GENDER. Zeitschrift für Geschlecht, Kultur, Gesellschaft, Jg. 1, S. 28–44.

Bührmann, Andrea D., Ute Fischer und Gerda Jasper (Hg.), 2010: Migrantinnen gründen Unternehmen. Mering: Hampp-Verlag.

Bührmann, Andrea D., Isabel Haber und Gerda Jasper, 2008: Gründungsgeschehen bei Unternehmerinnen mit Migrationshintergrund. Ergebnisse einer qualitativen Befragung von Gründer/innen und Berater/innen: unveröffentlichter Forschungsbericht.

Bührmann, Andrea D., Katrin Hansen, Martina Schmeink und Aira Schöttelndreier, 2006: Das Unternehmerinnenbild in Deutschland. Münster: Lit-Verlag.

Bührmann, Andrea D., Katrin Hansen, Martina Schmeink und Aira Schöttelndreier, 2007: Entrepreneurial Diversity. Hamburg: Lit-Verlag.

Bukow, Wolf-Dieter, 1993: Leben in der multikulturellen Gesellschaft. Die Entstehung kleiner Unternehmer und der Umgang mit ethnischen Minderheiten. Opladen: Leske & Budrich.

Castel, Robert und Klaus Dörre (Hg.), 2009: Prekarität, Abstieg, Ausgrenzung. Die soziale Frage am Beginn des 21. Jahrhunderts. Frankfurt am Main: Campus.

Deutscher Gewerkschaftsbund (Hg.), 2008: Berlin - Hauptstadt der prekären Beschäftigung. Berlin: Selbstverlag.

Francken, Swetlana, 2007: Unternehmerinnen mit Migrationshintergrund. Arbeitsbericht einer Expertise im Auftrag der Beauftragten der Bundesregierung für Migration, Flüchtlinge und Integration. Köln. www.wi.fh-koeln.de/homepages/s-franken/index.htm (27.06.09).

Gupta, Anil, Kenn Smith und Chris Shally, 2006: The Interplay between Exploration and Exploitation, The Academy of Management Journal, Jg. 49, S. 693–709.

Hartmann, Heinz, 1968: Der deutsche Unternehmer: Autorität und Organisation. Frankfurt am Main: Europäische Verlagsanstalt.

Hillmann, Felicitas, 1998: Zuwanderung und ethnische Arbeitsmärkte in New York. Städtische ethnische Arbeitsmärkte, Geographische Rundschau, Jg. 50, S. 157–163.

Institut für Mittelstandsforschung (IfM) Universität Mannheim, 2006: Die Bedeutung der ethnischen Ökonomie in Deutschland. Push- und Pull-Faktoren für Unternehmensgründungen ausländischer und ausländischstämmiger Mitbürger. Studie im Auftrag des Bundesministeriums für Wirtschaft und Arbeit. Mannheim:

Jasper, Gerda, Isabel Haber und Ulrike A. Richter, 2008: Gründungsgeschehen bei Unternehmerinnen mit Migrationshintergrund. Ergebnisse einer quantitativen Befragung von Gründer/innen und Berater/innen. Berlin: unveröffentlichter Forschungsbericht.

KfW Bankengruppe, Abteilung Volkswirtschaft, 2008: KfW-Gründungsmonitor 2008. Gründungen in Deutschland: weniger aber besser. Chancenmotiv rückt in den Vordergrund. Frankfurt am Main: Selbstverlag.

Klosterman, Robert und Jan Rath, 2001: Immigrant Entrepreneurs in Advanced Economies: Mixed Embeddedness further Explored, Special Issue of the Journal of Ethnic and Migration Studies, Jg. 27, S. 189–201.

Kreide, Regina, 2003: Self-Employed Women and Welfare State Policies, International Review of Sociology, Jg. 13, S. 205–218.

Laue, Stefanie von, 2004: Gründungssituationen von MigrantInnen in NRW. Bestandsaufnahme. In: Bündnis 90/Die GRÜNEN im Landtag NRW (Hg.): Existenzgründungen von MigrantInnen fördern. Dokumentation eines Fachgesprächs 14.05.2004.

Lauxen-Ulbrich, Maria und René Leicht, 2005: Wie Frauen gründen und was sie unternehmen. Nationaler Report Deutschland. Teilprojekt: Statistiken über Gründerinnen und selbständige Frauen. Mannheim: Institut für Mittelstandsforschung.

Lee, Everett Scott, 1972: Eine Theorie der Wanderung. In: György Széll (Hg.): Regionale Mobilität. München: Nymphenburger Verlag, S. 115–129.

Lehnert, Nicole, 2003: Existenzgründung von Migranten in Deutschland. In: Wirtschaftsdynamik durch Existenzgründungen von Migranten. DtA Studie.

Leicht, René, Andreas Humpert, Markus Leiß, Michael Zimmer-Müller und Maria Lauxen-Ulbrich, 2005: Existenzgründungen und berufliche Selbstständigkeit unter Aussiedlern (Russlanddeutsche). Mannheim: Institut für Mittelstandsforschung.

Leicht, René und Markus Leiß, 2006: Selbständigkeit. Eine Alternative für Migranten. In: Nationalatlas Bundesrepublik Deutschland. Band 12 (CD-ROM).

Light, Ivan und Steven Gold, 2000: Ethnic Economics. San Diego: Academic Press.

Ludwig-Mayerhofer, Wolfgang, Christoph Berendt und Ariadne Sondermann (Hg.), 2007: Fallverstehen und Deutungsmacht. Akteure in der Sozialverwaltung und ihre Klienten. Opladen/Farmington Hills: Barbara Budrich.

Maurer, Andrea (Hg.), 2008: Handbuch der Wirtschaftssoziologie. Wiesbaden: VS Verlag.

Maurer, Andrea und Uwe Schimank (Hg.), 2008: Die Gesellschaft der Unternehmen – die Unternehmen der Gesellschaft. Gesellschaftstheoretische Perspektiven der Wirtschaft. Wiesbaden: VS Verlag.

McCall, Leslie, 2005: The Complexity of Intersectionality, Signs, Jg. 30: 1771–1800.

Meager, Nigel, 1996: From Unemployment to Self-Employment Labor Market Policies for Business Start-Up. In: Günther Schmid, Jacqueline O'Reilly und Klaus Schömann (Hg.): International Handbook of Labour Market Policy and Evaluation. Cheltenham: Edward Elgar, S. 489–519.

Minssen, Heiner, 2008: Unternehmen. In: Andrea Maurer und Uwe Schimank (Hg.): Die Gesellschaft der Unternehmen – die Unternehmen der Gesellschaft. Gesellschaftstheoretische Perspektiven der Wirtschaft. Wiesbaden: VS Verlag, S. 247–267.

Morokvasic, Mirjana, 1988: Minority and Immigrant Women in Self-Employment and Business in France, Great-Britain, Italy, Portugal and the Federal Republic of Germany. Paris: Centre National de la Recherche Scientifique.

Morokvasic, Mirjana, 1991: Roads to Independence. Self-Employed Immigrants and Minority Women in five European States, International Migration, Jg. 24, S. 402–420.

Mückenberger, Ulrich, 1985: Die Krise des Normalarbeitsverhältnisses. Hat das Arbeitsrecht noch Zukunft, Zeitschrift für Sozialreform, Jg. 31, S. 415–434, 457–475.

Nationalatlas Bundesrepublik Deutschland, 2004: Leben in Deutschland. Band 12. Berlin: Spektrum Akademischer Verlag.

Parsons, Talcott, 1954: The Motivation of Economic Activities. In: Talcott Parsons (Hg.): Essays in Sociological Theory, rev. Edition: Glencoe/Ill.

Piorkowsky, Michael-Burkart, 2006: Institutionelle Einflüsse auf das Unternehmerbild. Einführung und Überblick. In: Andrea D. Bührmann, Katrin Hansen, Martina Schmeink und Aira Schöttelndreier (Hg.): Das Unternehmerinnenbild in Deutschland. Münster: Lit-Verlag, S. 122–160.

Portes, Alejandro und Robert L. Bach, 1985: The Latin Journey: Cuban and Mexican Immigrants in the United States. Berkeley, CA: University of California Press.

Portes, Alejandro und Zhou Min, 1992: Gaining the Upper Hand: Economic Mobility among immigrant and domestic Minorities, Ethnic and Radical Studies, Jg. 15, S. 491–522.

Schumpeter, Joseph A., 1928: Unternehmer, in: Handwoerterbuch der Staatswissenschaften, 4. Auflage, Bd. 8., Jena, S. 467–487.

Schumpeter, Joseph A., 1993: Theorie der wirtschaftlichen Entwicklung. Eine Untersuchung über Unternehmensgewinn, Kapital, Kredit, Zins und den Konjunkturzyklus. 8. Auflage. Berlin.

Sen, Faruk und Goldberg Andreas, 1996: Türken als Unternehmer. Eine Gesamtdarstellung und Ergebnisse neuerer Untersuchungen. Opladen: Leske & Budrich.

Smelser, Neil J. und Richard Swedberg, 2005: The Handbook of Economic Sociology. Princeton/Oxford: Princeton University Press. (2. Edition).

Stiftung Zentrum für Türkeistudien, 2007: Nordrhein-Westfalen: Zentrum der türkischen Selbständigkeit in Deutschland. Entwicklungsgeschichte und Wirtschaftskraft türkischer Unternehmen in NRW. Essen.

Swedberg, Richard, 2009: Grundlagen der Wirtschaftssoziologie. Wiesbaden: VS Verlag.

Széll, György, 1972: Regionale Mobilität. München: Nymphenburger Verlag.

Waldinger, Roger, 1996: Still the Promised City? African-American and New Immigrants in Post-industrial New York. Cambridge, MA: Harvard University Press.

Wienold, Hanns und Wichard Puls, 2010: Welche Einflussfaktoren führen zu Gründungsaktivitäten? Eine quantitative Analyse am Beispiel des Aufsuchens von Beratungseinrichtungen durch Personen mit Migrationshintergrund. In: Andrea D. Bührmann, Ute Fischer und Gerda Jasper (Hg.): Migrantinnen gründen Unternehmen. München und Mering: Hampp-Verlag, S. 151–164.

Yavuzcan, Ismail, 2003: Ethnische Ökonomie. Zur Ausformung ethnischen Unternehmertums von Türken und Iranern in personalen Beziehungen. Hamburg: Verlag Dr. Kovac.

Zhou, Min, 2006: Ethnic Economy. In: Jens Beckert und Milan Zafirovski (Hg.): International Encyclopedia of Economic Sociology. London, New York: Routledge, S. 251–258.

Autorinnen und Autoren

Oliver Bierhoff (Dr. phil.), geb. 1972, Studium der Soziologie, Politologie und Pädagogik an der Universität Münster, wissenschaftlicher Mitarbeiter an der Universität Hildesheim, Lehrbeauftragter an der Universität Münster und der Universität Flensburg, selbständiger Dozent und Berater. Arbeitsschwerpunkte: u.a. Arbeits-, Organisations- und Wirtschaftssoziologie.
Anschrift: Institut für Sozial- und Organisationspädagogik, Marienburger Platz 22, 31141 Hildesheim, E-Mail: oliver.bierhoff@uni-hildesheim.de

Dieter Bögenhold (Prof. Dr.), geb. 1955, Studium der Soziologie und weiterer Fächer an der Universität Bielefeld bis 1979, Promotion (1984), Habilitation (1993) ebenfalls Universität Bielefeld, Tätigkeit in Forschung und Lehre an verschiedenen Universitäten im In- und Ausland, Vertretung eines BWL-Lehrstuhls (1994-95) an der Universität Trier, DFG-Heisenberg-Stipendium (1994-1999), Gastprofessuren in Österreich und Schweden, 2001-2003 Vertretungsprofessor für Soziologie an der Universität des Saarlandes, seit 2003 Vertragsprofessor an der Freien Universität Bozen, Italien. Arbeitsschwerpunkte: Entrepreneurship, Konsumforschung, Netzwerke, Sozialökonomik und Wirtschaftssoziologie, soziale Ungleichheit, sozialer und ökonomischer Wandel, Geschichte der Wirtschaftstheorie und Soziologie.
Anschrift: Freie Universität Bozen, School of Economics and Management, Via Sernesi 1, I-39100 Bolzano, E-Mail: dboegenhold@unibz.it

Andrea D. Bührmann (Prof. Dr.), geb. 1961. Studium der Soziologie, Philosophie und Politikwissenschaften an der Universität Münster. Wissenschaftliche Mitarbeiterin an der Universität Paderborn, (Habilitations-)Stipendiatin der DFG, wissenschaftliche Projektleiterin bei der Unique GmbH, Gastprofessorin an der Universität Wien und Lehrstuhlvertretungen in Dortmund und München. Seit 2009 Professorin (apl.) an der Universität Münster. Arbeitsschwerpunkte: Entrepreneurshipforschung, Geschlechter- bzw. Diversitätsforschung, Methoden der empirischen Sozialforschung, Theorien der gesellschaftlichen Entwicklung.
Anschrift: Institut für Soziologie, Universität Münster, Scharnhorststr. 121, D-48151 Münster, E-Mail: a.buehrmann@uni-muenster.de

Caroline Dangel-Vornbäumen (Dipl.-Oecotroph.), geb. 1977. Studium der Oecotrophologie an der Rheinischen Friedrich-Wilhelms-Universität Bonn. Wissenschaftliche Mitarbeiterin an der Professur für Haushalts- und Konsumökomik, Universität Bonn. Forschungsschwerpunkt: Berufliche Selbstständigkeit im Haushalts- und Familienkontext. Seit 2007 wissenschaftliche Mitarbeiterin bei Abgeordneten der SPD-Bundestags-

fraktion. Anschrift: Caroline Dangel-Vornbäumen, Grünberger Str. 50, 10245 Berlin.
E-Mail: caroline.dangel@gmx.de

Uwe Fachinger (Univ.-Prof. Dr.). Studium der Betriebs- und Volkswirtschaftslehre an
der Freien Universität Berlin. Wissenschaftlicher Mitarbeiter im Sonderforschungsbereich 3 „Mikroanalytische Grundlagen der Gesellschaftspolitik" der Universitäten
Frankfurt und Mannheim, an der Freien Universität Berlin und am Zentrum für Sozialpolitik der Universität Bremen. Habilitation im Fachbereich Wirtschaftswissenschaft
der Universität Bremen, venia legendi für das Fach Volkswirtschaftslehre. Seit 2007
Universitätsprofessur für Ökonomie und Demographischer Wandel am Institut für
Gerontologie der Universität Vechta und Mitglied am dortigen Zentrum Altern und
Gesellschaft. Arbeitsschwerpunkte: Ökonomische Analyse von Sozial- und Vertei-
lungspolitik, Versorgungsforschung.
Anschrift: Institut für Gerontologie, Universität Vechta, Driverstraße 23, D-49377
Vechta. E-Mail: uwe.fachinger@uni-vechta.de
Website: https://www.uni-vechta.de/gerontologie/156.html

Ute Luise Fischer (PD Dr.), geb. 1965. Studium der Wirtschafts- und Sozialwissenschaften an der Universität Dortmund. Stipendiatin im Graduiertenkolleg „Geschlechterverhältnis und sozialer Wandel" in Bielefeld, Bochum, Dortmund und Essen. Seit
1995 Wissenschaftliche Mitarbeiterin im Forschungsgebiet Arbeitssoziologie an der
Wirtschafts- und Sozialwissenschaftlichen Fakultät der TU Dortmund. Seit 2009 dort
auch Privatdozentin. Lehrstuhlvertretung „Qualitative Methoden" am Institut für Soziologie der Ludwig-Maximilians-Universität München (2009). Lehrbeauftragte an der
Universität Innsbruck, Fakultät für Politikwissenschaft und Soziologie. Schwerpunkte
in Forschung und Lehre: Arbeit, Geschlecht, Migration, Sozialpolitik, rekonstruktive
Methoden der Sozialwissenschaften.
Anschrift: TU Dortmund, Wirtschafts- und Sozialwissenschaftliche Fakultät, Otto-
Hahn-Str. 4, D-44227 Dortmund. E-Mail: Ute.Fischer@tu-dortmund.de

Claudia Gather (Prof. Dr.), geb. 1956. Studium der Soziologie in Trier und Berlin. Wissenschaftliche Mitarbeiterin an der TU und der FU Berlin. Gast- und Vertretungspro-
fessorin an der University of Florida (USA), der Johann-Wolfgang-Goethe-Universität
Frankfurt/Main und dem Harriet-Taylor-Mill-Institut für Ökonomie und Geschlechterforschung der ehemaligen Fachhochschule für Wirtschaft in Berlin. Professorin für
Sozialwissenschaften an der HAWK Hildesheim/Holzminden/Göttingen und seit
2003 an der HWR Berlin. Gründerin der Frauen-Genossenschaft WeiberWirtschaft in
Berlin und Redakteurin der interdisziplinären feministischen Zeitschrift „Feministi-
sche Studien". Forschungsschwerpunkte: Geschlechterverhältnisse, Arbeitsteilung,
Niedriglohnsektor und informelle Arbeit und Selbstständigkeit von Frauen.
Anschrift: HWR Berlin, Badenschestr. 50-51, D-10825 Berlin,
E-Mail: gather@hwr-berlin.de

Heide Inhetveen (Prof. Dr.), geb. 1942. Studium der Natur-, Geistes- und Sozialwissen-schaften, Promotion in der Pädagogik und Mathematikdidaktik, 1976 bis 1994 Wissenschaftliche Mitarbeiterin und Lehrbeauftragte im Bereich Land- und Agrarsoziologie an der Universität Erlangen-Nürnberg, 1994 bis 2005 Professorin für Land- und Agrarsoziologie, Rurale Frauen- und Geschlechterforschung an der Universität Göttingen. Seit 2005 im Ruhestand. Forschungsschwerpunkte: Wandel der ländlichen Gesellschaft, Landfrauen, Agrarpionierinnen, Agrarwissenschaftsgeschichte, Soziologie der Hortikultur, Ländliches Judentum.
Anschrift: Vorderer Berg 14, D-92360 Sulzbuerg, E-Mail: hinhetv@gwdg.de

Rosemarie Kay (Dr.), geb 1960. Studierte nach einer Ausbildung zur Industriekauffrau und zur Betriebswirtin (VWA) Betriebswirtschaftslehre an der Freien Universität Berlin. Wissenschaftliche Mitarbeiterin an der Forschungsstelle für den Handel Berlin (FfH), an der Freien Universität Berlin und schließlich am Institut für Mittelstandsforschung (IfM) Bonn. Seit 2007 dort Projektkoordinatorin. Forschungsschwerpunkte: Personalpolitik in kleinen und mittleren Unternehmen, Existenzgründung, Frauen als Gründerinnen und Unternehmerinnen.
Anschrift: Institut für Mittelstandsforschung Bonn, Maximilianstrasse 20, D-53111 Bonn, Tel.: +49 228 72997 30, E-Mail: kay@ifm-bonn.org

Peter Kranzusch, geb. 1966, studierte nach einer Ausbildung zum Werkzeugmacher Sozialwissenschaften an den Universitäten in Halle/S. und Nürnberg (Abschluss: Dipl.-Sozialwirt 1994). Wiss. Mitarbeiter im Institut für Freie Berufe Nürnberg, von 1995-1997 im IAB Nürnberg, seit 1998 im IfM Bonn. Forschungsschwerpunkte: Unternehmenskrisen/Insolvenzen/Restarts, Gründungen, Absatz- und Personalwirtschaft. 2004 bis 2007 war er im Auftrag des BMWi als Experte in der EU-Arbeitsgruppe zum Thema „Stigma des Scheiterns/Krisenfrühwarnsysteme" tätig.
Anschrift: Institut für Mittelstandsforschung Bonn, Maximilianstrasse 20, D-53111 Bonn, Tel.: +49 228 72997 41, E-Mail: kranzusch@ifm-bonn.org

Hans Pongratz (Prof. Dr.), geb. 1957. Studium der Soziologie, Psychologie und Sozial- und Wirtschaftsgeschichte an der Universität München. Wissenschaftlicher Mitarbeiter an der Universität der Bundeswehr München, der TU Chemnitz und der TU München, Lehrstuhlvertretungen in Hamburg und Konstanz. Seit 2006 Vertretung des Lehrstuhls für Organisations- und Bildungssoziologie an der Ludwig-Maximilians-Universität München. Arbeitsschwerpunkte: Arbeit und Organisation, Bildung und Arbeitsmarkt, Management und Unternehmertum, Theorie der gesellschaftlichen Entwicklung.
Anschrift: Institut für Soziologie, Konradstraße 6, D-80801 München.
E-Mail: hans.pongratz@lmu.de

Tanja Schmidt (Dipl. Soz.), geb. 1966. Studium der Soziologie, Sozialpsychologie und Statistik an der LMU München. Wissenschaftliche Mitarbeiterin an der FU Berlin und am DIW Berlin, Lehrbeauftragte HU Berlin und HWR Berlin. Seit 2001 freiberufliche Sozialforschung, Berlin. Arbeitsschwerpunkte: Soziale Ungleichheit und Geschlecht, Lebensverlauf, Erwerbsteilhabe und Erwerbsverlauf von Frauen und Männern, quantitative Methoden der empirischen Sozialforschung.
Anschrift: Sozialforschung, Berlin, Mahlower Str. 23/24 Aufg. C, 5. OG, D-12049 Berlin, Tel.: 030-53014367, E-Mail: kontakt@schmidt-sozialforschung.de

Mathilde Schmitt (Dr.phil., Dipl.Ing.agr.), geb. 1962. Doppelqualifikation in den Agrar- und Sozialwissenschaften. Wissenschaftliche Mitarbeiterin an den Universitäten Essen und Göttingen, Gastprofessorin an den Universitäten HU Berlin, Göttingen und Innsbruck, Stipendiatin des DFG-Graduiertenkollegs Geschlechterverhältnis und Sozialer Wandel und des Five College Women's Studies Research Center, Mount Holyoke (MA), USA. Seit 2008 Senior Researcher am Institut für Gebirgsforschung: Mensch & Umwelt der Österreichischen Akademie der Wissenschaften. Arbeitsschwerpunkte: Land-, Agrar- und Umweltsoziologie, Rurale Frauen- und Geschlechterforschung, Methoden der empirischen Sozialforschung, Agrar(wissenschafts)geschichte.
Anschrift: Österreichische Akademie der Wissenschaften, Institut für Gebirgsforschung: Mensch & Umwelt, Technikerstr. 21a, A-6020 Innsbruck.
E-Mail: mathilde.schmitt@oeaw.ac.at

Karin Schulze Buschoff (PD Dr.), Studium der Politikwissenschaften in Münster, dort 1992 Promotion. Von 1993 bis 1999 Wissenschaftliche Mitarbeiterin am Wissenschaftszentrum Berlin für Sozialforschung (WZB) in dem DFG-Projekt „Arbeitsmarkt und Lebensstile" und in dem HBS-Projekt „Teilzeitarbeit im europäischen Vergleich". Von 2000 bis 2004 Referatsleiterin für Arbeitsmarktpolitik beim DGB-Bundesvorstand und bei der ver.di Bundesverwaltung. Von 2004 bis 2008 Leitung des HBS-Projekts „Neue Selbstständige im europäischen Vergleich" am WZB. 2008 Vertretung des Lehrstuhls „Deutsche Politik und Politikfeldanalyse" in Münster und Habilitation an der FU Berlin. Seit Oktober 2008 Referentin in der ver.di Bundesverwaltung. Seit Oktober 2009 Gastprofessorin an der TU Braunschweig am Lehrstuhl für Innenpolitik.
Anschrift: TU Braunschweig, Institut für Sozialwissenschaften, Bienroder Weg 97, D-38106 Braunschweig. E-mail: buschoff@t-online.de

Stefanie Simon (Dipl.-Soz.), geb. 1982, Studium der Soziologie, Psychologie, Betriebswirtschaftslehre und Kommunikationswissenschaft an der Ludwig-Maximilians-Universität München. Seit 2009 wissenschaftliche Mitarbeiterin an der Universität München. Arbeitsschwerpunkte: Entrepreneurshipforschung, Arbeits-, Organisations- und Bildungssoziologie.
Anschrift: Institut für Soziologie, Konradstraße 6, D-80801 München.
E-Mail: simon.stefanie@gmx.net

Susan Ulbricht (Dipl.-Soz.), geb. 1973, Studium der Soziologie und Psychologie an der Universität Leipzig, Wissenschaftliche Mitarbeiterin an der Universität Leipzig, seit 2008 an der HWR Berlin. Arbeitsschwerpunkte: Unternehmensgründungen von Frauen, Absolventenforschung, Sozialpolitik.
Anschrift: Hochschule für Wirtschaft und Recht Berlin (HWR), Badensche Str. 50-51, D-10825 Berlin, Tel.: +49 (0)30 85789 474, E-Mail: susan.ulbricht@hwr-berlin.de

Hanns Wienold (Prof. Dr.), geb. 1944, Diplom-Soziologe, 1971 Promotion in Bielefeld, seit 1974 Professor für Soziologie und Methoden der empirischen Sozialforschung an der Universität Münster. Arbeitsschwerpunkte: Gewerkschaften und politische Erwachsenenbildung, Wirtschaftssoziologie, Entwicklungssoziologie, Agrarsoziologie und Sozialökologie ländlicher Räume, Feldforschungen in Südasien und Mittel- und Südamerika.
Anschrift: Institut für Soziologie, Scharnhorststraße 121, D-48151 Münster,
E-Mail: wienold@uni-muenster.de

Der internationale Bestseller zu Wirtschaft und Gesellschaft

> Wertvolle Einsichten in eine Soziologie der Wirtschaft

Richard Swedberg
Grundlagen der Wirtschaftssoziologie

2009. 384 S. (Wirtschaft und Gesellschaft) Geb.
EUR 24,90
ISBN 978-3-531-15870-9

Erhältlich im Buchhandel oder beim Verlag.
Änderungen vorbehalten.
Stand: Januar 2010.

In ‚Principles of Economic Sociology' skizziert Richard Swedberg, einer der Wegbereiter der neuen Wirtschaftssoziologie, die Konturen dieser vielversprechenden, in den 1980er Jahren (wieder) entdeckten Forschungstradition und eröffnet so wertvolle Einsichten in eine Soziologie der Wirtschaft.

Das in den USA 2004 erschienene Werk, das nun auch in deutscher Sprache vorliegt, ist der ambitionierte Versuch, die noch junge, soziologische Analyseform auf Augenhöhe mit der neoklassischen Ökonomik, der Spieltheorie und auch der ökonomischen Verhaltensforschung zu positionieren und neue, soziologische Einsichten in das Wirtschaftsgeschehen zu eröffnen.

Mit großer Leidenschaft und dem notwendigen Augenmaß führt Richard Swedberg, der exklusive Kenner der soziologischen wie der ökonomischen Tradition, in die Grundlagen des Faches ein (Marx, Weber, Toqueville) und vermittelt einen konzisen Überblick über die aktuellen Ansätze wie das Einbettungskonzept von Mark Granovetter, die Netzwerktheorie von Harrison White, das Rationalprogramm von James S. Coleman und die Feldtheorie von Pierre Bourdieu.

Insbesondere aber vermitteln die ‚Grundlagen der Wirtschaftssoziologie' ein lebendiges Bild von den Anwendungsgebieten: Unternehmen, Märkten, Recht, Kultur, Vertrauen, Konsum, Geschlecht u.a.

www.vs-verlag.de

VS VERLAG FÜR SOZIALWISSENSCHAFTEN

Abraham-Lincoln-Straße 46
65189 Wiesbaden
Tel. 0611.7878-722
Fax 0611.7878-400

MIX
Papier aus verantwortungsvollen Quellen
Paper from responsible sources
FSC® C105338

If you have any concerns about our products,
you can contact us on
ProductSafety@springernature.com

In case Publisher is established outside the EU,
the EU authorized representative is:
Springer Nature Customer Service Center GmbH
Europaplatz 3, 69115 Heidelberg, Germany

Printed by Libri Plureos GmbH
in Hamburg, Germany